本書獲國家古籍整理出版專項經費資助

U0671401

主編　金瀅坤

副主編　盛會蓮

敦煌蒙書校釋與研究

文場秀句卷

高静雅　著

文物出版社

圖書在版編目（CIP）數據

敦煌蒙書校釋與研究．文場秀句卷 / 金瀅坤主編；
高静雅著．-- 北京：文物出版社，2024.6. --ISBN
978-7-5010-8458-6

Ⅰ. G629.299

中國國家版本館 CIP 數據核字第 20243K1D05 號

敦煌蒙書校釋與研究·文場秀句卷

主　　編：金瀅坤
副 主 編：盛會蓮
著　　者：高静雅

責任編輯：劉永海
封面設計：李曉蘭
責任印製：張　麗

出版發行：文物出版社
社　　址：北京市東城區東直門内北小街 2 號樓
郵　　編：100007
網　　址：http://www.wenwu.com
經　　銷：新華書店
印　　刷：宝蕾元仁浩（天津）印刷有限公司
開　　本：710mm×1000mm　1/16
印　　張：27.5　　插頁：1
版　　次：2024 年 6 月第 1 版
印　　次：2024 年 6 月第 1 次印刷
書　　號：ISBN 978-7-5010-8458-6
定　　價：136.00 圓

本書編纂委員會

目　録

總　論

金瀅坤

　　隋唐大一統帝國建立後，爲了維護中央集權，限制地方士族的權利，廢除了九品中正制，用科舉制取代了察舉制，以改變貴族官僚政治。"以文取士"的科舉取士制度極大促進了學校教育的普及和童蒙教育的發展。然而，長期以來學界對隋唐童蒙教育的大發展没有給予足够重視。直到二十世紀敦煌文書的發現，大量蒙書和學郎題記面世，隨着相關研究逐漸深入，隋唐教育史研究才被重新重視，同時也促進了對童蒙文化、社會大衆文化以及敦煌學、中古史的深入研究。因此，我們有必要對這批敦煌蒙書進行校釋與研究，從中汲取中國優秀傳統文化并加以借鑒，改善當前適合少年兒童閱讀的優秀傳統蒙書不足的局面。

　　自二十世紀初以來，王國維、周一良、王重民、向達、潘重規、陳祚龍和入矢義高、小川貫弌、福井康順、那波利貞等國内外學者對敦煌蒙書的早期研究做出了重要貢獻。近年來，王三慶、鄭阿財、朱鳳玉、張涌泉、李正宇、姜伯勤、金瀅坤、周鳳五、伊藤美重子、張麗娜等學者在敦煌蒙書整理和研究方面取得很大成就[一]，推動了敦煌蒙書的研究；特別是鄭阿財、朱鳳玉《敦煌蒙書研究》一書，搭建了敦煌蒙書研究的理論框架與方法，爲進一步的

　　〔一〕　關於敦煌蒙書及童蒙文化的研究，鄭阿財、王金娥、林華秋等已經做了詳細概述，此處不再討論。詳見鄭阿財：《敦煌蒙書研究的回顧與前瞻》，《敦煌吐魯番研究》第七卷，中華書局，二〇〇四年，第二五四～二七五頁；王金娥：《敦煌訓蒙文獻研究述論》，《敦煌學輯刊》二〇一二年第二期，第一五三～一六四頁；林華秋：《敦煌吐魯番童蒙研究目録》，金瀅坤主編：《童蒙文化研究》第一卷，人民出版社，二〇一六年，第三三三～三五九頁。

研究工作打下了很好的基礎[一]；張涌泉主編《敦煌經部文獻合集·小學類字書之屬》一書已基本上對識字類、知識類蒙書完成了校釋[二]，爲敦煌蒙書校釋提供了很好的範例。兹就敦煌蒙書進行整理、校釋和研究所涉及的"蒙書"概念、學術和現實價值，以及研究的內容、方法等諸多相關問題進行全面的闡述和説明。

一　敦煌蒙書概念及其與家訓、類書的關係

關於敦煌蒙書的概念問題，學界爭論較大，或稱"蒙書"，或"訓蒙書"，或童蒙讀物，或教材，或課本，主要原因是學者的學科視角、判定標準的不同。以下就敦煌"蒙書"的概念，以及"蒙書"的時代特點與演變展開討論。

（一）敦煌蒙書概念

以下將就學界對敦煌蒙書概念的認識和發展演變進行梳理，結合相關史實對"蒙書"概念的形成與演變進行探討，進而歸納"蒙書"的概念和歷史特點，并提出敦煌蒙書的評判標準，對敦煌文獻中的蒙書進行認定。

1."蒙書"概念爭論

有關中國古代兒童啓蒙教育階段所使用的課本、讀物，無論在歷史上，還是當下學界研究，始終沒有形成一個固定名詞，不同時代有不同稱法。民國學者喜用"兒童讀物"稱之。如一九三六年，翁衍楨發表的《古代兒童讀物概觀》一文，專門探討了"訓蒙課本"，認爲"漢代課蒙，除讀經書外，以識字爲重要之課程，漢代小學昌明，著作亦最多，以理測之，如《三蒼》《凡將》《訓纂》《元尚》等篇，皆爲當時之兒童讀物，傳至今者……其中，《千字文》《三字經》《百家姓》三書，雖至今日，僻處窮鄉之村塾中，猶用爲啓蒙之書者，亦可見其采用之廣，而傳習之久矣。經書本爲歷代學者，萃力肄習之書，不詳具論，今但就各種家訓、學規中有關討論兒童讀物之文字者引録

[一]　鄭阿財、朱鳳玉：《敦煌蒙書研究》，甘肅教育出版社，二〇〇二年。

[二]　張涌泉主編：《敦煌經部文獻合集》第八册《小學類字書之屬》，中華書局，二〇〇八年。

如次"〔一〕。從其羅列的"兒童讀物"來看，包括"十年誦讀書目"，大致分爲諸如《千字文》《三字經》等字書類，《顏氏家訓》《學範》等家訓、學規類，《童蒙訓》《論小學》等學習方法類，《小學》《四書》等經學類，《古文》《古詩》等範文類，《各家歌訣》類，雖然枚舉書目不多，但分類很廣，涵蓋了兒童誦讀的各類書目。是年，鄭振鐸《中國兒童讀物的分析》一文也使用了"兒童讀物"的概念〔二〕，大概分爲：《千字文》《三字經》等識字類，《小學》等學則、家訓類，《蒙求》《名物蒙求》《歷代蒙求》等蒙求類，《神童詩》《千家詩》等詩文類，《日記故事》等故事類，均爲歷代專門爲兒童所作之書籍，并未包含《孝經》《四書》等經學類。後來，瞿菊農亦沿用了"兒童讀物"的概念，他在《中國古代蒙學教材》一文中講到："所謂的蒙養教材，主要是在這類'蒙學'裏進行教學時使用的。私人設學和私家延師教學童蒙的，多采用這部分教材。亦有采用'經書'，如《孝經》和《論語》。"〔三〕

　　一九四〇年，常鏡海發表《中國私塾蒙童所用課本之研究（上、下篇）》，將古代私塾中教授兒童的書目分爲"通用之蒙童課本"和"選用之蒙童課本"兩類。"通用之蒙童課本"列舉了十六種書目，可分爲：其一《千字文》《百家姓》《三字經》《雜字》《字課圖説》《萬事不求人》等識字字書；其二《名賢集》《朱子治家格言》等德行類；其三《神童詩》《千家詩》《龍文鞭影》等詩文類；其四《孝經》、朱子《小學》等經書〔四〕。除《孝經》外，此類均是專爲兒童而作的所謂"課本"。"選用之蒙童課本"列舉了《教兒經》《女兒經》《小學韻語》《蒙求》等三十種古代兒童常用的所謂"課本"書目，其書目較"通用之蒙童課本"更爲少見，範圍更廣，但無本質差別，可以理解

〔一〕　翁衍楨：《古代兒童讀物概觀》，《圖書館學季刊》第十卷第一期，一九三六年，第九一頁。

〔二〕　鄭振鐸：《中國兒童讀物的分析》，《文學》第七卷第一號，一九三六年，第四八~六〇頁。

〔三〕　瞿菊農：《中國古代蒙學教材》，《北京師範大學學報（社會科學版）》一九六一年第四期，第四五~五六頁。

〔四〕　常鏡海：《中國私塾童蒙所用課本之研究（上、下篇）》，《新東方》一九四〇年第一卷第八、九期，第七四~八九、一〇三~一一四頁。

爲現代小學生的教輔資料，即擴展讀物。

民國時期，唯有胡懷琛在《蒙書考》一文中使用了“蒙書”概念[一]，將中國古代兒童所讀書籍分四卷進行叙錄、考證，總共涉及蒙書達一百七十八種，作者分別對其收藏、著錄和内容進行了叙錄和考訂。可以看得出，胡懷琛對“蒙書”的收錄甚爲廣泛，主要是對“三百千”及《急就篇》《蒙求》等古代流行甚廣蒙書的歷代注疏、改寫、改編、別體本進行重點叙錄和介紹，同時也收錄《干禄字書》《字學舉隅》《點勘記》等童蒙教育比較少用的書籍，還收錄了《釋氏蒙求》《梵語千字文序》《鎪梵語千字文序》等佛家蒙書，并收錄《植物學歌略》《動物學歌略》《中法三字經》《華英合編三字經》等新編新學及跨文化的蒙書。可見胡懷琛的“蒙書”概念十分廣泛，既包含了傳統意義的“三百千”類等專門爲兒童編撰的書籍，也包括《干禄字書》等非專門爲兒童編撰，但可以用於兒童教育的書籍，説明“蒙書”概念具有時代性、社會性，依據時代和文化的不同，在不斷變化中。新學中的“歌略體”，就是對古代蒙書改造和創新的一個體現。祇可惜由於時代動蕩，學者顧及“蒙書”研究者甚少。一九六二年，張志公出版了《傳統語文教育初探：附蒙學書目稿》一書，雖然没有明確討論“蒙書”的概念[二]，但該書後附錄《蒙學書目稿》，就使用了“蒙書”概念，所收錄的書，則被視爲“蒙書”。一九九二年修訂的《傳統語文教育教材論：暨蒙學書目和書影》[三]，將附錄改爲《蒙學書目和書影》，二〇一三年又在中華書局修訂重印[四]。新近徐梓《傳統蒙學與傳統文化》中使用了“蒙學教材”的概念，認爲“蒙學以及作爲核心内容的蒙學教材，是傳統文化的重要組成部分”[五]。徐梓《傳統蒙學研究的歷史和現狀》

〔一〕　胡寄塵：《蒙書考》，《震旦雜志》一九四一年第一期，第三二～五八頁。

〔二〕　張志公：《傳統語文教育初探：附蒙學書目稿》，上海教育出版社，一九六二年。

〔三〕　張志公：《傳統語文教育教材論：暨蒙學書目和書影》，上海教育出版社，一九九二年。

〔四〕　張志公：《傳統語文教育教材論：暨蒙學書目和書影》，中華書局，二〇一三年，第九頁。

〔五〕　徐梓：《傳統蒙學與蒙書研究》，中國社會科學出版社，二〇一七年，第一頁。

又使用了"蒙學讀物"的概念[一]，"又稱爲蒙書、蒙養書、古代兒童讀物、蒙學教材、啓蒙教材、童蒙課本、語文教育教材等"[二]。不過，這兩篇文章後來都收入其《傳統蒙學與蒙書研究》，該書名使用了"蒙書"概念，反映了學界對"蒙書"概念不斷認知的過程。

探討"蒙書"之概念，須弄清"童蒙"的含義。《周易·蒙卦》云："《蒙》：亨。匪我求童蒙，童蒙求我。初筮告，再三瀆，瀆則不告。利貞。"[三]《春秋左氏傳》卷一二"孔穎達正義"："蒙謂闇昧也，幼童於事多闇昧，是以謂之童蒙焉。"[四]可見所謂"童蒙"，指對兒童啓蒙、發蒙、開蒙之義。"蒙書"取義"童蒙"之書，即兒童啓蒙教育所使用之書。周丕顯《敦煌"童蒙""家訓"寫本之考察》云："'蒙書'，爲蒙學之書，爲我國古代識字啓蒙讀物。"[五]鄭阿財在《敦煌蒙書析論》一文中明確提出了"蒙書"的概念：

古人因取其意而稱小學教育階段爲蒙養階段，稱此階段所用之教材爲"蒙養書"，或"小兒書"。漢代啓蒙教育以識字爲主，其主要教材爲"字書"，因此有稱蒙書爲"字書"者。唐·李翰《蒙求》盛行，影響深遠，致有統稱童蒙用書爲"蒙求"者。唯以此類蒙養教材，主要爲蒙學教學所用之書，亦即爲啓蒙而輔之書，故一般多省稱作"蒙書"。[六]

此後，敦煌文獻中有關兒童讀物、教材等多被學者稱爲"蒙書"，可以説

[一]　徐梓：《傳統蒙學與蒙書研究》，第六頁。

[二]　徐梓：《中華蒙學讀物通論》，中華書局，二〇一四年，第二頁。

[三]　（三國·魏）王弼、韓康伯注，（唐）孔穎達正義：《周易正義》，李學勤主編：《十三經注疏》，北京大學出版社，二〇〇〇年，第四〇八頁。

[四]　（晋）杜預注，（唐）孔穎達等正義，十三經注疏委員會整理：《春秋左傳正義》，李學勤主編：《十三經注疏》，北京大學出版社，二〇〇〇年，第四〇八頁。

[五]　周丕顯：《敦煌"童蒙""家訓"寫本之考察》，《敦煌學輯刊》一九九三年第一期，第一六頁。

[六]　鄭阿財：《敦煌蒙書析論》，漢學研究中心編：《第二屆敦煌學國際研討會論文集》，漢學研究中心，一九九一年，第二一二頁。

鄭氏著開啓了"敦煌蒙書"專題性研究的先例。其後，鄭阿財與朱鳳玉合著《敦煌蒙書研究》[一]，及朱鳳玉《蒙書的界定與〈三字經〉作者問題——兼論〈三字經〉在日本的發展》一文，基本上堅持了這一觀點[二]。

至於學者將李翰《蒙求》作爲"蒙書"起源的重要依據，蓋因童蒙教育重在啓蒙，有知識教育需求的緣故。李翰《蒙求》直接影響了"蒙求體"衆多蒙書的産生，諸如《十七史蒙求》《左氏蒙求》《本朝蒙求》《純正蒙求》等，但不足以涵蓋"蒙書"的概念。唐代馮伉《諭蒙書》中最早將"蒙書"二字連用。《新唐書・馮伉傳》載：貞元中馮伉爲醴泉令，"縣多豪猾，數犯法，伉爲著《諭蒙書》十四篇，大抵勸之務農、進學而教以忠孝。鄉鄉授之，使轉相教督"[三]。按："諭"在此作教導、教誨之義。《淮南子・修務訓》云："此教訓之所諭也。"高誘注："諭，導也。"[四]"諭蒙書"蓋爲"教誨啓蒙""教誨發蒙"之書，這與兒童的"蒙書"之含義并無太大區别。馮伉《諭蒙書》的主要内容爲勸農、進學，"教以忠孝"，屬於針對社會大衆的教育，其中進學、忠孝與童蒙教育的内容一致，相對於傳統"蒙書"而言，其受衆面更大。考慮到該書衹有十四篇，篇幅短小也符合蒙書的特點，故曰"諭蒙書"。"諭蒙書"與"童蒙書"即"蒙書"含義已經很接近了。據此雖不好明確判定《諭蒙書》就是最早的"蒙書"概念的來源，但已包含"蒙書"之義。與此相類似的還有晉代束皙《發蒙記》，《隋書・經籍志二》將其歸入小學類字書，"載物産之異"，主要記載名物、奇异物産[五]。此"發蒙"，爲童蒙之義，"記"，爲叙事文體，顯然，《發蒙記》也是明言爲兒童啓蒙之書，與"蒙書"的概念已經很接近了。

直接將"蒙書"明確作爲書名者，是在宋代。宋太宗時，种（chóng 姓）

〔一〕 鄭阿財、朱鳳玉：《敦煌蒙書研究》，第一頁。

〔二〕 朱鳳玉：《蒙書的界定與〈三字經〉作者問題——兼論〈三字經〉在日本的發展》，金瀅坤主編：《童蒙文化研究》第五卷，人民出版社，二〇二〇年，第七五~九八頁。

〔三〕 （宋）歐陽修等撰：《新唐書》卷一六一《馮伉傳》，中華書局，一九七五年，第四九八三頁。

〔四〕 何寧撰：《淮南子集釋・修務訓》，中華書局，一九九九年，第一三三一頁。

〔五〕 （唐）魏徵等撰：《隋書》卷三三《經籍志二》，中華書局，一九七三年，第九八三頁。

放與母隱於終南山豹林谷，"結茅爲廬，博通經史，士大夫多從之學，得束脩以養，著《蒙書》十卷，人多傳之"〔一〕。可見种放著《蒙書》十卷，是傳授門人的講稿，從其卷數來看，可能不是專爲童蒙而作，但將其視爲教育兒童的教材與讀物可能性很大。宋代"蒙書"指代"童蒙之書"的概念大概早已成爲時人的共識。《玉海·紹與御書孝經》中稱高宗《御書真草孝經》爲"童蒙書""童蒙之書"〔二〕。此事，清代錢唐倪濤《六藝之一録》載：宋高宗以《御書真草孝經》賜秦檜，紹興九年（一一三九），秦檜請刻之金石。高宗曰："世人以十八章'童蒙書'，不知聖人精微之學，皆出乎此。"〔三〕顯然，宋人經常將《孝經》當作童蒙教材，故有"童蒙之書"之稱，以致忘記了《孝經》是儒家"精微之學"。顯然，"蒙書""童蒙之書"不僅僅專指《孝經》，而是"童蒙"所讀、所學之書的統稱。唐代童蒙學習經學，就"先念《孝經》《論語》"〔四〕。又元代陸文圭《古今文孝經集注序》載："君曰世以《孝經》爲'童蒙小學之書'，不知其兼大人之學……余曰：《孝經》爲'童蒙之書'未害也，張禹傳《論語》，杜欽明《五經》，童蒙之弗如。"〔五〕元人也是把《孝經》作爲"童蒙之書"，以此類推，宋元童蒙所讀之書，即可稱爲蒙書。

不過，很多時候冠以"童蒙"之名的書，未必是蒙書。如權德輿十五歲"爲文數百篇"，編爲《童蒙集》十卷，爲權德輿在童蒙時期所作之書，故名〔六〕，并非其所使用的蒙書。又宋代張載有《正蒙書》，宋代晁公武《郡齋讀

〔一〕（宋）曾鞏撰，王瑞來校證：《隆平集校證》卷一三《侍從·种放》，中華書局，二〇一二年，第三八四頁。

〔二〕（宋）王應麟撰：《玉海》卷四一《藝文》，江蘇古籍出版社、上海書店，一九八七年，第七八〇頁。

〔三〕（清）倪濤撰：《六藝之一録》卷三一三上《歷朝書譜三上·帝王后妃三·宋》，《影印文淵閣四庫全書》第八三六册，臺灣商務印書館，一九八六年影印本，第六〇三頁。

〔四〕項楚：《敦煌變文選注·舜子變》，中華書局，二〇〇六年，第三三五頁。

〔五〕（元）陸文圭撰：《墻東類稿》卷五《序·古今文孝經集注序》，《影印文淵閣四庫全書》第一一九四册，第五七四頁。

〔六〕（後晉）劉昫等撰：《舊唐書》卷一四八《權德輿傳》，中華書局，一九七五年，第四〇〇二頁。

書志》卷十將其歸入"儒家類"，認爲是其弟子蘇昞整理先生張載解説有關"陰陽變化之端，仁義道德之理，死生性命之分，治亂國家之經"的十七篇文章而成，奠定了氣一元論哲學，頗爲深奧，故不能作爲兒童的啓蒙讀物[一]。《宋史・藝文志六》載："鄒順《廣蒙書》十卷、劉漸《群書系蒙》三卷。"[二]歸入"事類"部，雖不能判定其爲蒙書，但有明顯開蒙、啓蒙之義，也説明"蒙書"之詞在宋代已經很常見。

宋代"童蒙之書"也可稱爲"小兒書"或"教子書"。宋代王暐《道山清話》云："予頃時於陝府道間舍，於逆旅因步行田間，有村學究教授二三小兒，聞與之語言，皆無倫次。忽見案間，有小兒書卷，其背乃蔡襄寫《洛神賦》，已截爲兩段。"[三]顯然，這是以"小兒書卷"指代童蒙所讀之書。如宋韓駒《次韻蘇文饒待舟書事》云："會有綾衾趨漢署，不須錦纜繫吳檣；青箱教子書千卷，白髮思親天一方。"[四]元代以後"小兒書""教子書"更爲常見，元宰相耶律楚材《思親二首》云："鬢邊尚結辟兵髮，篋内猶存教子書；幼稚已能學土梗，老兄猶未憶鱸魚。"[五]又明代夏原吉《題樂善堂二首》云："甕裏況存招客酒，床頭仍貯教兒書；閒來持此消長日，何用區區較毀譽。"[六]可見宋元以後"小兒書""教兒書"，均指代"童蒙之書"，即教兒童所讀之書，"教子書"中的主體亦爲小兒書，讀者以"小兒""童蒙"爲主體，以其所讀之書爲"小兒書""蒙書"，呈現類化概念，後來逐漸被學者所采納。

〔一〕（宋）晁公武撰，孫猛校證：《郡齋讀書志》卷十《儒家類》，上海古籍出版社，一九九〇年，第四五一頁。

〔二〕（元）脱脱等撰：《宋史》卷二〇七《藝文志六》，中華書局，一九七七年，第五二九四頁。

〔三〕（宋）王暐撰：《道山清話》，《影印文淵閣四庫全書》第一〇三七册，第六六〇頁。

〔四〕（宋）韓駒撰：《陵陽集》卷三《近體詩・次韻蘇文饒待舟書事》，《影印文淵閣四庫全書》第一一三三册，第七九一頁。

〔五〕（元）耶律楚材撰，謝方點校：《湛然居士集》卷六《思親二首》，中華書局，一九八六年，第一三二頁。

〔六〕（明）夏原吉撰：《忠靖集》卷五《七言律詩》，《影印文淵閣四庫全書》第一二四〇册，第五二五頁。

明確"蒙書"概念起源之後，必須對"蒙書"包含的内容，及其動態的歷史變化有所認識。中國古代"蒙書"的概念與童蒙教育發展演變有很大關係。民國時期余嘉錫在《内閣大庫本碎金跋》中認爲，魏晉南北朝以前學校教育不興，唐代從"小學"分化出了字書、蒙求、格言三類：字書類，以《千字文》爲代表；"蒙求"類，以《蒙求》爲代表，屬對類事爲特點；"格言"以《太公家教》爲源頭，包括《神童詩》《增廣賢文》等發展最爲廣泛；三者各有發展，分出旁支〔一〕。此説看似很有道理，但并不符合中國古代童蒙教育發展的實際情况，結論太過簡單，在一定程度上可以解釋黄正建提出的"蒙書"在正史和書目分類時，被歸入不同門類的問題〔二〕。

與余嘉錫看法相似的爲瞿菊農，其《中國古代蒙學教材》云："就現有歷史資料和現存的蒙養教材看，傳統的蒙養教材的發展，可以分爲三個階段。從周秦到唐末是一個階段，從北宋到清中葉是第二個階段，從清中期以後到新學校和新教科書的出現是第三個階段。"〔三〕他認爲古代的蒙養教材"首先是宣揚灌輸封建的倫常道德，培養封建倫常的思想意識"。此外，還要求："一是要能掌握一定的文字工具，這就是識字；其次是掌握一定的自然知識、生活知識和歷史知識；再次是作深造進修的準備或準備應考。這幾項要求在各種蒙養教材中都分別得到反映。實際上識字是學習基礎，一些教材主要是識字課本或字書。識字當然有内容，其内容仍是封建倫理道德和一般基礎知識。"〔四〕瞿菊農主張識字課本、知識字書與余氏所説的"字書"類、"蒙求"類，大致相同；認爲封建蒙養教材的第三個要求是"作深造進修的準備或準備應考"，已經注意到科舉考試對"蒙書"的影響。

〔一〕　余嘉錫：《余嘉錫論學雜著》，中華書局，一九六三年，第六〇〇～六〇六頁。

〔二〕　黄正建：《蒙書與童蒙書——敦煌寫本蒙書研究芻議》，《敦煌研究》二〇二〇年第一期，第九三～九四頁。

〔三〕　瞿菊農：《中國古代蒙學教材》，《北京師範大學學報（社會科學版）》一九六一年第四期，第四五頁。

〔四〕　瞿菊農：《中國古代蒙學教材》，《北京師範大學學報（社會科學版）》一九六一年第四期，第四五～四六頁。

　　隨後，張志公從教材角度審視了古代兒童教育所使用的教材。其新版《傳統語文教育教材論》認爲：先秦兩漢重視兒童識字教育、句讀訓練，主要有《弟子職》和《急就篇》。魏晉隋唐時期，主要集中在識字教育（《千字文》）、封建思想教育的蒙書（《太公家教》）、掌故故事蒙書（《兔園策》《蒙求》）。宋元蒙學體系，又促生了新的蒙書，祇是發展和補充較小，沒有很大變化，并將其分爲：其一，識字教育方面，在《千字文》基礎上，形成了以"三百千"爲主的識字教材，與"雜字"教育并行。其二，封建思想教育方面，用《三字經》深入識字教育中，用理學思想編撰了《小學》等新的教材，用《弟子職》等作爲訓誡讀物。其三，在《蒙求》的基礎上擴展了一批歷史知識和各學科知識教育的教材。其四，重視初步閱讀教材——出現了《千家詩》《書言故事》等詩歌與散文讀本，已涉及情感之養成及美學之陶冶範疇。其五，在初步識字和初步閱讀教育之上，産生了一套讀寫訓練的方法和教材——屬對，程式化的作文訓練，專業初學教材用的文章選注和評點本〔一〕。雖然，張志公沒有對"蒙書"概念進行闡釋，但從其對中國古代蒙書類型劃分及説明，表明他對蒙書已經有比較清晰的認識，爲我們探討"敦煌蒙書"的概念和分類提供了基本認識和啓發。由於張先生主要從事中小學教材編撰研究，對中國古代蒙書發展變化過程這一核心問題概括得十分到位，對我們進一步概括"蒙書"的概念十分有幫助。以下就張志公的觀點，結合余嘉錫、瞿菊農、鄭阿財和朱鳳玉諸位先生的主張，擬對"蒙書"的概念再做定義。

　　關於敦煌的"蒙書"概念，學界一直不是很明確。早在一九一三年，王國維在《唐寫本〈太公家教〉跋》《唐寫本〈兔園策府〉殘卷跋》中〔二〕，雖然沒有提及"蒙書"的概念，但開啓了敦煌蒙書研究之先河。一九四二年日本學者那波利貞《唐鈔本雜抄考—唐代庶民教育史研究一》則爲對敦煌蒙書進

〔一〕　張志公：《傳統語文教育教材論：暨蒙學書目和書影》，第九頁。
〔二〕　王國維：《唐寫本〈太公家教〉跋》《唐寫本〈兔園策府〉殘卷跋》，王國維：《觀堂集林》，中華書局，一九五九年，第一〇一二～一〇一五頁。

行深入研究之始〔一〕。

隨着學界對敦煌蒙書整理、研究的不斷深入，需要進一步對敦煌蒙書加以鑒別、歸類，故對“蒙書”概念的探討就提上日程〔二〕。汪泛舟在一九八八年發表《敦煌的童蒙讀物》一文，使用了“童蒙讀物”的概念，依據敦煌文書的兩百多件“兒童讀物”的内容和性質、重點，將其分爲：一識字類：《字書》《新集時用要字壹千三百言》等；二教育類：《太公家教》《百行章》等；三應用類：《吉凶書儀》等，共計三十六種。顯然，汪泛舟從“童蒙讀物”角度來分類有點寬泛，故將《姓望書》《郡望姓氏書》《吉凶書儀》《書儀鏡》《新定書儀鏡》《大唐新定吉凶書儀》《新集諸家九族尊卑書儀》《新集吉凶書儀二卷》《漢藏對譯〈佛學字書〉》《大寶積經難字》《大般若經難字》《涅槃經難字》《字寶》等不太適合兒童誦讀的書目也納入了“童蒙讀物”範圍之内〔三〕。

鄭阿財教授是最早對敦煌蒙書進行專題性、整體性研究的學者，在一九九一年發表的《敦煌蒙書析論》中，明確提出了“蒙書”的概念，分爲

〔一〕［日］那波利貞：《唐鈔本雜抄考—唐代庶民教育史研究一》，《支那學》第十期，一九四二年；［日］那波利貞：《唐代社會文化史研究》第二編，創文社，一九七四年，第一九七～二六七頁。

〔二〕“總論”中所涉及敦煌蒙書的編號及其内容衆多，主要見於近年來上海古籍出版社等出版社整理的各類大型敦煌文獻，若非特殊情況，爲節省篇幅，不再一一注明卷號。相關參引文獻均出自如下敦煌文獻：中國社會科學院歷史研究所、中國敦煌吐魯番學會敦煌古文獻編輯委員會、英國國家圖書館、倫敦大學亞非學院編：《英藏敦煌文獻》第一～一四卷，四川人民出版社，一九九○～一九九五年；上海古籍出版社、法國國家圖書館編：《法藏敦煌西域文獻》第一～三四册，上海古籍出版社，一九九四～二○○五年；俄羅斯科學院東方研究所聖彼得堡分所、俄羅斯科學出版社東方文學部、上海古籍出版社編：《俄藏敦煌文獻》第一～一七册，上海古籍出版社、俄羅斯科學出版社東方文學部，一九九二～二○○一年；中國國家圖書館編：《國家圖書館藏敦煌遺書》第一～一四六册，北京圖書館出版社，二○○五～二○一二年；武田科學振興財團杏雨書屋、［日］吉川忠夫編：《敦煌秘笈》第一～九册，はまや印刷株式會社，二○○九～二○一三年，等等。

〔三〕 汪泛舟：《敦煌的童蒙讀物》，《文史知識》一九八八年第八期，第一○四～一○七頁。

識字類、思想類與知識類三大類，其下又分若干小類，收録了二十六種敦煌蒙書，凡二百二十九件抄本[一]。次年，日本學者東野治之在《訓蒙書》中，以學仕郎、學生抄寫使用的讀物作爲認定"訓蒙書"的標準，認定《古文尚書》《毛詩》《孝經》《論語》《論語集解》《殘卜筮書》《秦婦吟》《詠孝經》《孔子項託》《鷰子賦》《子虛賦・滄浪賦》《貳師泉賦・漁父歌》《李陵與蘇武書》《王梵志詩集》《敦煌廿詠》《金剛般若波羅蜜經》等二十六種，共四十七件抄本。顯然，東野治之以學士郎即兒童身份作爲判定"訓蒙書"的標準，似乎很難準確定義"訓蒙書"的範圍和概念，將《鷰子賦》《子虛賦・滄浪賦》《貳師泉賦・漁父歌》《李陵與蘇武書》《敦煌廿詠》《金剛般若波羅蜜經》等都認定爲"訓蒙書"，似乎太過寬泛[二]。因此，鄭阿財教授認爲："對蒙書的判定，似宜先采廣泛收録，再細定標準加以擇別區分。其主要依據應就寫本内容、性質與功能分析；再據寫卷原有序文，以窺知其編撰目標與動機；從寫本實際流傳與抄寫情況、抄者身份等，綜合推論較爲穩當。"[三]

　　基於上述原則，鄭阿財、朱鳳玉在《敦煌蒙書研究》一書中，分三大類叙録了敦煌蒙書二十五種，凡二百五十件抄本。其一識字類：《千字文》《新合六字千文》《開蒙要訓》《百家姓》《俗務要名林》《雜集時用要字》《碎金》《白家碎金》《上大夫》，凡九種；其二知識類：《雜抄》《孔子備問書》《古賢集》《蒙求》《兔園策府》《九九乘法歌》，凡六種；其三德行類：《新集文詞九經鈔》《文詞教林》《百行章》《太公家教》《武王家教》《辯才家教》《崔氏夫人訓女文》《新集嚴父教》《王梵志詩》一卷本，凡十種。自該書問世以來，備受學界關注，目前是學界公認的"敦煌蒙書"收録最全，認可度最高的觀點[四]。

　　"蒙書"是個動態和歷史性的概念，因時代的不同，研究者的視角和立場

　　[一]　鄭阿財：《敦煌蒙書析論》，《第二屆敦煌學國際研討會論文集》，第二一二頁。

　　[二]　[日]池田温編：《講座敦煌5・敦煌漢文文獻》，東大出版社，一九九二年，第四〇三～四〇七頁。

　　[三]　鄭阿財：《敦煌蒙書研究的回顧與前瞻》，《敦煌吐魯番研究》第七卷，中華書局，二〇〇四年，第二五四～二七五頁。

　　[四]　鄭阿財、朱鳳玉：《敦煌蒙書研究》，第二～八頁。

不同，容易出現盲人摸象的問題。因此，黃正建《蒙書與童蒙書——敦煌寫本蒙書研究芻議》一文，通過對東野治之《訓蒙書》、鄭阿財《敦煌蒙書研究》、張新朋《敦煌寫本〈開蒙要訓〉研究》、金瀅坤《唐代敦煌寺學與童蒙教育》等有關 "蒙書" "童蒙的讀物" "童蒙的課本" 的看法進行檢討，提出了一些質疑性看法[一]。這在很大程度上反映了學界和社會大衆對 "蒙書" "兒童讀物" 和 "兒童課本" 的困惑，有必要對此進行探討，以明確本套叢書選定敦煌 "蒙書" 的標準和依據，使得學界對 "蒙書" 概念更加明晰。

2.蒙書的定義

"蒙書" 界定應該有狹義和廣義之分。狹義蒙書，主要指中國古代專門爲兒童啓蒙教育而編撰的教材和讀物。廣義蒙書，指古代公私之學用於啓蒙或開蒙教育的書，以 "童蒙教育" 爲中心，也包含對青少年、少數成人的開蒙教育所使用的教材和讀物。廣義的蒙書不僅包括狹義的蒙書，而且包括諸如《俗務要名林》《碎金》等字書、《武王家教》《辯才家教》等 "家教" 讀物。從作者編撰意圖來看，這些書并非專門爲童蒙教育而作，但因其內容適當、篇幅短小，比較適合童蒙教育，而常被世人作爲童蒙教育的教材使用，故將其視爲廣義蒙書。需要説明的是，字書、家教等之所以被稱爲 "蒙書"，是因其常被作爲教育童蒙的教材，而《孝經》《論語》雖可作爲童蒙教材，但并非蒙書。即便是《孝經》有 "童蒙小學之書" "童蒙之書" 之名，也不是廣義 "蒙書"。因爲《孝經》《論語》自成書以來就作爲儒家最核心的經典，也是隋唐以來科舉考試最基礎的內容，雖作爲童蒙教材使用，但并非專爲兒童而做，雖主要供少年、成人學習之用，也未改變其爲儒家經典的性質。

蒙書與童蒙教材、童蒙讀物的關係既有交互之處，又有差別。所謂童蒙教材，指兒童啓蒙教育中的教學用書，也稱課本，即指用作兒童啓蒙教育課本的字書、蒙書、家訓及儒家經典、史書、文集、類書等。所謂童蒙讀物，指童蒙教材之外，爲擴大知識量、提高寫作能力而供兒童閱讀的各種書

〔一〕　黃正建：《蒙書與童蒙書——敦煌寫本蒙書研究芻議》，《敦煌研究》二〇二〇年第一期，第九四頁。

籍，文體不限，原則上講童蒙教材是最基礎的學習和閱讀的内容，童蒙讀物是擴展内容。其實，《語對》《篆金》《兔園策府》和一卷本《王梵志詩》等蒙書，編撰的目的并非專門爲童蒙教育而做，但因其内容比較適合兒童閱讀，符合童蒙教育的需求，而被世人逐漸作爲常用童蒙讀物，或改編成適合兒童閱讀、學習、寫作詩文的讀物，也就變成了蒙書。最爲典型的《略出篆金》，就是在《篆金》基礎上删減而來，作爲兒童啓蒙教育讀物，也可視爲蒙書。

3.蒙書的特點

僅憑"蒙書"的概念從七萬餘件敦煌文獻中辨別"蒙書"是十分困難的事，我們必須充分考慮"蒙書"的特點，可以從其基礎性、啓蒙性、學科性、階段性、階層性和時代性入手。

其一，基礎性與學科性。蒙書的基礎性或稱開蒙性，主要是指教育的入門、啓蒙之特性，爲兒童的啓蒙、發蒙、開蒙、諭蒙服務。蒙書的基礎性因專業、學科内容不同而有很大差異，不同學科的蒙書存在着明顯的學科差異。隨着時代發展，不同歷史階段學科發展有很大差異，蒙書就出現了學科性。蒙書的基礎性是由其學科内容決定的，是指某個學科領域最爲基礎的知識、理論和學習方法等。比如字書類蒙書，史游《急就篇》最能體現基礎性特點，其内容一爲"人名"，介紹姓氏文化；二爲"名物"，枚舉衣食、器物、鳥獸、音樂、宮室、疾病等；三爲典章制度，介紹禮法、典故、職官等。雖然其内容涉及了不同學科，但對於兒童識字和增長知識來講，均爲最基礎的知識。《千字文》在《急就篇》基礎上有所發展，内容更爲豐富，增加了天文、人物、典章、制度、勸學、處世、道德方面的内容，對偶押韻，邏輯嚴密，説教明顯，但均爲相關學科的基礎性内容。在兒童接受識字教育的同時，會對其進行習字教育，敦煌文獻中發現的《上大夫》，僅有"上大夫，丘乙己，化三千，七十士，尔小生，八九子"等十八個字，筆畫簡單，比較適合初學者練習漢字的筆畫，掌握書法的基本技巧。隨着唐代科舉重詩賦的影響，童蒙教育對屬對、屬文教育加强，於是出現了《文場秀句》按事類對麗詞進行分類注解的蒙書，爲兒童學習屬對提供最基礎、最簡單詞彙，以及相關典故，用於訓練兒童屬對的基本知識和技巧、方法等。大概在十歲以後，童蒙屬對訓練之後〔一〕，就需要屬文訓練。於是就出現了敦煌本失名《策府》之類的屬文類蒙書，多在三百字左右，基本采用四六句駢文，前後對偶、押韻，并具備對策的基本結構，爲童蒙學習對策的範文。與《策府》相似的是杜嗣先《兔園策府》，爲其受蔣王惲之命，模仿科舉對策而編撰的範文，既然是範文，自然是爲子弟準備學習對策參考使用，在中晚唐五代被鄉校、俚儒作爲教兒童的蒙書，廣泛使用。《兔園策府》相對《千字文》而言，其内容雖然更爲廣泛，難度更大，用詞、用典更爲講究，且有明確的作文結構和技巧，針對的主要對象是十歲至十五歲的大齡兒童，且有一定的識字、屬對基礎。但就屬文即作文而言，仍爲初級階段，爲最基礎、基本的入門性質的，"鄉校俚儒教田夫牧子之所誦"的蒙書，而被世人嘲笑淺薄〔二〕。此外，敦煌文獻中發現的《九九乘法口訣》《立成算經》均爲中國古代算術學科領域的最基礎、入門階段蒙書。明清以後，更是向專科類發展，出現了《天文歌略》《地理歌略》《植物學歌略》以及《農用雜字》《士農工商買賣雜字》等專業性非常强的入門、開蒙類書籍，本質都可以視作蒙書。

其二，階段性。狹義的"蒙書"主要編撰對象爲兒童，在兒童不同年齡段的教育，所用的蒙書也有很大不同。若按照《禮記》的規定，兒童六歲始"教之數與方名"，十五歲成童〔三〕，此後歷代王朝太學、國子監、州縣學、府學等中央和地方官學的入學年齡基本上限定在十四歲以上，即以成童爲界限，所以筆者大致以此作爲兒童的劃分標準。六至十五歲，按照現在中國的學制，主要爲小學、初中階段，也包含了幼兒園大班，相當於今天的兒童和年齡較

〔一〕　宋仁宗至和元年（一〇五四）制定《京兆府小學規》云："第二等，每日念書約一百字，學書十行，吟詩一絶，對屬一聯，念賦二韻，記故事二件。"（見私人拓片）唐代雖然没有記載私學中進行對屬訓練的記載，但《文場秀句》《語對》等"屬對"類蒙書發現足以説明唐代童蒙屬對教育的問題。

〔二〕　（宋）歐陽修撰：《新五代史》卷五五《劉岳傳》，中華書局，一九七四年，第六三二頁。又見（五代）孫光憲撰：《北夢瑣言》卷一九《詼諧所累》，中華書局，二〇〇二年，第三四九～三五〇頁。

〔三〕　（唐）杜佑撰，王文錦等點校：《通典》卷五六《禮典十六·沿革十六》，中華書局，一九八八年，第一五七一頁。

小的少年，是一個人接受教育的最重要的時期。結合現代幼兒園、小學和初中教育的内容，這個時段的教材、讀物難易程度相差非常大，在中國古代也是一樣。考慮到隋唐以前的童蒙教育主要以識字教育和經學教育爲主，蒙書主要是字書，兒童教育層級性不是很明顯，本書不予討論。以唐代童蒙教育爲例，存在階段性，李恕《戒子拾遺》中製定了對子弟的培養方案，"男子六歲教之方名，七歲讀《論語》《孝經》，八歲誦《爾雅》《離騷》，十歲出就師傅，居宿於外，十一專習兩經"〔一〕。具體來講，幼兒在六歲便接受算數、時令、方位（空間）和名物等最基本的日常生活、生產知識的教育，主要學習《千字文》《開蒙要訓》《雜抄》《孔子備問書》等識字類和知識類蒙書，七歲讀《論語》《孝經》，八至九歲誦"兼通學藝"的《爾雅》《離騷》〔二〕，就開始經學啓蒙教育。同時，應該學習《太公家教》《武王家教》等家教和《百行章》等道德類蒙書，進行道德行爲規範教育，爲外出拜師求學打基礎、學規矩。十歲外出拜師學習《蒙求》等知識類蒙書，《語對》《文場秀句》等屬對類蒙書，《事林》等故事類蒙書，爲將來從事專經（明經），抑或屬文（進士）等舉業打基礎。至十一歲"專習兩經"，其實就是指爲參加明經科考試做準備。考慮到李恕撰寫此書在開元以前，進士科尚不興盛，故用"專習兩經"指代舉業。隨着開元以後，進士科與明經科代表的文學與經學逐漸分野，童蒙教育大概在十一二歲的時候也相應出現了專經和屬文的分化。於是在十一至十五階段的兒童主要閱讀《新集文詞九經抄》《文詞教林》《楊滿山詠孝經壹拾捌章》等經典摘編和歌詠類蒙書，既可以幫助專經者分類記憶、理解經書精粹，同時可以爲屬文者提供典故和寫作語料支持。而《事林》《事森》等故事類蒙書，可以豐富兒童的歷史知識，對明經科、進士科對策和屬文都有幫助。至於《策府》《兔園策府》和李嶠《雜詠》等均爲屬文類蒙書，應該爲意欲從事舉業的快要成童者提供屬文的範文。

〔一〕（宋）劉清之撰，吳敏霞等注譯：《戒子通録》卷三，三秦出版社，二〇〇六年，第五八六頁。

〔二〕 參見高明士：《隋唐貢舉制度》表四《唐代貢舉科目兼習學藝表》，文津出版社，一九九九年，第二八三頁。

　　其三，階層性。中國古代社會結構發生了很大變化，不同的社會階層對子弟教育所需蒙書有很大差別。以《千字文》爲例，由於南朝是士族社會，此書乃周興嗣受梁武帝之命編撰，周興嗣出身并不顯貴，善屬文，"其文甚美"。《千字文》格局高昂，雖然也涉及到天地、節令、農業生產、名物、典故、制度等字書常見內容，但其文詞典雅、引經據典、次韻嚴格，多涉禮法、人倫、道德、勸學、勵志、孝悌、睦鄰、修身、言行、舉止、處世、應對、選舉，以及賢良將相、豐功偉績等內容，旨在讓子弟在學習的過程中，不僅要識字、掌握各種知識，而且要立鴻鵠之志，見賢思齊，勵志報國，光大門庭。相對《千字文》是一部文辭華美、非常經典的字書而言，《俗務要名林》主要是爲庶民階層編撰的蒙書，其內容主要是有關生產生活中常用的名物以及倫理關係等，以備日常生產、生活中的實際之需，相對實用，但仍不失基礎、開蒙之性質。又《百行章》作者爲唐初宰相杜正倫，屬於高門士族，兄弟三人在隋朝秀才及第，衣冠天下。其兄正藏著《文章體式》，時人號爲"文軌"[一]。杜正倫"善屬文，深明釋典"，以"舉行能之人"見用[二]，曾以中書侍郎兼太子左庶子，以侍從贊相太子，蓋在此期間，有感而發做此書。從其《百行章·序》所言，杜正倫主要依據《論語》《孝經》的"忠孝"思想、倫理道德，及修身、齊家、治國的學術觀點，"錄要真之言，合爲《百行章》一卷"，分八十六章對子弟的所謂"百行"進行分章規範、約束，不求高位虛名，旨在盡節立孝、廣學仕君、踐行經典，格局甚高，積極向上，頗有世家大族對社會、君王和家庭的擔當精神與責任。與《武王家教》《辯才家教》偏向庶族俗人，內容較爲現實、關注治家，且勸誡的多爲諸種不當、不雅行爲舉止，形成了鮮明差別。但《武王家教》《辯才家教》的出現比較符合中晚唐士族走向衰落，沒落士族和庶族階層面對現實，積極編撰新時代的符合社會中下層民眾需要的家教類德行蒙書這一情況。此類情況不再枚舉。

　　其四，時代性。中國古代童蒙教育受國家、政體、家庭、地域、文化、

〔一〕《隋書》卷七六《杜正玄傳附正藏傳》，第一七四八頁。
〔二〕《舊唐書》卷七〇《杜正倫傳》，第二五四一頁。

政治、民族等諸多因素的影響，體現的是國家意志、統治階層的觀念，與學校教育制度、選舉制度、文化思想等變遷緊密相連，導致所謂的"小兒書""蒙書"的内容、主旨和名目等都在不斷變化，具有明顯的時代性特點。因此，"蒙書"的概念，必須將中國童蒙教育與中國古代歷史發展變化相結合，分不同歷史時期具體概括其主要特徵，而不是以僵化的標準籠統套用。一九三七年，李廉方《中國古代的小學教育》一文高度概括了中國古代的小學教育史，將中國古代小學教育分爲三代以前、選舉時代、科舉時代三個階段，按時代特點對小學教育的教材種類進行過概括〔一〕。兹分先秦、秦漢南北朝、隋唐五代、宋元以後四個時段，進行概述。

一是，先秦時期，識字、書計之學。先秦時期是"分封建制"的時代，夏商周中央王朝和諸侯國建立了庠序等學校教育機構，諸王和公卿子弟可以接受官學教育，其中也包括了童蒙教育。春秋以來，"學在官府"的格局被打破，私人講學興起，但童蒙教育以識字、書記之學爲主，故保留下來的童蒙讀物《史籀》等也大體屬於識字類字書。由於先秦時期没有統一的文字、文化、制度，故很難出現流行的、統一的"蒙書"。

二是，秦漢南北朝時期，識字教育大發展。秦漢時期，中國建立大一統的中央王朝，秦實行統一文字、文化的政策，頒行《蒼頡》《爰歷》《博學》三部字書，可以説極大促進了童蒙識字教育的發展。該時期《急就篇》《千字文》代表了中國古代識字蒙書的最高水平，涌現了諸如《開蒙要訓》《小學篇》《始學》《啓蒙記》《篆書千字文》《演千字文》《要字苑》《正名》等衆多字書，出現了《女史篇》《勸學》《真言鑒誡》等勸誡類蒙書〔二〕。其原因是察舉制度的實行，選官主要憑藉的是門第，而不是才學，雖然當時官學和家學、個人講學等私學教育也較前朝有很大發展，但童蒙教育總體局限於士家大族子弟，在識字教育之外，童蒙教育的内容主要是《孝經》《論語》以及"五經"相關的經學教育，也是受察舉制度選舉重"明經""德行"標準的影響。

〔一〕 收入郭戈編：《李廉方教育文存》，人民教育出版社，二〇〇六年，第四三二～四四九頁。

〔二〕 參見《隋書》卷三二《經籍志一》，第九四二～九四三頁。

　　三是，隋唐五代時期"蒙書"的多樣化發展。張志公將魏晋隋唐放在一起，認爲唐代蒙書的貢獻主要集中在封建思想教育的蒙書（《太公家教》）、掌故故事蒙書（《兔園策》《蒙求》）兩個方面[一]。顯然，魏晋與隋唐是常見的歷史分期法，但就童蒙教育而言，兩個時期存在很大差異。其主要因素，是隋唐帝國終結了魏晋南北朝時期的士族政治，兩個時代有質的差別，唐代科舉考試制度的盛行直接導致教育的下移，極大促進了唐代童蒙教育的發展，蒙書編撰得到了前所未有的發展。科舉制度改變了察舉時代以識字爲主的"字書"蒙書的編撰局面，增加了知識、道德、文學類蒙書。（一）拓展識字類蒙書，趨向專業化、多樣化。將《千字文》進行改編、注釋和翻譯，出現了《六字千字文》《千字文注》和翻譯類蒙書《蕃漢千字文》等。又發展出了《俗務要名林》《雜集時用要字》等雜字類字書，以及《碎金》《白家碎金》等俗字類字書。（二）開創知識類蒙書。雖然此前《開蒙要訓》等字書，也包含了豐富知識，但不是以普及知識爲主。唐代李翰《蒙求》開創了以典故、人物故事屬對類事，將勵志與歷史教育相結合的一種專門的綜合知識教育的"蒙書"，被後世不斷發揚，成爲"蒙求體"，在古代中國和東亞影響極大。余嘉錫、張志公和鄭阿財等先生均將其視作"知識"類蒙書之始[二]，此類蒙書在敦煌文獻中還有《古賢集》《雜抄》《孔子備問書》等等。知識類蒙書的産生與科舉考試詩賦、對策考試注重用典，以及大量設置歷史、博學等制舉和常舉科目有很大關係[三]。（三）開創了德行類蒙書。唐代受魏晋以來《顔氏家訓》等家訓、家教興盛的影響[四]，出現了針對兒童的《太公家教》《武王家教》《辯

　　〔一〕　參閱張志公：《傳統語文教育初探：附蒙學書目稿》，上海教育出版社，一九六二年，第五頁。

　　〔二〕　參閱余嘉錫：《余嘉錫論學雜著》，第六〇五～六〇六頁；張志公：《傳統語文教育初探：附蒙學書目稿》，第五二～五九頁；鄭阿財、朱鳳玉：《敦煌蒙書研究》，第二二七頁。

　　〔三〕　金瀅坤：《中國科舉制度通史·隋唐五代卷》，上海人民出版社，二〇一五年，第四六九～四七五頁。

　　〔四〕　金瀅坤：《唐代家訓、家法、家風與童蒙教育考察》，《浙江師範大學學報（社會科學版）》二〇二〇年第一期，第一四頁。

才家教》《新集嚴父教》和《崔氏訓女文》等家教類蒙書，同時出現了《百行章》《文詞教林》《新集文詞九經抄》等訓誡、格言類蒙書，以及《王梵志詩》等勸世詩類，也就是瞿菊農所説的"封建倫理道德"和張志公所言"封建思想教育"〔一〕。（四）開創文學類蒙書。瞿菊農〔二〕、張志公認爲的童蒙屬文教育是在宋代〔三〕，顯然不妥。文學是唐代選官、品評人物的重要標準，也是唐代"以文取士"的具體體現，本書借用"屬文"之詞，指代童蒙的"屬文""屬對"等進行作文訓練，稱之爲"文學"類蒙書。屬文類，主要指爲滿足童蒙學習屬文需求而編纂的供童蒙閲讀、習作的範文。詩賦讀本有《李嶠雜詠注》及《燕子賦》《楊滿山詠孝經壹拾捌章》，策文有《兔園策府》等，爲瞿菊農所説的"作深造進修的準備或準備應考"。還有《事森》《事林》等故事類蒙書，宋代發展爲散文體的故事書《書言故事》。唐代開創了童蒙"屬對"類蒙書的先例，敦煌文獻中發現的《文場秀句》《語對》《略出籯金》等屬對類蒙書，爲學界了解唐代訓練兒童學習詩賦之前的"屬對"情況提供了有力證據。（五）豐富了書算類蒙書。如唐代出現《上大夫》《牛羊千口》《上士由山水》等習字類蒙書，多内容簡短，筆畫簡單，方便幼童使用，極大豐富了兒童書法教育。

四是，宋元以後，隨着官學中小學、社學教育的普及以及家塾等日漸興盛，童蒙教育深入到了社會底層。蒙書較唐代有了更大發展，并日漸分化出新的門類。（一）識字字書類蒙書，逐漸形成了以"三、百、千"爲主的識字教材，出現了《三字經》《千字文》《百家姓》的各種注本和改寫本、別本，數量達數百種，并分化出了衆多農工商各類之"雜字"，社會化掃盲功能突出。（二）知識類蒙書更加細化，隨學科發展而不斷增加。在新增《十七史蒙求》《左氏蒙求》《本朝蒙求》等諸種"蒙求體"蒙書的基礎上，出現了《史學提要》《小四書》《史韻》《簡略四子書》等歷史知識和《名物蒙求》《植物

〔一〕 參閲張志公：《傳統語文教育初探：附蒙學書目稿》，第五頁。

〔二〕 瞿菊農：《中國古代蒙學教材》，《北京師範大學學報（社會科學版）》一九六一年第四期，第四五~四六頁。

〔三〕 參閲張志公：《傳統語文教育初探：附蒙學書目稿》，第一〇〇~一〇一頁。

學歌略》《動物學歌略》等各學科知識類蒙書。（三）德行類蒙書教育理學傾向明顯。隨着宋元理學、王陽明心學先後崛起，道德行爲教育也相應發生了變化。宋代以後新編的《三字經》《小學》《童蒙须知》等蒙書把理學思想灌輸到童蒙教材中，出現了《弟子職》等大量具有理學、心學内容的訓誡讀物。（四）文學類蒙書更爲豐富。出現了《千家詩》《神童詩》《唐詩三百首》《書言故事》等大量詩歌、散文與有關的屬文類蒙書。《對類》《聲律啓蒙》《笠翁對韻》等屬對類蒙書得到快速發展，供童蒙程式化作文訓練，或簡單習文之用，以備舉業。（五）書算類蒙書，向專業、專科蒙書發展。如《釋氏蒙求》《梵語千字文序》《鍐梵語千字文序》《五杉練若新學備用》等佛教蒙書，《新學三字經》《植物學歌略》《動物學歌略》《文字蒙求》《歷代名醫蒙求》《藥性蒙求》《風雅蒙求》等專科、專學蒙書。

4.敦煌蒙書的認定

敦煌蒙書的認定是個非常複雜的過程，需要考慮多種因素。本叢書對於敦煌蒙書的認定主要依據前文主張的廣義“蒙書”概念，充分考慮唐五代蒙書的基礎性、學科性、階段性、階級性和時代性等特點，并結合敦煌文獻的特殊性，對相關文書進行認定。針對敦煌文獻中的對象文書（相關文書），將從以下九點標準進行認定。

其一，對已有明確記載爲蒙書者，直接收入叢書名目。如《千字文》《開蒙要訓》《蒙求》《兔園策府》《李嶠雜詠注》《上大夫》等。相關敦煌文書的書名、序、跋和正文中，已經明確交待其爲教示童蒙而編撰，作爲課本、讀物使用的具有開蒙性質的基礎性書目，或可以推斷出爲蒙書者，即可視爲蒙書，如《太公家教》《新集嚴父教》《新集文詞九經抄》《文詞教林》等。對象文書雖無學郎題記，但唐宋以來世人明確將其作爲蒙書，或書志目錄、志書、史籍記載其爲蒙書，并具備蒙書的基礎性和開蒙性質者，可認定爲蒙書，如《文場秀句》等。

其二，相關文書明確有學生、學郎抄寫題記，可證明其爲學郎書寫的作業、課本，且比較多見，即在敦煌文獻中保存，由不同學郎抄寫三件以上者，且具備蒙書基礎性的特點者，可視作蒙書，如《百行章》等。

其三，相關文書與若干文書同抄在一起，判定對象僅爲其中的一篇文書，而其他同抄文書中有明確爲蒙書，或有學郎題記者，且具備蒙書的基礎性等特點者，又時代大體相當者，可作爲認定標準之一。

其四，考察相關文書是否具備蒙書基礎性特點，即内容具備篇幅短小、淺顯易懂等基礎性、啓蒙性的特點，且字數在三千左右者，考慮到蒙書的階段性，接近成童的大齡童子學習能力較强，諸如《事林》《語對》等故事類、《語對》《略出纂金》等屬對類、《李嶠雜詠注》等屬文類蒙書，其字數可以放寬到五千字左右，可作爲參照條件之一。

其五，考察相關文書内容，是否有與已經明確的同類蒙書内容相近、編撰體例相似者，且具備基礎性等蒙書特點，可作爲參考條件之一。

其六，比照中古蒙書的編撰特點，以四言短句居多，具有押韻對偶、事類簡單等特點者，且具備相關不同學科性質蒙書特點，可以作爲參考條件之一。

其七，比照中古蒙書的編撰特點，多摘編經典、名言警句、俗語諺語等，具有事類編撰特點者，且具備相關不同學科性質蒙書特點，可以作爲參考條件之一。

其八，比照中古蒙書的編撰特點，以事類編排，以麗詞對偶，并摘編經典語句、名言對其解釋，明顯作爲兒童"屬辭比事"之用，進行詞語、典故屬對訓練，熟練掌握音韻押韻，爲作詩習文訓練做準備者，可以作爲參考條件之一。

其九，比照蒙書多具訓誡、説教、勸學的特點，即啓蒙教育特點明顯者，可以作爲參考條件之一。

基於敦煌蒙書的特殊性，很多蒙書没有明確記載其性質，且後世典籍中没有收録，故需要在廣義"蒙書"概念基礎上，充分考慮蒙書基礎性的特點，集合蒙書學科性、階段性、階層性和時代性等特點，依據上述第三至九條認定標準，逐一比對核實。若敦煌文書的判定對象符合其中三項者，即可認定爲蒙書。每部蒙書詳細認定情况請參見具體分卷蒙書的相關研究。當然，需要指出的是，敦煌蒙書并非特指敦煌地區的文人所做，而是指敦煌文獻中發現的蒙書。

（二）敦煌"家教"類蒙書與家訓、類書的關係

在界定敦煌"蒙書"之後，我們有必要討論一下敦煌文獻中的"家訓""類書"與敦煌"蒙書"的關係，以便決定《敦煌蒙書校釋與研究》對"類書""家訓"中的"蒙書"進行篩選。

1.敦煌"家教"類蒙書與家訓的關係

敦煌文獻中的《太公家教》《武王家教》《新集嚴父教》《辯才家教》，爲大家所公認的四部"家教"類蒙書〔一〕，兹就"家教"與"家訓"兩者之間的關係展開討論。余嘉錫在《内閣大庫本碎金跋》中將《太公家教》歸入"格言類"〔二〕，張志公《傳統語文教育教材論》受其影響，亦將《太公家教》歸入其"封建思想教育的蒙書"之"格言諺語"類〔三〕。改革開放以後，周丕顯《敦煌"童蒙""家訓"寫本之考察》把《太公家教》歸入"家訓"，認爲是"'家訓''家教''家箴'之類著作，是我國歷史上家長用於訓誡、教育子弟及後代的倫理、規勸文字"〔四〕。汪泛舟《敦煌的童蒙讀物》將敦煌"家教"歸入"童蒙讀物"之"教育類"〔五〕，鄭阿財《敦煌蒙書析論》將其歸入"思想類"之"家訓類"〔六〕。後來，鄭阿財、朱鳳玉合著的《敦煌蒙書研究》將其并入"德行類蒙書"之"家訓類蒙書"〔七〕。從學界對《太公家教》等"家教"的認識來看，

〔一〕　鄭志明：《敦煌寫本家教類的庶民教育》，《第二屆敦煌學國際研討會論文集》，第一二五～一四四頁。

〔二〕　余嘉錫：《内閣大庫本碎金跋》，余嘉錫：《余嘉錫論學雜著》，中華書局，一九六三年，第六〇〇～六〇六頁。

〔三〕　張志公：《傳統語文教育教材論：暨蒙學書目和書影》，中華書局，二〇一三年，第四八～五一頁。

〔四〕　周丕顯：《敦煌"童蒙""家訓"寫本之考察》，《敦煌學輯刊》一九九三年第一期，第二一～二三頁。

〔五〕　汪泛舟：《敦煌的童蒙讀物》，《文史知識》一九八八年第八期，第一〇四～一〇七頁。

〔六〕　鄭阿財：《敦煌蒙書析論》，收人《第二屆敦煌學國際研討會論文集》，漢學研究中心，一九九一年，第二二六～二二七頁。

〔七〕　鄭阿財、朱鳳玉：《敦煌蒙書研究》，第二八七～四四五頁。

一種將其看作"家訓類"蒙書，一種是看作"格言類""小學"類蒙書。雖然各自理由看似都很充足，但仍值得進一步探討。

有關家訓的研究，學界已有不少研究成果〔一〕，關於家訓和現代家庭教育、童蒙教育，以及傳統文化關係等方面的研究也很多〔二〕。筆者認爲"家訓是中國傳統文化的精髓和特質，通常由家族中學養和威信較高者，總結祖上成功經驗和教訓，汲取主流價值觀念，爲子弟制定的生活起居、爲人處事、入仕爲官等行爲準則、經驗教訓，以訓誡子弟"〔三〕。因此，家訓主要針對家庭、家族內部，具有一定的封閉性，與"家教"有所不同。徐少錦、陳延斌《中國家訓史》對兩者有個簡單區別："家訓與在家教導門生與子弟的家教這兩個範疇之間既有聯繫又有區別，主要是指父祖對子孫、家長對家人、族長對族人的直接訓示、親自教誨，也包括兄長對弟妹的勸勉，夫妻之間的囑託。"〔四〕似乎對家訓和家教兩者之間的區別説得還不是很清晰。

"家教"一詞與現代教育學相對應的名詞應該就是"家庭教育"。根據王鴻俊《家庭教育》指出："家庭教育，本有廣狹二意；狹義之家庭教育，係指子女入學以前之教育，又名之曰'學前教育'，其意即謂子女入學以前時期之

〔一〕 如汪維玲、王定祥：《中國家訓智慧》，漢欣文化，一九九二年；徐梓：《中國文化通志・家範志》，上海人民出版社，一九九八年；王長金：《傳統家訓思想通論》，吉林人民出版社，二〇〇六年；朱明勳：《中國家訓史論稿》，巴蜀書社，二〇〇八年；林春梅：《宋代家禮家訓的研究》，花木蘭文化出版社，二〇一〇年；徐少錦、陳延斌：《中國家訓史》，人民出版社，二〇一一年；劉欣：《宋代家訓與社會整合研究》，雲南大學出版社，二〇一五年；等等。

〔二〕 如牛志平：《"家訓"與中國傳統家庭教育》，《海南師範大學學報（社會科學版）》二〇一二年第五期，第七九～八六頁；趙小華：《論唐代家訓文化及其文學意義——以初盛唐士大夫爲中心的考察》，《貴州社會科學》二〇一〇年第七期，第一〇七～一一三頁；劉劍康：《論中國家訓的起源——兼論儒學與傳統家訓的關係》，《求索》二〇〇〇年第二期，第一〇七～一一二頁；陳志勇：《唐宋家訓發展演變模式探析》，《福建師範大學學報（哲學社會科學版）》二〇〇七年第三期，第一五九～一六三頁；等等。

〔三〕 金瀅坤：《論古代家訓與中國人品格的養成》，《廈門大學學報（哲學社會科學版）》二〇一八年第二期，第二五～三三頁。

〔四〕 徐少錦、陳延斌：《中國家訓史》，人民出版社，二〇一一年，第一頁。

教育，應由家庭負責，子女既入學之後，似可將教育責任，完全委之於學校矣。廣義之家庭教育，係指家庭對於子女，一切直接或間接有意或無意之種種精神上身體上之教育也。"〔一〕"家庭教育"主要針對的是家庭中父母對子女的教育，以及言行和精神的影響。

結合古代"家訓"概念和現代"家庭教育"概念來看，"家訓"和"家教"主要有以下幾點區別：

第一，內涵不同。家訓，可以包括家範、家法、家訓、家教、家規、家書、家誡、箴言、族規、莊規、宗約、祠約等等，名目衆多，概念更爲廣泛。家教，嚴格地講，是家訓的一種，更注重家庭，弱化家族，屬於被包含的關係。

第二，內容不同。家訓往往着眼於宗族內部，偏重於處理宗族內部關係和自治，以及社會處世之道、禮儀應對。家教更偏重於子弟文化知識、德行和禮儀的教育，以及教育子弟的方法等等。

第三，範圍不同。家訓往往涉及整個家族上下幾代人，是適用於中國古代宗族社會的需求。家教相對而言，偏重於單個家庭內部對子弟的具體教育行爲。

第四，性質不同。家教更傾向於童蒙教育，重在關注子弟幼小時期的教育，而家訓傾向全時段的訓誡，是終生的，故以社會化教育爲主。家教往往可以作爲蒙書使用，家訓祇有少數篇幅短小且適合童蒙教育者，才可以作爲蒙書使用。

因此，敦煌文獻中《太公家教》等四部"家教"的發現，作爲現存中國歷史上最早的一批"家教"，對研究"家教"與"家訓"的關係非常有學術價值，特別是對區別"家訓"與"蒙書"的關係有着特殊意義。依據徐少錦、陳延斌的看法："家訓屬於家庭或家族內部的教育，與社會教育、學校教育相比，雖然有許多共同性，但在教育的主體與客體、教育的內容與方法方面，

〔一〕　參閱王鴻俊：《家庭教育》，教育部社會教育司，一九四〇年，第一～二頁；趙忠心：《家庭教育學——教育子女的科學與藝術》，人民教育出版社，二〇〇〇年，第五頁。

則有不少特殊性。比如，家書、家規、遺訓等衹指向家庭或家族的成員，不同於一般的童蒙讀物之適用全社會兒童。"〔一〕依據"家訓"與"童蒙讀物"的重要區別，就是"適用全社會兒童"，那麽"家訓"重視家族、家庭内部，"蒙書"就是社會性更强，不局限於家庭、家族内部。其實，敦煌文獻中的四部家教就集中反映了這一特點。

唐代士族的形成与維繫，不僅僅是世代保持高官厚禄，"而實以家學及禮法等標異於其他諸姓"〔二〕，士家大族"既在其門風之優美，不同於凡庶，而優美之門風實基與學業之因襲"〔三〕。因此，唐代大士族之家普遍重視學業、品德、家學、家風〔四〕，用以教育子弟，確保門第不衰，重視家訓、家法和家風建設。

家訓的興盛是在隋唐之際，以隋開皇中顏之推所作《顏氏家訓》最具代表性。進入唐代之後，士家大族編撰家訓的風氣很盛，唐初王方慶爲書聖王羲之之後，曾爲武周宰相，作《王氏訓誡》《友悌録》以訓誡子弟。中唐皇甫七纂作《家範》數千言，被梁肅稱讚爲"名者公器"〔五〕。以家法嚴明著稱者，爲河東柳氏柳子温家族，其曾孫玭作《戒子孫》《家訓》最爲知名。還有針對女性的宋若莘等作《女論語》、敦煌文獻中的《崔氏夫人訓女文》等女訓。

隨着中晚唐士族的衰落，家訓的形式又有所轉變，出現了《太公家教》《武王家教》《辯才家教》《新集嚴父教》四部"家教"，借助古代先賢之名編撰家教，模糊姓氏，并不限於一家一姓，而是面向天下百姓。敦煌文書中發現的《辯才家教》《新集嚴父教》都屬於此類。這些家教的産生伴隨着唐五代士族的衰落、文化教育的下移，家訓也成爲尋常百姓家庭的需要，從而使《顏氏家訓》等某一姓氏的"家訓"，轉向《新集嚴父教》等迎合大衆百姓的

〔一〕 徐少錦、陳延斌：《中國家訓史》，第一頁。

〔二〕 陳寅恪：《唐代政治史述論稿》中篇《政治革命及黨派分野》，上海古籍出版社，一九九七年，第六九頁。

〔三〕 陳寅恪：《唐代政治史述論稿》中篇《政治革命及黨派分野》，第七一頁。

〔四〕 錢穆：《略論魏晋南北朝學術文化與當時門第之關係》，《新亞學報》第五卷第二期，一九六三年，第二三~七八頁。

〔五〕 （唐）梁肅撰，胡大浚、張春雯校點整理：《梁肅文集》卷二《送皇甫七赴廣州序》，甘肅人民出版社，二〇〇〇年，第六四頁。

“家訓”〔一〕。

“家教”不冠姓氏，更突出童蒙教育的特點，最終走向社會；“家訓”多冠名姓氏，強調重家族内部的意義。因此，家訓重在家族内部關係的治理。如《顔氏家訓》中設立《教子》《兄弟》《後娶》三篇，對應父子、兄弟、夫婦三種關係。司馬光的《家範》詳細地討論了祖、父、母、子、女、孫、伯叔父、侄、兄、弟、姑姊妹、夫、妻、舅甥、舅姑、婦、妾、乳母等十八種家族成員的行爲規範〔二〕。“家教”趨向社會，故發展爲“格言類”蒙書，余嘉錫認爲“格言”類蒙書以《太公家教》爲源頭，後世有《童蒙須知》《格言聯璧》等蒙書。從這種意義講，家教與家訓存在一定的差别，兩者代表不同的發展方向。

唐代四部“家教”又有各自差异，可以反映唐代“家教”的多樣性。兹分别加以説明：

其一，《太公家教》。《太公家教》的編撰目的，在其序和跋中有所交待。《太公家教·序》明確講編書的目的是“助誘童兒，流傳萬代”，面向社會大衆，與“家訓”訓誡功能主要面向家族并冠以姓氏有很大差别，正好説明其“蒙書”的特徵。其跋云：“唯貪此書一卷，不用黄金千車，集之數韻，未辨疵瑕，本不呈於君子，意欲教於童兒。”明確交代編書的目的，并没有强調教示自家子弟。結合《太公家教》編撰體例，將前人格言警句、諺語俗語，改寫爲四言爲主，兼及五言、六言的句式，前後對偶、押韻，從孝悌、應對、師友、言行、勸學、處世等諸多層面進行勸教，主要是德行和勸學内容，開創了德行類，即格言類蒙書的先例。不過，該書多次提到“教子之法”“養子之法”“育女之法”等語，説明作者的着眼點是家長教育兒女，與現代家庭教育比較相近，此蓋題名“家教”的原因所在。該書在唐代流傳甚廣，宋元時期仍在作爲蒙書使用，并遠播日本。

〔一〕　詳見金瀅坤：《唐代家訓、家法、家風與童蒙教育考察》，《浙江師範大學學報（社會科學版）》二〇二〇年第一期，第一三~二一頁。

〔二〕　王美華：《中古家訓的社會價值分析》，《古籍整理研究學刊》二〇〇六年第一期，第六一頁。

其二,《武王家教》。《武王家教》常常抄寫在《太公家教》之後,甚至不署其名,以致被後人當作《太公家教》的一部分。但該書編撰體例和内容與《太公家教》差距甚大,爲後人仿效《太公家教》之作,係借名周武王,題爲《武王家教》的一部"家教"。《武王家教》以"武王問太公"的問答體體例,回答了十惡至十狂等十三類問題,主要用四言俗語,對答應該去除的七十一種不良、不雅行爲舉止,使用了"數字冠名事類"的分類編撰方式,這是唐代問答體兼"數字冠名"的典範[一]。考慮到《武王家教》最後兩問爲"欲成益己如之何""欲教子孫如之何",即如何教示子孫,且是"益己"之教,對答内容多與《太公家教》有關,説明兩者性質很近。其最後一段有"男教學問,擬待明君;女教針縫,不犯七出";"憐子始知父慈,身勞方知人苦";末尾一句爲"此情可藏於金櫃也",意爲可作爲教示子弟的典範。該書基本上以父教爲主,教示子弟莫爲諸種不當行爲舉止,多與對外應對、處世有關,雖冠名"家教",但着眼於天下少年兒童。《武王家教》以"治家"爲主,大體講子弟應該杜絶的不當、不良行爲及家長應該注意的事項,雖"家訓"特點較强,但學郎仍多有抄寫、誦讀,説明其作爲蒙書使用較爲普遍。

其三,《辯才家教》。《辯才家教》是唐大曆間能覺大師辯才所作的問答體"家教"。《辯才家教》問答相對簡單,由學士問辯才+辯才答曰構成,衹有一級問對。對答部分有三種情況:一是辯才答曰;二是辯才答曰+《孝經》+偈頌;三是辯才答曰+偈頌。《辯才家教》有明確章目,爲:貞清門、省事門、善惡章等共十二章,前有序,後有跋。《辯才家教》的作者在序和跋的部分,就已經交代了編撰此書的目的是"教愚迷末,審事賢英;常用智慧,如燭照明"。其主旨是教化、勸導愚昧、迷惑、末流之輩審時度勢,處理家事和社會事務的"常用智慧",最終達到"悉以廣法,普濟群生",有弘法渡人的目的。《辯才家教》的家訓特點更爲明顯,勸教對象爲家族成員,包含了少年兒童、婦女老者,偏重佛理,内容多涉及家族内部翁婆、兄弟、姻娌等關

〔一〕 金瀅坤:《唐代問答體蒙書編撰考察——以〈武王家教〉爲中心》,《廈門大學學報(哲學社會科學版)》二〇二〇年第四期,第一四一~一五二頁。

係，"家訓"特徵明顯，流傳不廣，但敦煌仍有少量學郎抄本，説明有一定的兒童讀者。《辯才家教》偈文稱頌"家教看時真似淺"，内容較疏，其實"款曲尋思始知深"，"天生道理密"，説理性很强，有着深奧的文化内涵和歷史傳統。

其四，《新集嚴父教》。《新集嚴父教》是十世紀後期敦煌地區一部十分通俗的大衆讀物，篇幅簡短，每章五言六句，是韻語式的"家教"，針對男、女童分别訓示。該書共九章，每章首句先列舉日常生活的事目，然後告知"但依嚴父教"；第三四句爲針對首句的教示語（如"養子切須教，逢人先作笑"），第五句爲教示結果（如"禮則大須學"），最後以"尋思也大好"盛贊，作爲每章結束語。《新集嚴父教》爲教誡子弟日常生活行爲而編，偏重男兒，而《崔氏夫人訓女文》是針對臨嫁的女兒而撰的。《新集嚴父教》雖然冠名"父教"，但與前三部"家教"的最大不同是，啓蒙教育内容不足，而且是以"嚴父"口吻嚴令禁止諸種不良、不當的應對和處世行爲，與《辯才家教》的説理特點形成了鮮明對比。不過，仍有學郎抄寫，作爲蒙書使用。

此外，敦煌寫卷《崔氏夫人訓女文》爲現存最早訓示臨嫁女兒而撰作的篇卷〔一〕，通俗淺近，對後世女教影響深遠。與敦煌本以"父教"爲主導的四部"家教"最大不同是"母教"，勸誡對象也是將要出嫁的女兒。此篇與"家教"的另一個區别是日常生活的啓蒙教育内容較少，而是以出嫁前的女童爲訓誡對象，主要爲處理公婆、夫妻、妯娌等家庭内部關係，以及應對等處世原則的内容，集中在女德方面，故也常用作女德教育方面的蒙書使用。

綜上所論，依據對《太公家教》《武王家教》《辯才家教》和《新集嚴父教》的分析，結合古代"家訓"和現代"家庭教育"概念來看，"家訓"和"家教"的主要區别在於：家訓的概念更爲廣泛，家教包含在家訓之内；家訓偏重於宗族内部關係處理和自治，家教更偏重於天下子弟文化知識、德行和禮儀的教育；家訓往往涉及整個家族上下幾代人，家教偏重於單個家庭内部

〔一〕　參閲鄭阿財、朱鳳玉：《敦煌蒙書研究》，第四—六頁。

的子弟。

　　具體來講，《太公家教》主要是用四言韻文改寫古人格言諺語，對子弟進行德行和勸學教育；《武王家教》用問對體結合數字冠名事類，主要用四字俗語，以"治家"爲主，講子弟應該杜絕的行爲及家長應該注意的事項，雖具"家訓"特點，但仍不失蒙書性質；《辯才家教》的家訓特點更爲明顯，偏重佛理，重視家庭整體，内容多涉及家族内部翁婆、兄弟、妯娌等關係，"家訓"特徵明顯，流傳不廣；《新集嚴父教》雖然冠名"父教"，實爲"家教"，與前三部"家教"的最大不同是缺乏啓蒙教育内容。

　　2.蒙書與類書的關係

　　敦煌蒙書中《語對》《文場秀句》《略出籝金》《兔園策府》《事林》《事森》《古賢集》《雜抄》等，從編撰體例來講又屬於小類書，以致有學者和讀者對類書與蒙書的關係產生了困惑。因此，有必要對敦煌"蒙書"與"類書"的異同進行説明。

　　所謂類書，"是采輯或雜抄各種古籍中有關的資料，把它分門別類加以整理，編次排比於從屬類目之下，以供人們檢閱的工具書……類書并非任何個人專著，而是各種資料的彙編或雜抄"〔一〕。以"事類"作爲類書的基本特徵。《隋書·經籍志》將《皇覽》《雜書鈔》等"類書"歸入子部雜家。《舊唐書·經籍志》將"類書"從子部雜家中單獨分出"類事"類〔二〕。《四庫全書總目·子部》類書類小序載："類事之書，兼收四部，而非經非史，非子非集。四部之内，乃無類可歸。"〔三〕可以大致反映出類書的基本特點是"類事"，但其内容比較混雜，多爲非經非史非子非集，四部分類往往不足以將其準確歸類，以致出現同一部類書，不同學者常將其歸入不同門類的情況。十九世紀三十年代，鄧嗣禹《燕京大學圖書館目録初稿》將類書部分爲：類事門、典故門、博物門、典制門、姓名門、稗編門、同異門、鑒戒門、蒙求門、常識門等十

　　〔一〕　吳楓：《中國古典文獻學》，齊魯書社，二〇〇五年，第一一七～一一八頁。

　　〔二〕　《舊唐書》卷四七《經籍志下》，第二〇四五～二〇四六頁。

　　〔三〕　（清）永瑢等撰：《四庫全書總目》卷一三五《子部·類書類一》，中華書局，一九六五年，第一一四一頁。

門，他認爲類書“分類過多，即難於周密；取材太泛，則義界不明”，常有互牴之情況，很難分類，故主張分爲綜合性類書、專門性類書兩類〔一〕。鄧嗣禹還單獨設“蒙求門”，以收録蒙書，説明類書與蒙書存在很大交互性。周揚波在對宋代蒙書分類時，專列“第四類是類書類蒙書”〔二〕。

關於“蒙書”和“類書”的差異，王三慶指出：“類書的編纂，原供皇帝乙夜之覽，以利尋檢；其後，人臣對策、文士撰述，亦得參考方便。等到類書蔚爲大觀，得到大家充分的認識和廣泛的利用後，又成爲童蒙初學時，依類誦讀，助益記憶的教科書。”〔三〕説明類書既可以作爲士大夫的檢索工具書，也可以作爲童蒙誦讀内容。劉全波《論唐代類書與蒙書的交叉融合》一文認爲：“類書强調的是體例，是以類相從的方式、方法，是類事類書、類文類書、類句類書、類語類書、賦體類書、組合體類書之區别。蒙書强調的是功能，是蒙以養正，雖然有識字類，有品德類，蒙書體例靈活多樣，不拘一格，注重的是功能性。”〔四〕認爲敦煌類書和蒙書的區别是强調體例和功能不同。筆者認爲兩者主要是編撰方法和用途的不同，敦煌類書分類在於按類事、類文、類句、類語、賦體、綜合等體例編排，不辨讀者對象，講求“述而不作”；而敦煌蒙書按内容、性質和用途分爲識字、知識、德行、文學、書算等類，强調其爲童蒙教育服務的特點，且多爲基礎性知識、常識性内容。一般來講，“類書”的判定偏重編撰方式和内容，“蒙書”的判定重在童蒙的“用途”和相對淺顯的内容，兩者并不是相互矛盾的，會存在相互交融的情況。

至於敦煌“類書”能不能作爲“蒙書”，是由其内容、長短、難易、用途等因素決定的，“蒙書”是不是“類書”還由其編撰體例決定。

〔一〕　鄧嗣禹編：《燕京大學圖書館目録初稿・類書之部》，燕京大學圖書館，一九三五年，第一~二八頁。

〔二〕　周揚波：《知識社會史視野下的宋代蒙書》，《廈門大學學報（哲學社會科學版）》二〇一八年第二期，第三四~四五頁。

〔三〕　王三慶：《敦煌類書》，麗文文化事業股份有限公司，一九九三年，第一三二頁。

〔四〕　劉全波：《論唐代類書與蒙書的交叉融合》，《浙江師範大學學報（社會科學版）》二〇二〇年第四期，第一一二頁。

同一本書兼具類書與蒙書性質分類與用途總表

書目	類書〔一〕	蒙書	題記〔二〕	用途
語對	語詞類〔三〕	屬對類		屬對訓練、掌握典故
文場秀句	語詞類	屬對類		屬對訓練、掌握典故
略出籯金	語詞類	屬對類	尾題："宗人張球寫，時年七十有五。"	屬對訓練、掌握典故
兔園策府	語詞類	屬對類	尾題："巳年四月六日學生索廣翼寫了。""高門出貴子，好木不良才，男兒不學問。"	掌握典故、習文訓練
事林	故事類	故事類	尾題："君須早立身，莫共酒家親。"	掌握典故、知識，以備習文
事森	故事類	故事類	題記："戊子年四月十日學郎貟義寫書故記。""長興伍年歲次癸巳八月五日敦煌郡淨土寺學仕郎貟義。"	掌握典故、知識，以備習文
新集文詞九經抄	類事類	格言類	尾題："十五年間共學書。"背題："中和參年四月十七日未時書了，陰賢君書。"	掌握典故、習文訓練
文詞教林	類事類	格言類		掌握典故、習文訓練
雜抄	問答體類	綜合知識類	首題："辛巳年十一月十一日三界寺學士郎梁流慶書記之也。"題記："丁巳年正月十八日淨土寺學仕郎賀安住自手書寫讀誦過記耳。"	擴展知識

其一，語詞類類書兼具屬對蒙書情況。敦煌文獻中發現的《語對》《文場秀句》和《略出贏金》等書抄，從編撰體例來看屬於語詞類類書，但按其使用性質來分則是蒙書。如《語對》僅存諸王、公主、醜男、醜女、閨情等四十個事類，其下又分維城、磐石、瑤枝、瓊萼等六百三十六條對語。顯然，《語對》是一部語詞類類書無疑，"而其功能旨在用於兒童學習造語作文

〔一〕 參考王三慶：《敦煌類書》，第一五~一二六頁；王三慶撰，〔日〕池田溫譯：《類書·類語體·語對甲》，收入〔日〕池田溫編：《講座敦煌5·敦煌漢文文獻》，第三七二、三七九頁；劉全波：《類書研究通論》，甘肅文化出版社，二〇一八年，第九三~一〇八頁。

〔二〕 同一蒙書題記，此表僅限收兩條。

〔三〕 語詞類，王三慶《敦煌辭典類書研究：從〈語對〉到〈文場秀句〉》作"辭典類"（《廈門大學學報（哲學社會科學版）》二〇二〇年第四期，第一六四~一七二頁）。

的初階啓蒙"〔一〕，其編纂目標"偏重教育學童在語詞上的初階學習和道德知識上的傳承，猶未進入利用事文詞彙正式聯屬作文的階段……編織成一篇錦繡文章"〔二〕。與其相近的敦煌本《文場秀句》僅存天地、日月、瑞、王等十二個"部類"，每個部類之下設數條小的條目，其下爲注解，共計一百九十三條。據日本《倭名類聚抄》《性靈集注》《言泉集》等文獻，在敦煌本《文場秀句》十二類外，又可增補兄弟、朋友、攻書等部類目，下設約十九條目（含儷語一條）〔三〕。從其分類和條目設置來看，《文場秀句》爲語詞類專門類書，王三慶認爲其爲"類語體類書"〔四〕，李銘敬也認爲其兼具類書和啓蒙讀物的性質〔五〕。《日本國見在書目録》將《文場秀句》與《蒼頡篇》《急就篇》《千字文》等蒙書一同歸入"小學家"〔六〕，可見其具有蒙書之性質。現存敦煌本《籝金》爲武周時期李若立所作類書。九世紀末張球爲教授生徒的需要，改編《籝金》而成《略出籝金》（伯二五三七號），不僅僅是簡單的删節改編和壓縮篇目，而且是從格式到内容做了全面的修訂和改編，對有些部分進行了重新撰寫，將其改寫爲《略出籝金》，僅存帝德篇至父母篇，共三十篇〔七〕。顯然，《籝金》

〔一〕　見王三慶《敦煌蒙書校釋與研究·語對卷》，文物出版社，二○二二年，第三一九頁。

〔二〕　王三慶：《敦煌蒙書校釋與研究·語對卷》，第三一三頁。

〔三〕［日〕狩谷棭齋：《箋注倭名類聚抄》，日本明治十六年（一八八三）印刷局活版本（藏日本内閣文庫）；［日〕阿部泰郎、［日〕山崎誠編集：《性靈集注》，見國文學研究資料館編：《真福寺善本叢刊》第二期第十二卷（文筆部三），臨川書店，二○○七年；澄憲著，［日〕畑中榮編：《言泉集：東大寺北林院本》，古典文庫，二○○○年（藏日本國立國會圖書館），第三二三～三二六頁。

〔四〕　王三慶：《〈文場秀句〉之發現、整理與研究》，王三慶、鄭阿財合編：《二○一三年敦煌、吐魯番國際學術研討會論文集》，成功大學中國文學系，二○一四年，第三頁。

〔五〕　李銘敬：《日本及敦煌文獻中所見〈文場秀句〉一書的考察》，《文學遺産》二○○三年第二期，第六七～六八頁。

〔六〕［日〕藤原佐世奉敕撰：《日本國見在書目録》，（日本）天保六年（一八三五）寫本（藏日本國立國會圖書館），寫本不注頁碼。

〔七〕　鄭炳林、李强：《陰庭誠改編〈籝金〉及有關問題》，《敦煌學輯刊》二○○八年第四期，第一～二六頁；楊寶玉：《晚唐文士張球及其興學課徒活動》，金瀅坤主編：《童蒙文化研究》第二卷，人民出版社，二○一七年，第三八～五四頁。

不僅是類語類類書，而且具有鮮明的蒙書特點。

其二，語詞類類書兼具屬文類蒙書情況。敦煌本《兔園策府》僅存第一卷，爲《辨天地》《正曆數》《議封禪》《征東夷》《均州壤》等五篇，爲鄉村學校教授兒童的蒙書。但《郡齋讀書志》將其列入"類書類"[一]，《遂初堂書目》也收在"類書類"下[二]，《秘書省續編到四庫闕書目》卷一别集類、卷二類書類均著録《兔園策府》十卷，强調《兔園策府》從"對策"文體角度則屬於别集，從編撰體例來看屬於類書，實際使用情況來看爲蒙書[三]。考慮到《兔園策府》是蔣王傅杜嗣先奉教參照科舉試策編撰的範文，以備習作和備考之用。又斯六一四號《兔園策府》末尾題記："巳年四月六日學生索廣翼寫了。"其蒙書的性質應該很明確了。項楚先生認爲此條題記後所附"高門出貴子"一詩，乃西陲流行學郎詩，這也印證了《兔園策府》的蒙書性質[四]。由於唐初科舉試策，對策文體多爲"賦"，若結合《兔園策府》對策文體爲賦，以事類編目，將其歸爲"類事賦"[五]，應該問題不大。總之，隨着時代的變遷，《兔園策府》變成了《兔園册》，成爲教人屬文、典故和知識等方面的蒙書[六]。

其三，故事類類書與故事類蒙書情況。《事林》《事森》，白化文[七]、王三慶均將其歸爲類書[八]。僅存的伯四〇五二號《事林》篇首有學郎題記："君須早

〔一〕（宋）晁公武撰，孫猛校證：《郡齋讀書志校證》，上海古籍出版社，一九九〇年，第六五〇頁。

〔二〕（宋）尤袤撰：《遂初堂書目・類書類》，《叢書集成初編》第三二册，中華書局，一九八五年，第二四頁。

〔三〕（清）葉德輝考證：《秘書省續編到四庫闕書目》卷一《集類・别集》，《叢書集成續編》第三册，新文豐出版公司，一九九一年，第二五九頁；（清）葉德輝考證：《秘書省續編到四庫闕書目》卷二《子類・類書》，《叢書集成續編》第三册，第二九六頁。

〔四〕項楚：《敦煌詩歌導論》，巴蜀書社，二〇〇一年，第二〇四頁。

〔五〕王三慶：《敦煌類書》，第一一八頁。

〔六〕參閲鄭阿財、朱鳳玉：《敦煌蒙書研究》，第二七八頁。

〔七〕白化文：《敦煌遺書中的類書簡述》，《中國典籍與文化》一九九九年第四期，第五三頁。

〔八〕王三慶：《敦煌類書》，第七〇頁。

立身，莫共酒家親。”爲學郎讀後感，説明其爲蒙書無疑。王三慶認爲《事林》是學郎之習書，“始戲題爲《事林》一卷，謂事類如林也”[一]，很可能就是供童蒙學習用的改編本類書[二]。敦煌本《事森》有尾題：“戊子年四月十日學郎負義寫書故記。”背題：“長興伍年歲次癸巳八月五日敦煌郡净土寺學仕郎負義。”《事森》與《事林》均爲類書，説明兩者同時也是學郎喜愛的故事類蒙書。

其四，類事類類書兼具格言類蒙書情況。《新集文詞九經抄》《文詞教林》等類書，白化文[三]、王三慶均認定爲類書[四]，鄭阿財却將其歸爲蒙書類。其實，《新集文詞九經抄》從編撰角度爲一部類事類類書，以裒輯九經諸子之粹語與史書典籍之文詞嘉言成編，凡所援引的聖賢要言，均一一標舉書名或人名。審其内容與體制，是在唐代科舉制度的發展與私學教育促進下，所産生的具有家訓蒙書功用及書抄類書性質的特殊教材[五]。《文詞教林》也大致如此，不再贅述。

其五，問答體類書兼具綜合知識類蒙書情況。《雜抄》内容大體可歸納爲“論”“辨”以及類似家教性質的“勸世雜言”等三大類。除“訓誡類”外，涉及二十七個條目一百六十七個問答，條陳設問，逐一解答或釋義，内容龐雜。顯然，其編撰體例爲問答體類書，但從内容和學郎題記來看，無疑又是一部蒙書，在敦煌文獻中多達十一個寫卷，説明很受學郎歡迎。

分析上述敦煌類書可以作爲“蒙書”使用的情況，爲我們進一步討論“類書”與“蒙書”關係提供了範例。類書從編撰體來講應該具備以下三個特點：其一，類書之材料來自於“捃采群書”；其二，類書之編排一般是“以類相

〔一〕 王三慶撰，林艷枝助理：《敦煌古類書研究之一：〈事林一卷〉（伯四〇五二號）研究》，《敦煌學》第十二輯，一九八七年，第九九～一〇八頁。

〔二〕 王三慶：《〈敦煌變文集〉中的〈孝子傳〉新探》，《敦煌學》第十四輯，一九八九年，第一八九～二二〇頁。

〔三〕 白化文：《敦煌遺書中的類書簡述》，《中國典籍與文化》一九九九年第四期，第五〇～五九頁。

〔四〕 王三慶：《敦煌類書》，第八六、八九、一二一、一二三頁。

〔五〕 鄭阿財、朱鳳玉：《敦煌蒙書研究》，第二八七頁。

從”〔一〕；其三，類書的編撰者對待材料的態度是“摘編改寫”。其編撰體例導致了類書內容多爲匯編的資料性質，屬於知識性、常識性的內容，方便世人檢索和快速掌握同類資料和知識，好比“知識寶典”，這一點與“蒙書”通俗性、知識性的特點十分相似。如果“類書”部頭較小，在三千字左右，就非常適合學習能力較弱、閱讀量較小的兒童使用。而“類書”包羅萬象的特點，門類繁多，編撰方式多樣，若是“類書”編撰內容較爲淺顯，體量較小，適合說教，就被世人作爲“蒙書”來使用的可能性比較大。當然，蒙書多在編撰之初，就以童蒙教育爲目的，以事類爲目，用類書編撰的方式，自然就兩者合體。其中，大家公認的唐代敦煌蒙書杜嗣先《兔園策府》、孟獻忠《文場秀句》及明代程登吉《幼學瓊林》等，都是按類書體例編撰，供蒙童使用之書。

二 敦煌蒙書編撰的繼承與創新

敦煌蒙書在我國蒙書編撰史上具有承上啟下的特殊意義。唐以前蒙書教材編撰已經取得了很大成就，其中的經典有司馬相如《凡將篇》、史游《急就篇》、周興嗣《千字文》等，基本上都是一些識字、名物介紹和典章概述等性質的蒙書，以《千字文》影響最大，但總體數量有限。隋唐科舉制度的創建與快速發展，直接推動了文化教育的發展和整體下移，極大刺激了童蒙教育的發展，蒙書的編撰也出現了前所未有的增長態勢。唐前期在官學教育與科舉考試標準相一致的情況下，直接影響了童蒙教學總體爲科舉服務的特點。唐代蒙書一個重要特點，就是打破《急就篇》《千字文》等綜合性識字蒙書獨大局面，出現了識字、德行、文學、書算等不同種類的蒙書。關於識字蒙書大家都很熟悉，不再多說。德行、文學是唐代科舉考試、吏部銓選和品評人物常用的、評價人才的大門類，唐人多以德行、文學和政事選拔人才〔二〕，故人才培養大體不出其右，蒙書編撰也受此影響；書算指有關習字與算術教育。唐五代蒙書編撰由綜合性，轉向分類專精發展，蒙書的內容和性質呈多樣性、

〔一〕 參閱高天霞：《敦煌寫本〈俗務要名林〉語言文字研究》，中西書局，二〇一八年，第三〇~三三頁。

〔二〕 參閱金瀅坤：《中國科舉制度通史・隋唐五代卷》，第四七〇頁。

多元化發展，在諸多方面都具有開創性，對後世影響深遠。茲據敦煌蒙書對唐五代蒙書編撰貢獻做分類説明。

（一）識字類蒙書向知識類蒙書的轉變與創新

一是，對前代識字蒙書的創新。唐代在《千字文》基礎上，將其改編爲《新合六字千文》，僅僅是在《千字文》“四字句”基礎上新增二字，在形式上由四字變成了六字而已，在内容上兩者變化不大，本質上講仍是《千字文》新版而已〔一〕。敦煌文獻中發現的唐代《千字文注》，是在上野本《千字文注》基礎上，注文進一步增補文獻、增加人物典故，叙事更爲詳細〔二〕，并使用了唐代俗語及敦煌當地流行變文《韓朋賦》中的内容，對兒童理解《千字文》十分有幫助。值得一提的是，吐蕃占領敦煌時期出現了多個版本的《漢藏千字文》，開創了《千字文》翻譯成少數民族童蒙讀物的先例，也是現存最早的雙語童蒙教育的教材。

二是，識字類蒙書趨於多樣性、專業性發展。唐代識字蒙書在專精方面得到了快速發展，在《急就篇》《千字文》《開蒙要訓》等綜合性識字類蒙書基礎上，出現了《碎金》《白家碎金》等俗字類蒙書，還出現了《俗務要名林》《雜集時用要字》等實用性便民雜字類蒙書，多以識字爲主，兼及相關名物、典章、歷史故事、天象、時令等常識性知識。

三是，識字類蒙書向知識類蒙書的轉化。唐代開元中李翰編撰的《蒙求》，以韻文形式，通過講述人物事蹟、歷史典故、格言要訓，教授兒童歷史知識以及忠孝仁愛、勤學廉潔等觀念，進行德行、勵志和勸學教育。余嘉錫在《内閣大庫本碎金跋》中解釋古代的“小學”編撰分“字書”“蒙求”“格言”三個門類的原因，認爲“蒙求”類，以《蒙求》爲代表屬對類事爲特點，其後有《三字經》及《幼學瓊林》《龍文鞭影》之類。瞿菊農也將蒙養教材分爲“字書”類與“蒙求”類相對。張志公也把《蒙求》作爲一個蒙書類別，認爲宋元以後，在《蒙求》的基礎上擴展了一批歷史知識和各學科知識教育的教材。顯然，《蒙

〔一〕　參考鄭阿財、朱鳳玉：《敦煌蒙書研究》，第四〇～五一頁。
〔二〕　鄭阿財、朱鳳玉：《敦煌蒙書研究》，第三〇頁。

求》開創了以典故、人物故事爲題材的，將勵志與歷史教育相結合的一種蒙書題材，被後世不斷發揚，成爲"蒙求體"，遠播海外，在日本影響極大。唐代與《蒙求》相似的蒙書還有《古賢集》。其他綜合知識類蒙書還有《雜抄》《孔子備問書》。《雜抄》分爲"論""辨"及"勸世雜言"三類，以問答體形式，介紹天文、地理、時令、人物、名物、典章、典故、經史、職官、道德及勸世雜言等，內容包攬萬象，十分廣博。值得一提的是，《孔子項託相問書》前半部分爲問答，內容包括孔子過城、兩小兒辯日，以及有關牲畜、花鳥、樹木、孝道、倫理、天文等各種問題，屬於綜合類知識，與《孔子備問書》《雜抄》相似；後半部分爲七言古詩，也有學者稱爲故事賦〔一〕，用韻文賦敘事，與《古賢集》《蒙求》的韻文、對仗詩歌體特點基本一致。顯然，《孔子項託相問書》是參酌兩種蒙書體例而編撰的，充分體現了唐代蒙書編撰的多樣性和創新意識。

四是，故事類。唐代童蒙教育出現《事林》《事森》等故事類蒙書，宋代故事書《書言故事》就源於此，敦煌文獻中還有《類林》《珣玉集》等故事類典籍，但篇幅較大，適合作爲兒童拓展讀物，故未收入蒙書類。《事林》《事森》內容多源自歷代史傳，以勤學、勸學、志節等分篇目，以人物故事爲中心展開，強調的是人物故事的新奇，對兒童進行知識、道德教育，進而儲備屬文知識。

（二）德行類蒙書的開創與豐富

德行類蒙書的出現是唐代蒙書編撰的一個重要特點，通過彙集格言警句、人物故事和歷史典故，向兒童灌輸儒家修身、養性、齊家、治國、平天下的思想，從而達到規範兒童言行、志趣，達到使其學會爲人處事、侍奉尊長等效果。

一是，開創了"家教"類蒙書。魏晉以來士族政治得到了充分發展，士家大族重門風、家法、家學，在制定"家教""家規""家訓"方面取得了前所未有的成就，其內容無非多爲勸學、勸孝、戒鬥、戒淫等處世準則和規範。南

〔一〕 蹤凡：《兩漢故事賦探論：以〈神鳥賦〉爲中心》，項楚主編：《中國俗文化研究》第二輯，巴蜀書社，二○○四，第三一頁。

北朝時期以顏之推《顏氏家訓》堪稱最佳代表，唐代此類蒙書得到了較大發展。其後顏真卿曾作《家教》三卷，可惜已經失傳。慶幸的是敦煌文書中發現的《太公家教》《武王家教》《辯才家教》《新集嚴父教》《崔氏夫人訓女文》，爲學界了解唐代道德倫理類蒙書的發展提供了新資料，改變了學界對唐代此類蒙書的認識。《太公家教》爲現存最早"家教"類蒙書，從古代經史、詩文等典籍中擇取先賢名言、警句，并吸收民間諺語、俗語，多用四、六言韻語編輯成册，對蒙童進行忠孝、修身、禮節、勸學、處世等方面的勸教。與《太公家教》最爲密切的是《武王家教》，常抄寫在一起，采用周武王問太公的問答體，以數字事類冠名的形式，回答"十惡"至"十狂"等七十一種招人生厭的不良、不當行爲舉止，勸誡子弟必須戒之，其編撰方式非常獨特。此外，還有《辯才家教》《新集嚴父教》等，其編撰方式各有特色，充分體現了唐代蒙書編撰的多樣性。唐代"家教"類蒙書，打破了魏晉時代"家訓"以某姓某宗爲勸誡對象的局限，重在標榜自家門風，培養和規範本宗子弟的爲人處事、入仕爲宦的道德倫理觀念，已經突破姓氏界限，而是面向天下、四海、百姓之兒童。這反映了唐代士族衰落，小姓和寒素興起，天下百姓均有童蒙教育的需求[一]，一姓一宗的"家訓"已滿足不了時代的需求，因此，出現了《太公家教》《武王家教》《辯才家教》《新集嚴父教》等"家教"的作者不再冠以某姓某宗"家教"，而是藉名聖賢，放眼天下，教示百姓童蒙，以適應唐代的開放性和時代的步伐，唐代"家教"逐漸發展爲"家訓"類蒙書。此外，《崔氏夫人訓女文》屬於唐代對女童的"家教"，針對女子提出的倫理思想的通俗化闡釋，篇幅簡短，粗淺説明，大衆教化特點明顯。

　　二是，訓誡類蒙書。唐初宰相杜正倫編撰的《百行章》，爲唐代官方頒布的童蒙教材，是童蒙道德倫理教育方面的集大成者[二]，也是現存德行類蒙書

　　〔一〕　參閲金瀅坤：《唐五代科舉的世界》，復旦大學出版社，二〇一四年，第一二一～一三一頁；毛漢光：《中國中古社會史論》，上海書店出版社，二〇〇二年，第三三四頁。

　　〔二〕　[日]福井康順：《百行章につこての諸問題》，《東方宗教》第一三、一四號，一九五八年，第一～二二頁；鄧文寬：《敦煌寫本〈百行章〉述略》，《文物》一九八四年第九期，第六五～六六、一〇三頁。

的開創者，全書以孝行章開始，訖自勸行章，共存八十四章，以忠孝節義統攝全書，摘録儒家經典中的警句、典故，開篇有"至如世之所重，唯學爲先，立身之道，莫過忠孝"，明確了作者編撰意圖。

三是，格言類蒙書。余嘉錫將"格言"類作爲中國古代小學的一個單獨門類，其實，"格言"多爲勸勉、訓誡内容，故歸在"德行"類蒙書之下。唐代科舉考試常科設秀才、進士、明經、道舉、三禮、三傳、三史、五經、九經、童子等科目，按照科目的不同，選取"九經"中不同的經書作爲選考内容，因此，"九經"便成了舉子學習必備教材。對童蒙來講，"九經"不僅艱澀難懂，而且浩如烟海，很難掌握其要領，不知如何入門，隨着科舉對士庶影響不斷加深，世人便從"九經"中選取精粹言論、典故和名篇，用通俗易懂的文字進行删繁節要，分門別類編撰，彙集成册，作爲蒙書使用。於是，出現了《新集文詞九經抄》《文詞教林》《勤讀書抄》《勵忠節抄》《應機抄》等摘要、略抄、摘抄"九經"等蒙書與通俗讀物。以《新集文詞九經抄》爲例，該書爲"訓俗安邦，號名家教"的一部通俗蒙書，内容具有"羅含内外""通闚三史"的三教融合特點。該書"援今引古"，援引典籍非常豐富，共計八十九種之多[一]，主要以儒家《易》《詩》《書》等"九經"及《論語》《孝經》爲主，兼及道家《老子》《莊子》《列子》《文子》"四子"[二]，充分顯示了此類唐代蒙書編撰是爲科舉服務的特點。

四是，勸世詩蒙書。一卷本《王梵志詩》是敦煌地區頗爲流行的一部充滿了訓教、説理、勸學、揚善、處世格言等内容的詩篇集，文辭淺近，琅琅上口，通俗易懂，常被作爲蒙書使用[三]。一卷本《王梵志詩》是詩詞形式的童蒙讀物，充分反映了晚唐五代進士科考試重詩賦與蒙書編撰的密切聯繫，也代表了晚唐五代童蒙讀物發展的一個新趨勢。

〔一〕 參考鄭阿財、朱鳳玉：《敦煌蒙書研究》，第三〇三頁。

〔二〕 參考魏明孔：《唐代道舉初探》，《甘肅社會科學》一九九三年第六期，第一四二～一四三、一三二頁；林西朗：《唐代道舉制度述略》，《宗教學研究》二〇〇四年第三期，第一三四～一三八頁。

〔三〕 參考鄭阿財、朱鳳玉：《敦煌蒙書研究》，第四二四頁。

　　如上所述，唐代在識字蒙書基礎上，開創了德行類蒙書新類別，可大致分爲家教類、訓誡類、格言類、勸世詩等四類，其中《太公家教》《百行章》《新集文詞九經抄》《文詞教林》和一卷本《王梵志詩》爲其中的典型代表，開創了德育、勵志教育類蒙書的先河。當然，德行是文章的靈魂，格言警句、諺語俗語是文章的思想源泉，此類蒙書對童蒙屬文即作文亦有很大幫助。

（三）文學類蒙書的開創

　　以往學界不言唐代有"文學類"蒙書，學者認爲童蒙詩歌是宋以後童蒙讀物的特色，尤以《神童詩》《千家詩》《唐詩三百首》最爲著名[一]。實際上，受唐代科舉考試"以文取士"、崇文的影響，中晚唐以詩歌形式編寫的童蒙讀物已經有了很大發展，其内容往往將格言融入詩歌，訓誡兒童立身處世。童蒙教材不僅出現了屬文類蒙書，而且出現了專門訓練押韻、對偶的屬對類蒙書。瞿菊農則將宋代以後此類蒙書，視作屬文、閱讀教育的先河，"作深造進修的準備或準備應考"的讀物；張志公也認爲屬文教育是在宋代[二]。從兒童學習寫作來講，不僅要學習屬對類、屬文類蒙書掌握作詩賦等文章的技巧，而且要大量閱讀各體文章、範文等，大體屬於"文學"範疇，故用"文學"類蒙書概括。

　　一是，屬對類。敦煌文獻中發現的《詩格》一部，僅存四行，爲學郎抄寫、或默寫該書的寫本。其内容僅存名對、隔句對、雙擬對、聯綿對、互成對、異類對、賦體對等"七對"，與《文鏡秘府論》中前七對完全一致，這無疑是目前發現最早的、教授童蒙屬對的《詩格》實物。敦煌文獻中發現的《文場秀句》《語對》《籯金》等蒙書，爲學界了解唐代訓練兒童學習詩賦之前的"屬對"情況提供了有力證據。《文場秀句》爲高宗朝孟獻忠所作，現存天地等十二部類、一百九十三條事對，參照《編珠》體例，"事文兼采"，多采典故，相與對偶，以爲儷辭。如其《天地第一》云："乾象：天文。坤元：地理。圓

――――――――――

　　〔一〕　參閱張志公：《傳統語文教育教材論：暨蒙學書目和書影》，第八一～八三頁；王炳照先生爲夏初、惠玲校釋《配圖蒙學十篇》所作"序"（北京師範大學出版社，一九九三年，第四頁）。

　　〔二〕　張志公：《傳統語文教育教材論：暨蒙學書目和書影》，第九頁。

清：天形圓，氣之清者上爲天也。方濁：地形方，氣之濁者下爲地也。"唐人常用《文場秀句》對兒童進行"屬對"訓練，幫助其熟練掌握語音、詞彙和語法，同時培養修辭和邏輯等方面的能力并靈活運用其中的典故等，爲作詩賦進行基礎性、針對性訓練。以致《文場秀句》在中晚唐常被作爲參加科舉考試的初級讀物，備受士人喜愛。《語對》《略出纂金》與《文場秀句》編撰方式較爲類似，部類有所不同，内容更爲豐富，但都以事對爲目，多采麗詞、典故，相與對偶，來訓練兒童屬對、押韻，爲學習韻文寫作打好基礎。

　　二是，屬文類。國圖藏《策府》出現在貞觀末〔一〕，就是因爲唐初諸科考試均試策，故首先出現了策文類"屬文類"蒙書。國圖藏《策府》僅存三十篇策，每篇分策題、策問、對策三部分，存斷貪濁、請雨等簡明策題二十六題，缺四個策題，對答多爲兩百餘字〔二〕。比照杜嗣先《兔園策府》多爲五百至七百字左右，國圖藏《策府》也應該是童蒙讀物。而《兔園策府》是唐太宗子蔣王李惲令僚佐杜嗣先"仿科目策"，以四六駢文，纂古今事，設問對策，分四十八門，共十卷，後來逐漸被鄉村教師作爲童蒙習文的範文，訓練學習對策之精要，成爲備科考的基本教材。現存敦煌文書中僅保存了《兔園策府》序和卷一，内容爲"辨天地""正曆數""議封禪""征東夷""均州壤"五個門類。考慮到《兔園策府》相對有一定難度，應該作爲年齡稍大的兒童閱讀本和模擬之範文使用，爲將來從事舉業打基礎。隨着永隆二年（六八一），進士科考試加試雜文兩篇，社會重文風氣日重。李嶠作《雜詠》一百二十題，又稱《百詠》，今作《李嶠雜詠注》，是五律詠物組詩，以事類爲詩題，分別從日、月至金、銀，共一百二十首，分屬乾象、坤儀、音樂、玉帛等十二類，每類十首。李嶠《雜詠》是唐初以來探究對偶、聲律之風的産物，後作爲唐人詩歌學習寫作的童蒙讀物。敦煌本李嶠《雜詠》之張庭芳注本殘卷的發現，反映了唐代西北邊陲兒童詩歌學習情況。《雜詠》在日本尤受歡迎，與白居易

〔一〕　北敦一一四四九號+北敦一四六五〇號。

〔二〕　參閱金瀅坤：《敦煌本"策府"與唐初社會——國圖藏敦煌本"策府"研究》，《文獻》二〇一三年第一期，第八五、九〇頁。

詩、李翰《蒙求》，被日本平安時代知識階層稱爲三大幼學蒙書[一]。

開元天寶以後進士科考試"每以詩賦爲先"的風氣形成[二]，進一步影響了童蒙教育重文風氣。大中年間的《楊滿山詠孝經壹拾捌章》借鑒了古代詠《孝經》先例，分章對其進行改編，以五言詩對《孝經》進行歌詠，言語樸實，可讀性强，易於接受，便於識記，將深奧經義與唐代流行的詩歌結合起來，將學習經義與習文結合起來，開創了詠經體蒙書的先例，也是唐代科舉試策、試詩賦常以《孝經》《論語》和"五經"爲内容在童蒙教育中的反映。

（四）書算類蒙書的拓展

"書算"又稱"書計"之學，自古以來就有之，主要爲書學和算學，包括習字和算術之類的基礎啓蒙之學。唐代國子監下設有書學、算學兩門專學，并在科舉常科考試中設立了明書、明算兩個科目，無形中也影響到了童蒙書算教育。唐代書算教育中使用的蒙書大致有以下幾種情況。

一是，習字類。從現有資料來看，唐以前主要用《蒼頡篇》《急就篇》《千字文》等識字字書的名人字帖進行習字教育，尚無發現專門的習字類蒙書。隨着唐代重視書法，及書學、明書科的設置[三]，推動了書法教育的進步，於是誕生了幾種專門爲初學者編撰的《上大夫》《牛羊千口》《上士由山水》等習字類蒙書，多内容簡短，筆畫簡單，方便幼童使用。《上大夫》是現今可知最早的習字類蒙書，三言六句，共十八字，筆畫十分簡單。

二是，名人書帖類。王羲之書法頗受唐代世俗推崇，其書帖在唐代童蒙習字教育中使用很廣泛。其《尚想黃綺帖》在武周以後成爲諸州學生的習字書帖[四]，和《蘭亭序》一起遠播于闐地區，并在九、十世紀的敦煌非常流行。敦煌文獻中

〔一〕［日］川口久雄:《平安朝日本漢文學史》第二十四章第六節"源光行の蒙求・百詠・樂府和歌"，明治書院，一九五九年，第九八五～九九四頁。

〔二〕　參閲金瀅坤:《中國科舉制度通史・隋唐五代卷》，第九八頁。

〔三〕　參閲金瀅坤:《中國科舉制度通史・隋唐五代卷》，第一七〇～一九三頁。

〔四〕　榮新江:《〈蘭亭序〉與〈尚想黃綺帖〉在西域的流傳》，載故宮博物院編:《2011年蘭亭國際學術研討會論文集》，故宮出版社，二〇一四年，第三一頁。

二者計有四十一件，大部分爲學郎習字，可見被作爲習字的重要教材。

三是，習字書帖。中國古代優秀識字蒙書，常被善書者書寫，作爲兒童習字的字帖，就兼具習字功能。如周興嗣《千字文》編撰之初，就采用王羲之一千個字次韻而成，兼具識字與習字功能。王羲之七世孫智永禪師臨得《真草千字文》"八百本，散與人間，江南諸寺各留一本"〔一〕。敦煌文獻便保存了貞觀十五年（六四一）蔣善進臨智永《真草千字文》，敦煌《千字文》中反復習字寫卷約有三十六件。《千字文》寫卷的總數和習字寫卷的數量在各類習字寫卷中數量最多。此外，《開蒙要訓》也有被作爲識字與習字兼備情況。

四是，數術類。《九九乘法口訣》在秦漢時期就已流行，各地出土的秦漢簡牘中有不少記載。敦煌文獻中發現單獨的《九九乘法口訣》寫卷共計十二件，其中三件爲藏文寫卷，見證了漢藏算術交流。另外《立成算經》中也包含一篇《九九乘法口訣》、兩件《算經》寫卷中亦共記載有口訣三篇。《立成算經》是《孫子算經》的簡化本蒙書，內容簡單，故爲"立成"之義。《算經》的內容多見於《孫子算經》，包括度量衡、《九九乘法口訣》和"均田制第一"等。它們應該是鄉村俚儒所編的庶民教育所用算術書〔二〕。北朝時期的《算書》還在敦煌使用，內容僅存軍需民食計算、"營造部第七"等，形式與《算經》類似，是敦煌《算經》編撰體例的來源。

總之，唐代書算蒙書出現了專門習字的《上大夫》《牛羊千口》等習字蒙書，推崇王羲之《尚想黃綺帖》《蘭亭序》等名人字帖，并將《千字文》等識字蒙書與習字教育相結合，作爲習字字書；算術方面在《孫子算經》等基礎上，又編撰了《立成算經》《算經》等新的算術蒙書，更重視社會大衆的實用性。

三　敦煌蒙書的學術價值

唐代蒙書編撰拓展了知識類蒙書，拓展了德行類、文學類蒙書新領域，豐富

〔一〕（唐）李綽撰：《尚書故實》，《叢書集成初編》第二七三九冊，中華書局，一九八五年，第一三頁。

〔二〕［日］那波利貞：《唐代の庶民教育に於ける算術科の內容とその布算の方法とに就きて》，《甲南大學文學會論集》（通號一），一九五四年，第一五頁。

了書算類蒙書，可以説在中國古代蒙書編撰方面發生了巨變。敦煌蒙書的發現，其巨大的體量及其保留的教育史料，無疑對研究唐五代童蒙教育、教育史彌足珍貴，足以改變學界對唐代童蒙教育歷史地位的認識，并對了解中古時期的社會大衆教育具有重要意義，對文獻學、歷史學等相關學科研究也有很大史料價值〔一〕。

（一）敦煌蒙書改寫唐代童蒙教育的歷史地位

敦煌蒙書是中國古代出土文獻中發現的最大一批"蒙書"，其數量和種類都十分可觀，具有無可替代的價值。本叢書基於鄭阿財、朱鳳玉先生《敦煌蒙書研究》所收敦煌蒙書二十五種，凡二百五十四件寫卷的基礎上〔二〕，增加十九種、四百四十九件，共得四十四種蒙書，七百零三件寫卷，綴合後爲五百四十七件寫卷，其中包括内容完整者六十九件，殘缺者二百二十一件，綴合六十六件，雜寫一百三十件，碎片六十一件。這也是目前發現的數量最多的一批中國古代蒙書，其中有八十一條題記〔三〕，極大豐富了唐代教育史料，在某種程度上不僅改寫了唐五代童蒙教育的歷史，也改寫了唐五代教育史在中國教育史中的地位。

1.敦煌蒙書的種類與數量考察

如此大量的敦煌蒙書爲我們研究唐五代童蒙教育所使用蒙書類型，以及不同類型蒙書使用情況展開整體分析和具體考察提供了豐富的史料。有基於此，依據前文我們對敦煌蒙書的分類和認定，對如下蒙書進行分類統計，主要按蒙書的完整、殘缺、綴合、雜寫、碎片等情況分爲五種情況表述寫卷狀況，分識字、知識、德行、文學、書算五類蒙書，五類之下再分爲十八門類，對四十四種蒙書進行分類、分門，對寫卷狀況、數量進行整體、綜合分析。

〔一〕　有關敦煌蒙書的學術價值，筆者已發表《論敦煌蒙書的教育與學術價值》一文（《浙江師範大學學報（社會科學版）》二〇二一年第三期，第一九～三一頁），相關統計數據因劃分標準有所變化，略有出入，以下不再詳細説明。

〔二〕　鄭阿財、朱鳳玉：《敦煌蒙書研究》，第四四五～四四六頁。

〔三〕　李正宇《敦煌學郎題記輯注》注計一四四則學郎題記（《敦煌學輯刊》一九八七年第一期，第二六～四〇頁）；日本伊藤美重子《敦煌文書にみる學校教育》注記學郎題記計有一百八十四條，其中，蒙書的學郎題記共計三十七條（第四一～六八頁）。

茲按照上述分類做"敦煌蒙書分類與保存狀況統計表"如下。

表一：敦煌蒙書分類與保存狀況統計表[一]

類型	門類	蒙書名	完整	殘缺	綴合	雜寫	碎片	蒙書小計	門類總計	類型總計
識字類	綜合類	千字文	五	四九	一七/六七[二]	三四	二二	一二六/一七六	二〇四/二八八	二一六/三〇〇
		六合千字文		二	一/二			三/四		
		千字文注		二		一		三/三		
		開蒙要訓	四	二五	一一/四四	一一	六	五七/九〇		
		敦煌百家姓	二			一三		一五/一五		
	俗字類	碎金	二	四		一	二	九/九	一〇/一〇	
		白家碎金		一				一/一		
	雙語類	漢藏對音千字文		二				二/二	二/二	
	小計		一三	八四	二九/一一三	六〇	三〇	二一六/三〇〇	二一六/三〇〇	二一六/三〇〇
知識類	蒙求類	蒙求		三				三/三	一二/一二	五八/七〇
		古賢集	五	四				九/九		
	綜合類	雜抄	一	九	二/四			一二/一四	一五/一八	
		孔子備問書		一	一/二	一		三/四		
	雜字類	俗務要名林		一	一/三			二/四	一〇/一五	
		雜集時用要字	一	五	二/五			八/一一		
	故事類	事林		一				一/一	二/三	
		事森			一/二			一/二		
	復合類	孔子項託相問書	三	一二	一/三	二	一	二〇/二二	二〇/二二	
	小計		一〇	三六	八/一九	三	一	五八/六九	五八/六九	

<hr>

〔一〕　此表所依據每部蒙書的卷號，詳見本叢書鄭阿財《導論卷》附錄："敦煌蒙書分類與保存狀态表"，爲了節省筆墨，每件敦煌蒙書的卷號，亦在綜論中省去，只保留統計數字。

〔二〕　此表"/"上爲綴合後的寫卷數目，其下爲綴合前的寫卷數目。

續表

類型	門類	蒙書名	完整	殘缺	綴合	雜寫	碎片	蒙書小計	門類總計	類型總計
德行類	家教類	太公家教	二	三四	六/一八	四	一二	五八/七〇	八〇/九五	一三四/一五八
		武王家教	三	四	三/六	二		一二/一五		
		辯才家教	一	一				二/二		
		新集嚴父教	三	一	一			五/五		
		崔氏夫人訓女文	一	二				三/三		
	訓誡類	百行章	一	一二	一/三	三	二	一九/二一	三五/四二	
	格言類	新集文詞九經抄	一	一一	二/七	一		一五/二〇		
		文詞教林	一					一/一		
	勸世詩類	一卷本《王梵志詩》	六	八	一/三	一	三	一九/二一	一九/二一	
小計			一九	七三	一四/三八	一一	一七	一三四/一五八	一三四/一五八	
文學類	屬對類	文場秀句		一	一/二			二/三	六/一〇	一八/二九
		語對	一	一	一/四			三/六		
		略出籑金	一					一/一		
	屬文類	失名策府			一/二			一/二	一二/一九	
		兔園策府		二	一/二		一	四/五		
		李嶠雜詠		二	一/五		一	四/八		
		楊滿山詠孝經壹拾捌章			一/二	一		三/四		
小計			二	七	六/一七	一	二	一八/二九	一八/二九	
書算類	習字類	上大夫	一二	六		一八		三六/三六	五八/五八	一二一/一四六
		牛羊千口	四	二		九		一五/一五		
		上士由山水	一	一		五		七/七		
	名人字帖類	尚想黃綺帖	三	二	二/一四	一四	五	二六/三七	四三/五九	
		蘭亭序	一	五	二/七	三	六	一七/二二		

續表

類型	門類	蒙書名	完整	殘缺	綴合	雜寫	碎片	蒙書小計	門類總計	類型總計
書算類	習字書帖類	真草千字文			一/四			一/四	二/六	一二一/一四六
		篆楷千字文			一/二			一/二		
	算術類	九九乘法歌	三	四		五		一二/一二	一八/二三	
		立成算經	一		一/二	一		三/四		
		算經			二/六			二/六		
		算書		一				一/一		
小計			二五	二一	九/三五	五五	一一	一二一/一四六	一二一/一四六	
總計			六九	二二一	六六/二二二	一三〇	六一	五四七/七〇三	五四七/七〇三	五四七/七〇三
蒙書種類			四四							

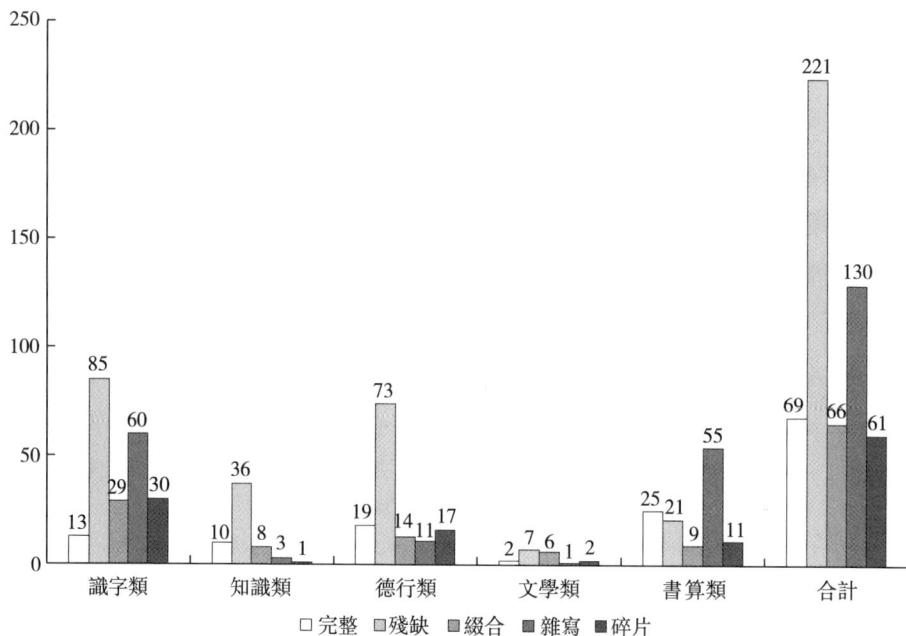

表二　敦煌蒙書分類與保存情況統計表

　　依據表一、表二，我們可以分析出敦煌蒙書在抄寫、使用中各類蒙書以及不同蒙書使用的大致比率和重視程度，以及唐五代敦煌地區童蒙教育的學科特點，大致可歸納爲以下幾點：

　　其一，蒙書類別差异與發展趨勢。從表一、表二來看，敦煌蒙書中識字蒙書類最多，有二百一十六件[一]；其次爲德行類，有一百三十四件；其三爲書算類，有一百二十件；其四爲知識類，有五十八件；最少者爲文學類，僅有十八件。五類蒙書之下，還可分爲十八個小目，若按照保存蒙書的統計數量來看：綜合類（識字）二百零四件、家教類八十件、習字類五十八件、名人字帖類四十三件、訓誡類二十件、勸世詩類十九件、復合類十九件、算術類十八件、格言類十五件、綜合類（知識）十五件、蒙求類和屬文類各十二件、雜字類和俗字類各十件、屬對類六件、故事類兩件、雙語類和習字書帖類各兩件，這在某種程度上體現了唐代童蒙教育的發展變化與蒙書編撰的新趨勢。

　　其二，敦煌蒙書的狀態分析。從表一來看，敦煌蒙書保存完整的祇有六十九件、殘缺二百二十一件、綴合六十六件、雜寫一百三十件、碎片六十一件，共有七百零三件，綴合後爲五百四十七件，其比例依次爲百分之十二、四十一、十二、二十四、十一。敦煌蒙書完整本很少，僅占總數的百分之十二，殘缺本高達百分之四十一，若加上綴合本（綴合後，均殘缺不全），完整和殘缺者爲百分之六十五，其餘爲雜寫、碎片，占百分之三十五。説明敦煌蒙書數量和質量都十分可觀。造成這一狀況的主要原因是這批蒙書是唐五代學郎在學習過程中自己抄寫、聽寫、默寫的，原本就不完整的抄本，是學郎多利用公私文書、經文的廢紙進行習字、塗鴉，初學者寫字本身多爲隻言片語、無章法可言，書寫訛誤、很少大段書寫文字；再加上很多蒙書抄寫的目的是反復使用的課本或讀物，也難免兒童故意損壞，以及流傳、保存過程中的自然損壞更是無法避免，故完整的保存少，殘缺多，正好反映了敦煌蒙書就是唐五代敦煌各類私學的學郎課本、讀物及作業本、練習本等，所幸被保留了下來，就是我們今天看見的樣子。

　　其三，蒙書數量與童蒙教育的關係。識字類蒙書數量最多，其中書寫較好的完整本、殘缺本和綴合本共有一百二十六件，書寫較差的雜寫和碎片有

　　〔一〕　以下數字爲綴合的數字。

九十件，占比最高，比較真實地反映了童蒙教育以識字爲主的特點，學郎在這個階段以識字教育爲主。識字類蒙書中以綜合類知識字書占比最多，達二百零四件，俗字類字書、雙語類字書僅見十二件，微不足道，也就是説童蒙以識字教育爲基礎，"學六甲五方書計之事"〔一〕，故以最爲基礎性的綜合類識字字書爲主，其中以《千字文》爲絶對優勢。僅次於綜合類蒙書的是德行類蒙書，達一百三十四件，且以家教類蒙書爲主，有八十件，占比德行類蒙書的百分之六十，説明唐五代童蒙教育在識字教育之外，以德行教育爲首要任務，充分體現了童蒙教育"蒙以養正"的特點，對兒童的德行培養十分重視。德行類蒙書之外，爲書算類蒙書，達一百二十件，其中以習字、名人字帖、習字書帖類最多，共計一百零二件，這也是由童蒙教育主要以識字、習字教育爲主的特點決定的，很多時候識字與習字教育相結合，故很難分辨其具體功用，也是造成敦煌蒙書有好多《千字文》習字寫卷的原因。算術類蒙書有十八件，大體可以反映童蒙教育包含"書計之事"的特點。知識類蒙書在敦煌蒙書中保存了五十八件，僅占了總數的一成多，唐代李翰《蒙求》僅三件，"蒙求"類蒙書才十二件，説明在唐代敦煌地區并不是很流行，反而是《雜抄》較爲流行，有十二件，説明唐代知識類蒙書尚處在拓展階段，還很有限。最少的就是文學類蒙書，祇有十八件，僅占敦煌蒙書的百分之三，可以説微不足道。這與唐代科舉盛行，整個社會崇文的社會風氣不太相符，考慮到現存敦煌蒙書主要集中在張議潮收復河西隴右之後，敦煌與京畿地區的交流有限，與唐代其他地區存在一定差距，加之屬對、屬文教育相對而言層次比較高，主要針對年齡稍大的兒童，故現實需求相對較少，敦煌蒙書保存文學類蒙書較少也在情理之中。

　　其四，經典蒙書的使用情況。從敦煌文獻保存的蒙書來看，共有四十四種，但學仕郎使用不同蒙書的程度和頻率相差巨大，最多者《千字文》多達一百二十六件，而《白家碎金》《文詞教林》等各僅存一件。兹將五類蒙書中

　　〔一〕（漢）班固撰，（唐）顔師古注：《漢書》卷二四上《食貨志》，中華書局，一九六二年，第一一二二頁。

最具代表性的蒙書進行簡單説明。識字類蒙書，以《千字文》最多，除去碎片二十二件、雜寫三十四件，尚有七十件，占敦煌蒙書總數的百分之十三。若加上《千字文注》《六合千字文》《真草千字文》《篆楷千字文》等，則比例更高。可以説《千字文》系字書，是唐五代童蒙教育影響最大，最爲普及的蒙書。其次，是家教類蒙書的《太公家教》，多達五十八件，其中有十二件碎片和四件雜寫，共占德行類蒙書的百分之四十二，承擔了唐代德行教育的主要任務，也反映了唐代德行教育以家教、家訓爲主的特點。占據第三位的《開蒙要訓》也多達五十七件，與《千字文》均爲前代綜合類識字蒙書，兩者合計一百八十三件，構成了敦煌蒙書的主體，二者可以視作唐五代敦煌童蒙教育最基礎的識字課本。排名第四者爲《上大夫》，有三十六件，説明在敦煌地區兒童習字教育主要使用《上大夫》。排名第五者爲《尚想黃綺帖》，有二十六件，反映了兒童習字教育對名人字帖的重視。值得思考的是文學類蒙書數量都在四件以下，多爲兩三件，説明童蒙教育屬對、屬文教育在鄉村和邊遠地區社會底層的開展尚不足，與士家大族和京畿地區尚有一定差距。

　　雖然敦煌蒙書數量很大，還有不少碎片、雜寫沒在討論之内，但足以説明問題。總體而言，識字類蒙書以前朝《千字文》《開蒙要訓》主導識字教育的局面并未改變；唐代德行類蒙書，主要受家訓影響，如《太公家教》等家教類蒙書承擔了德行教育的主要任務，但訓誡類、格言類、勸世詩類蒙書比重比較平衡，體現了唐代德行類蒙書的多樣性。此前學界關注較少的書算類蒙書，在敦煌蒙書中占較大比例，充分體現了啓蒙教育主要包括識字、辨名物、知書計之事的特點，書算蒙書就是所謂“知書計之事”。屬文類蒙書雖然數量較少，僅有十八件，但却有七種之多，足以説明在唐代整個社會崇文、“以文取士”的環境下，已在屬對、屬文類蒙書編撰方面取得了很大成就。

　　2.彌補敦煌學校教育機構認知的不足

　　在敦煌蒙書發現之前，研究唐五代童蒙教育受到極大限制，所據僅限於新舊《唐書》《全唐文》，以及筆記小説和墓志資料，内容十分有限，學界對唐五代的童蒙教育機構認識很有限。敦煌蒙書的發現極大改變了這一現狀，依據敦煌文獻中大量的學郎題記，證明唐代已經出現了寺學、義學、坊學、社學等新的童蒙教育機構，以及伎術學等專業學校〔一〕，從而可改變學界對唐代學校機構以及教育史的認知，同時也豐富了唐五代私塾的多樣性和具體形式。

首先，明確了唐代寺學的性質。敦煌蒙書保存了大量學郎題記，爲研究敦煌寺學教育提供了豐富的史料。那波利貞、小川貫式、嚴耕望、李正宇、姜伯勤、伊藤美重子等中外知名學者〔二〕，對唐五代寺學進行了深入研究。通過敦煌蒙書學郎題記明確記載，最早的敦煌寺學學仕郎是景福二年（八九三）的蓮臺寺學士索威建。寺學是寺院專門面向兒童的世俗教育，教書先生理論上主要由寺院的僧人擔任，也有地方士人充任，主要教授識字、知識、德行、文學類蒙書及《孝經》《論語》等儒家經典，兼及佛教齋儀讀物。寺學教育主要集中在童蒙教育階段，屬於州縣學的學前教育，其品質低於州縣學，是唐後期五代敦煌地區童蒙教育的主要承擔者，而非所謂的士人“讀書山林”〔三〕。

其次，唐代義學性質的確定。如伯二六四三號《古文尚書》尾題：“乾元二年（七五九）正月廿六日義學生王老子寫了，故記之。”從其抄寫《古文尚書》來看，此義學應該也是私塾。唐代義學的最早記載是在吐魯番文書中發

　　〔一〕　參閱［日］伊藤美重子：《唐宋時期敦煌地區的學校和學生——以學郎題記爲中心》，金瀅坤主編：《童蒙文化研究》第三卷，人民出版社，二〇一八年，第二四~五〇頁。

　　〔二〕　［日］那波利貞：《唐鈔本雜鈔考——唐代敦煌庶民教育史研究資料》，《支那學》第十卷，一九四二年，第一~九一頁；［日］小川貫弌：《敦煌仏寺の學士郎》，《龍毅大學論集》第四〇〇–四〇一合并號，一九七三年，第四八八~五〇六頁；嚴耕望：《唐人習業山林寺院之風尚》，嚴耕望：《嚴耕望史學論文集》，上海古籍出版社，二〇〇九年，第八八六~九三一頁；李正宇：《唐宋時代的敦煌學校》，《敦煌研究》一九八六年第一期，第三九~四七頁；李正宇：《敦煌學郎題記輯注》，《敦煌學輯刊》一九八七年第一期，第二六~四〇頁；姜伯勤：《敦煌社會文書導論》，新文豐出版公司，一九九二年，第八七~九四頁；［日］伊藤美重子：《敦煌文書にみる學校教育》，汲古書院，二〇〇八年，第八三~九九頁；［日］伊藤美重子：《唐宋時期敦煌地區的學校和學生——以學郎題記爲中心》，金瀅坤主編：《童蒙文化研究》第三卷，二〇一八年，第二四~五〇頁。

　　〔三〕　金瀅坤：《唐五代敦煌寺學與童蒙教育》，金瀅坤主編：《童蒙文化研究》第一卷，第一〇四~一二八頁。

現的卜天壽抄《論語鄭氏注》殘卷，卷末題記："義學生卜天壽，年十二，狀
□□""景龍四年（七一〇）三月一日私學生卜天壽。"〔一〕這兩件文書證實義學
與寺院義學不同，教授對象爲兒童，教授的内容是《論語》，屬於童蒙教育内
容。有關唐代義學的記載，僅見此兩例，彌足珍貴。

　　其三，證明唐代坊學和社學的存在。坊學史料罕見，僅見於斯四三〇七
號《新集嚴父教》末題："丁亥年（九八七）三月九日定難坊學郎［崔定興］、
李神奴自書手記。"定難坊學蓋爲定難坊的私塾，屬於私學。坊學與村學、里
學對應，是城市最基層的私學。唐代社學僅有一例，彌足珍貴。伯二九〇四
號《論語集解卷第二》末題："未年正月十九日社學寫記了。"結社辦學者，
似以鄰里社、親情社的可能性較大〔二〕。

　　最後，豐富了私塾具體形式的認識。敦煌蒙書及相關敦煌文獻中記載的
敦煌地區各種形式的私塾即個人講學，最常見的就是以私塾先生的姓氏、官
名命名的私塾。如張球學、白侍郎學、安參謀學、郎義君學、氾孔目學等。
還有以姓氏命名的家學，就家學、李家學〔三〕。如伯二八二五號背《太公家教》
題記："大順元年（八九〇）十二月，李家學郎是大哥。"此類學郎題記，極
大豐富了學界對唐五代私塾的認知。

　　3.彌補教師學生身份史料的不足

　　關於唐五代童蒙教育的教師、學生身份問題，傳統典籍中鮮見，敦煌蒙
書及相關文書極大彌補了這一不足，可爲研究唐五代教師、學生問題提供難
得史料。其中有關沙州州縣學博士的記載有：伯二九三七號《太公家教》末
題："維大唐中和肆年（八八四）二月廿五日沙州燉煌郡學士郎兼充行軍除解
▧（延）太學博士宋英達。"説明唐代沙州太學博士可由郡學優秀學士郎中選
任。又散一七〇〇號《壽昌縣地境》末題："晋天福十年（九四五）乙巳歲六

　　〔一〕　國家文物局古文獻研究室等編：《吐魯番出土文書》第七册，文物出版社，
一九八六年，第五四八頁。
　　〔二〕　李正宇：《唐宋時代的敦煌學校》，《敦煌研究》一九八六年第一期，第四四頁。
　　〔三〕　參閲李正宇：《敦煌史地新論》，新文豐出版公司，一九九六年，第一八七～
一八八頁。

月九日州學博士翟寫，上壽昌縣令《地境》一本。"翟爲翟奉達，曾是沙州伎
術院禮生，先後選任沙州經學博士[一]。

目前，可以考定的敦煌寺學的教書先生理論上多由寺院的僧人擔任。如
伯三三八六號《楊滿山詠孝經壹拾捌章》尾題"戊辰年（九六八）十月卅日
三界寺學士"等，及學郎詩一首："計寫兩卷文書，心里些些不疑。自要心身
懇切，更要師父闍黎。"又沙州歸義軍節度使掌書記張球晚年辭官，寓居沙州
某寺學，教授生徒。那些"學郎題記"中所記載的氾孔目學、安參謀學、白
侍郎學等私塾中個人講學的先生，應該就是沙州歸義軍政權退休或在職官員
在閑暇之餘充任。

敦煌蒙書的學郎題記及相關史料，爲學界梳理唐五代州縣學、伎術院，以
及私學有關學生稱號和人名、社會階層提供了第一手資料。目前，已經梳理出
的唐代州縣學有經學、道學、醫學，其學生可稱爲學生、經學生、學士郎，極
少情況稱爲學生童子（伯三七八〇號《秦婦吟》題記）；歸義軍時期出現了陰
陽學，有陰陽生；伎術院有禮生、伎術生、上足弟子。寺學、家學、坊學、個
人講學等私學的學生稱呼比較雜亂，一般都可以稱爲學士郎，或寫作學仕郎、
學使郎、學事郎，皆爲同音借字，或簡稱學士、學郎，少數情況作學生，有
一例稱"童子"者（伯二七一六號《論語》題記）、一例"學生判官"者（伯
三四四一號《論語》題記），但義學的學生稱義學生[二]。從可以考定的敦煌學
士郎身份來看，敦煌諸寺學衹有鑒惠、僧醜延、沙彌德榮、僧馬永隆、顯須、
僧曹願長等六名學士郎爲僧人，僅占可以確定的七十九名寺學學士郎姓名的百
分之六，沙州歸義軍高官多將年幼的子弟先送到寺學進行童蒙教育[三]。

4.極大豐富了童蒙教育活動的史料

敦煌蒙書是唐五代敦煌地區童蒙教育中所使用的教材和讀物，很多蒙書

〔一〕 參考姜伯勤:《敦煌社會文書導論》，第一〇三頁。

〔二〕 參閱［日］伊藤美重子:《唐宋時期敦煌地區的學校和學生——以學郎題記爲
中心》，金瀅坤主編:《童蒙文化研究》第三卷，二〇一八年，第二四~五〇頁。

〔三〕 參閱金瀅坤:《唐五代敦煌寺學與童蒙教育》，《童蒙文化研究》第一卷，第
一〇四~一二八頁。

上的兒童題記和雜寫，爲我們提供了彌足珍貴的、最原始的教育史料，記録課堂内外教師的授課和學生的學習活動。特别是敦煌蒙書中兒童聽寫、背誦和考試的真實記録，以及兒童的學郎詩，真實記錄了兒童的學習場景、心情和感受等等，是正史、類書，以及其他資料無法代替的。

敦煌蒙書及其他敦煌兒童讀物保留了唐五代、宋初童蒙教育的史料和背後的歷史，真實記録了學郎學習進展和成長的心路。如北敦一四六三六號背《逆刺占》卷末題有天復二年（九〇二）敦煌州學上足子弟翟奉達述志詩三首，其前兩首爲：

> 三端俱全大丈夫，六藝堂堂世上無。男兒不學讀詩賦，恰似肥菜根盡枯。
> 軀體堂堂六尺餘，走筆橫波紙上飛。執筆題篇須意用，後任將身選文知。

第一首言生爲大丈夫，如不讀書，實在是前途無望，以示自勵。第二首詩，言學業精進，志在以文參選。最後一首，蓋爲學業將成，對未來充滿惆悵。其詩云："哽噎卑末手，抑塞多不謬。嵯峨難遥望，恐怕年終朽。"最難得可貴的是，作者晚年，看到兒少之作，又作詩曰："今年邁見此詩，羞煞人，羞煞人。"可以説這件文書非常珍貴，充滿童趣，非常真實地記載了翟奉達少兒之時的志向、讀書態度和不同時期的心理成長情况。又伯三三〇五號《論語集解》學郎詩云："男兒屈滯不須論，今歲蹉跎虚度春。▩身强健不學問，滿行逐色陷没身。▩▩自身苦教懃，一朝得勝留後人。"言學郎自勵，感慨切勿蹉跎青春，要倍加努力，一朝得意，名留青史。

記録了學生之間你追我趕、相互攀比的學習場面和心理。斯七二八號《孝經》背有靈圖寺學士郎李再昌詩云："學郎大歌（哥）張富千,一下趁到孝經邊；太公家教多不殘，獿玀［□］兒實鄉偏（相騙）。"生動描述了學士郎李再昌被學郎大哥張富千戲弄，没有好好學習，反而怪罪對方没有共進取，欺騙他。

記録了學生努力學習，畏懼老師處罰的心理。如伯二七四六號《孝經》卷末有學郎"翟颯颯詩"云："讀誦須勤苦，成就如似虎。不詞（辭）杖捶體，願賜榮軀路。"詩中學郎自詡勤苦讀書，成就卓著，免受體罰，前途無量，也反映了古代懲戒教育的普遍。

記録了教學方式。伯二八二五號《太公家教》尾題："大中四年（八五〇）庚午正月十五日學生宋文顯讀，安文德寫。"記録了兩個學生之間，聽寫《太公家教》的過程。又伯三七八〇號《秦婦吟》卷尾題："顯德四年（九五七）……就家學士郎馬富德書記。手若（弱）筆惡，若有決錯，名書（師）見者，決丈五索。"反映了唐代懲戒式教學方法。

現存敦煌蒙書多爲學郎抄寫而成，以便自用，或他用。如伯二六二一號《事森》末題戊子年（九二八）學郎貟義寫書之後，記云："寫書不飲酒，恒日筆頭乾；且作隨疑（宜）過，即與後人看。"表示自己認真抄寫，仔細核對，若是有錯，就會没人看，反映了蒙書的來源。

記録了教授學生屬文的情況。今人大都知道唐代詩歌興盛，但關於童蒙如何學詩知之甚少。有關唐代學郎誦詩、抄詩的記載，在傳統典籍中記載很少，敦煌蒙書中的題記彌補了這一不足。特別是有關教授童蒙學詩的《詩格》的發現，對研究唐代童蒙的詩賦教育具有重要意義。如斯三〇一一號正面爲《論語集解》卷六，背面有《詩格》一部殘片，僅存四行。其録文爲："《詩格》一部。第一的名對，第二隔句對，第三雙擬對，第四聯綿對，第五互成對，第六異類對，第七賦體。第一的名對。上句。（寫卷書寫止此）"又《詩格》下有一句詩："天青白雲外，山俊（峻）紫微中。鳥飛誰（隨）影去，花洛（落）逐遥□（摇紅）。"亦見《文鏡秘府論》異類對下[一]，説明此詩爲《詩格》"七對"之"異類對"範文。此卷《詩格》之下還有《千字文》《太公家教》等蒙書的相關學郎雜寫，真實記録學郎學習抄寫、默寫《詩格》的情況，此條史料彌足珍貴，足以證明《詩格》一部作爲蒙書使用，及唐代教授童蒙學習屬對、屬文的真實情況。

〔一〕〔日〕遍照金剛著，周維德校點：《文鏡秘府論》東卷《二十九種對》，人民文學出版社，一九八〇年，第一〇七頁。

（二）敦煌蒙書對大衆教育的價值

隨着唐代科舉考試深入人心，"朝爲田舍郎，暮登天子堂"成爲現實，學習不論出身貴賤意識的增强，促使整個社會教育的下移。敦煌蒙書集中反映了敦煌地區社會大衆教育觀念的轉變，爲相關問題的深入研究，提供了豐富的史料，兹從以下幾點進行説明。

1.蒙書編撰與大衆文化啓蒙教育相結合

伴隨着隋唐士家大族的衰落，庶族寒素階層地位有所上陞，對文化的需求大增，世人不再滿足於從事舉業的識字、文學和德行類蒙書，而是對社會大衆的識字、綜合知識、世俗倫理道德等類蒙書需求大爲增加。於是，出現了《俗務要名林》《雜集時用要字》《碎金》《武王家教》等識字、綜合知識和家教類蒙書。其中最爲典型的就是識字蒙書《俗務要名林》，共存親族、宅舍、男服、火、水、疾、手等三十八部，可補身體、國號、藥三部，共得四十一部〔一〕，汇集了民間日常生產生活所必須的最爲切要名物、詞語，分類編排，以便學習和查閲。所謂"俗務"，就是指各種世俗雜務；"要名"，則指重要常用的雜務名稱、名物〔二〕。因此，唐代《俗務要名林》編撰的目的主要是庶民階層教子弟識字，掌握、熟悉生產生活中常用的名物以及倫理關係等，以備日常生產生活中的買賣、記賬、寫信等實際需求，故在敦煌等偏遠地區的鄉村童蒙教育中比較流行。

敦煌文獻中的《太公家教》《武王家教》《辯才家教》《新集嚴父教》四部"家教"，是在魏晋以來士家大族走向衰敗的過程中，伴隨着士族的"中央化"〔三〕，留居鄉里者在地方的影響力與魏晋不可同日而語。特別是經歷安史之

〔一〕 高天霞：《敦煌寫本〈俗務要名林〉語言文字研究》，中西書局，二〇一八年，第三頁。

〔二〕 鄭阿財、朱鳳玉：《敦煌蒙書研究》，第七九頁。

〔三〕 毛漢光：《從士族籍貫遷移看唐代士族之中央化》，毛漢光：《中國中古社會史論》，聯經出版事業公司，一九八八年，第二三五～三三八頁；韓昇：《科舉制與唐代社會階層的變遷》，《廈門大學學報（哲學社會科學版）》一九九九年第四期，第二四～二九頁。

亂的掃蕩之後，士族在鄉村的勢力大爲減弱，因此，代表士家大族的“家訓”編撰，不再像先前，主要强調孝道、應對、勸學和處世之道，而是增加了社會關懷成分，庶民色彩更濃。所以，不再用“姓氏題名”，而是藉助太公、周武王、嚴父、辯才等帶有兼濟天下含義的題名。

這四部“家訓”中《太公家教》主要是爲兒童編撰蒙書，雖然也涉及應對、處世等社會世俗內容，但其志向還算高遠，勸學向賢，大衆文化不是很濃厚。其他三部編撰目的明顯是爲社會大衆子弟啓蒙，兼濟普通士人的教示。特別是《武王家教》武王問太公問答語氣，分十惡至十狂等十三類問題，主要是針對百姓在生產生活中有關勞作、借貸、求財、掃灑、勤儉、師友、孝道、處世等諸多層面，容易犯不當、不雅，招人厭的行爲，多引用當時流行的俗語、諺語，反映了社會大衆治家、置業、處世的價值觀念。《辯才家教》則是利用淺近通俗的佛學常識與世俗倫理道德相結合，分章對貞節、經業和治家等內容進行説教和贊美，其中也包含了社會大衆教育的內容。《新集嚴父教》是針對若干種世人在生活中的應對、處世原則進行説教，屬於庶民階層的“家教”，對子弟要求很實際，但求平安，不求功業。

一卷本《王梵志詩集》是一部五言四句的勸世詩歌集，其格調不高，言語淺近，多爲鄙俚之言，格言與俗語相間，通俗易讀，以教訓、説理見長。其內容涉及生產、生活、理財、治家、孝道、貧富、應對、處世等，也充滿了鄉村色彩，超凡脱俗，輕視錢財，揚善抑惡，充滿佛教色彩，老莊思想濃厚，富於人生哲理，對敦樸民心十分有益，對大衆教化更爲實用，故常作爲鄉村兒童的童蒙教材。一卷本《王梵志詩》佛家勸世色彩更濃厚，爲研究社會的大衆教育提供了寶貴史料。

2.新編蒙書中的社會大衆教育內容增多

首先，生產知識增多。這是我國古代識字類蒙書的傳統，漢代《急就篇》就包括很多有關生產和生活的名物，《千字文》在一定程度上也保留了此傳統，但開啓了從天地、日月、四季到農業生產、人事等大致順序。此後，《開蒙要訓》《雜抄》《孔子備問書》等，都大致效仿其編撰順序、內容，以不同編撰方式增加大量有關生產、生活和應對的俗物知識。前文列舉《俗務要名林》

《雜集時用要字》中就分門別類地例舉了有關生産工具、技術、時令的名物知識，此處不再贅述。以《雜抄》爲例，共涉及二十七個條目，一百六十七個問答項，根據其內容性質大體將其歸納爲"論""辨"以及類似家教性質的"訓誡"等三大類，其中的"論五穀、五果、五射、五德"；辨年節日、辨四時八節等條目，都是有關農業生産生活的知識。就連《武王家教》之"十惡""三耗""三衰"都是講農業生産生活知識。此外，《辯才家教·四字教章》也主要是用四言韻語講生産的民間智慧。

　　其次，居家生活知識增多。大致可分名物知識、掃灑、應對、處世、消費等諸多層面。如《開蒙要訓》《俗務要名林》《雜集時用要字》《雜抄》《孔子備問書》等識字、知識類蒙書都記載了很多居家生活名物知識。《雜抄》末尾部分還有摘引當時俗語，以數字冠名歸納爲：世上略有十種剗室之事、十無去就者、五不自思度者、言六癡者、言有八頑者，爲與人相處、應對、處世時容易犯的自以爲是、擅自做主、招人厭惡的諸種不當行爲，應當堅決去除，反映了庶民階層的價值觀念和民間處世哲學。《武王家教》"一錯"至"十狂"中很多內容都是有關居家掃灑、應對、處世、消費等方面應該注意的事項和生活常識。此外《百行章》、一卷本《王梵志詩》雖然編撰文體不同，但相關內容十分豐富。

　　其三，勸學內容增多。唐代崇重科舉制度，直接推動了社會勸學風氣，"五尺童子恥不言文墨"觀念盛行[一]，"官職比來從此出"的觀念已經根植於世人心目中，讀書不問貧富，在敦煌童蒙教育下移中得到很好的體現。特別值得關注的是，這些童蒙讀物還激勵家道貧寒者，莫辭家貧而不學詩書，比如"男兒不學讀詩書，恰似園中肥地草"，打破了當時的士庶觀念，無疑增強了家道貧寒者勤奮讀書，通過科舉考試獲取功名、官位的信心，亦見科舉制度對當時社會大衆的影響之廣泛、深遠[二]。如《太公家教》云："明珠不瑩，焉

　　〔一〕《通典》卷一五《選舉典三》，第三五八頁；金瀅坤：《中國科舉制度通史·隋唐五代卷》，第一三九～一四二頁。

　　〔二〕　參閱韓昇：《南北朝隋唐士族向城市的遷徙與社會變遷》，《歷史研究》二〇〇三年第四期，第四九～六七頁。

發其光；人生不學，言不成章。"又《王梵志詩》云："黃金未是寶，學問勝珠珍。丈夫無伎藝，虛霑一世人。"〔一〕這些童蒙讀物中明確將讀書與登科、仕宦聯繫在一起，敦勸兒童樹立"學問""讀書"而登科、入仕清流的觀念，明確了讀書人的目的，突出反映了科舉對童蒙價值觀念的影響。《太公家教》《新集文詞九經抄》《文詞教林》《語對》《蒙求》中保留了豐富的各式"勸學"以及師友觀念，可以全面勾勒唐五代社會大衆對"勸學"的認知，及其背後科舉制度與銓選制度以及社會變遷對童蒙教育的影響。

其四，世俗道德教育。敦煌蒙書中有關世俗道德教育是德行類蒙書的主要內容，且不同蒙書的特點各異。《太公家教》明確爲教示兒童，對古代儒家經典中的名言警句、格言，改編爲韻文短句，兼采諺語、俗語，通俗易讀，內容多比較正面，以孝道、師友、勸學、應對、掃灑、謹言、慎行爲主。《武王家教》更注重"家教"特點，教育對象不局限於適齡兒童，更似子弟，故多用俚俗諺語、俗語，強調謹言、慎行、切莫多事、慎擇師友、擇鄰居等，多爲世俗人生哲理和生活智慧的內容。《辯才家教》的治家特點更爲明顯，勸教對象爲家族全體，辯才和尚藉助佛理知識，重在強調居家行孝、掃灑、應對、行善，如何處理家族內部翁婆、兄弟、妯娌等關係，將佛教經義與世俗智慧相結合，説理與讚頌相結合。又《新集文詞九經抄》《文詞教林》《孔子備問書》《雜抄》等蒙書中也摘引古代儒家、道家甚至是佛教中有關大衆教育的經典語句、格言和大量的諺語，都有明顯的世俗特點。

其五，佛道觀念增強。敦煌蒙書相當數量都是出自敦煌寺學學士郎之手，因此，敦煌蒙書中佛教色彩在所難免。其中，《辯才家教》爲唐代大曆間大和尚辯才所作，所以這部蒙書具有濃厚的佛教思想，體現了唐代僧人講經的特點，用大量淺顯易懂，內涵豐富的佛教思想宣傳勸善積德，對社會大衆教化有很大影響。此外，《武王家教》《孔子備問書》等蒙書中也吸收了不少佛教

〔一〕（唐）王梵志著，項楚校注：《王梵志詩校注》，上海古籍出版社，一九九一年，第四八三頁。

戒律、道教戒律的勸世内容，反映了唐代蒙書中的勸誡内容兼采了佛、道戒律及相關内容，最終上昇成一種社會大衆文化，進行社會教化，不局限於童蒙教育。

（三）敦煌蒙書的史料、文獻價值

敦煌蒙書主要從古代儒家經典、史籍、文集和佛道典籍以及名言警句、諺語和俗語中擇取各類相關内容，多用四、六言短句和韻文重新編撰成各種蒙書，其中很多典籍和諺語、俗語都已散逸，因此，有很高的史料和文獻學、音韻學、語言文學、社會學等領域的學術價值，兹擇取其中一二，簡單概述。

1.史料價值

敦煌蒙書對中古史研究具有很高史料價值。字書、知識類蒙書中記載很多名物、事類和典故，其中很多内容今天已經遺失、散逸。《俗務要名林》《雜集時用要字》《白家碎金》《碎金》等字書中很多名物記載，爲我們研究中古器物、名物提供了寶貴資料。如《俗務要名林·器物部》云：“槩，槩（舁）飲食者。餘慮反。”《廣韻·御韻》：“槩，舁食者。或作轝。羊洳切。”〔一〕顯然，“槩”指舉送飲食之器具，又稱“食輿”，又寫作“食轝”。《現代漢語大詞典》收有“食輿”一詞，曰：“食輿：竹輿床，竹轎。”〔二〕顯然，該解釋不得要領，《俗務要名林》解釋得更爲準確。又《器物部》云：“弗，策之別名。初産反。”唐代韓愈《贈張籍》詩：“試將詩義授，如以肉貫弗。”《器物部》又云：“界，鋸木。音介。”“界”作爲名物工具“鋸木”，今人已經不知。又《俗務要名林》中的像器物、田農、養蠶及機杼等部中，記載了唐代農業、手工業生産中所使用的各種工具和名物，可以豐富唐五代手工業生産工具等研究。因此，《俗務要名林》“不僅對研究漢語詞彙發展的歷史有用，而

〔一〕（宋）陳彭年等編：《宋本廣韻》（第二版），江蘇教育出版社，二〇〇五年，第一〇四頁。

〔二〕漢語大詞典編輯委員會編：《漢語大詞典》第一二册，上海辭書出版社，二〇二〇年，第四九〇頁。

且對於了解唐代社會的經濟、生活、風習等也大有幫助，這是一份很重要的資料"〔一〕。

敦煌蒙書及學郎題記可以補足史書記載的不足。如《隋書・職官志》記載"三川"爲何，不見相關史籍記載，史家認識差异很大。《雜抄》就有"三川"的記載："秦川、洛川、蜀川"，非常明確。又中國古代有"在三之義"觀念，後來又發展爲君親師的"三備"觀念，其他史書不載。唯有《雜抄》云："何名三備？君、父、師。"其"辯金藏論法"條云："夫人有百行，唯孝爲本……人有三事：一事父，二事君，三事師；非父不生，非君不事，非師不教。"又伯二九三七號背《太公家教》尾題："維大唐中和肆年（八八四）二月廿五日沙州燉煌郡學士郎兼充行軍除解▨（延）太學博士宋英達。"彌補了晚唐地方割據節度使轄區內州學學仕郎學成之後，在地方節度使衙任職的實例，這條史料很有代表性。另外，如前文所論，唐代寺學、社學、坊學、寺學的發現，都得益於對敦煌蒙書和題記的深入研究。

2.文獻價值

敦煌蒙書的文獻輯佚價值。由於敦煌蒙書編撰過程中摘録、抄録了很多古代經典和書籍的名言警句，其中的不少書已經失傳，故其對輯佚失傳書籍有一定的學術價值。如《新集文詞九經抄》援引典籍至爲豐富，其中頗有後世亡佚之作與散佚之文，如《真言要决》《賢士傳》《孝子傳》《列仙傳》《神仙傳》《潘安仁笙歌賦》《九諫書》等〔二〕。其中《新集文詞九經抄》摘引《真言要决》云："事君事父者，唯以忠孝爲主，爲君爲父者，須以慈愛爲宗。"由於此書早已散佚，故這條記載就可補《真言要决》佚文。又《兔園策府》也摘引了《孝經三五圖》、《帝王世紀》、《尚書中侯》、《符瑞圖》、王嬰《古今通論》等很多古籍，多已佚，此類相關内容具有輯佚價值。如《兔園策府》注文摘引范曄《後漢書》曰："光武初出（生）於濟陽，有鳳凰集。"原

〔一〕 周祖謨：《敦煌唐本字書叙録》，見中國敦煌吐魯番學會語言文學分會編纂：《敦煌語言文學研究》，一九八八年，第五〇頁。

〔二〕 鄭阿財：《敦煌寫卷新集文詞九經抄研究》，文史哲出版社，一九八九年，第一一三~一二四頁。

文已佚，故此條可補佚。以上枚舉敦煌蒙書與徵引的内容，相關傳世史籍今已散佚，實可資輯佚與考史，有一定的拾遺補缺價值。此類情況不再一一贅述。

敦煌蒙書的校勘價值。可依據敦煌蒙書考訂歷史之疑、版本之失。如《語對·送別》記載“胡越”條：“《古詩》曰：‘行行重行行，與君生別離。相去萬餘里，各在天一崖。’”其“崖”字，今諸本《文選》卷二九《詩己·古詩十九首》作“涯”，“崖”爲古正字，蓋不誤。可勘正史實。伯二五三七號《略出籯金·朋友篇》“雙鴻”條引《七賢傳》云：“阮藉（籍）以（與）嵇康爲交，時人號爲‘雙鴻’。”今傳世文獻屢見阮籍與嵇康爲友之記載，但未見有“雙鴻”之稱，可補傳世文獻之缺。又《千字文》版本衆多，但傳世典籍將“律呂調陽”，誤作“律召調陽”，幸賴敦煌本《千字文》發現〔一〕，糾正了這一數百年的訛誤。

（四）敦煌蒙書的語言文學價值

敦煌蒙書中的《俗務要名林》《雜集時用要字》《白家碎金》《碎金》等字書中的注音和異文，可爲研究當時的漢語語音，特別是西北方音的面貌提供史料。如羅常培、姜亮夫、周祖謨、潘重規等學術名師在音韻方面取得的成就，均與重視敦煌蒙書中的史料、語料有很大關係。蔡元培《敦煌掇瑣》序說：“又如《刊謬補缺切韻》《字寶碎金》《俗務要名林》等，多記當時俗語、俗字，亦可供語言學、文字學的參考。”〔二〕《語對》《略出籯金》《文場秀句》等蒙書更是研究俗文字、俗語言、詞彙學的寶貴材料〔三〕，可從其中的異文詞變化研究古代詞語的古今更替演變史，利用其中事對詞語注的意義補充現有辭

〔一〕　張涌泉主編：《敦煌文獻合集經部·序》，第二頁。

〔二〕　劉復：《敦煌掇瑣》，收入黄永武編：《敦煌叢刊初集》，新文豐出版股份有限公司，一九八五年，第五頁。

〔三〕　參閱鄭阿財：《敦煌蒙書研究的回顧與前瞻》，《敦煌吐魯番研究》第七卷，第二五四~二七五頁。

書的收詞和釋義[一]。

　　在漢語俗字研究領域，《千字文》《俗物要名林》《雜集時用要字》《白家碎金》《碎金》《語對》等敦煌蒙書爲漢語俗字的研究提供了豐富的材料。如張涌泉《漢語俗字研究》《敦煌俗字匯考》《漢語俗字叢考》、黄征的《敦煌俗字典》等成名著作，都利用了這些蒙書中的俗字材料。

　　在文詞、典故研究方面，敦煌蒙書提供了豐富語料。敦煌蒙書中的《文場秀句》《語對》《略出籑金》等文詞類蒙書，收集大量麗詞、對偶，并對其進行了解釋，以便對兒童進行詞語、典故屬對訓練，熟練掌握音韻押韻，即"屬辭比事"，爲作文訓練做準備。因此，《文場秀句》《語對》和《籑金》等文詞類蒙書中保留相當數量的事對，即麗詞、典故，爲研究中古時期的語言文字提供了豐富語料。

　　敦煌蒙書中還發現了蕃漢雙語《千字文》《太公家教》等蒙書，對少數民族進行雙語教育，爲了解和研究古代漢語翻譯提供彌足珍貴的史料。敦煌寫本伯三四一九號A《漢藏千字文》是漢藏對音本，該寫卷首尾俱缺，僅存五十四行漢字及對應吐蕃文對音。日本學者羽田亨《漢蕃対音千字文の斷簡》則釋讀、轉寫了漢藏對音，并確定了其與《千字文》的對音性質及與研究唐代西北方音的關係[二]。羅常培先生《唐五代西北方音》利用《漢藏對音千字文》研究了唐五代時期的西北方音[三]。高田時雄《敦煌資料による中國語史の研究——九・十世紀の河西方言》對羅氏《唐五代西北方音》中的漢藏對音材料進行補充和修訂，深入研究了其中的音韻和語法現象[四]。

　　〔一〕　參閲高天霞：《敦煌寫本〈籑金〉系類書整理與研究》，復旦大學博士後研究工作報告，二〇一七年，第四〇頁。

　　〔二〕［日］羽田亨：《漢蕃対音千字文の斷簡》，《東洋學報》第一三卷第三號，一九二三年。

　　〔三〕羅常培：《唐五代西北方音》，商務印書館，二〇一二年。

　　〔四〕［日］高田時雄：《敦煌資料による中國語史の研究——九・十世紀の河西方言》，創文社（東洋學叢書），一九八八年。

（五）敦煌蒙書的書算教育價值

敦煌蒙書發現的唐代書算類蒙書，既有對前代的繼承和發展，也有不少新編之作，其種類、内容更爲豐富，不僅體現了唐代書算教育的快速發展，而且爲研究中國古代書算教育史留下了寶貴史料。兹從以下四個層面概述敦煌蒙書對書算教育研究的學術價值。

一是專門習字蒙書的出現。唐代誕生的專門習字蒙書有《上大夫》《牛羊千口》《上士由山水》，其中《上大夫》爲時代最早、影響最大的一本專門習字蒙書。敦煌本《上大夫》有三十一件，足見其被使用之普遍。其中伯四九〇〇號（二）《上大夫試文》爲習字寫卷，篇首有朱筆“試文”二字，每行行首由教書先生朱筆書寫範字，依次爲“上大夫”等，其下爲學生重復習字，每行約十三字，這種教學方式，是目前發現的《上大夫》“順朱”習字的最早寫卷〔一〕，可視爲後世《上大人》朱筆描紅習字本的最早原形，是研究唐代習字方法和習字教學十分珍貴的一手資料。《上大人》對後世影響很大，宋代以後將其作爲兒童習字的首選蒙書。敦煌本《牛羊千口》在傳世文獻中尚未發現它的蹤迹，故而可以豐富學界對研究唐代兒童習字情況的認識。《上士由山水》以筆畫簡單，作爲目前學界可知的唐代三種兒童習字蒙書之一，唯有伯三一四五號背保存了全文，使學界得以窺其全貌，宋代以後常用於習字教育。

二是保存了王羲之字帖在童蒙習字中大量使用的實例。武周時期《尚想黃綺帖》就已流傳龜兹、于闐等西域之地，作爲字帖，供兒童反復習字〔二〕。敦煌文獻中發現的《尚想黃綺帖》《蘭亭序》寫卷，共有四十一件，其中重復習字寫卷各有十件。不少寫卷中有教書先生書寫範字的痕迹，對研究唐代習字

〔一〕［日］海野洋平：《童蒙教材としての王羲之〈顧書論〉（〈尚想黃綺〉帖）—敦煌寫本・羽664ノ二Rに見るプレ〈千字文〉課本の順朱—》，武田科學振興財團杏雨書屋編：《杏雨》第二〇號，二〇一七年，第一三五～一三七頁。

〔二〕榮新江：《〈蘭亭序〉與〈尚想黃綺帖〉在西域的流傳》，故宫博物院編：《2011年蘭亭國際學術研討會論文集》，第三一頁。

方法有重要價值。

　　三是記録了流行識字蒙書用於習字的實例。《千字文》《開蒙要訓》等流行識字蒙書在識字的同時，由教書先生、家長等書寫範字，供學郎習字，反復臨摹，這種方式在敦煌蒙書中比較常見。敦煌本《千字文》中有此類學郎習字寫本約三十六件，其中斯二七〇三號中有教書先生在行首書寫範字，學郎依次反復習字，并有教書先生評語〔一〕，是真實反映童蒙習字教育的第一手資料，非常有學術價值。

　　四是算術蒙書的推陳出新。敦煌算術蒙書可以説是我國現存紙質寫本算書之最早者〔二〕。敦煌本《九九乘法口訣》從“九九八十一”至“一一如一”，共四十五句，比秦漢時期多了“一九如九”至“一三如三”等七句，反映了魏晋隋唐以來對秦漢乘法口訣的發展，也表明唐代已經普遍采用這種四十五句的口訣。而且敦煌大寫漢字版乘法口訣的出現，也是記數方法的一大進步，史料價值彌足珍貴。《立成算經》《算經》簡明扼要，有利於初學者掌握。其中⊥、ⅢⅡ、Ｔ等記數符號的出現，對研究唐代記數法很有價值〔三〕。其中度量衡方面的記載，説明了王莽量制直到唐宋時期仍在使用〔四〕。《算經》中的田畝面積計算，伯二六六七號《算書》中的軍需民食、營造等方面的計算，能解決很多實際問題，體現了我國傳統算術教育重實用的特點，對研究唐五代童蒙和普通民衆學習算數的情況很有學術價值。

　　敦煌書算蒙書的發現，證明唐代在邊遠地方不僅有書學和算術，而且還形成了一套成熟的、實用的教學體系和教學方法。其中的《上大夫》《上士由山水》《千字文》《蘭亭序》《九九乘法口訣》更是流傳到近現代，對後世千餘年的書算教育產生了深遠影響。

　　〔一〕　李正宇：《一件唐代學童的習字作業》，《文物天地》一九八六年第六期，第一五頁。

　　〔二〕　李儼：《敦煌石室“算書”》，《中大季刊》第一卷第二期，一九二六年，第一頁。

　　〔三〕　季羨林主編：《敦煌學大辭典》，上海辭書出版社，一九九八年，第六〇三頁。

　　〔四〕　李并成：《從敦煌算經看我國唐宋時代的初級數學教育》，《數學教學研究》一九九一年第一期，第四〇頁。

結　語

以上主要對"蒙書"的概念、起源、發展和歷史特點進行了梳理，就"蒙書"與"家訓""類書"的概念進行了梳理，并對"敦煌蒙書"進行分類和論證，爲敦煌蒙書的整理、校釋與研究做了初步準備工作。敦煌蒙書不僅對研究唐五代童蒙教育、教育史、大衆教育、書算教育以及史料學、文獻學、語言文字學等都有非常高的學術價值，也可以作爲當今少年兒童的啓蒙讀物，以便更好地學習中華優秀傳統文化。因此，本叢書在前人研究的基礎上，對唐代盛世蒙書進行全面、系統的整理、校釋和研究，不僅可以學習盛唐氣象，弘揚中華優秀傳統文化，爲當今中小學教育提供優秀的童蒙讀物，用盛唐蒙書以改善當今少年兒童教輔市場由明清蒙書占據主導地位的局面。

本叢書重点對以往學界研究敦煌蒙書中存在的以下幾類問題進行全面解決。其一，針對敦煌蒙書研究多爲個人就某一部蒙書、具體問題的零星研究，缺乏全面、多學科的協同整體性、系統性研究的問題，本叢書爲筆者主持的國家古籍整理出版專項經費資助項目"敦煌蒙書校釋與研究"（2019-32），組織海峽兩岸長期從事敦煌蒙書研究最前沿、最高水平的學者王三慶、鄭阿財、朱鳳玉、金瀅坤、張新朋、劉全波等教授，楊寶玉、盛會蓮等研究員，趙宏勃副教授、常蕎心副研究員，任占鵬、焦天然、李殷等博士，以及高静雅、吳元元等博士研究生承擔撰寫任務，鄭亦寧、卜樂凡、王珣等碩士研究生也參與了編撰工作，形成了老中青相結合的科研團隊。本叢書邀請樓宇烈、樊錦詩先生任顧問，王子今、柴劍虹、張涌泉、李正宇、李并成、韓昇、王三慶、朱鳳玉、杜成憲、金瀅坤、張希清、李世愉、劉海峰、施克燦、孫邦華、楊秀清、楊寶玉、盛會蓮等知名教授、編審和研究員作爲本叢書編撰委員會編委，對相關論著進行審閱和指導，以保證本叢書高質量地編撰和出版。

其二，針對敦煌蒙書校對多爲單本蒙書的分別校釋，缺乏整體分類校釋，很難产生規模效益，没能引起學界和社會各界對敦煌蒙書給予足够重視的問題，本叢書計劃設導論卷，多數蒙書將單獨成卷，書算類等少數蒙書將合并成習字卷、算術卷，每卷蒙書將邀請相關童蒙文化研究最佳人選，對相關蒙書進行單獨叙録、題解和校釋。叙録部分主要是對整理蒙書的校釋所使用的底本和參校寫卷的狀況以及綴合、前人整理情況等進行說明。叙錄主要爲全面調查蒙書的相關寫卷、題記等情況，爲底本和參校本的選擇做好基礎性調查和考訂工作，争取在底卷綴合和題記考釋方面有所創新，在蒙書寫卷的占有和學術史掌握方面做到窮盡。解題部分簡明扼要地説明所整理蒙書的簡介、價值和成書年代，并交代校釋所使用的底本和參校版本的基本信息以及前人的整理、研究成果，力求反映前人的研究基礎以及本團隊對研究蒙書的認識水平。校釋部分是整理的關鍵所在，主要分釋文和校釋兩部分進行。釋文主要是對所選底本進行逐字考辨，録定正文，斷句標點，分段録出，必要時保持原有格式。本叢書設計之初就定位學術性與應用性相結合，不僅爲學界提供一個高水平的校釋本，而且要爲廣大普通讀者提供可讀性强的讀本，故録文部分要盡量出正字，充分考慮可讀性，减少閱讀障礙。注釋部分主要對底本中訛誤字、俗字、异體字、通假字進行校正，并出校説明理由；若能確定蒙書中典故、諺語等最早出處或較早轉引及相近記載者，均須注釋。這部分力求做到校釋準確，引經據典，追根溯源，釋字可靠，釋義準確，經得起考驗。

其三，針對敦煌蒙書研究存在問題相對單一、結論相似、問題意識不足的問題，本叢書將從中國傳統文化的歷史淵源入手，以蒙書爲中心，以童蒙教育爲着眼點，考察中古時期儒釋道交融的歷史大背景下，童蒙文化如何受其影響，蒙書思想觀念有何反映；再從社會變遷視角考察中古朝代更替、士族興衰、察舉制向科舉制轉變、官學與私學發展變化、經學與文學之争、藩鎮割據、朋黨之争等時代産物對童蒙教育的影響，具體體現在唐代蒙書編撰的哪些方面，從而深化問題的研究。本叢書還重點探討每部蒙書的編撰、文體、語言的特點，以及編撰目的和影響。每部蒙書的研究將突出童蒙教育的功能，從蒙書内容、題記、編撰體例、文化淵源及唐代科舉考試、文化、思想等多角度進行深入探討，分析其對童蒙教育的功能、意義和影響等，進而從每本蒙書特點出發，探討其對社會大衆的社會教化與影響。通過如上多層面的研究，讓讀者明白每部蒙書的獨特性和不可替代性，用事實充分説明唐代蒙書在編撰方面的開創性、多樣性特點，從而向世人推介敦煌蒙書，以便爲今天的少年兒童提供更爲豐富的啓蒙讀物。

　　本叢書從立項到成書出版，應感謝前輩學者對敦煌蒙書研究所付出的努力，感謝樓宇烈、樊錦詩先生擔任我們的顧問，感謝韓國磐師、韓昇師、張涌泉師、李正宇師、李并成師、劉進寶師以極大耐心，賜教不才，也感謝王子今、張希清、王三慶、鄭阿財、朱鳳玉、毛佩琦、李華瑞、李世愉、劉海峰等先生多年來對我的無私幫助和指導，也特別感謝在我人生最低迷的時候張雪書記對我的幫助。本叢書稿在我和副主編盛會蓮研究員的組織下，由任占鵬博士、高靜雅博士生具體負責，焦天然博士、常蓋心副研究員協助，吳元元、藺媛、譚超、鮑有情、王珣、王璽、李路昊、李哲昊、賈藝帆等碩博研究生參與了校訂，在此表示感謝。

　　注記：筆者在寫"總論"過程中得到課題組全體成員的大力支持，就蒙書概念、蒙書劃分標準，以及蒙書與類書、家訓治家關係等問題與前輩學者王三慶、鄭阿財教授進行了反復商討，兩位先生都給予了建設性修改意見，并請柴劍虹先生審閱，提供了寶貴修改意見，在此向三位先生和所有課題組成員再次表示感謝。

緒　論

　　《文場秀句》是唐五代流傳的兒童啓蒙教材，用於兒童作詩習文的啓蒙教育，主要是爲了適應對科舉考試重文的時代趨式。可惜是書在傳世典籍中已散逸，幸賴敦煌文獻得以部分保存，使我們能夠窺見此書的部分原貌，借以略窺唐五代兒童詩歌教育的情況。是書撰成之後，雖未見在中國流傳，但却流傳到了日本，并得到廣泛傳播，日本多部文獻中曾著録、援引、保留了《文場秀句》的內容，可見此書在文化傳播上的重要價值。

　　敦煌文獻中所存《文場秀句》，計有兩件寫本：其一爲伯二六七八號＋伯三九五六號[一]；其二爲羽七二ノ b ノ二號[二]。分别庋藏於法國巴黎國家圖書館和日本武田科學振興財團杏雨書屋。一九九四年，日本學者福田俊昭《〈注好選〉所引の〈文場秀句〉考》一文最早專門探討了《文場秀句》一書，引起了學界對《文場秀句》研治的重視。其後，李銘敬《日本及敦煌文獻中所見〈文場秀句〉一書的考察》、日本學者永田知之《〈文場秀句〉小考——"蒙書"と類書と作詩文指南書の間》、王三慶先生《〈文場秀句〉之發現、整理與研究》、永田知之《〈文場秀句〉補——〈敦煌秘笈〉羽072と〈和漢朗詠集

　　〔一〕　上海古籍出版社、法國國家圖書館編：《法藏敦煌西域文獻》第一七册，上海古籍出版社，二〇〇一年，第二〇六～二〇七頁。

　　〔二〕　（日本）武田科學振興財團杏雨書屋、〔日〕吉川忠夫編：《敦煌秘笈：影片册》第一册，（日本）大阪：はまや印刷株式會社，二〇〇九年，第四二五～四二六頁。

私注〉》等論文，分別對此書進行了深度探討，前輩學者之卓識巨眼，凡此可見。

《文場秀句》一書雖經數位前輩學者研究，已有卓著成果，但尚有深入研究及探討的地方。是以本書將在前輩學者研究成果及校釋篇的基礎上，對《文場秀句》的作者及成書年代、編撰特點與背景、與童蒙教育的關係以及其在日本的流傳與影響等内容進行探討。

一 研究價值

敦煌文獻在中華文明傳承中具有重要的地位，王國維先生的《最近二三十年中中國新發見之學問》中便指出：

> 自漢以來，中國學問上之最重大發現有三：一爲孔子壁中書；二爲汲冢書；三則今之殷墟甲骨文字，敦煌塞上及西域各處之漢晋木簡，敦煌千佛洞之六朝及唐人寫本書卷，内閣大庫之元明以來書籍、檔册。此四者之一，已足當孔壁、汲冢所出〔一〕。

王國維先生認爲敦煌文獻，足可當孔壁、汲冢中書，足見其重要價值。敦煌文獻中保存了大量的散逸書籍，是古代文獻傳承中的重要一環，不少已亡佚的古書因敦煌文獻而得以保存，使今人可借以窺知亡佚之書的基本原貌。敦煌文獻作爲漢字俗字流行時期的産物〔二〕，《文場秀句》一書是其中不可忽視的一部分，其中保存了豐富的俗字資料，對考察音韻、文字的發展和演變具有重要意義。從敦煌蒙書的角度出發，關於《文場秀句》研究價值的概述，撮其大要，得有四事：

其一有利於探討科舉制度與童蒙教育之間的關係。唐代科舉制度不斷調整和完善，促進了私學發展，由於"童蒙教育的一個主要目的，便是爲將來

〔一〕 謝維揚、房鑫亮主編：《王國維全集》卷一四《最近二三十年中中國新發見之學問》，浙江教育出版社，二〇一〇年，第二三九頁。

〔二〕 張涌泉：《敦煌寫本文獻學》，甘肅教育出版社，二〇一一年，第一六三頁。

士人應科舉打好最早的基礎，甚至一些童蒙教育，本身的目的就是直接爲科舉的"〔一〕。以詩賦取士是唐代科舉考試重要的特徵之一，童蒙教育也深受其影響，學習詩文逐漸成爲童蒙教育的内容之一。《文場秀句》作爲對兒童進行作詩習文教育的蒙書，研究是書的具體内容，有助於更加深入地認識唐代科舉制度對童蒙教育的影響。

其二有助於深入探討中國古代類書與蒙書編撰的源流與發展及其對後世類書與蒙書編撰的影響。唐代科舉制的發展，極大地促進了童蒙教育的發展，蒙書編撰也出現了新的特點〔二〕，但這一時期的蒙書多已不存，對敦煌本《文場秀句》的發現整理與研究，豐富了我們對唐代童蒙教材的認知。唐代不僅是中國古代蒙書發展的重要時期，也是類書發展的重要時期。在這一發展過程中《文場秀句》一書具有重要的承上啓下作用，地位突出。是書采用的"事文兼采"之體例，蓋源於《編珠》《北堂書鈔》之嘗試，《藝文類聚》之初創，并對《初學記》產生了重要影響，亦與敦煌蒙書《兔園策府》《語對》《籯金》之間存在着密切聯繫。因此，對敦煌本《文場秀句》進行研究，可大抵窺知唐代類書與蒙書編撰的脈絡與源流，有助更加全面地認識中國古代類書與蒙書的發展源流及其編撰特點。

其三有助於了解唐代詩歌啓蒙教育的情況。當今學界尚缺乏關於唐代兒童詩歌啓蒙教育的專門研究，對唐代詩歌啓蒙教育的方式、理念、教材等情況，尤其是唐時兒童學詩的情況不甚明了。隨着敦煌文獻的發現，出土了較爲豐富的唐代詩歌啓蒙教育材料。以童蒙教育的視角，充分考察、利用敦煌文獻中所保存的《文場秀句》，對其進行研究有助於更好地認識唐代詩歌啓蒙教育的實踐情況，總結唐代詩歌啓蒙教育的方式、理念及意義等。

其四有助於更好地認識中國古代蒙書在中日文化交流中的重要價值。考

〔一〕　王炳照：《中國古代私學與近代私立學校研究》，山東教育出版社，一九九七年，第二二〇頁。

〔二〕　金瀅坤：《唐五代科舉制度對童蒙教育的影響》，《浙江師範大學學報（社會科學版）》二〇一二年第一期，第二四頁。

察敦煌本《文場秀句》及日本所存援引《文場秀句》的文獻，不僅能够使敦煌本《文場秀句》與日本今存漢籍以及目録文獻的記載得以相互印證，尤其使日本留存的古文獻同敦煌文獻中所保存的佚失本文獻得以互證，體現出了中日文獻資料在古代歷史中的互通性〔一〕，也可使中國古代蒙書在日本流傳與傳播的情況及其影響得以進一步明朗化，爲中日文化交流、日本文學史、日本漢籍研究提供較爲可靠的史料依據。

二　學術史回顧

由於《文場秀句》原書在敦煌文書發現之前早已亡佚，且相關記載多散見於各種典籍史料之中，所以罕見前人對《文場秀句》進行系統地研究與探索，專門的研究論文較少。隨着敦煌本的發現，《文場秀句》的部分内容纔得以爲世人所見，對《文場秀句》的研究也有所發展。先賢對《文場秀句》的研究主要集中在兩個方面：其一，對《文場秀句》的著録；其二，對《文場秀句》的發現與研究。故以此二題，謹論述如次。

（一）《文場秀句》的著録

雖然關於《文場秀句》的記載相對較少，但古代歷史文獻中仍保存了部分相關的信息，古今學者做了一些著録整理，爲深入研究《文場秀句》奠定了一定的文獻基礎。雖然這些著録整理并未着眼於童蒙教育，也并非專門針對《文場秀句》，不過這些著録整理大多爲社會精英所爲，他們所作的著録整理，也往往反映了其對《文場秀句》的認識與理解，因而其中自然地包含了一些對《文場秀句》認識的相關論述。

關於《文場秀句》的記載，最早見於日本藤原佐世（八四七～八九八）

〔一〕　詳參王三慶：《〈文場秀句〉之發現、整理與研究》，收入王三慶、鄭阿財合編：《2013年敦煌、吐魯番國際學術研討會論文集》，成功大學文學系，二○一四年，第一四頁。後又收入王三慶：《敦煌吐魯番文獻與日本典藏》，新文豐出版股份有限公司，二○一四年，第四五五～四八四頁。

的《日本國見在書目録》，其著録有“《文場秀句》一卷”〔一〕，歸入《小學類》。《舊唐書·王起傳》載：“（王起）爲太子廣《五運圖》及《文場秀句》等獻之。”〔二〕記述了《文場秀句》的作者情況。後有《新唐書·藝文志》載有“王起《文場秀句》一卷”〔三〕，記録了《文場秀句》的作者及卷數，并將其歸入丁部總集類〔四〕，對其性質作出了初步界定。《舊五代史·周書·馮道傳》載：“《兔園策》皆名儒所集，道能諷之，中朝士子止看《文場秀句》，便爲舉業，皆竊取公卿，何淺狹之甚耶！”〔五〕將《文場秀句》與《兔園册府》并提，使其性質更加明確，言是書當爲科舉考試的備考之書。《通志·藝文略八·詩評》載有“王起《文場秀句》一卷”〔六〕，歸入“詩評”類。又《宋史·藝文志》載

〔一〕　按：日本内閣文庫尚藏有（日本）塙保己一《續群書類從》第一〇二七册《本朝見在書目》寫本。關於藤原佐世《日本國見在書目録》的成書時間，流行之説爲“日本貞觀説”，相關研究及情況，詳參第五章。孫猛《日本國見在書目録·研究篇·〈日本國見在書目録〉的成書年代及背景》中，通過史料對“貞觀冷泉院火”與書名“現（見）在”聯繫起來的觀點進行了辯駁，指出是書成書、奏進的時間當在寬平三年（八八九）。故是書記録早於《舊唐書》五十四年，早於《新唐書》一百六十九年，爲研究《文場秀句》提供更早的記録。詳參〔日〕藤原佐世奉敕撰：《日本國見在書目録》，（日本）天保六年（一八三五）寫本（藏日本國立國會圖書館），寫本不注頁碼；孫猛：《日本國見在書目録詳考》上册，上海古籍出版社，二〇一五年，序第七頁；孫猛：《日本國見在書目録詳考》下册，第二一六五~二一七九頁。

〔二〕　（後晋）劉昫等撰：《舊唐書》卷一六四《王起傳》，中華書局，一九七五年，第四二八〇頁。

〔三〕　（宋）歐陽修、宋祁撰：《新唐書》卷六〇《藝文志四》，中華書局，一九七五年，第一六二三頁。

〔四〕　按：《新唐書》卷六〇《藝文志》云：“丁部集録，其類三：一曰《楚辭》類，二曰別集類，三曰總集類。”（第一六二三、一六二六頁）《新唐書》將《文場秀句》歸入總集類。

〔五〕　（宋）薛居正等撰：《舊五代史》卷一二六《周書·馮道傳》，中華書局，一九七六年，第一六五七頁。

〔六〕　（宋）鄭樵撰：《通志》卷七〇《藝文志略八·詩評》，中華書局，一九八七年，第八二八頁。

有“《文場秀句》一卷”[一]，歸入類事類[二]。清代葉德輝考證《秘書省續編到四庫缺書目·子類·類書》中則著錄：“孟獻子撰《文場秀句》一卷（闕）。輝按新唐志入集部總集類，云王起撰，宋志無撰人。”[三]《宋史》所載，與前《新唐書》《通志》所歸類別有異，且《秘書省續編到四庫缺書目》所錄作者與前不同，則《宋史》所載《文場秀句》的性質及作者尚有可進一步探究的價值。

除上述目錄、紀傳體通史、典章制度史料等著錄《文場秀句》一書外，宋代王應麟的《詩藪》評論古今詩歌之書，也對此書進行了著錄，言：“唐人好集詩句爲圖，今惟張爲主客，散見類書中，自餘悉不傳。漫記其目：《古今詩人秀句》二十卷，元競編；《泉山秀句》二十卷，黃滔編；《文場秀句》一卷，王起編。”[四]在記述《文場秀句》的作者及卷數的同時，指出唐人所輯詩句爲圖之書，多散見於類書中，而王起所編《文場秀句》便是其中之一。又據《（嘉靖）惟揚志·經籍志》所載：“《大中新興詩格》一卷、《文場秀句》一卷，俱王起撰。”[五]

此外，輯錄了有關古代詩話、唐詩研究資料的《唐音癸籤》一書，也著錄了《文場秀句》，言：“省試詩有《前輩詠題詩集》（采開元至大中省試詠詩三百五十篇，四卷）、《中書省試詠題詩》（一卷）、《同題集》（柳玄撰，十卷）、《文場秀句》（王起編，一卷）、《臨沂子觀光集》（梁王觳集禮

〔一〕（元）脫脫等撰：《宋史》卷二〇七《藝文志六》，中華書局，一九七七年，第五二九五頁。

〔二〕《宋史》卷二〇七《藝文志六》，第五三〇三頁。

〔三〕（清）葉德輝考證：《秘書省續編到四庫闕書目》卷二《子類·類書》，見中華書局編輯部編：《宋元明清書目題跋叢刊·宋代卷》，中華書局，二〇〇六年，第三二七頁。

〔四〕（明）胡應麟著：《詩藪·雜編》卷二《遺逸中·載籍》，中華書局，一九五八年，第二六一頁。

〔五〕（明）朱懷幹修，（明）盛儀纂：《（嘉靖）惟揚志》卷一二《經籍志》，收入上海古籍書店編：《天一閣藏明代方志選刊》第一二冊，上海古籍書店，一九八一年，第七筒頁。

部所投詩，三卷）。"〔一〕説明了《文場秀句》的作者與卷數，言其與省試詩相關。

又明代焦竑所輯《國史經籍志附録·詩文評》中，言有"王起《文場秀句》一卷"〔二〕，作者及卷數部分與前所述《新唐書》《通志》《唐音癸籤》中著録無异，唯爰述其所屬性質有所不同。

清代陳夢雷編纂《古今圖書集成》中著録"《文場秀句》一卷"〔三〕，將其歸入類事類〔四〕。同書詩文評下又有"王起《文場秀句》一卷"〔五〕。

合以上所述者論之，關於《文場秀句》一書，《舊唐書》《新唐書》《舊五代史》《宋史》《通志》等書，對《文場秀句》的作者、卷數、性質均有所涉及，雖祇是隻言片語，但爲分析《文場秀句》的性質、探究其作者提供了一定的文獻基礎。

近現代以來，學者們繼續對《文場秀句》進行了著録。張滌華先生的《類書流別·存佚第六》一書中指出："《文場秀句》一卷（不著撰人。按：《新唐志》題王起撰，入總集類。）［佚］。"〔六〕

孫猛的《日本國見在書目録詳考》在藤原佐世《日本國見在書目録》的基礎上，將著録《文場秀句》的文獻分別進行了著録，言有"新唐　王起文場秀句一卷；秘目　孟獻子文場秀句（類書類）〔七〕；通志　王起文場秀句一卷

〔一〕（明）胡震亨著：《唐音癸籤》卷三〇《集録一》，上海古籍出版社，一九八一年，第三一六頁。

〔二〕（明）焦竑輯：《國史經籍志附録》卷五《詩文評》，商務印書館，一九三九年，第二九六頁。

〔三〕（清）陳夢雷編纂：《古今圖書集成》第五七册《理學彙編·經籍典》卷一九《經籍總部》，中華書局、巴蜀書社，一九八五年，第六八〇八七頁。

〔四〕（清）陳夢雷編纂：《古今圖書集成》第五七册《理學彙編·經籍典》卷一九《經籍總部》，第六八〇八八頁。

〔五〕（清）陳夢雷編纂：《古今圖書集成》第五七册《理學彙編·經籍典》卷三二《經籍總部》，第六八二一〇頁。

〔六〕張滌華：《類書流別》，商務印書館，一九八五年，第七六頁。

〔七〕按："秘目"指"《秘書省續編到四庫闕書目》"。

（詩評類）宋志　文場秀句一卷（類事類）"，爲佚書〔一〕。

綜其大要，古今先賢關於《文場秀句》的著録多有相似之處，其中包含部分與《文場秀句》作者、性質等相關内容，爲進一步研究《文場秀句》一書提供了重要的文獻資源。

（二）《文場秀句》的研究

關於《文場秀句》的專門研究總體并不多，涉及《文場秀句》的論述也多散見於歷史學、教育學、文學的論著，及相關的論文中。總體而言，對《文場秀句》的研究主要包括四方面内容，兹擇其要者，論述如下，以明其梗概。

1.《文場秀句》發現與整理

《文場秀句》寫卷被定名之前，關於是書的相關寫卷伯二六七八號、伯三九五六號，學界尚存在不同的觀點：

其一，認爲是"小類書"。如王重民先生的《伯希和劫經録》（一九三四～一九三九年）〔二〕，最早將伯二六七八號題爲"小類書"，言此寫卷存"□□第三、雷電第四、煙霧第五、春第六、夏第七、秋第八、冬第九、帝德第十一、瑞應第十一"，爲兩面接書〔三〕。王三慶先生的《敦煌本古類書〈語對〉研究》一書，指出伯三九五六號、伯二六七八號爲"纂金系類書"〔四〕，認爲伯三九五六號、伯二六七八號二卷爲"一卷分裂爲二者，既無書名，亦無序文，部類又與《纂金》略異，僅先事後文之體例與《纂金》近似。猶存盛唐書風"〔五〕，通過武后新字遺迹及因諱缺文，對是卷成於何時進行了

〔一〕　孫猛：《日本國見在書目録詳考》下册，第二〇四六～二〇四七頁。

〔二〕　參見白化文：《北大熏習録・讀〈伯希和劫經録〉》，中國書籍出版社，二〇一六年，第一一二頁。

〔三〕　王重民：《伯希和劫經録》，收入商務印書館編：《敦煌遺書總目索引》（以下簡稱"《索引》"），中華書局，一九八三年，第二七〇頁。按：王重民先生將伯三九五六號+伯二六七八號歸爲《類林》。詳參《索引》，第四八三頁。

〔四〕　王三慶：《敦煌本古類書〈語對〉研究》，文史哲出版社，一九八五年，第一八頁。

〔五〕　王三慶：《敦煌本古類書〈語對〉研究》，第八三頁。

考證〔一〕。季羨林先生主編的《敦煌學辭典》中，楊寶玉也指出伯二六七八號爲民間習用小類書《籯金》〔二〕。

　　其二，認爲是《類林》。如王重民先生的《伯希和劫經録》認爲伯三九五六號爲《類林》，言其"存天地第一、日月第二至第十二"等部〔三〕。黄永武先生《敦煌寶藏》將綴合後的伯二六七八號、伯三九五六號亦題作"類林"。二十世紀九十年代，胡戟、傅玫的《敦煌史話》中指出伯二六七八號、伯三九五六號爲于立政編撰的《類林》〔四〕。

　　然而對於《類林》之説，學界多有不同的觀點。如二十世紀八十年代，胡道静先生的《中國古代的類書》一書，通過對比，認爲伯三九五六號、伯二六七八號、斯六〇一一號三個寫卷與伯二六三五號《類林》具體門目不合，指出伯三九五六號等三個卷子是否爲于氏《類林》，尚值得追究〔五〕。王三慶先生《敦煌類書》一書中亦曾指出"王重民擬作《類林》，非是"〔六〕，亦對此寫卷作《類林》的説法持否定意見。

　　其三，認爲是《古賢集》。二十世紀九十年代，王三慶在《講座敦煌5·敦煌漢文文獻·類書》中指出伯二六七八號爲《古賢集》〔七〕。白化文先生在《敦

　　〔一〕　按：王三慶先生《敦煌寫卷中武后新字之調查研究》（一九八六年）一文中指出伯三九五六號中的"天"字爲武后新字。詳參王三慶：《敦煌寫卷中武后新字之調查研究》，《漢學研究（敦煌學國際研討會論文專號）》一九八六年第四卷第二期，第四五七頁，收入中國唐代學會編，台北編譯館主編：《唐代研究論集》第三輯，新文豐出版股份有限公司，一九九二年，第九八頁。

　　〔二〕　季羨林主編：《敦煌學大辭典》，上海辭書出版社，一九九八年，第七七九頁。

　　〔三〕　王重民：《伯希和劫經録》，收入《索引》，第二九九頁。

　　〔四〕　胡戟、傅玫：《敦煌史話》，中華書局，一九九五年，第一九〇頁。

　　〔五〕　詳參胡道静：《中國古代的類書》，中華書局，一九八二年，第九二～九四頁。

　　〔六〕　王三慶：《敦煌類書》上册，第一〇七頁。

　　〔七〕　按：《類書·敦煌寫本中の類書·詩體》："《古賢集》：全一卷，七言四〇韻，計八〇句。古代諸賢の事跡を集め、萬世の後まで人々がそれに則って行動できるように作られたもの。P二七四八、P三一一三、P二六七八·P三一七四·P三九二九·P三九六〇·P三九五六·P四九七二·S二〇四九·S六二〇八·Дх二七七九の計一一點。"見［日］池田温編：《講座敦煌5·敦煌漢文文獻》，（日本）東京：東大出版社，一九九二年，第三八五頁。

煌學大辭典》中亦指出伯二六七八號、伯三九五六號爲唐蒙學讀物《古賢集》[一]。

其四，將其擬作《語對甲》。王三慶先生的《敦煌類書》一書中，則將伯三九五六號＋伯二六七八號擬作《語對甲》，言此書"每門以事類爲對，後爲範例叙文，與《篆金》體例相似，部類微有不同。條次和條文内容與《語類》頗多對應，三者關係極爲密切。王重民擬作《類林》，非是"[二]。二十一世紀初，《敦煌遺書總目索引新編》從王三慶先生所擬，將伯二六七八號題作"語對甲"，伯三九五六號題"語對"[三]，指出寫卷有"□□第三、雷電第四、煙霧第五、春第六、夏第七、秋第八、冬第九、帝德第十、瑞應第十一"等十一個子目，言此寫卷與伯三九五六號同卷，已由收藏單位綴合[四]。

依上所引，《文場秀句》寫卷定名之前，學界尚存在着不同的觀點。二〇一二年，周西波《〈敦煌秘笈〉"羽072b"寫卷的性質與意義》在討論"現所知見之敦煌道教齋文寫卷與'羽072b'之内容性質"一節時，指出羽七二b之二號乃《文場秀句》之殘卷，并將其與《注好選》所引用的《文場秀句》字句相對照，同時説明敦煌寫卷將之與其他齋文片段抄録在一起，顯然是基於"秀句"的功能，作爲寫作齋文時遣辭造句的參考用途[五]。

二〇一三年，王三慶先生在《〈文場秀句〉之發現、整理與研究》一文，對伯三九五六號＋伯二六七八號之名進行了深入研究，通過對比日本武田科學振興財團杏雨書屋藏羽七二ノb ノ二號中的内容，證明伯三九五六號＋伯二六七八號寫卷爲《文場秀句》[六]。其研究指出羽七二ノb ノ二號寫卷第七行

〔一〕 季羨林主編：《敦煌學大辭典》，第七八〇頁。

〔二〕 王三慶：《敦煌類書》上册，第一〇七頁。

〔三〕 敦煌研究院編：《敦煌遺書總目索引新編》（以下簡稱"《索引新編》"），中華書局，二〇〇〇年，第三〇七頁。

〔四〕《索引新編》，第二四九～二五〇頁。

〔五〕 周西波：《〈敦煌秘笈〉"羽072b"寫卷的性質與意義》，《慶賀饒宗頤先生九十五華誕敦煌學國際學術研討會論文》，中華書局，二〇一二年，第四七三～四八八頁。

〔六〕 王三慶：《〈文場秀句〉之發現、整理與研究》，收入王三慶、鄭阿財合編：《2013年敦煌、吐魯番國際學術研討會論文集》，第一～二二頁。

《文復秀句》的内容，與其之前整理的《敦煌類書》中所擬《語對甲》内容相同，證明了羽七二ノｂノ二號與伯三九五六號＋伯二六七八號實爲《文場秀句》，且《文復秀句》則爲《文場秀句》的形近訛誤[一]，使《文場秀句》一書得以被發現，從而豐富了《文場秀句》一書的内容，爲整理和研究《文場秀句》奠定了基礎。

此外，日本山本達郎等著《敦煌與吐魯番文獻：社會經濟史（*TUN-HUANG AND TURFAN DOCUMENTS CONCERNING SOCIAL AND ECONOMIC HISTORY*）》（一九八九年）一書中的《敦煌·計會文書》[二]、寧可先生和郝春文先生輯校的《敦煌社邑文書輯校》（一九九七年）一書中有伯三九五六號殘片的録文。日本土肥義和《唐·北宋間の"社"の組織形態に関する一考察》（一九九五年）一文指出伯三九五六號殘片爲十世紀寫卷[三]，但均未涉及寫卷定名與叙録[四]。孫猛的《日本國見在書目録詳考》一書通過考證，認爲伯三九五六號＋伯二六七八號乃《對語》（《要用字對語》），録以備考[五]。

2.《文場秀句》性質的探究

關於《文場秀句》性質的研究，多將其作爲研究他書或相關内容的輔助材料，因而在研究他書或相關内容的過程中，兼及《文場秀句》的性質問題。對於《文場秀句》性質的探討，主要有以下三種觀點，要之如下：

〔一〕　按：通過校録，羽七二ノｂノ二（甲本）原作"場"，非"復"字，不煩校。

〔二〕　Tatsuro YAMAMOTO, Yoshikazu DOHI, Yusaku ISHIDA co-edit, *TUN-HUANG AND TURFAN DOCUMENTS CONCERNING SOCIAL AND ECONOMIC HISTORY IV*：she Association and Related Documents（A）Introduction & Texts, Tokyo：Committee for the Studies of the Tun-huang Manuscripts, The Toyo Bunko, 1989, pp.125. 按：是書指出伯三九五六號中"定願"二字，復見於伯二七六九號十世紀前期當寺沙彌轉帖（第八〇頁）。

〔三〕　按：土肥義和《唐·北宋間の"社"の組織形態に関する一考察》指出："供帙經社（十世紀、二月八日）：P三九五六。"詳參［日］土肥義和：《唐·北宋間の"社"の組織形態に関する一考察》，收入《中國古代の國家と民衆》編集委員會編：《堀敏一先生古稀記念：中國古代の國家と民衆》，（日本）東京：汲古書院，一九九五年，第七〇五頁。

〔四〕　寧可、郝春文輯校：《敦煌社邑文書輯校》，江蘇古籍出版社，一九九七年，第六七九頁。

〔五〕　按：《要用字對語》，據《隋書·經籍志》補正。詳參孫猛：《日本國見在書目録詳考》上册，第四四六頁。

（1）《文場秀句》爲科場書

清代俞正燮所撰《癸巳存稿・科場書》（一八三三年）中[一]，便引用《舊五代史・馮道傳》《唐書・藝文志・總集類》等内容，對《文場秀句》的性質進行了分析，言："今人謂科場書爲《兔園册》，非也……《兔園册》者，唐貞觀時，虞世南爲蔣王撰集，其人不事科場。《文場秀句》，王啓所集，懷挾本也。"[二]多發前人所未發，指出《文場秀句》當爲科場書。

近現代以來，隨着敦煌文書的發現與研究的興起，出現了不少有關《文場秀句》性質的探討，研究的廣度和深度有所發展。一九四二年，出現了最早論及《文場秀句》性質的論文——日本那波利貞《唐鈔本〈雜抄〉考——唐代庶民教育史研究の資料》[三]。論文在分析敦煌寫卷《雜抄》的内容時，論及了《文場秀句》的性質，指出《文場秀句》爲教科書，認爲若將"文場"理解爲科場，那麽《文場秀句》則可看作爲科舉考試的備用之書，是書也有可能作爲一般教育的教科書使用[四]。與清

〔一〕 按：《癸巳存稿・序》指出："癸巳存稿者，黟俞君理初，於道光十三年，編刻平生所爲文。題曰《癸巳類稿》。而以未刻者總寫成袟，緣其初名，存以備散佚，云爾。"《癸巳類稿》寫定於清道光十三年癸巳，故名。《類稿》以輯成於道光十三年（一八三三）癸巳，題曰《癸巳類稿》；《癸巳存稿》的刊行，晚於《類稿》十四年，"緣其初名，存以備散佚"，取名《癸巳存稿》。詳參（清）俞正燮撰：《癸巳存稿・出版説明》，商務印書館，一九三七年，第一頁。

〔二〕（清）俞正燮撰：《癸巳存稿》卷一四《科場書》，第四三三～四三四頁。按："王啓"當爲"王起"音近而訛。

〔三〕 論文詳參［日］那波利貞：《唐鈔本〈雜抄〉考——唐代庶民教育史研究の資料》，《支那學》一九四二年第一〇期，第一～九一頁。收入［日］那波利貞：《唐代社會文化史研究》（*HISTORICAL STUDIES ON THE SOCIETY AND CULTURE OF TANG CHINA*）第二編，（日本）東京：創文社，一九七四年，第一九七～二六九頁。

〔四〕 按：日本那波利貞的《唐鈔本〈雜抄〉考——唐代庶民教育史研究の資料》指出："《文場秀》も亦文章の教科書らしい……既に《文場秀句》が王起の撰なる上は《雜抄》所見の孟憲子撰の《文場秀句》は全く別種の書籍た相違ないが文場とは官吏登庸試驗場の意とも解し得らるれば，登庸試驗それも普通文官登庸試驗たる鄉試にて效用あるべき受驗準備書たるを知るべく、先づ名文句の集、模範文集とも稱すべものであらうが、鄉試準備用のこととてその程度は割合に低く、普通教育の教科書として使用されたものであらう。"詳參［日］那波利貞：《唐代社會文化史研究》，第二六〇頁。

人俞正燮所述基本一致。由於此篇論文的研究焦點并不在《文場秀句》，對此書性質的論述未能深入。但從《雜抄》經史部分所輯錄書籍，包括《急就章》《千字文》《兔園策》《開蒙要訓》等，仍可窺見此書在唐代科舉考試及教育中的重要地位。

二十世紀五十年代，吕思勉先生的《讀史劄記·兔園策》，在探討《兔園策府》的過程中也論及與之相關的《文場秀句》，指出《文場秀句》是村童因有意科名而讀之書〔一〕，又言："自元以降，科舉之法已變矣，然村塾之中，仍有以《故事瓊林》《龍文鞭影》教學童者……其書皆爲儷語，而以故實爲注，實新撰之《兔園册》《文場秀句》也。"〔二〕認爲《故事瓊林》《龍文鞭影》的性質當與《兔園策府》《文場秀句》接近。又吕思勉先生在其《隋唐五代史》中進一步指出："《文場秀句》，觀其名可知其體，其鄙陋，自必更甚於割裂之《兔園策》，故馮道又轉以詆任贊焉。"〔三〕認爲從《文場秀句》之名，便可知其當與科舉考試具有密切的關係。周丕顯《巴黎藏伯字第2721號〈雜鈔·書目〉考》（一九八九年）一文，通過分析《文場秀句》的書名，指出觀其名則可知其爲科舉考場應試用書。

二十一世紀初，屈直敏先生的《從敦煌寫本〈勵忠節鈔〉看唐代的知識、道德與政治秩序》（二〇〇六年）〔四〕、謝曉春的《敦煌蒙書編撰的平民化傾向

〔一〕　按：吕思勉《讀史札記·兔園策》指出："《文場秀句》，由此作也。村童無意科名，何必誦此等書？"詳參吕思勉：《讀史札記·兔園策》，收入吕思勉著：《吕思勉全集》第十册，上海古籍出版社，二〇一六年，第九三〇頁。《吕思勉全集》中所題爲《兔園策》，正文中爲《兔園册》，與題目不同，兹從題目所題作"《兔園策》"。此篇原刊於《華東師範大學學報》一九五八年第一期。

〔二〕　吕思勉：《讀史札記·兔園策》，收入吕思勉：《吕思勉全集》第十册，第九三〇～九三一頁。

〔三〕　吕思勉：《隋唐五代史》下册第二十一章《隋唐五代政治制度》第五節《選舉上》，上海古籍出版社，二〇〇五年，第九三五頁。

〔四〕　屈直敏：《從敦煌寫本〈勵忠節鈔〉看唐代的知識、道德與政治秩序》，《蘭州大學學報》二〇〇六年第二期，第二八頁。

及其價值體現》（二〇〇七年）〔一〕，以及祁曉慶的《敦煌歸義軍社會教育研究》
（二〇一一年）等〔二〕，皆指出敦煌寫本《文場秀句》爲科舉考試應對必讀之書。

　　盧燕新的《唐代詩文總集編撰者的類型特點及其心態》、劉明的《敦煌唐
寫本〈玉台新詠〉考論》、趙小軒的《〈搜玉小集〉研究》，則從《文場秀句》
的價值及編寫目的的角度，指出《文場秀句》一書爲文人士子提供了模仿的
範本，從而滿足了科舉考試的需要，反映出其爲科舉考試服務的特點〔三〕。

　　（2）《文場秀句》爲類書

　　盧珊珊的《唐代編輯思想研究》則將《文場秀句》歸入類書類，認爲其
是爲參加科舉考試之人所提供的資料〔四〕。郭麗的《唐代教育與文學》中指出，
由於類書《藝文類聚》在社會上產生了較爲廣泛的影響，使得民間爭相效仿，
加之科舉考試重視詩賦，唐初開始，民間編輯的小型類書，如《文場秀句》
《兔園策府》《類林》等相繼湧現，認爲《文場秀句》是民間撰集的小型類書，
指出這類書籍不僅具有較強的文學性，也可以爲學生學習屬文，提供所需的
基本素材和可供模仿學習的範本，且篇幅適中，便於諷誦，具有較強的適用
性〔五〕。指出《文場秀句》一書與科舉考試的密切聯繫，爲研究科舉制度對《文
場秀句》的影響提供了有益的啓示。馬維斌的《〈册府元龜〉研究——以唐史
史源學爲中心》，也認爲《文場秀句》是爲備撰文作詩而編纂的類書〔六〕。

〔一〕　謝曉春：《敦煌蒙書編撰的平民化傾向及其價值體現》，《敦煌研究》二〇〇七
年第六期，第九七頁。

〔二〕　祁曉慶：《敦煌歸義軍社會教育研究》，蘭州大學博士學位論文，二〇一一年，
第八三頁。

〔三〕　盧燕新：《唐代詩文總集編撰者的類型特點及其心態》，《山西大學學報（哲學
社會科學版）》二〇一〇年第四期，第二二頁；劉明：《敦煌唐寫本〈玉台新詠〉考論》，
《文學遺產》二〇一〇年第五期，第三四頁；趙小軒：《〈搜玉小集〉研究》，曲阜師範大學
碩士學位論文，二〇一四年，第六頁。

〔四〕　盧珊珊：《唐代編輯思想研究》，武漢大學博士學位論文，二〇一〇年，第
一〇六頁。

〔五〕　郭麗：《唐代教育與文學》，南開大學博士學位論文，二〇一二年，第二〇七頁。

〔六〕　馬維斌：《〈册府元龜〉研究——以唐史史源學爲中心》，陝西師範大學博士學
位論文，二〇一二年，第一四頁。

（3）《文場秀句》爲蒙書

一九九四年，日本學者福田俊昭的《〈注好選〉所引の〈文場秀句〉考》一文，對《注好選》中所引《文場秀句》内容進行了探討的同時，認爲此書應爲教養書或童蒙書，并非科舉考試應試書[一]。

二十一世紀初，李銘敬的《日本及敦煌文獻中所見〈文場秀句〉一書的考察》一文[二]，是最早專門針對敦煌文獻中的《文場秀句》一書進行探究的文章，作者從相關史料的著録情況入手，結合日本文獻所存引用《文場秀句》的内容，推斷王起所撰《文場秀句》爲"具有詩文評論性質的詩句集"[三]；敦煌文獻中所見《文場秀句》則爲具有"普及習作用語和經史常識性質的童蒙書"[四]。雖然兩種著述在啓蒙作用方面，或有相同或相似之處，但内容却并不相同。

其後，日本學者永田知之的《〈文場秀句〉小考——"蒙書"と類書と作詩文指南書の間》一文，在探討此書性質的基礎上，作者通過《文場秀句》在日本及中國文獻中的分類，認爲《文場秀句》是具有蒙書、類書及詩文指南三种性质的著述[五]。其《〈文場秀句〉補——〈敦煌秘笈〉羽072と〈和漢朗

〔一〕　按：福田俊昭的《〈注好選〉所引の〈文場秀句〉考》中指出："王起の生涯をみると、科舉の改革にひ盡力しているので《文場秀句》を科場書と思わるかもしれないが、実は教養書又は童'蒙書'ともいうべだったのである。"詳參［日］福田俊昭：《〈注好選〉所引の〈文場秀句〉考》，《東洋研究》第一一三號，一九九四年，第五六頁。

〔二〕　李銘敬：《日本及敦煌文獻中所見〈文場秀句〉一書的考察》，《文學遺産》二〇〇三年第二期，第五一頁。

〔三〕　李銘敬：《日本及敦煌文獻中所見〈文場秀句〉一書的考察》，《文學遺産》二〇〇三年第二期，第六八頁。

〔四〕　李銘敬：《日本及敦煌文獻中所見〈文場秀句〉一書的考察》，《文學遺産》二〇〇三年第二期，第六八頁。

〔五〕　按：永田知之的《〈文場秀句〉小考——"蒙書"と類書と作詩文指南書の間》中指出："《文場秀句》が'蒙書'、類書、作詩文指南書という三分野の性格を有したであろうことを述べてきた。"詳見［日］永田知之：《〈文場秀句〉小考——"蒙書"と類書と作詩文指南書の間》，收入［日］高田時雄編集：《敦煌寫本研究年報》第二號，（日本）京都：京都大學人文科學研究所，二〇〇八年，第一二〇～一二七頁。

詠集私注〉》一文亦指出王起所撰《文場秀句》爲蒙書〔一〕。

　　林華秋的《唐代蒙書〈文場秀句〉研究》（二〇一八年）中指出《文場秀句》是童蒙書，對於詩文寫作中的"對屬"訓練具有一定的作用，認爲其爲科舉考試的最基礎讀物〔二〕。

　　此外，鄭曉坤的《中國傳統蒙學作文教學方法論研究》〔三〕、陳玉英的《唐代蒙學教學思想研究》〔四〕、張燁的《社會化視角下的宋代童蒙教育》〔五〕、章杜欣的《唐代神童詩初探》〔六〕、劉静的《唐代家訓詩的教育價值取向研究》〔七〕，均認爲《文場秀句》爲應對科舉考試而編選的詩歌教材，以供兒童模仿、學習。曹小雲的《日藏慶安本〈游仙窟〉校注》一書，指出《文場秀句》"是一種詩文佳句集錦性質的童蒙書"〔八〕。商思陽的《古代蒙學書法教育對當代小學書法教育的啓示》指出《文場秀句》爲詩詞吟誦的蒙學教材，主

　　〔一〕 按：永田知之《〈文場秀句〉補——〈敦煌秘笈〉羽072と〈和漢朗詠集私注〉》指出："この事實を前にすれば、宰相且つ當時一流の著述家だからといって蒙書としての《文場秀句》を著すはずが無いという先入觀は再考すべきかと思われる。"詳參［日］永田知之：《〈文場秀句〉補——〈敦煌秘笈〉羽072と〈和漢朗詠集私注〉》，收入［日］高田時雄編集：《敦煌寫本研究年報》第九號，（日本）京都：京都大學人文科學研究所，二〇一五年，第六八頁。

　　〔二〕 林華秋：《唐代蒙書〈文場秀句〉研究》，首都師範大學碩士學位論文，二〇一八年，第九~一九頁。

　　〔三〕 鄭曉坤：《中國傳統蒙學作文教學方法論研究》，東北師範大學碩士學位論文，二〇〇四年，第四頁。

　　〔四〕 陳玉英：《唐代蒙學教學思想研究》，西南大學碩士學位論文，二〇〇八年，第一八頁。

　　〔五〕 張燁：《社會化視角下的宋代童蒙教育》，上海師範大學碩士學位論文，二〇一〇年，第七五頁。

　　〔六〕 章杜欣：《唐代神童詩初探》，《科教文彙（上旬刊）》二〇一〇年第九期，第六五頁。

　　〔七〕 劉静：《唐代家訓詩的教育價值取向研究》，東北師範大學碩士學位論文，二〇一九年，第六頁。

　　〔八〕 曹小雲：《日藏慶安本〈游仙窟〉校注》，黃山書社，二〇一四年，第一五頁。

要目的在於服務詩歌寫作〔一〕。張立的《揚州文獻考論（漢至唐）》〔二〕、劉麗文的《唐代兒童教育思想研究》〔三〕、王燕華的《中國古代類書史視域下的隋唐類書研究》〔四〕，均認爲《文場秀句》是童蒙教材。金瀅坤的《唐五代科舉制度對童蒙教育的影響》一文，通過考察唐代科舉考試對童蒙教育的影響，指出較之前代，隨着中晚唐五代科舉考試標準的不斷調整，童蒙教育與蒙書編撰呈現出了新的特點，認爲隨着科舉考試日漸成熟，不僅出現了詩詞類的蒙書，也出現了應試範文類型的蒙書〔五〕，爲研究《文場秀句》的性質提供了借鑒與啓示。

3.《文場秀句》作者的考訂

與《文場秀句》性質的研究相似，相關研究多將《文場秀句》作爲輔助的論述材料，因而論及《文場秀句》的作者及相關論述，多散見於其他敦煌文獻的研究之中，主要有以下兩種觀點：

（1）作者爲王起

一九四二年，日本學者那波利貞的《唐鈔本〈雜抄〉考——唐代庶民教育史研究の資料》一文，指出敦煌本《雜抄》中所見《文場秀句》爲孟憲子

〔一〕　商思陽：《古代蒙學書法教育對當代小學書法教育的啓示》，聊城大學博士學位論文，二〇一四年，第八～九頁。

〔二〕　張立：《揚州文獻考論（漢至唐）》，浙江大學博士學位論文，二〇一三年，第一七二～一七三頁。

〔三〕　劉麗文：《唐代兒童教育思想研究》，青島大學碩士學位論文，二〇一四年，第五一頁。

〔四〕　王燕華：《中國古代類書史視域下的隋唐類書研究》，上海師範大學博士學位論文，二〇一六年，第一七〇頁。按：王燕華的《中國古代類書史視域下的隋唐類書研究》，又由上海人民出版社於二〇一八年出版。

〔五〕　金瀅坤：《唐五代科舉制度對童蒙教育的影響》，《浙江師範大學學報（社會科學版）》二〇一二年第一期，第二四頁。

撰，與王起所撰《文場秀句》爲兩種不同的書籍〔一〕。但由於此篇論文的論述重點并不在《文場秀句》一書，未對其作者進行深入地探討。

二十世紀九十年代，日本福田俊昭《王起の伝記》在探討王起其人的過程中指出，《文場秀句》爲王起爲太子所獻之書〔二〕，并對王起的家族世系、登科入仕及政策主張等情況進行了論述，爲分析《文場秀句》的作者提供了重要的文獻資源。之後，其《〈注好選〉所引的〈文場秀句〉考》一文，進一步探討了《文場秀句》一書，對《注好選》中所引《文場秀句》內容進行考察的同時，指出《注好選》中所引《文場秀句》的作者爲王起，是其開成元年至開成二年間爲莊恪太子而編寫的〔三〕。

二〇一五年，永田知之《〈文場秀句〉補——〈敦煌秘笈〉羽072と〈和漢朗詠集私注〉》指出敦煌文書《雜抄》中所見之孟憲子和孟獻忠當爲同一人，認爲不能排除存在書名相同而撰者不同的可能性，即可能孟獻忠《文場秀句》和王起《文場秀句》都存在。但是由於没有關於孟獻忠經歷的特別資

〔一〕 按：日本那波利貞的《唐鈔本〈雜抄〉考——唐代庶民教育史研究の資料》指出："《日本國見在書目録》小學家の條に《文場秀句》一卷の著録あれども撰者の名を記さぬ。《新唐書》藝文志、丁部に王起文場秀句一卷あり、卷數も書名も同じであるから《日本國見在書目録》所見の《文場秀句》は此の王起の撰したものであらう。既に《文場秀句》が王起の撰なる上は《雜抄》所見の孟憲子撰の《文場秀句》は全く別種の書籍た相違ないが文場とは官吏登庸試驗場の意とも解し得らるれば、登庸試驗それも普通文官登庸試驗たる鄉試にて效用あるべき受驗準備書たるを知るべく、先づ名文句の集、模範文集とも稱すべきものであらうが、鄉試準備用のこととてその程度は割合に低く、普通教育の教科書として使用されたものであらう。"詳參〔日〕那波利貞：《唐鈔本〈雜抄〉考——唐代庶民教育史研究の資料》，收入〔日〕那波利貞：《唐代社會文化史研究》，第二六〇頁。

〔二〕 按：日本福田俊昭的《王起の伝記》指出："そしで太子の爲に《五運圖》及び《文場秀句》などを獻上した。"詳參〔日〕福田俊昭：《王起の伝記》，《東洋研究》第一〇一號，一九九一年，第五三頁。

〔三〕 按：福田俊昭的《〈注好選〉所引の〈文場秀句〉考》中指出："《注好選》の《文場秀句》は中唐の詩文家王起の著作で、開成元年か開元二年に、皇太子莊恪太子の教養教育の爲に著したものである。"詳參〔日〕福田俊昭：《〈注好選〉所引の〈文場秀句〉考》，《東洋研究》第一一三號，一九九四年，第五六頁。

料可資參考〔一〕。又通過分析《和漢朗詠集私注》《五位圖》《廣五運圖》，以及王起撰有《大中新行格》的情况，指出《文場秀句》的作者爲王起〔二〕。

（2）作者爲孟憲（獻）忠

與福田俊昭所得結論不同，李銘敬的《日本及敦煌文獻中所見〈文場秀句〉一書的考察》（二○○三年）從相關史料的著録情况入手，通過考證日本流傳的《注好選》《游仙窟》《言泉集》《仲文章》《倭名類聚抄》等文獻，結合現存日本文獻中對《文場秀句》内容的引用情况，指出敦煌文獻中所見《文場秀句》與王起所撰《文場秀句》，當爲書名相同而類别不同的兩種著述，認爲出現在日本衆多文獻引文中出現的《文場秀句》（包括《文場》），其作者當爲生活於武則天至唐玄宗時期的孟獻忠〔三〕。

王三慶先生的《敦煌古類書研究》一書中指出："孟憲子之有《文場秀句》似乎具前，而王起之作乃爲增廣之本。"〔四〕并在《〈文場秀句〉之發現、整理與研究》一文中進一步指出敦煌本《文場秀句》的作者當爲孟獻忠〔五〕。

永田知之的《〈文場秀句〉小考——"蒙書"と類書と作詩文指南書の間》，指出伯二七二一號中有"《文場秀［句］》孟憲子作"，認爲"獻"和

〔一〕　按：永田知之《〈文場秀句〉補——〈敦煌秘笈〉羽072と〈和漢朗詠集私注〉》指出："孟獻忠の名は日本傳存の舊鈔本二種に見えるが、七世紀後半と八世紀初頭の"孟獻忠"が《文場秀句》の撰者と同名異人である可能性も排除できない。ともかく、孟某の經歷を示す特段の資料は存しない。"詳參［日］永田知之：《〈文場秀句〉補——〈敦煌秘笈〉羽072と〈和漢朗詠集私注〉》，收入［日］高田時雄編集：《敦煌寫本研究年報》第九號，第六○頁。

〔二〕　詳參［日］永田知之：《〈文場秀句〉補——〈敦煌秘笈〉羽072と〈和漢朗詠集私注〉》，收入［日］高田時雄編集：《敦煌寫本研究年報》第九號，第六○～六九頁。

〔三〕　李銘敬：《日本及敦煌文獻中所見〈文場秀句〉一書的考察》，《文學遺産》二○○三年第二期，第六二～六八頁。

〔四〕　王三慶：《敦煌古類書研究》上册《研究篇》，文復出版社，一九九三年，第一二四頁。

〔五〕　王三慶：《〈文場秀句〉之發現、整理與研究》，收入王三慶、鄭阿財合編：《2013年敦煌、吐魯番國際學術研討會論文集》，第一二～一三頁。

"憲"音似，則"孟憲子"和"孟獻子"可以認爲是同一個人物[一]。并進一步根據東京國立博物館所藏《王勃集》卷第廿九第三十中有"君没後彭執古血（孟）獻忠與諸弟書"及"彭執古血（孟）獻忠諮"字樣，指出在王起《文場秀句》之前，存在着另一《文場秀句》。且王起的《文場秀句》是以孟憲忠的《文場秀句》爲底本增補而成，本質上是屬於同一類别的著述[二]。

此外，尚有研究説明《文場秀句》作者的情況，但未明確判定其作者。如孫猛的《日本國見在書目録詳考》中指出，有六件敦煌文獻提及《文場秀句》，包括：一是伯二七二一號《雜抄》，"《文場秀［句］》，孟憲子作"；二是伯三六四九號，"《文場秀句》，孟憲子作"；三是伯三六六二號，"《文長繡（場秀）句》，孟憲子"；四是伯三六七一號，"《文場秀句》，孟憲子作"；五是斯五六五八號，"《文場秀句》，孟憲子作"；六是斯四六六三號，"《文場秀句》，孟憲子作"[三]。但并未明確説明敦煌寫本《文場秀句》的作者。

楊芙蓉的《由"韻"的詞義探考〈二十四詩品〉作者》一文，則將孟獻

〔一〕按：永田知之的《〈文場秀句〉小考——"蒙書"と類書と作詩文指南書の間》中指出："'憲'と'獻'は音が類似するので、'孟憲子'と'孟獻子'は同一人物を指すと考えてよかろう……ただ李銘敬氏が指摘される如く同一人物である可能性は充分にあるかと思われる。"此結論與永田知之《〈文場秀句〉補——〈敦煌秘笈〉羽072と〈和漢朗詠集私注〉》結論相同。詳參［日］永田知之：《〈文場秀句〉小考——"蒙書"と類書と作詩文指南書の間》，收入［日］高田時雄編集：《敦煌寫本研究年報》第二號，第一一六頁；［日］永田知之：《〈文場秀句〉補——〈敦煌秘笈〉羽072と〈和漢朗詠集私注〉》，收入［日］高田時雄編集：《敦煌寫本研究年報》第九號，第六〇頁。

〔二〕按：《〈文場秀句〉小考——"蒙書"と類書と作詩文指南書の間》指出："敦煌出土、日本傳存、中原傳世と系統が異なった資料にやや違う形とはいえ、その名が表れる以上、孟某が《文場秀句》撰述に關わった可能性を一概に否定するわけにはいくまい……以上に述べた事柄が正しいとすれば、王起以前に《文場秀句》が存在したこと、そしてそれを利用して彼が新たに同名の文獻を著したこと、この二點は確實だといえる。"永田知之二〇〇八年與二〇一五年兩篇論文中，對於《文場秀句》作者的論析雖有所不同，但并非前後矛盾的判斷，而是由於《文場秀句》存在書名相同而撰者不同之情況。詳參［日］永田知之：《〈文場秀句〉小考——"蒙書"と類書と作詩文指南書の間》，收入［日］高田時雄編集：《敦煌寫本研究年報》第二號，第一一八～一二〇頁。

〔三〕孫猛：《日本國見在書目録詳考》上册，第五二八頁。

忠《文塲秀句》、王起《文塲秀句》分列，并指出孟獻忠的《文塲秀句》爲武則天至玄宗時所撰，王起的《文塲秀句》爲文宗時所撰〔一〕。趙目珍的《唐〈詩人主客圖〉考論》中，也將孟憲忠與王起的《文塲秀句》分列，認爲其爲兩部著作，并指出“孟憲忠的《文塲秀句》、王起的《文塲秀句》，頗疑即是特爲科塲舉子而作”〔二〕。由於研究將《文塲秀句》作爲論述的相關材料，并未明確說明敦煌本《文塲秀句》的作者。

可見，關於《文塲秀句》的作者，學界仍持有不同的觀點，尚有進一步探討的必要。

4.《文塲秀句》內容的分析

一九六二年，羅根澤的《中國文學批評史·晚唐五代文學批評史·詩句圖》在分析詩句圖起源時，指出：“王起有《文塲秀句》一卷，《通志·藝文》略列在詩話類，《新唐書·藝文志》則列之總集類，大概是在撰集文塲詩賦秀句。”〔三〕根據《通志·藝文志》《新唐書·藝文志》二書，將《文塲秀句》歸入詩話類和總集類，從而推知《文塲秀句》的內容當爲文塲詩賦的秀句。

王三慶先生的《敦煌類書》一書，最初將《文塲秀句》擬作《語對甲》，對其所録內容及體例進行了概述〔四〕，并移録了伯三九五六號＋伯二六七八號寫卷內容，爲進一步研究《文塲秀句》的內容奠定了基礎。

福田俊昭的《〈注好選〉所引の〈文塲秀句〉考》一文，對《注好選》中所引《文塲秀句》內容進行了探討，作者從東寺觀智院收藏的《注好選》入手，通過分析其中所引《文塲秀句》的具體內容，對其所引的內容來源進行

〔一〕　楊芙蓉：《由“韻”的詞義探考〈二十四詩品〉作者》，《暨南學報（哲學社會科學版）》二〇〇七年第三期，第一一二頁。

〔二〕　趙目珍：《唐〈詩人主客圖〉考論》，華中師範大學博士學位論文，二〇一二年，第六三頁。

〔三〕　羅根澤：《中國文學批評史》第二册第五篇《晚唐五代文學批評史》第四章《詩句圖》，中華書局，一九六二年，第二二一頁。

〔四〕　王三慶：《敦煌類書》上册，第一〇七頁。

了考察與追溯[一]，不僅爲研究《文場秀句》的內容提供了新的文獻資料，也爲研究《文場秀句》的海外傳播與影響提供了思路和啓發。

李銘敬的《日本及敦煌文獻中所見〈文場秀句〉一書的考察》將日本文獻中所見《文場秀句》的引文進行了摘錄[二]，爲探究《文場秀句》一書在日本的傳布和影響提供了一定的文獻基礎。

永田知之的《〈文場秀句〉小考——"蒙書"と類書と作詩文指南書の間》，在李銘敬研究成果的基礎上，分析《文場秀句》內容、體例，認爲伯二五二四號《語對》的部分內容，有可能是《文場秀句》的佚文[三]。

其後，王三慶先生的《〈文場秀句〉之發現、整理與研究》一文，進一步分析了《文場秀句》與日本杏雨書屋藏羽七二ノb ノ二號和伯二五二四號《語對》的關係，認爲《篆金》爲其後來流裔[四]，并將研究重點放在對《文場秀句》內容的整理上，所附校文爲深入研究《文場秀句》提供了新的啓示。

林華秋的《唐代蒙書〈文場秀句〉研究》中，以王三慶先生所校錄文爲基礎，對《文場秀句》中的對語小目進行了分析，探討了《文場秀句》一書與唐詩創作之間的關係，爲進一步探究《文場秀句》一書與兒童詩歌創作提供了新的啓示。

〔一〕 詳參［日］福田俊昭：《〈注好選〉所引の〈文場秀句〉考》，《東洋研究》第一一三號，一九九四年，第四六~五二頁。

〔二〕 李銘敬：《日本及敦煌文獻中所見〈文場秀句〉一書的考察》，《文學遺產》二〇〇三年第二期，第六二~六八頁。

〔三〕 按：永田知之的《〈文場秀句〉小考——"蒙書"と類書と作詩文指南書の間》中指出："P.二五二四という一つの文獻に《文場秀句》《文場鈔》兩者に對應する內容が見られることは何を意味するのか。それは兩書が同じ範疇に屬していた事實を示唆するのではあるまいか。"詳參［日］永田知之：《〈文場秀句〉小考——"蒙書"と類書と作詩文指南書の間》，收入［日］高田時雄編集：《敦煌寫本研究年報》第二號，第一一八~一二〇頁。

〔四〕 王三慶：《〈文場秀句〉之發現、整理與研究》，收入王三慶、鄭阿財合編：《2013年敦煌、吐魯番國際學術研討會論文集》，第一三~二二頁。論文評述詳參張先堂：《2013 "敦煌吐魯番學術研討會" 綜述》，收入郝春文主編：《二〇一四敦煌學國際聯絡委員會通訊》，上海古籍出版社，二〇一四年，第三一一~三一二頁。

綜上所述，關於《文場秀句》一書的著録情況，相關的史料記載較爲零散，且多僅簡單地著録了作者及卷數。但部分史料記載了此書所屬類別，爲進一步研究其性質和作者提供了有益的資料和研究憑借。經過前輩學者對《文場秀句》及相關文獻的研究，使得《文場秀句》的内容得以部分復原和豐富，爲深入探究其内容和編撰特點提供了資料。

對於《文場秀句》的專門研究不多，論及《文場秀句》的論著，主要將其作爲研究其他内容的輔助材料。因此，《文場秀句》的相關研究尚存不足，析而言之，可分二事：

其一，研究範圍和視角相對集中，主要集中在對《文場秀句》一書性質的探討及内容的整理。其二，涉及《文場秀句》的研究，多是一筆帶過，并未對《文場秀句》的作者、性質、特點等内容，進行深入地探究和挖掘，未能探討此書編撰背後所蘊含的教育思想及歷史意義。

敦煌本《文場秀句》一書，雖經數家前輩學者研究，已見卓著成果，但專論尚少，時有罅漏。因此，尚有深入研究的必要。鑒於目前專門討論《文場秀句》的論文較少[一]，涉及《文場秀句》的相關研究多呈現出視角相對集中的特點，對於《文場秀句》一書的作者、性質、影響等内容尚有值得探究之處。因此，本書將在前人相關研究成果的基礎上，試作如下三點工作：

其一，試從《文場秀句》的編撰和傳播等角度，探討《文場秀句》一書的性質、内容及特點等，分析其在童蒙教育中的功用，以及其與童蒙教育、科舉考試之間的關係。

其二，通過考察《文場秀句》的體例與編撰特點，借以論述唐代兒童詩

〔一〕　按：通過回顧學術史，《文場秀句》的專門研究僅有七篇，包括福田俊昭的《〈注好選〉所引の〈文場秀句〉考》（一九九四年）、李銘敬的《日本及敦煌文獻中所見〈文場秀句〉一書的考察》（二〇〇三年）、永田知之的《〈文場秀句〉小考——"蒙書"と類書と作詩文指南書の間》（二〇〇八年）、王三慶的《〈文場秀句〉之發現、整理與研究》（二〇一三年）、《敦煌文獻辭典類書研究：從〈語對〉到〈文場秀句〉》（二〇二〇年）、永田知之的《〈文場秀句〉補——〈敦煌秘笈〉羽072と〈和漢朗詠集私注〉》（二〇一五年）、林華秋的《唐代蒙書〈文場秀句〉研究》（二〇一八年）。

歌啓蒙教育的具體情況及其效果，探討《文場秀句》一書對後世蒙書編撰的影響，以及其在周邊國家的傳播。通過中外文獻互證，諟正和豐富《文場秀句》的内容，以期更爲全面地認識《文場秀句》在古代童蒙教育，尤其是在兒童作詩習文教育方面的重要作用。

其三，在前輩學者相關研究成果和論述的基礎上，發掘唐代兒童詩歌啓蒙教育的方法與程式，分析其背後所反映的教育理念和特色，以及其中蘊含的思想價值。

上編 《文場秀句》校釋篇

凡　例

一　《敦煌蒙書校釋與研究》收録範圍與整體規劃

《敦煌蒙書校釋與研究》收録敦煌文獻中發現的"蒙書"，按照每部"蒙書"分卷進行校釋和研究。本叢書將分導論卷、《千字文》卷、《開蒙要訓》卷、《俗務要名林》卷、《雜集時用要字》卷、《蒙求》卷、《事林》卷、《事森》卷、《雜抄》卷、《孔子備問書》卷、《百行章》卷、《新集文詞九經抄》附《文詞教林》卷、《一卷本〈王梵志詩〉》卷、《太公家教》卷、《武王家教》卷、《辯才家教》卷、《新集嚴父教》卷、《崔氏夫人訓女文》卷、《兔園策府》卷、《失名策府》卷、《文場秀句》卷、《略出籯金》卷、《楊滿山詠〈孝經〉壹拾捌章》卷，以及《習字》卷、《算術》卷等，收録了四十四種唐代常見蒙書。

《敦煌蒙書校釋與研究》計畫出版約二十卷，每卷分上下編。上編主要對選定蒙書進行整理、校釋、注解，爲下編深入研究做基礎性的整理、校勘工作。下編在上編整理基礎之上，考訂該卷蒙書的作者、成書的時代背景，分析其編撰體例、特點和價值觀念；充分利用這些彌足珍貴的出土文獻，研究唐五代童蒙教育活動以及童蒙教育理念，分析社會變遷對童蒙文化的影響，補證傳世典籍中散佚蒙書的内容和流傳情況，還原歷史，探討童蒙文化對廣大社會底層百姓的生産、經商及生活、習俗、信仰的影響。

二 《敦煌蒙書校釋與研究》整理工作細則

《敦煌蒙書校釋與研究》主要包括凡例、叙録、題解、校釋、圖録研究等項。本叢書尊重前人已有的著録、研究成果，除在"題解"中做總體説明外，前人一些比較重要的、正確的校勘成果，亦在"叙録""校釋"等部分中加以採納和體現。

（一）叙録細則

叙録主要對整理蒙書的校釋所使用的底本和參校寫卷的狀況，以及前人綴合等整理情况進行説明。底本和參校本狀況主要包括寫卷的卷號、首題、尾題、題記、起止、殘缺、數量、綴合及書寫質量和相關文書的書寫情况等。整理情况指就前人對蒙書整理比較有貢獻、價值的情况要如實概述，加以評判，并在校釋中有所反映。同一類蒙書，須分作若干種校録者，在整理原始蒙書之後，須整理該蒙書發展、衍生出來諸種蒙書時，需要再做叙録，對其發展、衍生的關係做簡要的介紹，説明分別校釋的理由，如《千字文》有《六合千字文》《蕃漢千字文》等，需要分別校釋。

（二）題解細則

題解主要簡明扼要地説明所整理蒙書的簡介和成書年代，并交代校釋時所使用的底本和參校版本的基本信息，以及前人的整理、研究成果狀况。蒙書簡介概括所要整理蒙書的題名、內容、性質、作者和編撰特點、結構等。整理研究狀况概述需要在校釋中參引前人相關重要、經典的録文和研究基本信息。

（三）校釋細則

1.録文

依據所選底本逐字録文、考辨，斷句標點，分段録出，殘缺部分除外。録文依據具體蒙書內容和性質需要，酌情保留原文行款和特定款式，將底本中的雙行小字，改爲單行小字。録文儘量採用現行正體繁體字，若底本中有常見俗字、異體字、別字、假借字、訛誤字等，徑録正，并出校説明；若有校勘價值，或有爭議者，保留原形，其後適"（ ）"，"（ ）"内加正字，并出校説明。

其一，正俗訛誤處置。本叢書用繁體字排版，新舊字形不一者，用新字形，特殊情況用舊字形，古代分用而現代漢字混用者，如"並""并"之類，亦從古，盡量與古代寫本中的寫法保持一致。凡涉兩岸繁體字字形不一者，以大陸版漢字標準字形爲準。一般的异寫字、俗字（結構不變，而筆畫略有變异的字）徑録正，异構字（包括异體字、古本字、古正字、古分用字）及有特定通用字一律徑録正，但在校記中照底本録寫情況説明。鑒於敦煌蒙書中俗字比較常見，常見俗字一般正文徑録正字（如"扌"旁與"木"旁、"氵"旁與"丬"旁以及"弟"與"第""苐"、"功"與"切"、"答"與"荅"形近相混普遍，可徑據文義録正），在同件蒙書首次出現上述問題須出校説明，其後不再一一出校。

其二，缺省符號處置。原卷缺字用"□"號表示，缺幾個字用幾個"□"，不能確定缺字字數者用長條"□──"（大小占三格）形符號表示。若上部、下部和中部殘缺，不能判斷其準確字數者，用"──"形符號表示上缺，用"□"行符號表示下缺，用"□"形符號表示中缺。如果所缺部分既有正文大字又有單行注文小字的，則用五號字大小的"□"號表示缺字。若雙行注文小字殘缺字數不明，則用"□"形符號表示缺字。上述缺字符號，在校記中均須説明約缺字數，或依據參校本和傳世典籍，或據文義在正文加括弧、或校記中加"□（ ）"號補缺字内容。底本模糊不清，無法辨認者用"▓"號表示，每個"▓"號代表一個字。底本、參校本中若有文字書寫筆畫清楚可見，却無法辨認其正字者，可直接謄録圖片。

其三，補字符號處置。若底本確定有脱字，則用"〔 〕"號表示脱字，脱字依據相關參校本、史籍和文義可補者外加〔 〕號（如"蒙以〔養〕正"），須出校記；若底本明顯有空格，確係缺字，亦用"□"號表示，須出校記；若係敬空，則可接排，不出校記；若情況不明，仍照留空格，并須出校。

其四，重文、乙正、删除符號處置。底本中的重文符號、省代符（如字頭旁注"〻""厶"等重文、省代符號），一律改爲相應的正字，不用出校；有爭議或特定情況，須出校。倒字（乙）、衍文（卜或彡），據文義或底本的乙正、删除符號，徑加乙正或删除，必要時出校説明。

其五，塗改字、旁注補字處置。底本中文字書寫之後，又有塗改的各種情況，文義確定者可徑録正，無須出校；若存在歧義，須出校。底本中旁注於正文之外的補字，可徑補正文者，無須出校；若存歧義，須出校。旁注若爲標音字或注解性文字，則須改爲小字夾注，并出校。雙行小注須改爲單行小字。

2.校釋細則

除校釋的蒙書原文中需要保留的异體字外，全書行文一律使用現行《現代漢語詞典》附録《新舊字形對照表》爲依據改定。文中所涉及的數位除必須保留的阿拉伯數字外（如計量單位、統計表格），一律使用漢字。

其一，參校原則。校釋部分以底本爲主，用參校本對底本進行參校，録定正文，并出校説明。若同一蒙書的參校本内容或字句，與其他版本出入較大，可視作异本，須出校説明，校釋從簡，但相關文句可取作校勘之用。若有傳世古籍參校，選定其中若干常見的、較權威的版本參校，并須在題解中加以説明。凡此諸種情況在同一篇蒙書中出注之後，不再一一出校。以下諸種情況均適用。

其二，錯別字、缺字、脱字和异文出校。底本的錯別字、缺字、脱字據參校本改正、補出時，須出校説明。底本與參校本存在异文（如异義字及异體字）及詞句不同時，須出校記。若參校本有脱字及細微筆畫之訛，則不必一一出校。

其三，假借字、常見俗字、訛字、避諱字出校。底本中常見假借字、俗字、訛字，其正字明確者徑録正，一般不出注，若有質疑或有價值者須出校説明；若該字不易考明者，正文中考訂正字需外加"（　）"（如"交（教）"之類），須出校記説明。底本中難以辨識之字在正文中照録，或以剪裁圖片的形式處理，并出校記。音譯詞一概照録，不統一文字，須出校説明其義。避諱字徑録正，在校記中照録原字，説明避何人之諱。若上述情況，字形有變，仍須逐一出校説明。

其四，校注序號。加注原則是以正文的標點符號爲單位，一個標點符號（、，；。）加一個注釋，若一個標點符號内有多個字詞需要加注，仍放在同一校記序列號内，中間用"○"符號隔開。注碼上標外加〔　〕號，十以上的數字作一○、一一、二○、二一……一○○、一○一、一一○……一二○、一二一等字樣，校記注碼一律標置於所需出校的字、詞、句或條目的第一個標點符號之内的右上方，以一個標點符號爲一個注碼。

校記書寫格式：字、詞、片語的校記，先照録需要校録的字、詞、片語，下施逗號，再表述各參校本的狀況，并説明校勘理由。校記務求簡要，不作繁瑣考證。其後，可加按語，依據文獻資料爲證。

其五，注釋原則。對校釋蒙書中的典故、晦澀字句、歧義之字詞，凡有礙文義理解者，均須出注釋。若能確定蒙書中典故、諺語等的最早出處或較早轉引，及相近記載，均須注釋。若蒙書本身很短，相關信息不足，可盡量出注釋。

其六，正字處理。因爲本叢書《敦煌蒙書校釋與研究》不單純是古籍整理，有很大實用性，也是爲教育學、文學、心理學、兒童學等多學科的學者提供的一個精準讀本，故常見異體字、假借字、俗字等盡量在正文中徑録正，然後出校説明。

其七，標點符號。標點符號的使用依據國家規定的《標點符號用法》。原卷所用的句讀符號、字隔、分段符號一律不再保留，敬空字或抬行不影響内容或理解者，皆予接排。以上各種情況一般可在題解或校記中略加説明。

三　《敦煌蒙書校釋與研究》參引書目簡稱説明

本叢書上編引用同一文獻次數較多者，統一使用簡稱，若在分卷中再次出現，第一次使用全稱，仍需説明簡稱，再使用簡稱。

（一）敦煌文獻編號簡稱

北　　　　　——中國國家圖書館藏敦煌文獻編號

北大　　　　——北京大學圖書館藏敦煌文獻編號

北敦　　　　——中國國家圖書館藏敦煌文獻統編號

北臨　　　　——中國國家圖書館藏敦煌文獻臨編號

北新　　　　——中國國家圖書館藏敦煌文獻新編號

伯　　　　　——法國國家圖書館藏敦煌文獻伯希和編號

伯粟　　　　——法國國家圖書館藏敦煌粟特文文獻伯希和編號

伯特　　——法國國家圖書館藏敦煌藏文文獻伯希和編號

敦博　　——敦煌市博物館藏敦煌文獻編號

敦研　　——敦煌研究院藏敦煌文獻編號

俄敦　　——俄羅斯科學院東方研究所聖彼得堡分所藏敦煌文獻編號

俄弗　　——俄羅斯科學院東方研究所聖彼得堡分所藏敦煌文獻弗魯
　　　　　　格編號

傅圖　　——"中研院歷史語言研究所"傅斯年圖書館藏敦煌文獻編號

甘博　　——甘肅省博物館藏敦煌文獻編號

甘圖　　——甘肅省圖書館藏敦煌文獻編號

甘中　　——甘肅省中醫學院藏敦煌文獻編號

津藝　　——天津市藝術博物館藏敦煌文獻編號

酒博　　——酒泉市博物館藏敦煌文獻編號

散　　　——《敦煌遺書散錄》編號（《敦煌遺書總目索引》附錄）

上博　　——上海博物館藏敦煌吐魯番文獻編號

上圖　　——上海圖書館藏敦煌吐魯番文獻編號

斯　　　——英國國家圖書館藏敦煌文獻斯坦因編號

西師　　——西北師範大學藏敦煌文獻編號

英印　　——印度事務部圖書館藏敦煌文獻編號

永博　　——永登縣博物館藏敦煌文獻編號

羽　　　——杏雨書屋藏敦煌文獻編號

浙敦　　——浙江省藏敦煌文獻編號

中村　　——《中村不折舊藏禹域墨書集成》編號

中國書店　——中國書店藏敦煌文獻編號

（二）書目簡稱

《寶藏》　　——《敦煌寶藏》

《北大》　　——《北京大學藏敦煌文獻》

《俄藏》　　——《俄藏敦煌文獻》

《法藏》　　——《法藏敦煌西域文獻》

《法目》　　　——《巴黎國家圖書館藏敦煌漢文寫本注記目録》（*Catalogue des manuscrits chinois de Touen-houang*）

《甘藏》　　　——《甘肅藏敦煌文獻》

《國圖》　　　——《國家圖書館藏敦煌遺書》

《郝録》　　　——《英藏敦煌社會歷史文獻釋録》

《黄目》　　　——《敦煌遺書最新目録》

《彙考》　　　——《敦煌音義彙考》

《姜韻》　　　——《瀛涯敦煌韻輯》

《姜韻考釋》——《瀛涯敦煌韻書卷子考釋》

《金目》　　　——《倫敦藏敦煌漢文卷子目録提要》

《津藝》　　　——《天津市藝術博物館藏敦煌文獻》

《經合》　　　——《敦煌經部文獻合集》

《龍龕》　　　——《龍龕手鏡》

《孟録》　　　——《俄藏敦煌漢文寫卷叙録》

《秘笈》　　　——《敦煌秘笈》

《榮目》　　　——《英國圖書館藏敦煌漢文非佛教文獻殘卷目録》

《上博》　　　——《上海博物館藏敦煌吐魯番文獻》

《上圖》　　　——《上海圖書館藏敦煌吐魯番文獻》

《説文》　　　——《説文解字》

《索引》　　　——《敦煌遺書總目索引》

《索引新編》——《敦煌遺書總目索引新編》

《邰録》　　　——《俄藏敦煌文獻叙録》

《通釋》　　　——《敦煌變文字義通釋》

《王類》　　　——《敦煌類書》

《叙録》　　　——《敦煌古籍叙録》

《英藏》　　　——《英藏敦煌文獻》

《翟目》　　　——《英國博物館藏敦煌漢文寫本注記目録》（*Descriptive Catalogue of the Chinese Manuscripts from Tunhuang in the British Museum*）

《浙敦》　　——《浙藏敦煌文獻》

《周韻》　　——《唐五代韻書集存》

叙　録

　　"蒙養之時，識字爲先"[一]，識字教育是古代童蒙教育的重要内容之一，兒童經過識字教育階段，學習重心便逐漸向閲讀和習作兩個方面過渡。隨着科舉制度的不斷發展，"以文取士"逐漸成爲主流[二]，詩歌啓蒙也逐漸成爲童蒙教育的内容之一。

　　爲了更好地幫助兒童了解進行詩歌寫作的方法、步骤，便出現了對兒童進行詩歌啓蒙教育的蒙書，《文場秀句》則是唐五代民間流傳的兒童詩歌啓蒙教材，用於兒童的詩歌啓蒙教育，以應對之後的科舉考試。是書已散逸，賴敦煌文獻得以部分保存，使今人可以窺見此書的部分原貌，借以略窺唐五代兒童詩歌啓蒙教育的實況。

　　據今所知，《文場秀句》所存計有伯二六七八號（與伯三九五六號綴合）[三]、羽○七二號這兩件寫本[四]，分別庋藏於法國巴黎國家圖書館和日本武

　　〔一〕（清）王筠撰：《教童子法》，清刻本（藏中國國家圖書館），第一筒頁。

　　〔二〕　參閲祖慧、龔延明：《科舉制定義再商榷》，《歷史研究》二○○三年第六期，第四○頁。

　　〔三〕　上海古籍出版社、法國國家圖書館編：《法藏敦煌西域文獻》第一七册，上海古籍出版社，二○○一年，第二○六～二○七頁。

　　〔四〕（日本）武田科學振興財團杏雨書屋、[日]吉川忠夫編：《敦煌秘笈》第一册，（日本）大阪：はまや印刷株式會社，二○○九年，第四二五～四二六頁。

田科學振興財團杏雨書屋。茲分別叙録如下：

一　伯二六七八號＋伯三九五六號

伯二六七八號＋伯三九五六號可綴合，綴合後内容銜接，書寫格式相序（兩件寫卷每條詞目、注文的字體大小相同，注文爲雙行小字，各條目間接抄寫）、書迹相同（比較二寫卷皆有的“茅”“圓”“盖”“扵”“為”等字寫法），應係同一寫卷撕裂爲二，應加綴合。又伯二六七八號起始行爲“五月，日東井也”，與伯三九五六號末尾最後一則“景臨東井”内容正相銜接，據《禮記·月令》云：“仲夏之月，日在東井。”〔一〕可證二者叙事連貫，中間并無殘缺。從兩件文書綴合之處的紙縫、筆迹、筆畫來看，均可彌合。

伯三九五六號僅存三十六行，第十一行下殘，起“天地第一”，訖“景臨東井”。伯二六七八號僅存三十行，其第八行下殘，起“五月，日東井也”，訖“八公：淮南王有”，原件書寫止此，抄録未完。兩件文書首題、尾題具缺，且均無紀年。

綴合後，本件寫卷首尾完整，内容不全，共存六十六行，每行約三十五字，有淡墨界欄，書寫工整，字迹清晰，寫卷以“天地”“日月”“風雲”等爲序，其下以具體詞目爲目，再以雙行小字注釋。

寫卷綴合後，計存天地第一、日月第二、風雲第三、雷電第四、煙霧第五、春第六、夏第七、秋第八、冬第九、帝德第十、瑞應第十一、王第十二等十二部。據日本所存文獻所引《文場秀句》的内容，包括《注好選》《仲文章》《倭名類聚抄》《言泉集》《游仙窟》《三教指歸注集》《性靈集注》《净土三部經音義集》等八部文獻，可推知《文場秀句》尚應有“兄弟”“朋友”等部類〔二〕。

《索引》將伯二六七八號題作“小類書”，伯三九五六號則題作“類

〔一〕（漢）鄭玄注，（唐）孔穎達疏：《禮記注疏》卷一六《月令》，收入（清）阮元校刻：《十三經注疏》，中華書局，一九八〇年，第一三六九頁。

〔二〕按：日本文獻所引《文場秀句》的具體内容及情況，詳見研究篇第五章第一節。

林”〔一〕。綴合後本件寫卷無題名,《寶藏》題作“類林”〔二〕,《法藏》將其定作“籯金”,王三慶《敦煌類書》題作“語對甲”〔三〕,《索引新編》同〔四〕,王三慶《〈文場秀句〉之發現、整理與研究》又改定“《文場秀句》”,茲從此題。

　　本件寫卷,李銘敬《日本及敦煌文獻中所見〈文場秀句〉一書的考察》(第六二至六八頁)、永田知之《〈文場秀句〉小考——“蒙書”と類書と作詩文指南書の間》(第一一八至一二〇頁)、王三慶《〈文場秀句〉之發現、整理與研究》(第一至二二頁)等對本篇進行過相關研究。王三慶《敦煌類書》(第四三三至四四〇頁)、《〈文場秀句〉之發現、整理與研究》(第一四至二二頁)、林華秋《唐代敦煌蒙書〈文場秀句〉研究》(第五七至六六頁)有録文可參。

二　羽七二ノbノ二號

　　本件爲卷子本,楮紙,爲二紙斷片,首尾并殘,無界欄,簾條數不明,有卷軸、朱點等,首題、尾題具缺,無紀年,共存三十四行,每行約二十八字。本件擬題作“道教齋儀”,原題名作“十六國春秋(0261)”。

　　本篇首全尾缺,無紀年,僅存八行(含題),每行約三十九字。首題“《文場秀句》”(不另行),起“乾象:天文也”,訖“蟾暉東上,烏景西傾”,本篇內容書寫止此,抄録未完。此寫卷所存部類、麗辭(包括事對和儷語)、釋文三個部分。自“乾象”“圓清”至“高天”“厚地”及“方輿下闢,列五鎮於坤維”之語,與伯二六七八號+伯三九五六號抄録內容十分相似,均爲“天地”的相關內容,可補充“天地”之部類名稱,依《文場秀句》部類之體例,當作“天地第一”,則本篇計存“天地”“日月”二部。

　　〔一〕　王重民:《伯希和劫經録》,收入《索引》,第二七〇頁。

　　〔二〕　黃永武編:《敦煌寶藏》第一三二册,新文豐出版公司,一九八六年,第三九〇~三九一頁。

　　〔三〕　王三慶:《敦煌類書》上册,麗文文化事業股份有限公司,一九九三年,第一〇七頁。

　　〔四〕《索引新編》,第二四九頁。

　　王三慶《〈文場秀句〉之發現、整理與研究》（第一至二二頁）、永田知之《〈文場秀句〉補——〈敦煌秘笈〉羽072と〈和漢朗詠集私注〉》（第五七至七一頁）、周西波《〈敦煌秘笈〉"羽072b"寫卷的性質與意義》（第四七三至四八八頁）對本篇進行過相關研究。王三慶《〈文場秀句〉之發現、整理與研究》（第一四至二二頁）、永田知之《〈文場秀句〉補——〈敦煌秘笈〉羽072と〈和漢朗詠集私注〉》（第五八頁）、林華秋《唐代敦煌蒙書〈文場秀句〉研究》（第五七至六六頁）有録文可參。

題　解

　　本書校釋《文場秀句》，以伯三九五六號＋伯二六七八號爲底本。本篇首尾完整，無題名，無紀年，共存六十六行，每行約三十五字，有淡墨界欄，書寫工整，字迹清晰。其中，伯三九五六號存三十六行，第十一行下半部分殘缺，底本起“天地第一”，訖“景臨東井”；伯二六七八號存三十行，第八行下半部分殘缺，起於“五月日東井也”，訖於“八公淮南王”。計存“天地”“日月”“風雲”“雷電”“煙霧”“春”“夏”“秋”“冬”“帝德”“瑞應”“王”等十二部類，部類之下爲事對，事對爲單行大字，其下以注釋形式書其解釋，爲雙行小字。有的部類之下尚存使用事對撰寫的儷語内容。

　　本篇原件無題，無紀年，《法藏》定作“纂金”，《寶藏》題作“類林”，王三慶《敦煌類書》擬題《語對甲》，後《〈文場秀句〉之發現、整理與研究》據羽七二ノbノ二號首題“文場秀句”四字，將其擬定爲“文場秀句”，兹參酌諸家定名爲“文場秀句”。關於本篇的作者，據諸家考證，尚有歧説，主要有兩種觀點：一是認爲《文場秀句》的作者爲唐代王起；二是認爲其作者爲唐代孟獻忠。

　　本篇王重民《伯希和劫經録》（第二七〇頁）、《中國古代的類書》（第九二至九四頁）、王三慶《敦煌類書》（第一〇七至一〇八頁）有著録，王三慶《敦煌類書》（第四三三至四四〇頁，以下簡稱“《類書》”）、《〈文場秀句〉之發現、整理與研究》（第一四至二二頁，以下簡稱“《王研》”）有録文可參。

　　兹以伯三九五六號＋伯二六七八號爲底本（《法藏》第一七册第二〇六至二〇七頁圖片及IDP彩圖），用羽七二ノｂノ二號（甲本）參校（《敦煌秘笈》第一册第四二五至四二六頁），參酌前賢録文，對底本重新録文如下。

校　釋

天地第一^{［二］}

乾象^{［三］}：天文^{［四］}。

坤元^{［五］}：■■（地理）^{［六］}。

圓清^{［七］}：天形［圓］^{［八］}，［氣之清者上爲天也］^{［九］}。

方濁：地形［方］^{［一〇］}，［氣之濁者下爲地也］^{［一一］}。

圓蓋^{［一二］}：天圓在上，如蓋^{［一三］}。

方輿^{［一四］}：地■（方）^{［一五］}，［如在下輿］^{［一六］}。

玄［蓋］^{［一七］}：［天色玄也］^{［一八］}。

黄輿^{［一九］}：地色［黄也］^{［二〇］}。

高天^{［二一］}：

厚地^{［二二］}：

九天^{［二三］}：天有九重之霄，地有九野，有陽數九^{［二四］}。

十地^{［二五］}：地有十洲^{［二六］}，又陰數十^{［二七］}。

穹隆^{［二八］}：天形穹隆然也^{［二九］}。

礚礴^{［三〇］}：地形礚礴^{［三一］}，言廣大也^{［三二］}。

圓清上廓^{［三三］}，懸日月以爲綱^{［三四］}；方濁下凝^{［三五］}，列山河而作鎮。圓蓋上［信］^{［三六］}，耀七星於乾紀^{［三七］}；方輿下闢，列五鎮於坤維^{［三八］}。

【校釋】

〔一〕 文場秀句，底本無，甲本作"文壋秀句"，兹據甲本及文義補，王三慶《敦煌類書》（第四三三至四四〇頁，以下簡稱"《類書》"）定作"語對甲"，王三慶《〈文場秀句〉之發現、整理與研究》（第一四至二二頁，以下簡稱"《王研》"）補作"文場秀句"，兹從補。按：壋，爲"場"字俗寫。黄征《敦煌俗字典》"場"字條下俗字有"壋"字。斯四六二四號《受八關齋戒文》："不來道壋（場）。"壋，同"場"。《字彙·土部》："壋，同場。"《字彙補·土部》："與場字通者，如《王褒頌》'恬淡無爲之壋'，乃其假借之音也。"

〔二〕 天地第一，底本作"天地弟一"，甲本無，兹據文義徑録正，《類書》《王研》徑録作"天地第一"，兹從之。按：弟，爲"第"字俗寫。黄征《敦煌俗字典》"第"字條下俗字有"弟"字。浙敦二七號《大智度論》有"《大智度論》卷弟（第）九十"。唐·顏元孫《干禄字書》："弟第：次第字，上俗下正。"以下"第"字俗寫，徑録正，不再一一出校。

〔三〕 底本及甲本用大字書寫"乾象""坤元"等事對條目，其下爲雙行小字注解。兹將事對條目部分改爲小四號字，注解部分改爲單行五號字，取代原來書寫格式。〇按：乾象，即天象，中國古代以觀天象變化，知人事變化。《後漢書》卷十《和熹鄧皇后》："仰觀乾象，參之人譽。"北齊·顏之推《顏氏家訓》卷五《歸心》："乾象之大，列星之夥，何爲分野，止繫中國。"

〔四〕 天文，甲本作"天文也"，《類書》録作"天文"，兹從之；《王研》校作"天文也"，不煩校。按：甲本諸句末多有"也"字，爲句末語氣詞，表示判斷或肯定語氣，"天文"與"天文也"義同，且"天文"正與下文"地理"相對，故當作"天文"。又"天文"，《周易正義》卷三《賁》："觀乎天文，以察時變。"注云："觀天之文，則時變可知也。"晋·葛洪《抱朴子》卷三八《博喻》："山鳩知晴雨於將來，不能明天文。"《隋書》卷三四《經籍志三》："天文者，所以察星辰之變，而參於政者也。"

〔五〕 按：坤元，指大地資生萬物之德。《周易正義》卷一《坤》："至哉坤元，萬物資生，乃順承天。坤厚載物，德合無疆。萬物資生，含弘光大，品物咸亨。”孔穎達疏云：“至哉坤元者，歎美坤德。”《三國志》卷三三《蜀書·後主禪傳》：“故孕育群生者，君人之道也；乃順承天者，坤元之義也。”《陳書》卷一《高祖紀上》：“大哉乾元，資日月以貞觀；至哉坤元，憑山川以載物。”

〔六〕　地理，底本漫漶不清，甲本脱，兹據文義補，《類書》《王研》徑録作“地理”，兹從補。按：《易·繫辭上》：“仰以觀於天文，俯以察於地理。”孔穎達疏：“地有山川原隰，各有條理，故稱理也。”《漢書》卷二五下《郊祀志下》：“三光，天文也；山川，地理也。”

〔七〕　圓，底本作“圓”，甲本同，兹據文義徑録正，《類書》《王研》徑録作“圓”，兹從校。按：圓，爲“圓”字俗寫。斯三八八號《正名要録》：“圓圓，（上）正，（下）通用。”“右依顏監《字樣》甄録要用者，考定折衷，刊削紕繆。”《字鑒》“圓”作“圓”。以下“圓”字俗寫，徑録正，不再一一出校。○清，底本作“青”，甲本作“清”，當作“清”，兹從甲本及文義録作“清”，《王研》録作“清”，兹從之；《類書》録作“青”，不妥。按：圓清，猶言天清。《列子·天瑞篇》：“輕清者上爲天，濁重者下爲地，道生天地也。沖和氣者爲人，故天地含精，萬物化生。”前蜀·杜光庭《紀道德賦》云：“故可以越圓清方濁分不始不終，何止乎居九流五常分理家理國。”《藝文類聚》卷一《天部上》引徐整《三五歷紀》：“天地混如難子，盤古生其中，萬八千歲，天地開闢，陽清爲天，陰濁爲地。”

〔八〕　圓，底本脱，甲本作“負”，兹從甲本及文義徑補，《類書》未録；《王研》補作“圓”，兹從校。按：負，爲“員”字俗寫。以下“員”字俗寫，徑録正，不再一一出校。員，爲“圓”本字，兹徑補正。《孟子·離婁下》：“規矩，方員之至也。”《淮南子》卷一《原道訓》：“員者常轉。”高誘注：“轉丸之屬也。”

〔九〕　氣之清者上爲天也，底本無，甲本作“炁之清者上爲天也”，兹據甲本及文義徑補正，《類書》未録；《王研》補作“炁之清者上爲天也”，兹從補。按：炁，爲“氣”字俗寫。斯三八八號《正名要録》：“炁氣，右字形雖別，音義是同。古而典者居上，今而要者居下。”慧琳《音義》卷五二《增一阿含經》：“氣，古文肔、炁二形同，墟既反，氣息也。”又慧琳《音義》卷九六《弘明集》：“氣，《説文》雲氣也，象形，亦作氣。集本作炁，古文字。”為，爲“爲”字俗寫。《王二》平聲支韻："爲，薳支反，作。通俗作爲。"《玉篇·爪部》："爲，俗作爲。"《五經文字》卷下"爪部"："爲，作爲訛。"《音義》卷一二《大寶積經》："爲，從爪作爲，正也。經文作爲，略也。"張涌泉《敦煌俗字研究》指出："'爲'字上部從爪，作'爲'蓋隸書之變。"（第五七六至第五七七頁）《四聲篇海·爪部》："'爲'，俗作。"明·郭一經撰《字學三正·體制上·俗書簡畫者》云："'爲'俗作'爲'。"以下"爲"字俗寫，徑錄正，不再一一出校。

［一〇］方，底本脫，甲本作"方"，茲據甲本及文義補，《類書》未錄；《王研》徑錄作"方"，茲從校。

［一一］氣之濁者下爲地也，底本脫，甲本作"氣之濁者下爲地也"，茲據甲本及文義補，《類書》未錄；《王研》補作"炁之濁者下爲地也"，茲從補。

［一二］盖，底本作"盖"，甲本同，當作"蓋"，《類書》《王研》徑錄作"蓋"，茲從校。按：盖，爲"蓋"字俗寫。《正字通·皿部》："盖，俗蓋字。"《九經字樣·艸部》云："蓋，從艸從盍，取盍蓋之意……玄宗皇帝御注《孝經》石臺亦作盖。今或相承作盖者，乃從行書艹……并皆訛俗，不可施於經典。今依《孝經》作蓋。"張涌泉《敦煌俗字研究》指出"盖"當是"蓋"字篆文的隸變字，漢碑中已多見"盖"字。（第七六〇頁）以下"蓋"字俗寫，徑錄正，不再一一出校。又"圓蓋"，指圓形的蓋子，亦指天。見《周禮·考工記》："蓋之圓也，以象天也。"戰國·宋玉《大言賦》云："方地爲車，圓天爲蓋。"《周髀算經》卷上《勾股方圓圖注》謂："方屬地，圓屬天，天圓地方。"《淮南子》卷一《原道訓》云："以天爲蓋，以地爲輿。"《初學記》卷一《梁陸雲公星賦》云："隨圓蓋而不窮。"《晉書》卷一一《天文上·天文志》云："天員如張蓋，地方如棋局。"

［一三］如蓋，甲本作"如蓋也"，《類書》錄作"如蓋"，茲從之；《王研》徑錄作"如蓋也"，不煩校。

［一四］按：方輿，指大地。見《周易正義》卷九《説卦》："坤爲地，爲母，爲布……爲大輿……其於地也爲黑。"戰國·宋玉《大言賦》："方地爲車，圓天爲蓋。"《文選》卷一九《補亡詩·崇丘（束皙）》："漫漫方輿，回回洪覆。"《初學記》卷五《地部上·總載地》事對"方輿　大舟"條引宋玉《大言賦》："方地爲輿，圓天爲蓋。"

［一五］方，底本漫漶不清，甲本作"方"，茲從甲本及文義錄作"方"，

《類書》録作"形"，不妥；《王研》校作"方"，兹從校。

　　[一六]　如在下輿，底本脱，甲本作"如在下輿"，兹據甲本及文義補，《類書》未録，《王研》録作"如在下輿"，兹從校。

　　[一七]　玄蓋，底本作"玄"，甲本作"玄蓋"，兹從甲本及文義補，《類書》録作"玄"，非原形；《王研》録作"玄蓋"，兹從校。

　　[一八]　天色玄也，底本脱，甲本作"天色玄也"，兹據甲本及文義補，《類書》録作"天色玄黄"，非原形；《王研》録作"天色玄也"，兹從校。按：天色玄，見《易》卷一《坤》曰："夫玄黄者，天地之雜也，天玄而地黄。"孔穎達疏曰："天色玄，地色黄。"漢·班固《白虎通》卷四下云："天色玄者，不失其質，故周加赤，殷加白，夏之冠色純玄。"

　　[一九]　黄輿，甲本同，《類書》録作"輿"，不妥；《王研》録作"黄輿"，兹從之。按：輿，借指大地。《易·説卦》："坤爲地……爲大輿。"《史記》卷六〇《三王世家》："御史奏輿地圖。"唐·司馬貞索隱："謂地爲'輿'者，天地有覆載之德，故謂天爲'蓋'，謂地爲'輿'。"《文選》卷一九《補亡詩·崇丘（束晳）》："漫漫方輿，回回洪覆。"李善注引《淮南子》："以天爲蓋，以地爲輿。"又黄輿，言地色爲黄。見唐·釋義浄《南海寄歸内法傳》卷一："而上觀青象，則妙高色而浮光。下察黄輿，乃風蕩水而結。"《全唐詩》卷一一二《郊廟歌辭·祭神州樂章·迎神》："黄輿厚載，赤寰歸德。含育九區，保安萬國。"

　　[二〇]　黄也，底本脱，甲本作"黄也"，兹據文義及甲本補，《類書》未録；《王研》校作"黄也"，言底本脱自，訛作"黄地色也"，兹從校。

　　[二一]　按：高天，謂高朗的天空，見《楚辭》下篇《九辯》云："沈寥兮天高而氣清。"隋·薛道衡《夏晚》詩："高天澄遠色，秋氣入蟬聲。"《杜詩詳注》卷一三《送韋諷上閬州録事參軍》："揮淚臨大江，高天意悽惻。"

　　[二二]　按：厚地，指大地。見《後漢書》卷四九《仲長統傳》："當君子困賤之時，蹈高天，踏厚地，猶恐有鎮厭之禍也。"《白居易詩集校注》卷二《諷諭二·秦中吟十首·重賦》："厚地植桑麻，所要濟生民。"

　　[二三]　按：九天，謂天之中央與八方。見《楚辭·離騷》："指九天以爲正兮，夫惟靈脩之故也。"王逸注："九天，謂中央八方也。"漢·揚雄《太玄經》卷八《太玄數》："九天，一爲中天，二爲羨天，三爲從天，四爲更天，

五爲睟天，六爲廓天，七爲減天，八爲沈天，九爲成天。”注云：“皆玄首，爲天名也。”

[二四] “天有九重之霄，地有九野，有陽數九”，甲本作“天有九野，陽數九”，《類書》《王研》錄作“天有九重之霄，地有九野，有陽數九”，兹從之。按：九野，猶九天。見《吕氏春秋》卷一三《有始覽》：“天有九野，地有九州。”《列子》卷五《湯問》：“八紘九野之水，天漢之流，莫不注之。”張湛注：“九野，天之八方中央也。”三國魏·曹植《七啓》：“揮袂則九野生風，慷慨則氣成虹蜺。”《淮南子》卷三《天文訓》謂“九野”：“中央曰鈞天，東方曰蒼天，東北曰變天，北方曰玄天，西北方曰幽天，西方曰顥天，西南方曰朱天，南方曰炎天，東南方曰陽天。”

[二五] 按：十地，見《大方廣佛華嚴經》卷三四《十地品》：“故如實説菩薩十地差别相。”南朝宋·求那跋陀羅譯《過去未來因果經》卷一：“善慧菩薩功行滿足，位登十地。”《全唐詩》卷二唐高宗《謁慈恩寺題奘法師房》：“蕭然登十地，自得會三歸。”《藝文類聚》卷七六《内典上·碑》云：“况複道冠萬靈，理超千聖，智周十地。”《藝文類聚》卷七七《内典下·寺碑》：“均空有而兩忘，蘊三明而過十地，圓萬行而包四等。”《太平御覽》卷四五七《人事部·諫諍》：“若瑰秦齊晋，山處陸居，豈能踰五湖九江，越十地以有吴哉！”

[二六] 按：十洲，道教稱大海中神仙居住的十處名山勝境，亦泛指仙境。見《雲笈七籤》卷二六《十洲三島·十洲》：“漢武帝既聞王母説八方巨海之中，有祖洲、瀛洲、玄洲、炎洲、長洲、元洲、流洲、生洲、鳳麟洲、聚窟洲等十洲，并是人迹所希絶處”

[二七] 陰，底本作“隂”，甲本佚，兹據文義及底本徑録正，《類書》《王研》錄作“陰”，兹從之。按：隂，爲“陰”字俗寫。《干禄字書》中“隂陰”下注“上通中下正”。《玉篇·阜部》：“隂，今作陰。”又《字鑑》卷二侵韻：“陰，俗作隂。”“隂”字漢碑中已見，蓋“陰”的隸變俗字。以下“隂”字俗寫，徑録正，不再一一出校。〇“十地”條，甲本無。

[二八] 按：穹隆，中間隆起，四周下垂貌，常用以形容天的形狀，亦作“穹窿”。見漢·揚雄《太玄經·玄告》：“天穹隆而周乎下。”范望注：“穹隆，天之形也。”《爾雅·釋天》中“穹蒼”，晋·郭璞注云：“天形穹隆，其色蒼蒼，因名云。”

《抱朴子·喻蔽》:"若如雅論,貴少賤多,則穹隆無取乎宏燾,而旁泊不貴於厚載也。"

[二九]　"穹隆"條,甲本無。

[三〇]　礧礴,底本作"礧礴",甲本無,《類書》錄作"礧礴",兹從之;《王研》錄作"磐薄",非原形。○"礧礴"條,甲本無。

[三一]　礧礴,底本作"礧礴",甲本佚,兹從底本,《類書》錄作"礧礴",兹從之;《王研》錄作"磐薄",非原形。

[三二]　廣,底本作"**庀**",甲本佚,兹據文義及底本逕錄正,《類書》《王研》錄作"廣",兹從之。按:**庀**,為"廣"字俗寫。黃征《敦煌俗字典》"廣"字條下俗字有"**庀**"字。斯六三一五號《祈雨文》:"唯願**庀**(廣)施法雨,永蔭慈雲。"

[三三]　廓,底本作"朗",甲本作"廓",兹據甲本及文義逕錄作"廓",《類書》錄作"朗",不妥;《王研》錄作"廓",兹從校。

[三四]　懸,甲本脫,兹據底本及文義錄作"懸",《類書》《王研》錄作"懸",兹從校。○綱,底本作"**徸**",甲本作"經",兹據文義逕錄正,《類書》《王研》逕錄作"綱",兹從校。按:**徸**和經,為"綱"字俗寫。《龍龕手鏡·入聲·糸部》:"經,正。綱,今古郎反,綱紀也。"斯三八八號《正名要錄》:"**綱經**,右字形雖別,音義是同。古而典者居上,今而要者居下。"

[三五]　凝,底本作"**蒇**",甲本作"**㲋**",兹據文義逕錄正,《類書》《王研》錄作"凝",兹從之。按:**蒇**和**㲋**,為"凝"字俗寫。黃征《敦煌俗字典》"凝"字條下俗字有"**㲋**"字。伯二一七三號《御注金剛般若菠蘿蜜經宣演卷上》:"迺**㲋**(凝)睿思,暢述儒道。"

[三六]　信,底本脫,甲本作"信",兹據文義及甲本補,《類書》錄作"□";《王研》逕錄作"信",兹從校。

[三七]　於,底本作"扵",甲本同,兹據文義逕錄正,《類書》《王研》錄作"於",兹從之。按:扵,為"於"字俗寫。黃征《敦煌俗字典》"於"字條下俗字有"**扵**"字。伯二一七三號《御注金剛般若波羅蜜經宣演卷上》:"而起説**扵**(於)無説之域、立名**扵**(於)不名之境者。"《干禄字書》:"於扵:上通下正。"《改并四聲篇海·手部》引《餘文》:"扵,音於,義同。"以下"於"字俗

寫，徑録正，不再一一出校。○乾，底本作"軋"，甲本作"乾"，兹從文義及甲本徑録正，《類書》《王研》録作"乾"，兹從之。按：軋，爲"乾"字俗寫。《干禄字書》："軋軋乾：上俗，中通，下正。"《集韻·僊韻》："乾，俗作軋。"《正字通·乙部》："軋，俗乾字。"

　　[三八]　按：五鎮，即五嶽。見《周禮》卷二二《春官·大司樂》："四鎮五嶽崩。"唐·賈公彦疏云："五州五鎮得入嶽名，餘四州不得嶽名者，仍依舊爲鎮號，故四鎮也。"○坤，底本作"乾"，甲本作"坤"，兹據甲本及文義録作"坤"，《類書》録作"乾"，不妥；《王研》校作"坤"，兹從校。按：《易·坤》："西南得朋。"故以坤指西南。《淮南子》卷三《天文訓》云："西南爲背陽之維。"《文選》卷二九《雜詩上·雜詩十首（張景陽）》："大火流坤維，白日馳西陸。"李善注云："《淮南子》曰：'坤維在西南。'"亦指大地中央，《隋書》卷六《禮儀志一》："四方帝各依其方，黄帝居坤維，而配饗坐依梁法。"

日月第二

金烏[一]：日色赤，故云金烏[二]。日中有三足烏[三]。

玉兔[四]：月色白，故云玉兔[五]。月中有兔如玉[六]。

陽烏[七]：日爲陽精[八]。

陰兔[九]：月爲陰精[一〇]。

朝曦[一一]：曦和爲日御[一二]。

夜魄[一三]：十五日以後[一四]，明宵而魄生[一五]。

曦光[一六]：日也。

娥影[一七]：月也[一八]。

扶光[一九]：日出於扶桑也[二〇]。

桂影[二一]：月中有桂樹[二二]。

烏景[二三]·蟾暉[二四]：日中有烏[二五]，月中有蟾蜍[二六]。蟾蜍[二七]，蝦蟆[二八]。

朝暉[二九]：日也。

夜景[三〇]：月也。

暉氣[三一]：日也。

望舒[三二]：月也。

日烏[三三]。

月兔[三四]。

杲杲[三五]：日光。

皎皎[三六]：月光[三七]。

杳杳[三八]：日將夕[三九]。

暉暉[四〇]：月正圓也[四一]。

金烏旦上，散朱景於遥空；玉兔霄臨，騰素華於迥漢[四二]。▨▨▨（蟾暉）東上[四三]，烏景西傾[四四]。

【校釋】

[一]　烏，底本作"烏"，甲本同，兹據文義逕録正，《類書》《王研》録作"烏"，兹從之。按：烏，爲"烏"字俗寫。斯三八八號《正名要録》："烏，一畫。""烏烏，右各依脚注。"張涌泉《敦煌俗字研究》"烏部"指出："變三點或四點爲一横畫蓋草書使然。"以下"烏"字俗寫，逕録正，不再一一出校。

[二]　金烏，甲本作"金"，兹據文義及底本作"金烏"，《類書》《王研》録作"金烏"，兹從之。按：金烏，古代神話傳説言太陽中有三足烏，是以用爲太陽的代稱。見《淮南子》卷七《精神訓》云："日中有踆烏。"漢·高誘注云："踆猶蹲也，謂三足烏。"《敦煌願文集》引《夫嘆齋分爲段》："爰夫金烏旦上，逼夕暮而□（發）輝；玉兔霄（宵）明，臨曙光而匿曜。"

[三]　日中，甲本作"中"，兹從文義及底本作"日中"，《類書》《王研》録作"日中"，兹從之。按：日中，猶日内。此處作"日中"義通。○足，底本作"呈"，甲本上爲"口"，下半部分漫漶不清，兹據文義及底本逕録正，《類書》《王研》録作"足"，兹從之。按：呈，爲"足"字俗寫。黄征《敦煌俗字典》"足"字條下俗字有"呈"字。敦博七二號《妙法蓮華經》卷四："所説此等，未呈（足）爲難。"斯三八八號《正名要録》："足呈，（上正），（下）相承用。""右依顔監《字樣》甄録要用者，考定折衷，刊削紕繆。"又《淮南子·精神訓》："日中有踆烏。"高誘注云："踆猶蹲也，謂三足烏。"唐·韓鄂《歲華紀麗》卷四《日》："三足：日中陽烏三足。"《藝文類聚》引《五經通義》："日中

有三足烏。"《初學記》引《春秋元命苞》："日中有三足烏者，陽精其僂呼也。"

〔四〕 玉，底本作"王"，甲本作"玉"，兹據文義徑録正，《類書》《王研》録作"玉"，兹從之。按："王"，爲"玉"字俗寫。黃征《敦煌俗字典》"玉"字條下俗字有"王"字。斯三二八號《伍子胥變文》："今既天下清太（泰），日月貞明，王（玉）鞭齊打金鞍。"以下"玉"字俗寫，徑録正，不再一一出校。〇兔，底本作"兔"，甲本作"菟"，兹從文義及底本徑録正，《類書》《王研》録作"兔"，兹從之。按：菟，爲"兔"字俗寫。《楚辭·天問》："厥利維何，而顧菟在腹？"王逸注："言月中有菟，何所貪利，居月之腹而顧望乎？菟，一作兔。"洪興祖補注："菟，與兔同。"《隸辨·去聲》："'菟'字與'兔'同。《詩·周南》兔罝釋文作'菟'，云'菟'又作'兔'。"《漢書》卷五七上《司馬相如傳》："掩菟轔鹿。"《漢書》卷四八《賈誼傳》："不搏反寇而搏畜菟。"以下"兔"字俗寫，徑録正，不再一一出校。

〔五〕 玉兔，甲本作"玉"，兹據文義及底本録作"玉兔"，《類書》《王研》録作"玉兔"，兹從之。

〔六〕 月中有兔如玉，甲本作"又月中有菟也"，《類書》《王研》録作"月中有兔如玉"，兹從之。按："月中有兔如玉"正與上文"日中有三足烏"相對。

〔七〕 按：陽烏，神話傳説中在太陽裏的三足烏，借指太陽。見《文選》卷四《賦乙·蜀都賦（張平子）》："羲和假道於峻歧，陽烏迴翼乎高標。"李善注："《春秋元命包》曰：'陽成於三，故日中有三足烏，烏者，陽精。'"《徐陵集校箋》卷九《碑·丹陽上庸路碑》："陽烏馭日，寧懼武賁之弓；飛雨彌天，無待期門之蓋。"《李太白全集》卷三《樂府三十首·上雲樂》："陽烏未出穀，顧兔半藏身。"《全上古三代秦漢三國六朝文·全梁文》卷一八元帝《郢州晉安寺碑》："落霞將暮，鮮雲夕布，峰下陽烏，林生陰兔。"

〔八〕 日，底本作"月"，甲本作"日"，兹從文義及甲本録作"日"，《類書》《王研》録作"日"，兹從之。按：《説文解字》："日，實也。太陽之精。""月，闕也。大（太）陰之精。""日"爲"陽精"，則此處作"日"義通。〇爲，底本作"有"，甲本作"爲"，兹從甲本及文義徑録正，《類書》《王研》録作"有"，不妥。按：《顔氏家訓·歸心》："天爲積氣，地爲積塊，日爲陽精，月爲陰精。"此處作"爲"義通。

　　〔九〕　兔，甲本作"精"，兹從文義及底本作"兔"，《類書》《王研》録作"兔"，兹從之。

　　〔一〇〕　爲，底本作"有"，甲本作"為"，兹從甲本及文義徑録正，《類書》《王研》録作"有"，不妥。按：《顔氏家訓·歸心》："天爲積氣，地爲積塊，日爲陽精，月爲陰精。"此處作"爲"義通。

　　〔一一〕　曦，底本作"曦"，底本"義"字左下部分僅存殘筆，甲本作"羲"，兹從據文義録作"曦"，《類書》《王研》録作"曦"，兹從之。按：朝曦，謂早晨的陽光，亦指朝陽。如《全唐詩》卷三三九韓愈《東都遇春》："朝曦入牖來，鳥喚昏不醒。"《全唐詩》卷一〇三趙彦昭《奉和幸安樂公主山莊應制》："六龍齊軫御朝曦，雙鷁維舟下緑池。"此處作"曦"義通。

　　〔一二〕　曦，底本"曦"字右部"義"僅存左下側殘筆，此字下施重文符號"〻"，甲本"羲"字下亦施重文符號"〻"，當徑補作"曦"，《類書》《王研》未録。○御，底本作"𣃁"，甲本作"𨐨"，兹據文義及底本徑録正，《類書》録作"御"，兹從之；《王研》録作"禦"，非原形。按：𣃁，爲"御"字俗寫；𨐨，爲"卸"字俗寫。《干禄字書》："𣃁御：上俗下正。"斯三八八號《正名要録》："御𣃁，正行者楷，脚注稍訛。"又日御，古代神話中爲太陽駕車的神，名羲和。御，通"馭"。《楚辭·離騷》："吾令羲和弭節兮。"漢·王逸注："羲和，日御也。"《全上古三代秦漢三國六朝文·全宋文》卷三七顔延之《赤槿頌》："日御北至，夏德南宣。"

　　〔一三〕　按：夜魄，指月亮。見《全唐詩》卷六九五韋莊《三堂東湖作》："蟾投夜魄當湖落，嶽倒秋蓮入浪生。"

　　〔一四〕　以，底本作"已"，甲本同，當作"以"，兹據文義徑録正，《類書》《王研》校作"以"，兹從校。按：已，同"以"。《正字通·已部》："已，與吕古共一字。隸作吕、以。"《荀子·非相》："人之所以爲人者何已也。"楊倞注："已與以同。"○後，底本作"後"，甲本於"已"字下施重文符號"〻"，當徑補作"已"，兹從文義及底本作"後"，《類書》《王研》録作"後"，兹從之。

　　〔一五〕　明宵，甲本作"月清"，兹從文義及底本録作"明宵"，《類書》《王研》校作"明宵"，兹從校。按：《干禄字書》："宵宵：上夜下雲宵，俗作‘宵’，非也。"○生，甲本作"玉"，茲從底本及文義録作"生"，《類書》《王研》録作"生"，茲從之。按：《初學記》引《釋名》："朏，月未成明也。魄，月始生魄然也。"下注："承大月，月生三日謂之魄；承小月，月生三日謂之朏。朏音斐。"《説文解字》："朏，月未成明也。霸，月始生霸。承大月二日，承小月三日。從月，罕聲。《周書》曰：哉生霸。"下注："普伯切。"

［一六］　曦，底本作"曦"，甲本作"義"，茲從底本及文義徑録作"曦"，《類書》《王研》録作"曦"，茲從之。按：曦，爲"曦"字俗寫。《正字通》："曦，曦字之誤。"又曦光，謂陽光。見《全唐詩》卷七九一《聯句·同宿聯句（韓愈）》："曦光霽曙物，景耀鑠宵祲。"

［一七］　按：娥影，指月光。見《全唐詩》卷四八七鮑溶《上陽宮月》詩："學織機邊娥影静，拜新衣上露華沾。"

［一八］　月也，底本作"月也"，甲本作"恒俄有月御也"，茲從文義及底本録作"月也"，《類書》《王研》録作"月也"，茲從之。

［一九］　扶光，扶桑之光，指日光，亦指日。見《文選》卷一三謝希逸《月賦》："日以陽德，月以陰靈。擅扶光於東沼，嗣若英於西冥。"李善注："扶光，扶桑之光也。"《文選》卷二〇謝靈運《九日從宋公戲馬台集送孔令詩》："扶光迫西氾，歡餘讌有窮。"吕延濟注："扶光，日也。"

［二〇］　日，甲本作"日月"，《類書》《王研》録作"日"，茲從之。按：《淮南子》卷三《天文訓》："日出於暘谷，浴於咸池，拂於扶桑，是謂晨明。登於扶桑，爰始將行，是謂朏明。"《山海經》卷九《海外東經》："湯谷上有扶桑，十日所浴，在黑齒北。"郭璞注："扶桑，木也。"《山海經》卷一一《大東荒經》："湯谷上有扶木，一日方至，一日方出。"注云："扶桑在上。""扶木"，即"扶桑"。○桑，底本作"桑"，甲本作"桼"，茲據文義徑録正，《類書》《王研》録作"桑"，茲從之。按：桑和桼，爲"桑"字俗寫。斯三八八號《正名要録》："桼桑，右正行者雖是正體，稍驚俗；脚注隨時消息用。"《山海經》卷九《海外東經》："湯谷上有扶桑，十日所浴，在黑齒北。"郭璞注："扶桑，木也。"《雲笈七籤》卷二六《十洲三島·三島·方丈》："地多林木，葉皆如桑。又有椹樹，長者二千丈，大二千餘圍。樹兩兩同根偶生，更相依倚，是以名爲扶桑仙人。"

《太平御覽》卷九五五《木部四》引晋·郭璞《玄中記》："天下之高者，扶桑無枝木焉，上至天，盤蜿而下屈，通三泉。"《楚辭·九歌·少司命》："暾將出兮東方，照吾欄兮扶桑。"○也，甲本作"之也"，《類書》《王研》録作"也"，兹從之。

　　［二一］　桂，底本作"挂"，甲本同，兹據文義録正，《類書》《王研》録作"桂"，兹從之。按：挂，爲"桂"字俗寫。俗寫"木"旁、"扌"旁不分，故"挂"字又俗寫作"桂"字。又"桂影"，指月影、月光。《全唐詩》卷六四六李咸用《山中夜坐寄故里友生》："蟲聲促促催鄉夢，桂影高高掛旅情。"此處作"桂"義通。以下"桂"字俗寫，徑録正，不再一一出校。

　　［二二］　月，甲本作"日"，兹據底本及文義作"月"，《類書》《王研》録作"月"，兹從之。按：《酉陽雜俎校箋·前集卷一·天咫》："舊言月中有桂，有蟾蜍，故异書言：'月中桂高五百丈，下有一人常斫之，樹創隨合。'"此處作"月"義通。

　　［二三］　景，底本作"𭩁"，甲本作"𭩁"，兹據文義徑録正，《類書》《王研》録作"影"，不妥。按：𭩁和𭩁，爲"景"字俗寫。黄征《敦煌俗字典》"景"字條下俗字有"𭩁"字。伯二一七三號《御注金剛般若波羅蜜經宣演卷上》："螢爝呈光，未助太陽之𭩁（景）"。以下"景"字俗寫，徑録正，不再一一出校。又"烏景"，指日。唐·白居易、宋·孔傳輯《唐宋白孔六帖》卷一《日》"師尹惟日黄道"條下注："烏景。"《全唐文補遺》第七輯價文人、價文禮《譚同慶造像記》："扶光桂影，與七耀而同輝；烏景蟾蜍，等八宿而齊照。"

　　［二四］　暉，底本作"暉"，甲本作"輝"，兹據文義徑録正，《類書》《王研》録作"暉"，兹從之。按：暉和輝，爲"暉"字俗寫。《干禄字書》云："輝暉：上通下正。"

　　［二五］　日中有烏，甲本無，《類書》《王研》録作"日中有烏"，兹從之。

　　［二六］　有，甲本無，《類書》《王研》未録。○蜂，底本作"𧒼"，甲本作"蜂"，兹從文義及甲本作"蜂"，《類書》《王研》録作"蜂"，不妥。按：𧒼，爲"蜂"字俗寫。夆，爲"夆"旁的俗寫。《干禄字書》："逢逢：上俗下正。諸同聲者并準此。唯降字等從夆。"可參。○蟾蜂，甲本作"蟾蜍"，當作"蟾蜍"，《類書》《王研》録作"蟾蜂"，不妥。按：《後漢書·志第十·天文志上》："言其時星辰之變。"南朝梁·劉昭注："羿請無死之藥於西王母，姮娥竊之以奔月……姮

娥遂託身於月，是爲蟾蠩。”“蟾蠩”亦作“蟾蜍”，後用爲月亮的代稱。又《杜詩詳注》卷二〇《八月十五夜月二首》其二：“刁斗皆催曉，蟾蜍且自傾。”

［二七］ 蟾蜍，底本“蟾蜂”二字下，各施重文符號“〵”，兹徑補作“蟾蜂”，甲本無，當作“蟾蜍”，《類書》《王研》録作“蟾蜂”，不妥。

［二八］ 蟆，底本作“蟇”，甲本作“蟇”，兹從底本徑録正，《類書》《王研》録作“蟆”，兹從之。按：蟇，爲“蟆”字俗寫。《集韻·平聲·麻韻》：“蟆，蟲名，《説文》蝦蟆也，或書作‘蟇’。”《廣韻》卷二《下平聲·麻第九》：“蟆，蝦蟆，亦作‘蟇’。”又傳説月中有蟾蜍，蟾蜍借指月亮，此處作“蟾蜍”義通。

［二九］ 暉，底本作“耀”，甲本作“輝”，兹從文義及甲本徑録正，《類書》《王研》録作“耀”，不妥。按：輝，爲“暉”字俗寫。暉，謂光，日光。《説文·日部》：“暉，光也。”《廣韻·微韻》：“暉，同輝。”《集韻·微韻》：“暉，日光也。”《易·未濟》：“君子之光，其暉吉也。”陸德明釋文：“暉，又作輝。”《陸機集校箋》卷六《日出東南隅行》：“扶桑升朝暉，照此高臺端。”此處作“暉”義通。以下“暉”字俗寫，徑録正，不再一一出校。

［三〇］ 按：夜景，指月光。《陶淵明集》卷三《詩五言·辛丑歲七月赴假還江陵夜行塗口》：“涼風起將夕，夜景湛虛明。”《全唐詩》卷一二九韋應物《晚登郡閣》：“春風偏送柳，夜景欲沈山。”

［三一］ 暉氣，甲本作“輝靈”，兹據文義及底本作“暉氣”，《類書》《王研》録作“輝氣”，非原形。按：暉氣，見《雲笈七籤》卷二五《日月星辰部三·昇斗法》：“太上丹靈，玄光飆煥，九條啓璘，暉氣澄散。”

［三二］ 按：望舒，借指月亮。見漢·張衡《歸田賦》：“於時曜靈俄景，繼以望舒，極盤游之至樂，雖日夕而忘劬。”《後漢書》卷九〇下《蔡邕傳》：“元首寬則望舒胱，侯王肅則月側匿。”李賢注：“望舒，月也。”《文選》卷二九張協《雜詩》之八：“下車如昨日，望舒四五圓。”《全唐詩》卷二六九耿湋《喜侯十七校書見訪》：“誰爲須張燭，涼空有望舒。”

［三三］ 按：日烏，指太陽。古代傳説日中有三足烏，故稱。見《徐陵集校箋》卷五《書·與楊僕射書》：“昔分竈命屬之世，觀河拜洛之年，則有日烏流災，風禽騁暴，天傾西北，地缺東南，盛旱坼三川，長波含五嶽。”《全唐詩》卷六五二方干《感時三首》之二：“日烏往返無休息，朝出扶桑暮却迴。”前蜀·杜

光庭《招友人游春》："難把長繩繫日烏，芳時偷取醉功夫。"

［三四］按：月兔，指月中的白兔，亦借指月亮。見《舊唐書》卷三三《律曆志二》："月欲有蝕，先月形摇振，狀若驚懼，月兔及側月色黄如有憂狀。"《全唐詩》卷七〇六黄滔《省試内出白鹿宣示百官》："形奪場駒潔，光交月兔寒。"

［三五］杲杲，底本作"杲〻"，甲本同，兹從文義及底本徑録作"杲杲"，《類書》《王研》録作"杲杲"，兹從之。按：杲杲，謂明亮貌。見《詩》卷三《衛風·伯兮》："其雨其雨，杲杲出日。"南朝梁·劉勰《文心雕龍·物色》："杲杲爲出日之容，瀌瀌擬雨雪之狀。"

［三六］皎皎，底本作"晈〻"，甲本無，從文義及底本徑録作"皎皎"，《類書》《王研》録作"皎皎"，兹從之。按：晈，爲"皎"字俗寫。斯三八八號《正名要録》："晈皦，字形雖别，音義是同，古而典者居上，今而要者居下。"《集韻·上聲六》云："皎晈，吉了切。《説文》月之白也。"《經籍纂詁·上聲》："皎，同晈……晈，明也……晈晈，明也。"《漢魏六朝詩選·魏詩·燕歌行（曹丕）》："明月皎皎照我床，星漢西流夜未央。"《嵇康集校注》卷一《雜詩一首》："微風清扇，雲氣四除，皎皎亮月，麗於高隅。"

［三七］"皎皎"條，甲本無。

［三八］杳杳，底本作"杳〻"，甲本同，兹從文義及底本徑録作"杳杳"，《類書》《王研》録作"杳杳"，兹從之。按：杳杳，謂昏暗貌。《楚辭·九章·懷沙》："眴兮杳杳，孔静幽默。"《文選》卷二九《詩己·雜詩上·古詩十九首·驅車上東門》："白楊何蕭蕭，松柏夾廣路，下有陳死人，杳杳即長暮。"

［三九］將，底本作"[illegible]"，甲本作"[illegible]"，兹據文義徑録正，《類書》《王研》録作"將"，兹從之。按：[illegible]和[illegible]，爲"將"字俗寫。黄征《敦煌俗字典》"將"字條下俗字有"将"字。斯五一二號《歸三十字母例》："精：煎将（將）尖津。"斯三八八號《正名要録》："[illegible]将，右正行者揩（楷），脚注稍訛。"以下"將"字俗寫，徑録正，不再一一出校。〇日將夕，甲本作"日将欲夕没也"，兹據文義及底本作"日將夕"，《類書》《王研》録作"日將夕"，兹從之。

［四〇］暉暉，底本作"輝〻"，甲本同，兹從文義及底本徑録作"暉暉"，

《類書》《王研》録作"輝輝"，兹不從。按：暉暉，謂清輝貌。見《玉臺新咏箋注》卷五何子朗《和繆郎視月》："泠泠玉潭水，映見蛾眉月。靡靡露方垂，暉暉光稍没。"《全唐詩》卷五六七崔櫓《聞笛》："銀河漾漾月暉暉，樓礙星邊織女機。"此處作"暉暉"義通。

　　〔四一〕　正，底本作"**正**"，甲本同，兹據文義逕録正，《類書》《王研》録作"正"，兹從之。按："**正**"，爲"正"字俗寫。《干禄字書》："**正**正，上通下正。"黄征《敦煌俗字典》"正"字條下俗字有"**正**"字。甘博一號《法句經》："慧而不起邪，思**正**（正）道乃成。"

　　〔四二〕　臨騰，底本作"騰**臨**"，甲本作"懸騰"，底本"**臨**"字右側施乙正符號"✓"，據此乙正，當作"**臨**騰"，《類書》《王研》録作"臨騰"，兹從之。按："**臨**"，爲"臨"字俗寫。黄征《敦煌俗字典》"臨"字條下俗字有"**臨**"字。浙博一九三號《妙法華蓮經·見寶塔品》："彼佛成道已，**臨**（臨）滅度時，於天人大衆中告諸比丘。"《夫嘆齋分爲段》："爰夫金烏旦上，逼夕暮而□（發）輝；玉兔霄（宵）明，臨曙光而匿曜。"《全唐文》卷九〇二《敦煌文·夫嘆齋分爲段》同。以下"臨"字俗寫，逕録正，不再一一出校。○華，底本作"花"，甲本作"華"，兹從文義及甲本作"華"，《類書》《王研》録作"花"，不妥。按：花，爲"華"字俗寫。《佩觿》卷上："華有户瓜、呼瓜二翻，俗别爲花，其浮僞有如此者。"張涌泉《敦煌俗字研究》指出"花"爲魏晋俗字。敦煌卷子中華麗之"華"、灼灼其華之"華"，皆或寫作"花"。但《王一·麻韻》云："華，户花反，美。"又云："花，呼瓜反，樹采。"蓋唐時二字已開始分用。（第七五六頁）又《楚辭·九歌·少司命》："緑葉分素華（枝），芳菲菲分襲予。"《全唐詩》卷四四一白居易《題郡中荔枝詩十八韻》："素華春漠漠，丹實夏煌煌。"此處作"華"義通。○迥，底本作"逈"，甲本作"向"，兹從文義及底本逕録正，《類書》《王研》録作"迥"，兹從之。按：逈，爲"迥"的俗寫。《干禄字書·上聲》："逈迥：上俗下正。"黄征《敦煌俗字典》"迥"字條下俗字有"**逈**"字。伯二一七三號《御注金剛般若波羅蜜經宣演卷上》："括衆部以獨立，冠群經而**迥**（迥）書。"以下"迥"字俗寫，逕録正，不再一一出校。

　　〔四三〕　蟾，底本殘，甲本作"蟾"，兹據文義及甲本補，《類書》《王研》校作"蟾"，兹從校。○暉，"暉"字僅存右下部分殘筆，甲本作"輝"，兹據文義徑録正，《類書》《王研》校作"暉"，兹從校。按：蟾暉，謂月光。見《全唐文》卷三六三樊鑄《明光殿粉壁賦》："月桂低簷，失蟾暉於午夜；御柳垂砌，惹絮色於三春。"

[四四]　傾，底本作"頹"，甲本作"頹"，當作"傾"，《類書》《王研》録作"傾"，兹從之。按：頹和頹，爲"頃"字俗寫。頃，傾斜，偏側，後作"傾"。《説文·頁部》："頃，頭不正也。"《詩·周南·卷耳》："采采卷耳，不盈頃筐。"《漢書》卷六四下《王褒傳》："是以聖王不偏窺望而視已明，不單頃耳而聽已聰。"顏師古注："頃讀曰傾。"○甲本誤"烏景（影）西頃（傾）"。

風雲［第］三[一]

風松[二]：風松[三]，舞長松之下。

蘋吹：風起於□（青）萌（蘋）之末[四]。

□□[五]：　□風□[六]。

浮雲[七]：□□雲[八]。

蘋吹。

騰雲[九]。

風驚地籟[一〇]：風□□□（吹地物）爲聲[一一]，故曰地籟。

雲起天津[一二]：天津[一三]，地畔[一四]。

風虎[一五]：虎嘯風［生］[一六]。

雲龍[一七]：龍與雲起也[一八]。

飄風：吹貌[一九]。

飆颺[二〇]：風聲。

重疊：雲貌。

清泠[二一]：風入竹，聲且涼[二二]。

徘徊[二三]：雲騰飛揚貌。

風飄篁而似琴，竹叢生曰篁[二四]，聲似琴。雲起岫而成蓋，雲起於山岫，如單蓋。龍飛天路，便品獨之聲[二五]；雲虎嘯巖幽[二六]，即舞長松之下。

【校釋】

[一] 按：風雲，指風和雲。見《史記》卷六三《老子韓非列傳》："至於龍，吾不能知其乘風雲而上天。"《全唐文》卷一八一王勃《上巳浮江宴序》："林壑清其顧盼，風雲蕩其懷抱。"○第，底本脱，兹據文義及體例補，《類書》《王研》未録。

[二] 松，底本作"扮"，兹據文義徑録正，《類書》《王研》録作"松"，兹從之。按：扮，爲"松"字俗寫。以下"松"字俗寫，徑録正，不再一一出校。

[三] 風松，底本"風松"下施兩個重文符號"〻"，當作"風松"，兹徑補，《類書》《王研》録作"風"，非原形。

[四] 起，底本作"𧼛"，兹據文義徑録正，《類書》《王研》録作"起"，兹從之。按：𧼛，爲"起"字俗寫。黄征《敦煌俗字典》"起"字條下俗字有"𧼛"字。浙敦二六號《普賢菩薩説證明經》："尒時普賢菩薩即從座而𧼛（起），整衣長跪，叉手前白佛言。"以下"起"字俗寫，徑録正，不再一一出校。○青，底本缺，兹據文義補作"青"，《類書》《王研》録作缺文。按：戰國·宋玉《風賦》："夫風生於地，起於青蘋之末。"唐·韓鄂《歲華紀麗》卷二《風》："青蘋末：宋玉《風賦》：'夫風生於地，起於青蘋之末。'"此處作"青"義通。○萌，底本作"萌"，當作"蘋"，《類書》《王研》録作"萌"，不妥。按：青蘋，一种生於淺水中的草本植物。戰國·宋玉《風賦》云："夫風生於地，起於青蘋之末。"《唐宋白孔六帖》卷二《風》："青蘋：風起於青蘋之末，舞於松柏之下。"此處作"蘋"義通。

[五] □□，底本缺，《類書》《王研》録作"□□"，兹從之。

[六] 底本"風"字上、下均有缺字，《類書》《王研》録作缺文。

[七] 按：浮雲，謂飄動的雲。見《楚辭·九辯》："塊獨守此無澤兮，仰浮雲而永歎。"《文選》卷二九《詩已·雜詩上·古詩十九首·西北有高樓》："西北有高樓，上與浮雲齊。"《周書》卷四二《蕭大圜傳》："嗟乎！人生若浮雲朝露。"

[八] □□，底本缺，《類書》《王研》録作"□□"，兹從之。

[九] 騰，底本作"𮪍"，兹據文義徑録正。《王研》録作"騰"，兹從之。按：𮪍，爲"騰"字俗寫，"馬"字俗書"灬"作"一"。黄征《敦煌俗字典》

"馬"字條下俗字有"馬"字。伯二九六五號《佛説生經》："陳太建八年歲次丙申，白馬（馬）寺禪房沙門慧湛敬造經藏。"以下"騰"字俗寫，徑録正，不再一一出校。又"騰雲"，謂蒸騰的雲氣。《文選》卷二九張協《雜詩》之三："騰雲似湧烟，密雨如散絲。"北魏·酈道元《水經注校注》卷一一《易水》："燕王仙臺東臺有三峰，甚爲崇峻，騰雲冠峰，高霞翼嶺。"

[一○]　鶩，底本作"鶩"，兹據文義徑録正，《類書》《王研》録作"鶩"，兹從之。按：鶩，爲"騰"字俗寫。斯三八八號《正名要録》："敬敬，二同。""右依顏監《字樣》甄録要者，考定折衷，刊削紕繆。"又"馬"字俗書"灬"作"一"，伯二九六五號《佛説生經》："陳太建八年歲次丙申，白馬（馬）寺禪房沙門慧湛敬造經藏。"以下"鶩"字俗寫，徑録正，不再一一出校。○籟，底本作"籟"，兹據文義徑録正，《類書》《王研》録作"籟"，兹從之。按：籟，爲"籟"字俗寫。"竹"作"艹"，淵源於隸書之變。《隸辨》卷六偏旁"竹"下云："字在上者作竹，或作艹、艸，亦作艹、䒑，與從艸之字無别。"顧炎武《金石文字記》卷四《唐義陽郡王苻璘碑》跋云："余考漢碑隸書率以竹爲艹，少有從竹者。"《干禄字書·上聲》："苇等：上通下正。"《干禄字書·入聲》"萬篤：上通下正。""茆莭：上俗下正。"皆可參。又《莊子·内篇·齊物論》："地籟則衆竅是已，人籟則比竹是已。"成玄英疏曰："地籟則竅穴之徒，人籟則簫管之類，并皆眼見，此則可知。"以下"籟"字俗寫，徑録正，不再一一出校。又"地籟"，謂風吹大地的孔穴而發出的聲響。見晉·郭象注《莊子》卷一："子游曰：'地籟則衆竅是已，人籟則比竹是已，敢問天籟？'子綦曰：'夫吹萬不同，而使其自己也。'"《歲華紀麗》："地籟：《莊子》曰：'汝聞天籟而未聞地籟，注風吹萬物也。'"《唐宋白孔六帖》卷二："地籟：《莊子》曰：'汝聞天籟而未聞地籟，注風吹萬物也。'"

[一一]　□□□，底本"風"字下缺三字，三字存左側"口""土""牛"，似爲"吹地物"三字。《類書》《王研》録作"□□"。按：日本所存文獻《性靈集注》所引《文場抄》中存有"風吹天上物爲聲，故曰天籟"之語，與此句相似，僅於"天""地"二字有異，又《莊子·齊物論》："'敢問天籟。'子綦曰：'夫吹萬不同，而使其自己也，咸其自取。'""地籟則衆竅是已，人籟則比竹是已。"有天籟、地籟、人籟之分。兹據此補。

[一二]　按：天津，指銀河。見《楚辭·離騷》：“朝發軔於天津兮，夕餘至乎西極。”王逸注：“天津，東極箕斗之間，漢津也。”《通占大象曆星經》卷上：“東方首宿左角名天津，蒼色爲列宿之長。”《李紳集校注·編年詩·奉酬樂天立秋夕有懷見寄》：“天津落星河，一葦安可航。”《初學記》卷一《天部上》：“天河謂之天漢。亦曰雲漢、星漢、河漢、清漢、銀漢、天津、漢津、淺河、銀河、絳河。”

[一三]　天津，底本“天津”二字下各施一重文符號“〻”，當徑補作“天津”，《類書》《王研》錄作“天津”，兹從之。

[一四]　地畔，見《爾雅注疏》卷三：“十夫有溝，溝上有畛，則畛謂地畔之徑路也。”唐·韓鄂《四時纂要》卷二：“種園蘺凡作蘺於地畔，方整深耕三壠中間，相去各三尺刾榆夾，壠中種之。”《大毗盧遮那成佛經疏》：“成千世界，皆是隨分蒙授，不思議果，至十一地畔，於虚空雲海明門中。”

[一五]　虎，底本作“贇”，兹據文義錄作“虎”，《類書》錄作“贇”，不妥；《王研》錄作“彪”，不妥。按：風虎，古人謂虎嘯生風，故以“風虎”指相互感應或關聯的事物。《易·乾卦》：“同聲相應，同氣相求。水流濕，火就燥。雲從龍，風從虎。聖人作而萬物覩。”又《天仙金丹心法·第十六飛昇·入宮覲主》：“偈：‘朝寧既登，入宮覲主。’‘稽首揚休，雲龍風虎。’”正與下條“雲龍”相對，兹據此錄作“虎”。

[一六]　虎，底本作“𪊽”，兹據文義徑錄正，《類書》《王研》錄作“虎”，兹從之。按：𪊽，爲“虎”字俗寫。《干祿字書·上聲》：“𪊽虎：并上通下正。”黄征《敦煌俗字典》“虎”字條下俗字有“𪊽”字。斯二三八號《金貞玉光八景飛經》：“金玄守上宮，神𪊽（虎）戮天精。”又“虎”字變體作“𪊽”，當爲唐太宗李虎的避諱缺筆字。○生，底本脱，兹據文義補作“生”，《類書》《王研》未錄。按：虎嘯風生，語出《周易正義》卷一《乾文言》：“雲從龍，風從虎，聖人作而萬物覩。”孔穎達疏曰：“‘雲從龍，風從虎’者……虎是威猛之獸，風是震動之氣，此亦是同類相感。故虎嘯則谷風生，是風從虎也。”《淮南子》卷三《天文訓》：“虎嘯而谷風至，龍舉而景雲屬。”注云：“虎，土物也；風，木風也。木生於土，故虎嘯而谷風至。”《歲華紀麗》卷二《風》：“虎嘯：《淮南子》曰：‘虎嘯而谷風生。’”《唐宋白孔六帖》卷二：“虎嘯：《淮南子》曰：‘虎嘯而谷

風生。’”

　　[一七]　龍，底本作“龗”，兹據文義徑録正，《類書》《王研》録作“龍”，兹從之。按：龗，爲“龍”字俗寫。《干禄字書·平聲》：“龗龗龍：并上、中通，下正。”斯三八八號《正名要録》：“龗龗龍，三同。”“右依顔監《字樣》甄録要用者，考定折衷，刊削紕繆。”以下“龍”字俗寫，徑録正，不再一一出校。

　　[一八]　龍，底本於“龍”字下施重文符號“ゝ”，當補作“龍”，《類書》《王研》録作“龍”，兹從之。

　　[一九]　貌，底本作“皃”，兹據文義徑録正，《類書》《王研》録作“貌”，兹從之。按：皃，爲“貌”字俗寫。斯三八八號《正名要録》：“䫉皃，右正行者楷（楷），脚注稍訛。”《字彙補》云：“皃，與貌同。《字彙》作皃。”以下“貌”字俗寫，徑録正，不再一一出校。

　　[二〇]　飆，底本作“颰”，兹據文義徑録正，《類書》《王研》録作“飆”，兹從之。按：颰，爲“飆”字俗寫。《干禄字書》：“颰飆：上俗下正。”《龍龕手鏡·風部》謂：“颰、颭、飆：三俗。颰、颰：二今。颰：正，步遥反。狂風也。”《廣韻》卷二《下平聲·宵第四》：“飆：風也。俗作颰，甫遥切。”〇颶，底本作“颶”，兹據文義及底本作“颶”，《類書》《王研》録作“日”，非原形。按：《説文解字》：“颶，大風也。從風，日聲，于筆切。”段注本《説文解字》謂：“‘日’各本作日月之日，非聲也。”《廣韻》“颶，大風也。于筆切。”《正字通》：“以律切，音聿。《説文》大風也。韓愈詩：‘如新盉盯聹，雷霆逼颶颶。’庾闡《海賦》：‘百川輻輳，四瀆横通，迴颶泱潡，聱散蒼穹。’又唐官制有颶海道。《集韻》颶或作颱，合颱颶爲一泥。《説文》從風日聲。舉要以日起，義訓大風終日亦泥。”此處作“颶”義通。

　　[二一]　泠，底本作“冷”，兹據文義徑録正，《類書》《王研》録作“冷”，兹不從。按：黄征《敦煌俗字典》“泠”字條下俗字有“冷”字。斯五一二號《歸三十字母例》：“來：良隆冷（泠）鄰。”指出“冷”爲“泠”的俗字省也。《干禄字書》：“冷泠：上力鼎反，下力丁反。”又“泠”有清凉、泠清之義，與其釋文“風入竹，聲且凉”所述之義相符合；且“清泠”與其下事對“徘徊”正可成疊韻對，此處作“泠”義通。

　　[二二]　凉，底本作“凉”，兹據文義徑録正，《類書》《王研》録作“凉”，

茲從之。按：凉，爲"凉"字俗寫。《干祿字書》："凉凉：炎凉字上俗下正。"
黄征《敦煌俗字典》"凉"字條下俗字有"凉"字。斯二八三二號《願文等範
本·十二月時景兼陰晴雲雪諸節》："中旬：示（赤）日如火，雲周若峰。一點
風來，即知深暑；纖毫樹影，便欲納凉（凉）。"宋·洪邁《容齋三筆》卷一三
"五俗字"條言："書字有俗一律不可復改者，如冲、凉、况、減、决五字，悉以
'水'爲'氵'（筆陵切，與'冰'同），雖士人劀翰亦然。"《重訂直音篇》卷五
《水部》：云："凉，音良……凉，與凉同。"此處作"凉"義通。以下"凉"字俗
寫，徑録正，不再一一出校。

　　[二三]　徘徊，底本作"個俳"，茲據文義徑録正，《類書》《王研》録作"徘
徊"，茲從之。按：俳，爲"徘"字俗寫。《干祿字書·平聲》："俳徘：上俳優字，
音排；下徘徊字。音裴。"黄征《敦煌俗字典》"徘"字條下俗字有"俳"字。伯
三五六一號蔣善進臨摹《千字文》："束帶矜莊，俳（徘）徊瞻眺。"《金石文字辨
異·平聲·十灰》："諸碑皆以'俳'爲'徘'。《集韻》'俳個'與'徘徊'同。《唐
玄秘塔碑》'徘徊'作此。"又"個"，爲"徊"字俗寫。黄征《敦煌俗字典》"徊"
字條下俗字有"個"字。伯三五六一號蔣善進臨摹《千字文》："束帶矜莊，徘個
（徊）瞻眺。"《集韻》謂："個個：徘徊不進皃（貌），或從彳，通作佪。"

　　[二四]　叢，底本作"藂"，茲據文義徑録正，《類書》《王研》録作"叢"，
茲從之。按：藂，爲"叢"字俗寫。黄征《敦煌俗字典》"叢"字條下俗字有
"藂"字。伯二三〇五號《妙法華蓮經講經文》："風吹藂（叢）竹兮韻合宫商，
鶴笑孤松兮聲和角徵。"《廣韻》卷一《上平聲·東第一》："叢，聚也。徂紅切。
藂，俗。"以下"叢"字俗寫，徑録正，不再一一出校。

　　[二五]　品，底本作"🌸"，《類書》《王研》録作"品"，茲從之。

　　[二六]　虎，底本作"贇（贊）"，茲據文義録作"虎"，《類書》録作"贊"，
不妥；《王研》録作"彪"，不妥。按：《北堂書鈔》卷一五七《匕篇二》"高匕
"條注云："《春秋元命包》曰：'堯夢白帝遺吾馬，喙子其母爲扶，始升高匕。'
觀白帝上有雲虎之狀，感已而生皋陶。"此處作"虎"義通。

雷電第四^[一]

豐隆^[二]：雷师^[三]。

列缺^[四]：雷師。

迅雷^[五]：言迅疾。

起電^[六]：疾如走電^[七]。

倚柱雷^[八]：夏侯泰（太）〔初〕倚柱而書^[九]，■（雷）震其柱而不驚^[一〇]。

投壺雷（電）^[一一]：玉女投壺^[一二]，天爲之笑^[一三]，■（則）電^[一四]。

天威^[一五]：雷如天威。

天笑^[一六]：注上^[一七]。

砰片彭反訇大宏反^[一八]：雷聲。

曜雷光豐震響^[一九]，仍驚倚柱之雷；列缺流暉^[二〇]，即起投壺之電。奔雷震響，走電飛光。

【校釋】

[一]　按：雷電，指打雷和閃電。如《書·金縢》：“秋，大熟，未穫，天大雷電以風。”《後漢書》卷一一四《列女傳·許升妻》：“是日疾風暴雨，靁（雷）電晦冥。”《全唐詩》卷三三七韓愈《此日足可惜一首贈張籍》：“兒童畏雷電，魚鱉驚夜光。”

[二]　豐，底本作“豐”，兹據文義徑録正，《類書》《王研》録作“豐”，兹從之。按：豐，爲“豐”字俗寫。黄征《敦煌俗字典》“豐”字條下俗字有“豐”字。伯二五三六號《春秋穀梁經傳》：“豐（豐）年補敗。”又“豐”同“豐”。《玉篇·豐部》：“豐，大也。俗作豐。”以下“豐”字俗寫，徑録正，不再一一出校。又“豐隆”，亦作“豐霳”，古代神話中的雷神。後多用作雷的代稱。如《楚辭·離騷》：“豐隆乘雲兮，求宓妃之所在。”注云：“豐隆，雷師。”“宓妃，神女也。以喻隱士。言我令雷師豐隆，乘雲周行，求隱士清潔。若宓妃者，欲與并心力也。”《楚辭·九章·思美人》：“願寄言於浮雲兮，遇豐隆而不將。”《淮南子》卷三《天文訓》：“季春三月，豐隆乃出，以將其雨”注云：“豐隆，雷也。”《北堂書鈔》卷一五〇《雲七》：“豐莖得雲氣：《歸藏》云：‘雖有豐隆，莖的雲氣而結核。’又《楚辭》云：‘願寄言於浮雲兮，遇豐隆而不將。’補。”

　　〔三〕　按：雷師，神話中主管打雷的神。見《唐宋白孔六帖》卷二《雷》："豐隆：雷師。"《法苑珠林校注》卷四《日月篇第三·地動部第十三》："《春秋元命包》曰：'陰陽合而爲雷師。'"

　　〔四〕　缺，底本作"缺"，茲據文義徑録正，《類書》録作"缺"，同缺；《王研》録作"缺"，茲從之。按：缺，爲"缺"字俗寫。黄征《敦煌俗字典》"缺"字條下俗字有"缺"字。斯一八九號《老子道德經》："大成若缺（缺），其用不弊；大滿若沖，其用不窮。"唐·白居易、宋·孔傳輯《唐宋白孔六帖》卷二《雷》："列缺：電名。"又"列缺"，謂閃電。《史記》卷一一七《司馬相如列傳》："貫列缺之倒景兮，涉豐隆之滂沛。"裴駰集解引《漢書音義》："列缺，天閃也。"《李太白全集》卷一五《古近體詩共三十五首·夢游天姥吟留別》："列缺霹靂，丘巒崩摧。"

　　〔五〕　按：迅雷，猶疾雷。見《禮記·玉藻》："君子之居恒當户，寢恒東首，若有疾風、迅雷、甚雨，則必變。"

　　〔六〕　按：起電，謂閃電。南北朝·庾信《庾子山集》卷四《奉和趙王喜雨》："投壺欲起電，倚柱稍驚雷。"

　　〔七〕　走，底本作"走"，茲據文義徑録正，《類書》《王研》録作"走"，茲從之。按：走，爲"走"字俗寫。《干禄字書·上聲》："走走走：上中通下正。"又走電，謂閃電，喻短暫、迅疾。斯三八八號《正名要録》："走走，（上）正，（下）相通用。""右依顏監《字樣》甄録要用者，考定折衷，刊削紕繆。"又見《全唐詩》卷七四五陳陶《將進酒》："金尊莫倚青春健，齷齪浮生如走電。"

　　〔八〕　倚柱，底本作"倚柱"，茲據文義徑録正，《類書》《王研》録作"倚柱"，茲從之。按：奇，同"奇"，則倚爲"倚"字俗寫。《正字通·大部》："奇，俗作奇。"可參。以下"倚"字俗寫，徑録正，不再一一出校。又黄征《敦煌俗字典》"柱"字條下俗字有"柱"字。伯二三〇五號《妙法蓮華講經文》："黄金作棟樑，白玉爲樑柱（柱）。"以下"柱"字俗寫，徑録正，不再一一出校。又倚柱，靠在柱子上。如《戰國策》卷三一《燕策三》："（荆）軻自知事不就，倚柱而笑，箕踞以罵。"南朝宋·劉義慶《世説新語》卷中之上《雅量第六》："夏侯太初嘗倚柱作書。"此處作"倚柱"義通。

　　〔九〕　夏侯泰初，底本作"夏倏泰"，"初"字底本脫，當作"夏侯太初"，《類書》《王研》録作"昔□□"，非原形。按：倏，爲"侯"字俗寫。黄征《敦煌俗字典》"侯"字條下俗字有"倏"字。斯六八二五號背想爾注《老子道經》卷上："今王倏（侯）承先人之後，有榮名，不强求也。"以下"侯"字俗寫，徑録正，不再一一出校。此當爲夏侯太初之事，故徑補"初"字。事見南朝宋·劉義慶《世説新語》卷中之上《雅量第六》："夏侯太初嘗倚柱作書。時大雨，霹靂破所倚柱，衣服焦然，神色無變，書亦如故。賓客左右，皆跌蕩不得住。（見顧愷之《書贊》。《語林》曰：'太初從魏帝拜陵，陪列於松柏下。時暴雨霹靂，正中所立之樹。冠冕焦壞，左右觀之皆伏，太初顏色不改。'臧榮緒又以爲諸葛誕也。）"又諸葛誕事，見《太平御覽》卷一三《天部·霹靂》云："曹嘉之《晋紀》曰：'諸葛誕以氣邁稱，常倚柱讀書。霹靂震其柱，誕自若。'"同書卷一八七《居處部·柱》云："曹嘉之《晋紀》曰：'諸葛誕以氣勵稱，常倚柱讀書。霹靂震其柱，誕讀書自若。'"依《文場秀句》成書時間，則此當處作"夏侯太初"。關於《文場秀句》的成書時間，詳見研究篇第一章第二節。

　　〔一〇〕　雷，底本僅存"雷"字下半部分"田"字殘筆，兹據文義録作"雷"，《類書》《王研》録作"雷"，兹從之。按：雷震，謂雷擊、雷鳴。見《孫子·軍争》："動如雷震。"《全上古三代秦漢三國六朝文·全梁文》卷五七劉峻《辯命論》："秦人坑趙士，沸聲若雷震。"此處作"雷"義通。

　　〔一一〕　壺，底本作"壷"，兹據文義徑録正，《類書》《王研》録作"壺"，兹從之。按：壷，爲"壺"字俗寫。張涌泉《敦煌俗字研究·土部·壺字》指出"壺、壺、壷爲隸變之异……《佛經難字》有壷，當爲壺字的又一變體。"（第一〇八頁）以下"壺"字俗寫，徑録正，不再一一出校。又"投壺"，古代宴會禮制，亦爲娱樂活動，賓主依次用矢投向盛酒的壺口，以投中多少決勝負，負者飲酒。如晋·杜預《春秋左傳集解》卷二二"昭公十二年"："晋侯以齊侯宴，中行穆子相。投壺，晋侯先，穆子曰：'有酒如淮，有肉如坻。宴君中此，爲諸侯師。'中之。"《後漢書》卷五〇《祭遵傳》："遵爲將軍，取士皆用儒術，對酒設樂，必雅歌投壺。"《全唐文》卷五六二韓愈《鄭公神道碑文》："公與賓客朋游，飲酒必極醉，投壺博弈，窮日夜，若樂而不厭者。"〇雷，底本作"雷"，當作"電"，兹據文義徑録正，《類書》《王研》録作"雷"，兹不從。按：《北堂書鈔》卷一五二《電二十四》："玉女投壺：《神异經》云："東王公與玉女投壺，枲而脫誤不接者，天爲之笑，開口流光，今電是也。補。"又"投壺電"與上條"倚柱雷"
正相對，《雷電第四》儷語部分亦有"即起投壺之電"之語，則此處作"電"義通。

[一二] 玉女投壺，見漢·東方朔《神異經·東荒經》言："東荒山中有大
石室，東王公居焉……恒與一玉女投壺，每投千二百矯，設有入不出者，天爲之
嚼噓。"《北堂書鈔》卷一五二《電二十四》："玉女投壺：《神異經》云："東王公
與玉女投壺，梟而脫誤不接者，天爲之笑，開口流光，今電是也。補。"

[一三] 笑，底本作"笶"，茲據文義徑録正，《類書》《王研》録作"笑"，茲從
之。按：笶，爲"笑"字俗寫。《神異經·東荒經》言："東荒山中有大石室，東王公
居焉……恒與一玉女投壺……矯出而脫誤不接者，天爲之笑。"晉·張華注："言笑者，
天口流火焯灼。今天不下雨而有電光，是天笑也。"《北堂書鈔》卷一五二《電二十四》：
"玉女投壺：《神異經》云："東王公與玉女投壺，梟而脫誤不接者，天爲之笑，開口流
光，今電是也。補。"《唐宋白孔六帖》卷二《雷》："投壺之笑：玉女投壺，天爲之笑，
則雷。"又"天笑"，謂不雨而天空有電火。如隋·辛德源《霹靂引》："雲銜天笑明，雨
帶星精落。"《全唐文》卷七八一李商隱《祭全義縣伏波神文》："何煩玉女之投壺，方聞
天笑；不待樵人之取箭，已見風迴。"此處作"笑"義通。

[一四] 則，底本漫漶不清，茲據文義録作"則"，《類書》《王研》録作
"□"，不妥。按：《藝文類聚》卷二《天部下·電》引《莊子》曰："陰氣伏於黃
泉，陽氣上通於天，陰陽分爭故爲電，玉女投壺，天爲之笑則電。"《藝文類聚》
所引内容與《文場秀句》中内容十分相似，此處作"則"義通。

[一五] 按：天威，指雷電，古人以雷電象徵天之威怒，故稱。見漢·甘
公、漢·石申《通占大象曆星經》卷下："霹靂五星在雲雨北，主天威，擘萬
物。"《全上古三代秦漢三國六朝文·全晉文》卷九一潘岳《狹室賦》："若乃重陰
晦冥，天威震曜。"《唐宋白孔六帖》卷九《道路》："天威：高駢鎮安南，使者歲
至，乃鑿道五所，置兵護送其徑。有青石或傳馬所不能治，既攻，有震碎其石，
乃得通，因名道曰天威云云。"

[一六] 笑，底本作"唉"，茲據文義徑録正，《類書》《王研》録作"笑"，
茲從之。按：唉，爲"笑"字俗寫。斯三八八號《正名要録》："**笶唉**，右正行者
楷（楷），脚注稍訛。"

[一七] 按：注上，指同上"玉女投壺"條。又"天笑"，謂不雨而天空有

電火。如《樂府詩集》卷五七《琴曲歌辭一·霹靂引（辛德源）》：“雲銜天笑明，雨帶星精落。”《全唐文》卷七八一李商隱《祭全義縣伏波神文》：“何煩玉女之投壺，方聞天笑；不待樵人之取箭，已見風迴。”

　　〔一八〕　按：硠訇，象聲詞，迅雷聲。如《全上古三代秦漢三國六朝文·全晉文》卷一三五顧愷之《雷電賦》：“夫其聲無定響，光不恒照，硠訇輪轉，倏閃羅曜。”《李太白全集》卷三《樂府三十首·梁甫吟》：“雷公硠訇震天鼓，帝旁投壺多玉女。”○片，底本作“斤”，茲據文義徑録正，《類書》《王研》録作“片”，茲從之。按：斤，爲“片”字俗寫。黃征《敦煌俗字典》“片”字條下俗字有“片”字。斯二八三二號《願文等範本·滿月事》：“親屬歡斤（片）玉之付輝，父母慶明珠而在掌。”

　　〔一九〕　震，底本作“震”，茲據文義徑録正，《類書》《王研》録作“震”，茲從之。按：震，爲“震”字俗寫。《玉篇·雨部》：“震之刃切，動也。”斯三八八號《正名要録》：“震，驚。亦卦。”“右本音雖同字義各別例。”又“震響”，震雷似的響聲。如《樂府詩集》卷六七《雜曲歌辭七·壯士篇（張華）》：“震響駭八荒，奮威曜四戎。”《全上古三代秦漢三國六朝文·全梁文》卷三一沈約《齊故安陸昭王碑》：“震響成雷，盈塗咽水。”

　　〔二○〕　缺，底本作“𨐈”，茲據文義徑録正，《類書》録作“缺”，同缺；《王研》録作“郵”，非原形。按：𨐈，爲“缺”字俗寫。又“列缺”，謂閃電，此處作“缺”義通。○流，底本作“流”，茲據文義徑録正，《類書》《王研》録作“流”，茲從之。按：流，爲“流”字俗寫。《干禄字書·平聲》云：“流流：上俗下正。”張涌泉《敦煌俗字研究》指出“流”字爲省點字。（第五三八頁）以下“流”字俗寫，徑録正，不再一一出校。又“流暉”，謂光彩閃爍。如《唐順之集·荆川先生文集卷之十七·雜著·雁訓》：“舍人縮銀垂黃，錯以絺藻，顧步流暉，折周展耀。”

煙霧第五[一]

青煙：煙色青[二]。
碧霧[三]：霧色輕[四]。

重霧：霧色重[五]。

長煙[六]：煙長[七]。

薄霧[八]：霧薄[九]。

朝煙。

夕霧。

濃煙[一〇]。

苦霧[一一]。

靄靄[一二]·霏[霏][一三]·飄飃[一四]：飛▨（貌）[一五]。

鬱鬱[一六]·紛紛[一七]·依霏[一八]·泛豔[一九]：并煙霧飛散之貌。

青煙旦上，碧霧晨凝[二〇]；斂薄霧於遙空[二一]，卷長煙於迥漠。夕霧□（凝）而巖出□[二二]，朝煙散而遠岫昏。

【校釋】

[一]　按：煙霧，泛指烟、氣、雲、霧等。見南朝宋·鮑照《吳興黃浦亭庾中郎別》詩："連山眇烟霧，長波迥難依。"《全唐詩》卷三四杜甫《李監宅》："華館春風起，高城煙霧開。"

[二]　煙，底本於"煙"字下施重文符號"〻"，當補作"煙"，《類書》《王研》録作"煙"，兹從之。○青，《類書》《王研》録作"清"，兹從之。

[三]　按：碧霧，謂青色的雲霧。如《全唐詩》卷二唐高宗《過温湯》："暖溜驚湍駛，寒空碧霧輕。"

[四]　霧，底本於"霧"字下施重文符號"〻"，當補作"霧"，《類書》《王研》録作"霧"，兹從之。○輕，底本作"𨑊"，兹據文義徑録正，《類書》《王研》未録。按：𨑊，爲"輕"字俗寫。黃征《敦煌俗字典》"輕"字條下俗字有"𨑊"字。斯三四三號《願文等範本等》："業障消除，等涅槃而湯𨑊（輕）雪。"

[五]　霧，底本於"霧"字下施重文符號"〻"，當補作"霧"，《類書》《王研》録作"霧，兹從之。

[六]　按：長煙，指彌漫在空中的霧氣。見《漢魏六朝詩選·晋詩·游仙詩·游仙詩（郭璞）》："升降隨長烟，飄飃戲九垓。"《鍾嶸詩品箋證稿·附

録·詩選·宿東園（沈約）》："夕陰帶曾阜，長烟引輕素。"

　　［七］　煙，底本於"煙"字下施重文符號"〴"，當補作"煙"，《類書》《王研》録作"煙"，兹從之。

　　［八］　薄，底本作"薄"，兹據文義徑録正，《類書》《王研》録作"薄"，兹從之。按：薄，爲"薄"字俗寫。斯三八八號《正名要録》："箔薄，右字形雖別，音義是同。古而典者居上，今而要者居下。"以下"薄"字俗寫，徑録正，不再一一出校。又《花間集校注》卷五牛希濟《謁金門》："一點凝紅和薄霧，翠娥愁不語。"此處作"薄"義通。

　　［九］　霧，底本於"霧"字下施重文符號"〴"，當補作"霧"，《類書》《王研》録作"霧"，兹從之。

　　［一〇］　濃，底本作"濃"，兹據文義徑録正，《類書》《王研》録作"濃"，兹從之。按：濃，爲"濃"字俗寫。斯三八八號《正名要録》："蕽，右依顏監《字樣》甄録要用者，考定折衷，刊削紕繆。"敦煌文書中"辰"俗作"展"，則濃爲"濃"字俗寫。又《龍龕·水部》云："女容反，濃，厚也。"《李長吉歌詩編年箋注》卷六《未編年詩·春懷引》："芳蹊密影成花洞，柳結濃烟花帶重。"

　　［一一］　苦，底本作"苦"，兹據文義徑録正，《類書》《王研》録作"苦"，兹從之。按：苦，爲"苦"字俗寫。《干禄字書·上聲》云："苦苦：上通下正。"黄征《敦煌俗字典》"苦"字條下俗字有"苦"字。敦研三六五號《般若涅槃經》："慈若是苦（苦），苦（苦）即是慈。"又"苦霧"，謂浓雾。南朝宋·鮑照《舞鶴賦》："凉沙振野，箕風動天，嚴嚴苦霧，皎皎悲泉。"

　　［一二］　靄，底本"靄"字下施重文符號"〴"，當徑補作"靄"，《類書》《王研》録作"靄"，兹從之。按：靄靄，謂雲烟密集貌。見《陶淵明集》卷一《詩四言·停雲》："靄靄停雲，濛濛時雨。"《全唐詩》卷五一〇張祜《夜雨》："靄靄雲四黑，秋林響空堂。"

　　［一三］　霏，底本脱，兹據文義補，《類書》《王研》録作"霏"，兹從之。按：霏霏，謂飄灑、飛揚。如《全上古三代秦漢三國六朝文·全晋文》卷九〇潘岳《西征賦》："饔人縷切，鸞刀若飛，應刃若俎，霍霍霏霏。"《全唐詩》卷

二三五貫至《銅雀臺》詩："撫弦心斷絕，聽管淚霏霏。"五代·王定保《唐摭言》卷八《夢》："俄夢朱衣道人，長丈餘，特以青灰落衣襟霏霏然。"

[一四] 按：飄颻，謂飄蕩、飛揚。如《全上古三代秦漢三國六朝文·全後漢文》卷八四邊讓《章華臺賦》："羅衣飄颻，組綺繽紛。"《全唐詩》卷三一七武元衡《寓興呈崔員外諸公》："三月楊花飛滿空，飄颻十里雪如風。"

[一五] 貌，底本漫漶不清，《類書》《王研》錄作"貌"，茲從之。按：貌，古書注解常用字，相當於今"……樣子"。如《詩·邶風·柏舟》："寤辟有摽。"毛傳："摽，拊心貌。"且"飛貌"之前所列事對有"靄靄""霏霏""飄颻"，多有烟雲飄揚之義，則此處作"貌"義通。

[一六] 鬱鬱，底本作"郁〃"，茲據文義徑補作"鬱鬱"，《類書》《王研》錄作"鬱鬱"，茲從之。按：郁，通"鬱"。清·朱駿聲《説文通訊定聲·頤部》："郁，假借爲鬱。"又"鬱鬱"，謂烟氣升騰貌。如《神仙傳校釋》卷八《巫炎》："武帝出見子都於渭橋，其頭上'鬱鬱'紫氣高丈餘。"《全唐詩》卷四二五白居易《秦中吟十首·傷宅》："一堂費百萬，鬱鬱起青烟。"

[一七] 紛紛，底本作"絲〃"，茲據文義徑補作"紛紛"，《類書》《王研》錄作"紛紛"，茲從之。按：絲，爲"紛"字俗寫。黄征《敦煌俗字典》"紛"字條下俗字有"絲"字。伯二一七〇號《太玄真一本際經·聖行品》："繽絲（紛）芳馥，悦樂衆心。"

[一八] 按：依霏，謂雲盛貌，亦作"依斐"。見《楚辭》卷一四《哀時命》："霧露濛濛其晨降兮，雲依斐而承宇。"王逸注："斐，一作'霏'。"晉·摯虞《思游賦》："華雲依霏而翼衡兮，日月炫晃而映蓋。"又唐·釋道宣《廣弘明集》卷三七《玄圃園講賦》："若列宿之動天，潢朝曈朗而戒旦，雲依霏而卷簇。"

[一九] 豔，底本作"艵"，茲據文義徑錄正，《類書》《王研》錄作"艷"，茲從之。按：艵，爲"豔"字俗寫。斯三八八號《正名要錄》："豔艷，右字形雖别，音義是同。古而典者居上，今而要者居下。"又"泛艷"，謂浮光貌。如梁·蕭統著、唐·李善等注《六臣注文選》卷三一《詩庚·别怨（休上人）》："露彩方泛艷，月華始徘徊。"注云："泛艷，浮光貌。"

[二〇] 晨，底本原作"長"，并有塗改，其右側旁注"晨"字，茲據文義

徑録正，《類書》《王研》録作“晨”，兹從之。按：晨，爲“晨”字俗寫。黄征《敦煌俗字典》“晨”字條下俗字有“晨”字。斯三八八號《正名要録》：“晨（晨），早。”“右本音雖同，字義各別例。”以下“晨”字俗寫，徑録正，不再一一出校。○凝，底本作“疑”，兹據文義徑録正，《類書》《王研》録作“凝”，兹從之。按：疑，爲“凝”字俗寫。黄征《敦煌俗字典》“凝”字條下俗字有“㝖”字。伯二一七三號《御注金剛般若波羅蜜經宣演卷上》：“迺㝖睿思，暢述儒道。”以下“凝”字俗寫，徑録正，不再一一出校。又“晨凝”，見《庾子山集注》卷一五《誌銘·周大將軍上開府廣饒公鄭常墓誌銘》：“悲風夜烈，苦露晨凝，蘭芬菊茂，終古相承。”《全唐文》卷一七九王勃《上九成宮頌表》：“棟梁三氣，庭階六合，松軒夜警杳冥姑射之心，茅殿晨凝寥廓峒山之駕。”

〔二一〕　斂，底本作“歛”，兹據文義徑録正，《類書》《王研》録作“斂”，兹從之。按：歛，爲“斂”字俗寫。黄征《敦煌俗字典》“斂”字條下俗字有“𣂏”字。斯一〇八六號《兔園策府》：“𣂏（斂）陽宣，考天地。”

〔二二〕　夕霧，見《唐宋白孔六帖》卷三《霧》：“夕霧：朝烟。”○底本“霧”下缺字，《類書》《王研》録作“凝”，兹從之。○底本“出”下脱一字，兹據下句句式補，《類書》《王研》録作“□”，兹從之。

春第六

青陽戒序[一]：春［色］青[二]。

緹幕飛灰[三]：律管以度灰[四]，緹幕帷之[五]，四時氣至，瑂管飛灰[六]。

太皥司辰[七]：《月令》：春時，其帝太皥[八]。

句芒應［節］[九]：《月令》：春時，其帝句芒。

和風[一〇]：風氣温和[一一]。

淑景[一二]：景氣淑美[一三]。

翔鳩變羽[一四]：二月，鷹化爲鳩。

賀鳥翻空[一五]：二月，鳩來[一六]。

金塘散碧[一七]：金塘池邊岸。亦曰：銀塘碧。

玉律飛緹[一八]：玉管以囗（緹）幕帷之[一九]。

獻歲[二〇]：歲初獻，受湧[二一]。

發春[二二]：春囗囗物皆囗[二三]。

年［華］照灼[二四]：言年之光華，明灼然也。

淑氣芳菲[二五]：言春氣芳菲。

春鳥初吟，嘯（簫）管而齊發[二六]。

新紅散彩，共錦績以爭輝：四月，紅始見。

柳葉如眉[二七]，暎夕流而逸賞：上巳三月，成公子以三月飲於洛水[二八]。

桃花似臉，向朝日以開紅：花得日昭（照）更益紅[二九]。

上［巳］名辰[三〇]，成子安之囗囗：青泉清，襖飲[三一]。

暮春芳禊，潘正叔之良遊[三二]：禊，三月三日，飲酒拂除▨[三三]，謂之禊飲[三四]，潘尼字正叔[三五]，於▨泉青禊飲[三六]。

曲沼徵燕[三七]：地曲曰沼，燕謂徵其華彩。

【校釋】

[一] 陽，底本作“揚”，當作“陽”，《類書》《王研》録作“陽”，兹從之。按：春陽，指春天。見《爾雅注疏》卷六《釋天》：“春爲青陽，夏爲朱明，秋爲白藏，冬爲玄英。”《漢書》卷二二《禮樂志·帝臨二》：“青陽開動，根荄以遂。”《全唐詩》卷三三〇潘孟陽《元日和布澤》：“青陽初應律，蒼玉正臨軒。”《歲華紀麗》卷一《春》：“春爲青陽：《爾雅》云：‘春爲青陽。’謂萬物生也。”《初學記》卷三《春一》：“梁元帝《纂要》曰：‘春日青陽，亦曰發生、芳春、青春、陽春、三春、九春。’”下注：“氣清而温陽。”《北堂書鈔》卷一五四《歲時部二·春》：“春爲青陽：《爾雅》：‘春爲青陽。’一曰發生。補。”○戒，底本作“𢧵”，兹據文義逕録正，《類書》《王研》録作“戒”，兹從之。按：𢧵，爲“戒”字俗寫。斯三八八號《正名要録》：“𢧵，心。”“右本音雖同字，義各別例。”《全唐詩》卷一一《郊廟歌辭·五郊樂章·赤帝徵音》：“青陽告謝，朱明戒序。”《唐宋白孔六帖》卷三《秋》：“金方戒序：白帝用事。”以下“戒”字俗寫，逕録正，不再一一出校。

[二] 色，底本殘，《類書》《王研》逕補作“色”，兹從補。○春色青，見

《抱朴子·内篇》卷一五《雜應》："五玉者，隨四時之色，春色青，夏赤，四季月黄，秋白，冬黑。"

［三］ 灰，底本作"灰"，兹據文義徑録正，《類書》《王研》録作"灰"，兹從之。按：灰，爲"灰"字俗寫。《干禄字書·平聲》云："灰灰：并上俗下正。"黄征《敦煌俗字典》"灰"字條下俗字有"灰"字。斯一〇八六號《兔園策府》："登臺候朔，占五雲而不差；入幕窺灰（灰），應四氣而無爽。"以下"灰"字俗寫，徑録正，不再一一出校。〇緹幕，橘紅色的帷幕。見《建安七子集》卷七《劉楨集·詩·贈五官中郎將詩四首》："明月照緹幕，華燈散炎輝。《六臣注文選》卷二三《詩丙·七哀詩一首（曹子建）》："明月照緹幕，華燈散炎輝。"注云："緹，丹色也。"《全上古三代秦漢三國六朝文·全梁文》卷四四任昉《齊竟陵文宣王行狀》："清猨與壺人争旦，緹幕與素瀨交輝。"《全唐詩》卷六五四羅鄴《蠟燭》："煖香紅焰一時燃，緹幕初垂月落天。"〇飛灰，律管中飛動的葭灰，古代以此候測節氣，又作"飛律灰"。見《後漢書·志第一·律曆志上》："候氣之法，爲室三重，户閉，塗釁必周，密布緹縵。室中以木爲案，每律各一，内庳外高，從其方位，加律其上，以葭孚灰抑其内端，案曆而候之。氣至者灰動。其爲氣所動者其灰散，人及風所動者其灰聚。殿中候，用玉律十二。"《全唐詩》卷九八陰行先《和張燕公湘中九日登高》："重陽初啓節，無射正飛灰。"古人燒葦膜爲灰，置於十二律管中，以占氣候。從律管中的葭灰飛動，以觀測氣候的到來，於詩詞中表示節候變化。

［四］ 管，底本作"琯"，當作"管"，《類書》《王研》録作"管"，兹從之。按：律管，亦作"律琯"，古代用作測候季節變化的器具，以測定節氣。唐·杜甫《小至》："刺繡五紋添弱線，吹葭六琯動非灰。"仇兆鰲注："《漢書》：'以葭莩灰實律管，候至則灰飛管通。'……琯以玉爲之，凡十有二，六琯，舉律以該吕也。"蓋律管以玉爲之，故"管"加"王"。又《太平廣記》卷四三七《畜獸四·犬上·齊瓊》："逾年牝死，犬加勤劾。又更律琯，齊亦殂落。犬嗥吠終夕，呱呱不輟。"《全唐詩》卷八嗣主璟《保大五年元日大雪同太弟景遂汪王景遏齊王景達進士李建勳中書徐鉉勤政殿學士張義方登樓賦》："春氣昨宵飄律管，東風今日放梅花。"〇度，底本作"度"，兹據文義徑録正，《類書》《王研》録作"度"，兹從之。按：度，爲"度"字俗寫。黄征《敦煌俗字典》"度"字條下俗字有

"度"字。敦研一三七號《佛説首楞嚴三昧經》："於辟支佛度（度）因緣。"《北堂書鈔》卷三二《禁令十四》："爲之律度：《左傳》云：'古之王者，并建聖哲爲之律度，與之法制。案，律，管也。度，丈尺也。'"

[五]　帷，底本作"惟"，兹據文義徑録正，《類書》《王研》録作"帷"，兹從之。按：惟，爲"帷"字俗寫，黄征《敦煌俗字典》"帷"字條下俗字有"惟"字。斯四六四二號《發願文範本等》："於是飾華弟（第），嚴綺庭；屏帷（帷）四合而烟凝，花敷五色而雲萃。"

[六]　琱，底本作"彫"，當作"琱"，兹據文義徑録正，《類書》《王研》校作"琱"，兹從校。按：琱，通"彫"，雕畫紋飾。《漢書》卷七二《貢禹傳》："墻塗而不琱，木摩而不刻。"顏師古注："琱字與彫同。彫，畫也。"《干禄字書》："彫琱：上彫飾，下琱落。"斯三八八號《正名要録》："彫，飾。""右依顏監《字樣》甄録要用者，考定折衷，刊削紕繆。"又斯三八八號《正名要録》："琱，理王（玉）。""右依顏監《字樣》甄録要用者，考定折衷，刊削紕繆。"

[七]　皞，底本作"祿"，兹據文義録作"皞"，《類書》《王研》録作"皞"，兹從之。按：太皞，亦作"太皞""太曍"。秦漢陰陽家以五帝配四時五方，認爲太皞以木德王天下，故配東方，爲司春之神。如《禮記》卷五《月令第五》："（孟春之月）其帝大皞，其神句芒。"鄭玄注："句芒，少皞氏之子曰重，爲木官。"《尚書大傳》卷三："東方之極，自碣石東至日出榑木之野，帝太皞、神勾芒司之。"《白虎通義》卷一《京師》："其帝太皞，皞者，大起萬物擾也。其神勾芒者，物之始生，其精青龍，芒之爲言萌也。"○辰，底本作"辰"，兹據文義徑録正，《類書》《王研》録作"辰"，兹從之。按：辰，爲"辰"字俗寫。《干禄字書·平聲》："辰辰：并上通下正。"斯三八八號《正名要録》："辰，時。""右本音雖同字義各别例。"以下"辰"字俗寫，徑録正，不再一一出校。又"司辰"，主管時令。見《全上古三代秦漢三國六朝文·全後漢文》卷八七禰衡《鸚鵡賦》："若迺少昊司辰，蓐收整轡，嚴霜初降，涼風蕭瑟。"《全唐文》卷二一四陳子昂《餞陳少府從軍序》："爾其蒼龍解角，朱鳥司辰，潯景薰天，炎光析地。"《唐宋白孔六帖》卷一《律曆》："天有五音，所以司日也；地有六律，所以司辰也。"

[八]　皞，底本作"曍"，兹據文義徑録正，《類書》《王研》録作"皞"，兹

從之。按：暭，爲"皞"字俗寫。《正字通·白部》言："皞：皞本字。"《正字通·日部》言："暭：俗皞字。"《禮記注疏》卷五《曲禮下》疏曰："《月令》：'春曰其帝太皞，夏曰其帝炎帝。'"《禮記正義》卷一四《月令》："孟春之月……某日甲乙，其帝大皞，其神句芒。"注云："大皞，上音太。"《春秋左傳正義》卷四八："大皞氏亦龍紀，故爲龍師而龍名。"正義曰："《月令·孟春》云：'其帝大皞。'"

[九]　句，底本作"勾"，兹據文義徑録作"句"，《類書》《王研》録作"勾"，非原形。按：勾，爲"句"字俗寫。黄征《敦煌俗字典》"句"字條下俗字有"勾""勾"等形。斯三八八號《正名要録》："句，右依顔監《字樣》甄録要用者，考定折衷，刊削紕繆。"敦研二七六號《金光明經》："讚歎一佛菩薩一四勾（句）偈。"斯二○七三號《盧山遠公話》："濕生者：如是之人，多受匿法，得一勾（句）一偈，不曾説向之諸人。"又"句芒"，古代傳説中的主木之官，又爲木神名。見《禮記正義》卷一四《月令》："孟春之月……某日甲乙，其帝大皞，其神句芒。"注云："句芒，古侯反，下音亡。句芒者，木正也。"疏曰："句芒者，主木之官，初生之時，句屈而有芒角，故云句芒。言大皞、句芒者，以此二人生時，木王主春，立德立功，及其死後，春祀之時，則祀此大皞、句芒，故言也。"《春秋左傳正義》卷五三"昭公二十九年"："木正曰句芒。"漢·班固《白虎通·五行》："其神句芒者，物之始生，其精青龍。芒之爲言萌也。"以下"句"字俗寫，徑録正，不再一一出校。○節，底本脱，兹據文義補作"節"，《類書》《王研》補作"節"字，兹從補。按：應節，謂適應節令。如《後漢書》卷三○下《郎顗傳》："王者崇寬大，順春令，則靁應節，不則發動於冬，當震反潛。"《全上古三代秦漢三國六朝文·全三國文》卷六文帝《讓禪令》："風雨應節，禎祥觸類而見。"又《太平御覽》卷九三《皇王部十八·文皇帝》云："時歲之暮春，句芒司節，和風扇物，弓燥手柔，草淺獸肥。"

[一○]　按：和風，謂溫和的風，多指春風。見《阮籍集校注》卷下《詩·詠懷》其一："和風容與，明日映天。"《杜詩詳注》卷二一《上巳日徐司録林園宴集》："薄衣臨積水，吹面受和風。"唐·瞿曇悉達《唐開元占經》卷九一《風名狀》："清涼溫和，塵埃不起，今謂之和風。"《北堂書鈔》卷一四《蒐狩》："《典論》曰：'歲之暮春，句芒司節，和風扇物，弓燥手柔，草淺獸肥。'"

［一一］ 風，底本於"風"字下施重文符號"〻"，當補作"風"，《類書》《王研》錄作"風"，茲從之。按：風氣，指空氣和由空氣流動而生的風。見《全上古三代秦漢三國六朝文·全上古三代文》卷一〇宋玉《風賦》："其所託者然，則風氣殊焉。"《水經注校證》卷四《河水》："西四十里有風山，上有穴如輪，風氣蕭瑟，習常不止。"

［一二］ 淑，底本作"渊"，茲據文義徑錄正，《類書》《王研》錄作"淑"，茲從之。按：渊，爲"淑"字俗寫。黃征《敦煌俗字典》"淑"字條下俗字有"渊"字。伯三五六一號蔣善進臨摹《千字文》："毛施渊（淑）姿，工嚬研笑。"《龍龕·水部》云："渊：俗。淑：正。時六反。善也。"以下"淑"字俗寫，徑錄正，不再一一出校。又"淑景"，指春光。《全唐詩》卷三一魏徵《奉和正日臨朝應詔》："淑景輝雕輦，高旌揚翠烟。"《樂府詩集·郊廟歌辭六·唐五郊樂章》："淑景遲遲，和風習習。"《歲華紀麗》卷一《二月》："淑景：亦曰媚景。"

［一三］ 景，底本於"景"字下施重文符號"〻"，當補作"景"，《類書》《王研》錄作"景"，茲從之。按：景氣，謂景色、景象。《鍾嶸詩品箋證稿·附錄·詩選·南州桓公九井作（殷仲文）》："景氣多明遠，風物自淒緊。"《全唐詩》卷六二杜審言《泛舟送鄭卿入京》："酒助歡娛洽，風催景氣新。"

［一四］ 變，底本作"𢧜"，茲據文義徑錄正，《類書》《王研》錄作"變"，茲從之。按：𢧜，爲"變"字俗寫。斯三八八號《正名要錄》："𢧜敄，右正行者揩（楷），脚注訛俗。"以下"變"字俗寫，徑錄正，不再一一出校。

［一五］ 鳥，底本作"鸟"，茲據文義徑錄正，《類書》《王研》錄作"鳥"，茲從之。按：鸟，爲"鳥"字俗寫。斯三八八號《正名要錄》："烏鳥，一畫。""右各依脚注。"以下"鳥"字俗寫，徑錄正，不再一一出校。〇翻，底本作"飜"，茲據文義徑錄正，《類書》《王研》錄作"翻"，茲從之。按：飜，爲"翻"字俗寫。斯三八八號《正名要錄》："翻飜，右字形雖別，音義是同。古而典者居上，今而要者居下。"

［一六］ 來，底本作"来"，茲據文義徑錄正，《類書》《王研》錄作"來"，茲從之。按：来，爲"來"字俗寫。黃征《敦煌俗字典》"來"字條下俗字有"来"字。伯二九六五號《佛說生經》："於時遠方有大賈来（來），人馬車馳，填

喧塞路，奔突猥逼。”《切韻》殘葉二平聲咍韻：“來，落哀反。”《王一·咍韻》：“來，落哀反，回。通俗作‘来’。”《廣韵·咍韻》：“來，俗作‘来’。”以下“來”字俗寫，徑録正，不再一一出校。

[一七]　散碧，又見斯五四五號《失名類書》有：“琦樹貞枝下，涼階而散碧”注云：“言玉樹貞枝下，涼階而散碧色。”

[一八]　玉，底本作“㻌”，兹據文義徑録正，《類書》《王研》録作“玉”，兹從之。按：㻌，爲“玉”字俗寫。黄征《敦煌俗字典》“玉”字條下俗字有“玊”字。斯三二八號《伍子胥變文》：“今既天下清太（泰），日月貞明，玊（玉）鞭齊打金鞍。”以下“玉”字俗寫，徑録正，不再一一出校。

[一九]　管，底本作“琯”，兹據文義徑録正，《類書》《王研》録作“琯”。按：琯，爲“管”字俗寫。《古今正俗字詁》：“琯：古者管吕玉，故從王……是管、琯本爲一字也，今人不知，多析爲兩字用，誤。”又“玉管”，亦作“玉琯”。玉制的古樂器，用以定律。《漢書》卷二一上《律曆志上》：“竹曰管，絲曰絃。”顔師古注引三國魏·孟康曰：“《禮樂器記》：‘管，漆竹，長一尺，六孔。’……古以玉作，不但竹也。”○緹，底本作“渒”，兹據文義録作“緹”，《類書》《王研》録作“□”。按：《後漢書·律曆志上》：“候氣之法，爲室三重，户閉，塗釁必周，密布緹縵。室中以木爲案，每律各一，内庳外高，從其方位，加律其上，以葭莩灰抑其内端，案曆而候之。氣至者灰動。其爲氣所動者其灰散，人及風所動者其灰聚。殿中候，用玉律十二。惟二至乃候靈台，用竹律六十。候日如其曆。”又據上文“緹幕飛灰：律管以度灰，緹幕帷之”及“玉律飛緹”，則此處作“緹”義通。

[二〇]　獻歲，底本作“獻（獻）歲”，兹據文義徑録正，《類書》《王研》録作“獻歲”，兹從之。按：獻，爲“獻”字俗寫。黄征《敦煌俗字典》“獻”字條下俗字有“獻”字。伯二三〇五號《妙法蓮華經講經文》：“賢聖空中彈指送，天人路上獻（獻）花迎。”又歲，爲“歲”字俗寫。黄征《敦煌俗字典》“歲”字條下俗字有“歲”字。伯二一七三號《御注金剛必然宣演卷上》：“大唐開元中，歲（歲）次大泉。”又“獻歲”，謂進入新的一年，歲首正月。見《楚辭》卷九《招魂》：“獻歲發春兮汩吾南征，菉蘋齊葉兮白芷生。”王逸注：“獻，進；征，行也。言歲始來進，春氣奮揚，萬物皆感氣而生。”《初學記》卷三《歲時部·春

一》引南朝·梁元帝《纂要》："正月孟春，亦曰……獻歲。"《歲華紀麗》卷一
《正月》："獻歲：亦曰獻歲、初歲、開歲、肇歲、芳歲、華歲、首歲、獻進也。"
《北堂書鈔》卷一五三《歲》："獻歲發春：《楚辭》：'獻歲發春兮顧我南征。'注
云：'獻進也。'補。"

［二一］　歲，底本於"歲"字下施重文符號"〻"，當補作"歲"，《類書》
《王研》錄作"歲"，茲從之。○湧，底本作"𣿢"，茲據文義徑錄正，《類書》錄
作"涌"，不妥；《王研》錄作"湧"，茲從之。按：𣿢，爲"湧"字俗寫。《隸
辨·上聲》云："𣿢……即涌字，諸碑從甬之字，或變作𣿢。"《金石文字辨异·上
聲》云："涌或作湧。""𣿢……即湧字，諸碑從甬之字，或變作𣿢也。"

［二二］　發，底本作"𣾷"，當作"發"，茲據文義徑錄正，《類書》《王研》
錄作"發"，茲從之。按：𣾷，爲"發"字俗寫。《干祿字書·入聲》："𣾷發：
上俗下正。"黃征《敦煌俗字典》"發"字條下俗字有"𣾷"字。斯二〇二號
《傷寒論·辨脈》："諸浮數脈當𣾷（發）熱而洗淅惡寒。"以下"發"字俗寫，
徑錄正，不再一一出校。又"發春"，春氣發動，謂春天萬物發生，常用以指
孟春，亦指農曆正月。《楚辭》卷九《招魂》："獻歲發春兮，汨吾南征。"王逸
注："言歲始來進，春氣奮揚，萬物皆感氣而生。"漢·桓寬《鹽鐵論·授時》：
"發春而後，懸青幡而策土牛，殆非明主勸耕稼之意，而春令之所謂也。"《後漢
書》卷五八下《馮衍傳下》："開歲發春兮，百卉含英。"李賢注："開、發，皆
始也。《爾雅》曰：'春爲發生。'"唐·李華《含元殿賦》："及乎獻歲元辰，東
風發春。"

［二三］　底本"春"字下缺二字，《類書》《王研》錄作"□□"，茲從之。
○底本"皆"字下缺一字，《王研》錄作"□"，茲從之。

［二四］　華，底本脫，茲據文義補作"華"，《類書》《王研》補作"華"，茲
從補。按：年華，謂春光。見《全唐文》卷七五八謝觀《上陽宮望幸賦》："尚軫
憂人之念，未垂巡狩之恩，雖年華不負於照灼，而烟花暗老於宮垣。"《全唐詩》
卷三一九張嗣初《春色滿皇州》："何處年華好，皇州淑氣勻。韶陽潛應律，草木
暗迎春。"《才調集》卷六唐彥謙《曲江春望》："杏艷桃嬌奪晚霞，樂游無廟有
年華。"○照，底本作"𤌍"，茲據文義徑錄正，《類書》《王研》錄作"照"，茲
從之。按：𤌍，爲"照"字俗寫。黃征《敦煌俗字典》"照"字條下俗字有"𤌍"

字。斯五一二號《歸三十字母例》："照（照）：周章征專。"

　　［二五］　按：淑氣，謂溫和之氣。見《樂府詩集》卷六二《雜曲歌辭二·悲哉行（陸機）》："蕙草饒淑氣，時鳥多好音。"《全唐詩》卷三四七柳道倫《賦得春風扇微和》："青陽初入律，淑氣應春風。"

　　［二六］　嘯，底本作"嘯"，當讀作"蕭"，《類書》《王研》校作"簫"，兹從校。○按：蕭管，泛指管樂器。《鮑照集校注》卷三《代昇天行》："鳳臺無還駕，簫管有遺聲。"《全唐詩》卷六五四羅鄴《春風》："暗添芳草池塘色，遠遞高樓簫管聲。"

　　［二七］　柳葉，底本作"栁枼"，兹據文義徑録正，《類書》《王研》録作"栁葉"，兹從之。按：栁，爲"柳"字俗寫。張涌泉《敦煌俗字研究》指出"柳"字《說文》從木、丣（酉）聲，但甲骨金文及秦漢古文字皆從"卯"聲，《說文》："從兩户相背，象開門之形。隸作卯……俗作夘。"（第三一七、四七四頁）故"柳"俗作"栁"。又枼，爲"葉"字俗寫。《龍龕·木部》："枼，音葉，薄兒也。""枼"爲"葉"字別構。張涌泉《敦煌俗字研究》指出"葉"字爲避諱字，認爲"枼"爲唐避太宗李世民諱，"世"旁或改書"云"等形，故"枼"即"葉"避唐諱形成的異體字。（第四七三頁）以下"葉"字俗寫，徑録正，不再一一出校。

　　［二八］　洛，底本作"洛"，《類書》《王研》録作"海"，非原形。按：《南齊書》卷九《禮志上》："三月三日曲水會，古祓祭也。漢《禮儀志》云：'季春月上巳，官民皆絜濯於東流水上，自洗濯祓除去宿疾爲大絜。'不見東流水爲何水也。晋中朝云：'卿一下至於庶民，皆祓洛水之側。'事見諸《祓賦》及《夏仲御傳》也。"《通典》卷五五《禮十五·沿革十五·祓禊》："杜篤賦乃稱：'王侯公主，暨於富商，用事伊、洛，帷幔玄黄。'本傳大將軍梁商，亦歌泣於洛禊也。"

　　［二九］　照，底本作"昭"，兹據文義徑録正，《類書》《王研》校作"照"，兹從校。按：昭，爲"照"字俗寫，謂照亮，照耀。《金石文字辨異·去聲·照字》："昭，漢鏡銘昭，此明鏡成快意。按，昭即照字之省。"《隸辨·平聲》言："照與昭通。"

　　［三〇］　巳，底本脱，兹據文義補作"巳"，《類書》《王研》徑補作"巳"，

茲從補。按：此部分下注中有"禊飲"，謂古時農曆三月上巳日之宴聚。又《文選》卷四六《序下·三月三日曲水詩序（王元長）》言："惟暮之春。同律克和，樹草自樂。禊飲之日在茲，風舞之情咸蕩。"則此當爲上巳節名。

　　［三一］禊，底本作"禊"，茲據文義徑録正，《類書》録作"禊"，茲從之；《王研》録作"契"，非原形。按：禊，古通"禊"，用同"禊"。《廣雅·釋天》："禊，祭也。"《廣韻·霽韻》："禊，祓除不祥也。"《史記》卷四九《外戚世家》："武帝禊霸上還。"裴駰集解引徐廣注："三月上巳，臨水祓除謂之禊。"《全上古三代秦漢三國六朝文·全後漢文》卷六五劉楨《魯都賦》："及其素秋二七，天漢指隅，民胥被禊，國於水游。"《晉書》卷八〇《王羲之傳》："暮春之初，會於會稽山陰之蘭亭，修禊事也。"《白居易詩集校注》卷一五《律詩·渭村退居寄禮部崔侍郎翰林錢舍人詩一百韻》："賜禊東城下，頒酺曲水傍。"以下"禊"字俗寫，徑録正，不再一一出校。○按："禊飲"二字後，《王研》録作"於□泉青契飲"。

　　［三二］潘，底本作"潘"，茲據文義徑録正，《類書》《王研》録作"潘"，茲從之。按：潘，爲"潘"字俗寫。《五經文字》卷上采部："番番：上《説文》，下經典相承隸省。"《龍龕·上聲·水部》："普官反，淅米汁也。又姓。"張涌泉《敦煌俗字研究》指出《説文》"番"字從采，但"采"字及"番"字所從的"采"先秦古文字即已有作"米"形者，故作"番"的寫法亦淵源有自。（第六五六頁）以下"潘"字俗寫，徑録正，不再一一出校。○叔，底本作"㪕"，茲據文義徑録正，《類書》《王研》録作"叔"，茲從之。按：㪕，爲"叔"字俗寫。《干禄字書·入聲》："㪕叔：上通下正。"黃征《敦煌俗字典》"叔"字條下俗字有"㪕"字。斯八〇〇號《論語》："入曰：'伯夷、㪕（叔）齊何人也。'"《敦煌俗字研究》指出"㪕"當是"㪕"的贅點字。（第三三八頁）以下"叔"字俗寫，徑録正，不再一一出校。○遊，底本作"遊"，茲據文義徑録正，《類書》《王研》録作"遊"，茲從之。按：遊，爲"遊"字俗寫。《龍龕·辵部》："遊，通；遊，正。"黃征《敦煌俗字典》"遊"字條下俗字有"遊"字。俄弗九六號《雙恩記》："汝比出遊（遊）行，今何故不樂？"張涌泉《敦煌俗字研究》指出"遊"字"經文作游，俗字非正"，可參。王觀國認爲"扵""遊"等字是俚俗，"據草書而改變隸體"形成的俗體，甚是。（第六〇〇、八二八頁）以下"遊"字

俗寫，徑録正，不再一一出校。

　　〔三三〕　底本"除"字下缺字漫漶不清，《類書》《王研》録作"□"。

　　〔三四〕　謂，底本作"谓"，兹據文義徑録正，《類書》《王研》録作"謂"，兹從之。按：谓，爲"謂"字俗寫。以下徑録正，不再一一出校。

　　〔三五〕　尼，底本作"叾"，兹據文義徑録正，《類書》《王研》録作"尼"，兹從之。按：叾，爲"尼"字俗寫。《干禄字書》："叾尼：上俗下正。"黄征《敦煌俗字典》"尼"字條下俗字有"叾"字。斯五四五號《失名類書》："延遊絳宣叾（尼）播將證之詞。"張湧泉《敦煌俗字研究》指出"叾"字蓋六朝産生的俗字。（第四三九頁）○字，底本作"自"，當作"字"，《類書》《王研》校作"字"，兹從校。按：《通典》卷二五《職官典・太僕卿》注云："潘尼字正叔，爲太僕，造《乘輿箴》。"

　　〔三六〕　底本"於"字下缺字漫漶不清，《類書》《王研》録作"□"。○按："於▨泉青禊飲"之語，《王研》録"於□泉青禊飲"之語，於"青泉清，禊飲"之後。

　　〔三七〕　沼，底本作"溜"，兹據文義徑録正，《類書》《王研》録作"沼"，兹從之。按：溜，爲"沼"字俗寫。《干禄字書・去聲》云："㕭台召：上俗，中下正。諸從台者皆準此。"黄征《敦煌俗字典》"沼"字條下俗字有"溜"字。俄弗九六號《雙恩記》："雲騰渌溜（沼），聽龍子以呻吟。"以下"沼"字俗寫，徑録正，不再一一出校。又"曲沼"，謂曲池，曲折迂回的池塘。《洛陽伽藍記校釋》卷四《城西・冲覺寺》："斜峰入牖，曲沼環堂，樹響飛嚶。"

夏第七

麥壟驚秋[一]：四月麥［如］秋雲[二]，言麥將衰之時，更微凉如秋。

峰雲麥夏[三]：夏雲如山峰[四]。

日月道[五]：夏時，日行南方赤道，日南陸[六]。

律戒朱明[七]：夏爲朱［明］[八]。

碧卉抽萌，花發宜男之草[九]：卉，草之總名[一〇]。萌者，謂草也。宜男，萱草之別名。

青蘋開葉，香流少女之風[一一]：風起於青蘋之末[一二]。《易》云：巽爲風。□□□□譔少女之風[一三]。

柳岸飄絲[一四]：柳條弱如絲也。

桃源散□[一五]。

炎風扇▇[一六]：炎風，熱風[一七]。

熾景流空：熾景[一八]，熱景。

荷花覆水，迷疑野客之裳[一九]：揚雄《反離騷》云：▇（被）芙蓉之朱裳[二〇]。

蘭葉舒階[二一]：即似幽人之珮[二二]，隱▇（大）以蘭爲佩也[二三]。

景臨東井[二四]：五月，日［在］東井也[二五]。

蝶舞南園[二六]：故詩云：借問此何時[二七]，胡蝶飛南園[二八]。

【校釋】

［一］麥蘁，底本作"麦蘁"，兹據文義徑録正，《類書》録作"青蘁"，非原形；《王研》録作"麥蘁"，兹從之。按：麦，爲"麥"字俗寫。《玉篇·麥部》："麥……麦，同上，俗。"《龍龕·麥部》："麦，俗。"以下"麥"字俗寫，徑録正，不再一一出校。又蘁，爲"蘁"字俗寫。斯三八八號《正名要録》："蘁（蘁）：丘。""右本音雖同字義各別例。"又"麥蘁"，亦作"麥隴"。南朝宋·王僧達《答顏延年》詩："麥蘁多秀色，楊園流好音。"《李太白全集》卷九《古近體詩共四十三首·贈徐安宜》："川光净麥隴，日色明桑枝。"《初學記》卷三《歲時部》："麥蘁一驚？菱潭兩飛鷺。"《藝文類聚》卷七六《内典上》："清風吹麥蘁，細雨濯梅林。"○按：驚秋，喻迅速凋零衰敗。見《全唐詩》卷八八九後主煜《采桑子》："轆轤金井梧桐晚，幾樹驚秋，畫雨如愁。"

［二］如，底本脱，兹據文義補作"如"，《類書》《王研》徑補作"如"，兹從補。

［三］峰，底本作"峯"，兹據文義徑録正，《類書》《王研》録作"峰"，兹從之。按：峯，爲"峰"字俗寫。黃征《敦煌俗字典》"峰"字條下俗字有"峯"字。俄弗九六號《雙恩記》："壯千峯（峰），光万（萬）岫，不以炎凉分節候。"以下"峰"字俗寫，徑録正，不再一一出校。

［四］夏，底本於"夏"字下施重文符號"〵"，當補作"夏"，《類書》《王

研》録作"夏"，兹從之。

[五]　月，底本作"𣆓"，兹據文義録作"月"，《類書》《王研》録作"月"，兹從之。按：漢·王充《論衡》卷一一《談天篇》："方今天下在東南之上，視天若高，日月道在人之南，今天下在日月道下，故觀日月之行，若高南下北也。"

[六]　按：南陸，謂南方，南方大地。見《後汉書》志第三《律歷下·律法》："是故日行北陸謂之冬，西陸謂之春，南陸謂之夏，東陸謂之秋。"《北堂書鈔》卷一五四《夏》："日行南陸：《續漢書》：'日行南陸謂之夏。'"元·佚名《群書通要》卷一《天文門·日類》："日南陸謂之夏，日曰晷。"

[七]　朱明，底本作"珠明"，當作"朱明"，《類書》《王研》録作"珠明"，不妥。按：明，爲"明"字俗寫。《干禄字書·平聲》："明眀：上通下正。"《五經文字》卷上月部："明眀朙：上古文，中《説文》，下《石經》。今并依上字。"張涌泉《敦煌俗字研究》指出秦漢簡帛及漢碑已見"明"字，蓋"朙"字隸省。秦漢以前"明"字的寫法并不通行，甚至以唐五代時期爲主體的敦煌寫本中，仍以作"明"字最爲常見。（第五二一頁）又"朱明"，指夏季。《爾雅注疏》卷六《釋天》："春爲青陽，夏爲朱明，秋爲白藏，冬爲玄英。"《漢書》卷二二《禮樂志二》："朱明盛長，勇與萬物。"晋·潘嶽《射雉賦》："於時青陽告謝，朱明肇授。"《全唐文》卷六〇二劉禹錫《謝端午賜衣及器物等第一表》："朱明仲月，端午佳辰。"

[八]　朱明，底本作"朱明"，兹據文録作"朱明"，《類書》《王研》録作"禾□"，不妥。按：明，爲"明"字的草書寫法。《爾雅注疏》卷六《釋天》："春爲青陽，夏爲朱明，秋爲白藏，冬爲玄英。"此處作"朱明"義通。

[九]　花，底本作"蘤"，兹據文義徑録正，《類書》《王研》録作"花"，兹從之。按：蘤，爲"花"字俗寫。以下"花"字俗寫，徑録正，不再一一出校。

[一〇]　總，底本作"緫"，兹據文義徑録正，《類書》《王研》録作"總"，兹從之。按：緫，爲"總"字俗寫。黃征《敦煌俗字典》"總"字條下俗字有"緫"字。斯二〇七三號《盧山遠公話》："是時衆僧例緫（總）波逃走出。"〇總名，總的名稱。漢·班固《白虎通義》卷八《天地》："男女總名爲人。天地所以無總名何？曰：天圓地方不相類，故無總名也。"唐·孔穎達《左傳注疏》卷

三五"襄公二十四年":"賜之大路。"注云:"大路,天子所賜車之總名。"

[一一] 少女之風,見《北堂書鈔》卷一五一《風十五》:"少女風,《管輅別傳》云:'大旱輅乃言今夜當雨至,日暮了無雲氣,衆人皆欲咄輅,輅曰,樹上已有少女風,樹間已有陰鳥和鳴,雲應至矣。須臾,乃見玄雲四集,大雨至如傾。'"《唐宋白孔六帖》卷二《風》:"管輅曰:'天將雨,則樹上有少女風。'"

[一二] 風,底本於"風"字下施重文符號"〃",當補作"風",《類書》《王研》録作"風",兹從之。

[一三] 底本"譔"字上缺四字,《類書》《王研》作"□□□"。○譔,底本作"譔",《王研》録作"譔爲",不妥。

[一四] 柳,底本作"𣕅",兹據文義徑録正,《類書》《王研》録作"柳",兹從之。按:𣕅,爲"柳"字俗寫。《龍龕·木部》:"栁:古音柳,小楊也。"黄征《敦煌俗字典》"柳"字條下俗字有"栁"字。斯二六一四號《大目乾連冥間救母變文》:"雲中天樂吹楊栁(柳),空裏鑌(繽)芬下落梅。"以下"柳"字俗寫,徑録正,不再一一出校。○絲,底本作"絲",兹據文義徑録正,《類書》《王研》録作"絲",兹從之。按:絲,爲"絲"字俗寫。《干禄字書·平聲》:"絲絲:上通下正。"以下"絲"字俗寫,徑録正,不再一一出校。

[一五] 源,底本作"原",當作"源",《類書》《王研》録作"源",兹從之。按:桃原,爲"桃花源"的省稱。《徐陵集校箋》卷二《詩·山齋》:"桃源驚往客,鶴嶠斷來賓。"

[一六] 底本"扇"字下缺字,漫漶不清,《類書》《王研》未録。

[一七] 熱邽,底本作"熱",兹據文義徑録正,《類書》《王研》録作"熱",兹從之。按:熱,爲"熱"字俗寫。斯三八八號《正名要録》:"熱熱,字形雖別,音義是同,古而典者居上,今而要者居下。"《龍龕·火部》:"熱,通;爇,正。"張涌泉《敦煌俗字研究》指出漢簡中"熱"的左半"埶"已或簡省作"圭"。(第六一〇頁)以下"熱"字俗寫,徑録正,不再一一出校。又"熱風",謂夏季風,炎熱的風。《全上古三代秦漢三國六朝文·全梁文》卷三四江淹《翡翠賦》:"熱風翕而起濤,丹氣赫而爲暑。"《大唐西域記校注》卷一二《二十二國·瞿薩旦那國·大流沙以東行程》:"乏水草,多熱風,風起則人畜惛迷,因以成病。"

〔一八〕　熾景，見《陸士龍文集校注》卷三《贈鄭曼季往返八首》：“高山熾景，喬木興繁。蘭波清踴，芳濚增凉。”

〔一九〕　疑，底本作“𢏭”，兹據文義徑録正，《類書》《王研》録作“疑”，兹從之。按：𢏭，爲“疑”字俗寫。《干禄字書·平聲》：“𢏭疑：上通下正。”黄征《敦煌俗字典》“疑”字條下俗字有“𢏭”“𢏭”等形。伯二一七三號《御注金剛般若波羅蜜經宣演卷上》：“爲斷𢏭（疑），爲起信解故。”俄弗九六號《雙恩記》：“免吾種種𢏭（疑）心起，幸望通傳何姓名。”又“迷疑”，迷惑疑慮。見《南齊書》卷二四《柳世隆傳》：“交戰之日，蘭艾難分，去就在機，望思先曉，無使一人迷疑，而九族就禍也。”

〔二〇〕　被，底本漫漶不清，當作“被”，《類書》《王研》録作“□”。按：《楚辭集注·楚辭後語》卷二《反離騷第十六》：“衿茝茹緑衣兮，被夫容之朱裳。”兹據文義録作“被”。○芙蓉，底本作“芙蓉”，《類書》《王研》録作“□□□”。按：漢·揚雄《反離騷》中“芙蓉”作“夫容”，爲荷花的别名，亦即古芙蓉，字通用。此處作“芙蓉”義通。○朱裳，底本作“朱裳”，《類書》《王研》録作“香衣”，非原形。按：朱裳，古謂紅色的下衣。《周禮·夏官·方相氏》：“方相氏掌蒙熊皮，黄金四目，玄衣朱裳，執戈揚盾。”此處作“朱裳”義通。

〔二一〕　蘭葉，見《唐宋白孔六帖》卷一〇〇《幽蘭》：“烟開蘭葉香風暖。”

〔二二〕　幽，底本作“𢇲”，兹據文義徑録正，《類書》《王研》録作“幽”，兹從之。按：𢇲，爲“幽”字草書寫法。又“幽人”，謂幽隱之人，隱士。《易·履卦》：“履道坦坦，幽人貞吉。”孔穎達疏：“幽人貞吉者，既無險難，故在幽隱之人守正得吉。”《後漢書》卷一一三《逸民傳序》：“光武側席幽人，求之若不及。”

〔二三〕　大，底本漫漶不清，《類書》《王研》録作“大”，兹從之。○佩，底本作“珮”，兹據文義徑録正，《王研》録作“□”。按：珮，爲“佩”字俗寫。《干禄字書·去聲》：“佩珮：上帶也，下玉珮也。古并作佩。”張涌泉《敦煌俗字研究》指出：“蓋佩者爲人，故字從人作‘佩’；而佩之質爲玉類，故字又從玉作‘珮’。”（第二八一頁）又《楚辭·離騷》云：“扈江離與辟芷兮，紉秋蘭以爲佩。”注云：“佩，飾也，所以象德。故行清潔者佩芳，德仁者佩玉，能解結者佩觽，能決疑者佩玦，故孔子無所不佩也。”

[二四] 按：東井，星宿名，即井宿，二十八宿之一，因在玉井之東，故稱。《禮記・月令》：“仲夏之月，日在東井。”漢・王充《論衡》卷一一《説日篇》：“夏時，日在東井。”《史記》卷八九《張耳陳餘列傳》：“漢王之入關，五星聚東井。東井者，秦分也，先至必霸。”《歲華紀麗》卷二《六月》：“日在東井，律中林鍾，夏窮暑退。”《北堂書鈔》卷一五四《夏》：“日在東井：又云仲夏日在東井，昏亢中旦危中。”《楊炯集箋注》卷一《賦・渾天賦》：“週三徑一，遠近乖於辰極；東井南箕，曲直殊於河漢。”

[二五] 日在，底本作“日”，“在”字底本脱，當作“日在”，《類書》《王研》錄作“日”，不妥。按：《禮記》卷一六《月令》：“仲夏之月，日在東井。”《歲華紀麗》卷二《六月》：“日在東井，律中林鍾，夏窮暑退。”《北堂書鈔》卷一五四《夏》：“日在東井：又云仲夏日在東井，昏亢中旦危中。”此處作“日在”義通。

[二六] 蝶，底本作“𧍪”，兹據文義徑錄正，《類書》《王研》錄作“蝶”，兹從之。按：𧍪，爲“蝶”字俗寫。斯三八八號《正名要録》：“蠇：虫。”“右本音雖同，字義各別例。”黃征《敦煌俗字典》“蝶”字條下俗字有“蜨”字。俄弗九六號《雙恩記》：“蜨（蝶）遭蛛之網並，盡隨天使。”以下“蝶”字俗寫，徑錄正，不再一一出校。○南園，泛指園圃。見《文選》卷二九張協《雜詩》之八：“借問此何時，胡蝶飛南園。”《柳宗元集》卷四三《古今詩・冉溪》詩：“却學壽張樊敬侯，種漆南園待成器。”《唐宋白孔六帖》卷九五《蝶》：“南園緑草飛蝴蝶。”

[二七] 此，底本作“𠤎”，兹據文義徑錄正，《類書》《王研》錄作“此”，兹從之。按：𠤎，爲“此”字的草書寫法。以下“此”字俗寫，徑錄正，不再一一出校。

[二八] 飛，底本作“遊”，當作“飛”，兹據文義徑錄正，《類書》《王研》錄作“遊”，兹不從。按：《文選》卷二九張協《雜詩》之八：“借問此何時，胡蝶飛南園。”○按：胡蝶，同“蝴蝶”，昆蟲名。《莊子・齊物論》：“昔者莊周夢爲胡蝶，栩栩然胡蝶也。”南朝梁・劉勰《文心雕龍》卷九《指瑕》：“陳思之文，群才之俊也，而《武帝誄》云‘尊靈永蟄’，《明帝頌》云‘聖體浮輕’，浮輕有

似於胡蝶，永蟄頗疑於昆蟲，施之尊極，豈其當乎？”《全唐詩》卷五八六劉滄《經古行宮》詩：“胡蝶翅翻殘露滴，子規聲盡野烟深。”

秋第八

金商變節[一]：商爲秋，秋爲金。

玉管移辰[二]：玉管侯四時之氣，四時氣至，則管飛［灰］[三]。

玉露垂條[四]·金風動律[五]：并秋風秋露。

龍梭輟響[六]，望月鏡以宵移[七]：織女欲就牽牛[八]，且停龍梭之響[九]。織女以月爲鏡也。

鵲影臨河[一〇]，見雲衣之夜度[一一]：織女欲渡天河，借鵲鎮河。織女以雲爲衣，謂七月七日也。

節序變衰[一二]：言變改爲衰落[一三]。

芳叢搖落[一四]：言林中零落[一五]。

律惟南呂[一六]：八月，律中南呂也。

氣爽西郊[一七]：謂氣爽而高，秋四方[一八]，故云西郊。

素律司辰[一九]：秋日，故云素律。

白藏戒節[二〇]：秋爲白藏。

玉霜皎净[二一]：霜如玉。

金徒夜詠[二二]：刻漏家有金徒抱箭，所以更漏[二三]，秋時則長。

寒蟬輟響[二四]：秋深則蟬鳴[二五]。

侯鴈來賓[二六]：鴈侯時來，如賓客之羈寓[二七]。

菊散金花[二八]：菊花黄如金矣。

灰飛玉管[二九]：解見上也[三〇]。

【校釋】

[一]　按：金商，指秋令，秋聲。秋於五行爲金，於五音爲商，商爲金音，其音淒厲，於時爲秋。見《全上古三代秦漢三國六朝文·全三國文》卷二五鍾會《菊花賦》：“挺葳蕤於蒼春兮，表壯觀乎金商。”《全唐文》卷六五六白居易《洛

川晴望賦》：“金商應律，玉斗西建。”唐·釋道宣《廣弘明集》卷二二《與荆州隱士劉虬書》：“玉燭登年，金商在律。”○節，底本作“莭”，爲“節”字俗寫，兹徑録正，《類書》録作“莭”；《王研》録作“節”，兹從之。按：《干禄字書·入聲》：“莭節：上俗下正。”《敦煌俗字研究》引《類篇·艸部》：“莭，子結切，艸約也。”“莭”亦“節”俗字。“節”字作“莭”或“莭”漢碑已見，爲隷書之變。以下“節”字俗寫，徑録正，不再一一出校。又“變節”，謂轉換時節。如《全上古三代秦漢三國六朝文·全梁文》卷八簡文帝《梅花賦》：“寒圭變節，冬灰徙筩，并皆枯悴，色落摇風。”唐·孔穎達《周易正義序》：“五行迭終，四時更廢，君臣取象，變節相移。”

　　［二］　按：移辰，猶移日。見漢劉歆《西京雜記》卷一：“舊傳此鏡見妖魅，得佩之者爲天神所福，故宣帝從危獲濟，及即大位，每持此鏡，感咽移辰。”《唐宋白孔六帖》卷六六《淫祀》：“伍倫易會稽之俗，宋均移辰陽之風。”

　　［三］　灰，底本脱，兹據文義補作“灰”，《類書》《王研》徑補作“灰”，兹從補。按：飛灰，律管中飛動的葭灰，古代以此候測節氣。此處補作“灰”義通。詳參“緹幕飛灰”注。

　　［四］　按：玉露，指秋露。如《樂府詩集》卷二〇《鼓吹曲辭五·齊隨王鼓吹曲·泛水曲》：“玉露沾翠葉，金風鳴素枝。”《杜詩詳注》卷一七《夜》：“玉露凋傷楓樹林，巫山巫峽氣蕭森。”伯三八〇八號《長興四年中興殿應聖節講經文》中亦有“金秋玉露裹塵埃，金殿瓊堦烈（列）寶台”之語。○垂，底本作“乗”，兹據文義徑録正，《類書》《王研》録作“垂”，兹從之。按：乗，爲“垂”字俗寫。黄征《敦煌俗字典》“垂”字條下俗字有“乗”字。斯六六五九號《太上洞玄靈寶妙經衆篇序章》：“願乗（垂）告誨。”又“垂條”，低垂的枝條。《漢書》卷五七上《司馬相如傳》：“垂條扶疏，落英幡纚。”《玉臺新咏箋注》卷四王融《回文詩》：“垂條逐絮轉，落蘂散花叢。”

　　［五］　風，底本作“凨”，兹據文義徑録正，《類書》《王研》録作“風”，兹從之。按：凨，同“風”。又“金風”，謂秋風。見《文選》卷二九《詩己·雜詩（張景陽）》：“金風扇素節，丹霞啓陰期。”李善注：“西方爲秋而主金，故秋風曰金風也。”《李太白全集》卷一九《古近體詩共三十二首·酬張卿夜宿南陵見贈》：“當君相思夜，火落金風高。”

　　〔六〕　按：龍梭，爲織梭的美稱。見《晋書》卷六六《陶侃傳》：“侃少時漁於雷澤，網得一織梭，以掛於壁。有頃雷雨，自化爲龍而去。”《全唐詩》卷三九四李賀《有所思》：“西風未起悲龍梭，年年織梭攢雙蛾。”

　　〔七〕　望，底本作“望”，兹據文義徑録正，《類書》《王研》録作“望”，兹從之。按：望，爲“望”字俗寫。斯三八八號《正名要録》：“望，從玉從立。”“右各依腳注。”○按：月鏡，石鏡名，因石白如月色，故名。亦借指月亮。《全唐詩》卷五八李嶠《八月奉教作》詩：“月鏡如開匣，雲纓似綴冠。”《全唐詩》卷三六九皇甫湜《出世篇》：“西摩月鏡，東弄日珠。”

　　〔八〕　就，底本作“就”，兹據文義徑録正，《類書》《王研》録作“就”，兹從之。按：就，爲“就”字俗寫。黄征《敦煌俗字典》“就”字條下俗字有“就”字。伯二九六五號《佛説生經》：“甥沽美酒，呼請乳母及微伺者，就（就）於酒家勸酒。”

　　〔九〕　停，底本作“亭”，當作“停”，《類書》《王研》校作“停”，兹從校。按：亭，同“停”，停留，停滯。《曹操集·詩集·氣出唱》其二：“神仙金止玉亭。”《敦煌變文集·維摩詰經講經文》：“解奏宮商，織女而忽然亭罷。”清·段玉裁《説文解字注·高部》：“亭之引申爲亭止。俗乃製停、渟字。”清·朱駿聲《説文通訓定聲·鼎部》：“亭，字亦作停。”○梭，底本作“拨”，爲“梭”字俗寫，兹徑録正。《王研》録作“梭”，兹從之。按：拨，爲“梭”字俗寫。俗書“木”旁、“扌”旁不分，“拨”爲“梭”字俗寫。此處作“梭”義通。詳參“龍梭”注。

　　〔一○〕　影，底本作“影”，兹據文義徑録正，《類書》《王研》録作“影”，兹從之。按：影，爲“影”字俗寫。黄征《敦煌俗字典》“影”字條下俗字有“影”字。斯五一二號《歸三十字母例》：“影：纓烏剗煙。”又“鵲影”，謂烏鵲的身影，又指忠於愛情的飛鵲，傳説中爲半隻鏡子所化。《全唐詩》卷五三五許渾《宿松江驛却寄蘇州一二同志》：“月轉碧梧移鵲影，露低紅葉溼螢光。”《全唐詩》卷五○二姚合《詠鏡》：“孤光常見鸞蹤在，分處還因鵲影迴。”《全唐文》卷六八五皇甫湜《山雞舞鏡賦》：“視月中兔形自隱，窺臺上鵲影慜陳。”

　　〔一一〕　按：見雲衣，底本作“見之雲衣”，“見之雲衣之夜度”應與“望月鏡以宵移”句式一致，則“之”當爲衍文，兹據文義及句式刪。○按：雲衣，指雲氣。見《楚辭·九歎·遠逝》："游清靈之颯戾兮，服雲衣之披披。"王逸注："上游清冥清涼之處，被服雲氣而通神明也。"《全唐詩》卷三三何仲宣《七夕賦詠成篇》："歷歷珠星疑拖珮，冉冉雲衣似曳羅。"

〔一二〕　按：節序，指節令，節氣；節令的順序。見《江文通集彙注》卷四《詩·雜體三十首·謝僕射游覽》："淒淒節序高，寥寥心悟永。時菊耀巖阿，雲霞冠秋嶺。"《全唐詩》卷七七駱賓王《疇昔篇》："江南節序多，文酒屢經過。共踏春江曲，俱唱采菱歌。"○變衰，見《楚辭》卷四《哀郢》"悲秋風之動容兮"下注："《九辯》曰：'悲哉，秋之爲氣也。蕭瑟兮草木搖落而變衰。'意與此同。"《全上古三代秦漢三國六朝文·全梁文》卷一九《錦帶書十二月啓·夷則七月（昭明太子統）》："故知節物變衰，草木搖落。"

〔一三〕　落，底本作"落"，茲據文義徑錄正，《類書》《王研》錄作"落"，茲從之。按：落，爲"落"字俗寫。以下"落"字俗寫，徑錄正，不再一一出校。又"衰落"，衰敗零落，謂事物由盛而衰。《詩·小雅·天保》："如松柏之茂。"漢·鄭玄箋："如松柏之枝葉常茂盛，青青相承，無衰落也。"

〔一四〕　按：芳叢，叢生的繁花。如《全唐詩》卷七一劉憲《奉和春日幸望春宮應制》："鶯藏嫩葉歌相喚，蝶礙芳叢舞不前。"

〔一五〕　按：零落，指凋謝。見《楚辭·離騷》："惟草木之零落兮，恐美人之遲暮。"王逸注："零、落，皆墮也。草曰零，木曰落。"《全元散曲·套數·贈老妓（曾瑞）》："忽驚風雨夜來時，零落了千紅萬紫。"

〔一六〕　呂，底本原作"宫"，後於"宀"上墨筆塗抹，當作"呂"字，《類書》《王研》錄作"宫"，不妥。按：南呂，陰曆八月的異名。古人以十二律配十二月，南呂配在八月，故以之代八月。見《呂氏春秋》卷八《仲秋紀第八》云："仲秋之月……律中南呂。"高誘注云："仲秋，夏之八月……南呂，陰律。"又《淮南子》卷三《天文訓》云："南呂之數四十八，主八月。"

〔一七〕　爽，底本作"奭"，茲據文義徑錄正，《類書》《王研》錄作"爽"，茲從之。按：奭，爲"爽"字俗寫。《干祿字書·上聲》："奭爽：上通下正。"斯三八八號《正名要錄》："奭爽，右正行者揩（楷），腳注稍訛。"以下"爽"字俗寫，徑錄正，不再一一出校。○西郊，見《淮南子》卷五《時則訓》："立秋之日，天子親率三公、九卿、大夫，以迎秋於西郊。"高誘注云："西郊，九里之外郊也。”

[一八]　按：四方，謂四方之神。見《禮記·曲禮下》：“天子祭天地，祭四方，祭山川，祭五祀，歲徧。”鄭玄注：“祭四方，謂祭五官之神於四郊也。句芒在東，祝融、后土在南，蓐收在西，玄冥在北。”《禮記·祭法》：“四坎壇，祭四方也。”鄭玄注：“四方，即謂山林、川谷、丘陵之神也。祭山林、丘陵於壇，川谷於坎。”《漢書》卷二二《禮樂志》：“練時日，侯有望，㷭膋蕭，延四方。”顏師古注：“四方，四方之神也。”《北堂書鈔》卷一五四《秋》“孟秋祀神”注云：“《月令》云：‘孟秋之月，命主祠祭禽於四方。’注曰：‘以所獲禽祭四方之神也。’補。”

[一九]　按：素律，謂秋令，秋季。見《全唐詩》卷六九五章莊《三用韻》：“素律初迴馭，商飆暗觸襟。”

[二〇]　按：白藏，指秋天。秋與五色爲白，序屬歸藏，故稱。見《爾雅》卷五《釋天·四時》：“秋爲白藏。”注云：“氣白而收藏。”《周書》卷六《武帝紀下》：“今白藏在辰，凉風戒節，屬兵詰暴，時事惟宜。”《全唐詩》卷一一《郊廟歌辭·五郊樂章·白帝商音》：“白藏應節，天高氣清，歲功既阜，庶類收成。”○按：戒節，告知節候，謂當令。見《後漢書》卷二《明帝紀》：“十二月甲寅，詔曰：‘方春戒節，人以耕桑，其勑有司務順時氣，使無煩擾。’”《樂府詩集》卷一五《燕射歌辭三·周五聲調曲·羽調曲五首》：“凉風迎時北狩，小暑戒節南巡。”

[二一]　净，底本作“淨”，兹據文義徑録正，《類書》《王研》録作“淨”。按：淨，爲“净”字俗寫，异寫爲“淨”。黃征《敦煌俗字典》“净”字條下俗字有“淨”字。伯二一七三號《御注金剛般若波羅蜜經宣演卷上》：“演説金剛清淨（净）句，理深功妙福難思。”

[二二]　徒，底本作“徒”，兹據文義徑録正，《類書》《王研》録作“徒”，兹從之。按：徒，爲“徒”字俗寫。黃征《敦煌俗字典》“徒”字條下俗字有“徒”字。伯三六六六號《燕子賦》：“恰見寬縱，苟徒（徒）過時。”以下“徒”字俗寫，徑録正，不再一一出校。又“金徒”，古代渾天儀上抱箭指時的胥徒像，用金鑄成，故稱。見《文選》卷五六《銘·新刻漏銘（陸佐公）》：“銅史司刻，金徒抱箭。”李善注：“張衡《漏水轉渾天儀制》曰：‘蓋上又鑄金銅仙人居左壺，爲胥徒居右壺，皆以左手抱箭，右手指刻，以別天時早晚。’”《全唐詩》卷

一〇四蕭至忠《陪幸五王宅》："行漏金徒曉，風烟是觀津。"又見斯五四五號《失名類書》："金徒之夜永。"注云："金徒，當漏刻者問候。"〇詠，底本作"咏"，茲據文義徑錄正，《類書》錄作"咏"，不妥；《王研》錄作"詠"，茲從之。按：咏，爲"詠"字俗寫。斯三八八號《正名要錄》："詠咏，右字形雖別，音義是同故而典者居上，今而要者居下。"

　　[二三]　所，底本作"斦"，茲據文義徑錄正，《類書》《王研》錄作"所"，茲從之。按：斦，爲"所"字俗寫。黃征《敦煌俗字典》"所"字條下俗字有"斦"字。敦博四號《道行般若經》："若有菩薩多有危害，斦（所）以者何？"

　　[二四]　蟬，底本作"蝉"，茲據文義徑錄正，《類書》《王研》錄作"蟬"，茲從之。按：蝉，爲"蟬"字俗寫。以下"蟬"字俗寫，徑錄正，不再一一出校。又"寒蟬"，寒天的蟬。秋深天寒，蟬即不鳴。見《禮記·月令》："孟秋之月……涼風至，白露降，寒蟬鳴。"唐·李善注《文選》卷二九《詩己·雜詩上·古詩一十九首》："秋蟬鳴樹間，玄鳥逝安適。"注曰："《禮記》曰：孟秋，寒蟬鳴。"《文選》卷二四《詩丙·贈白馬王彪（曹子建）》："秋風發微涼，寒蟬鳴我側。"李善注："蔡邕《月令章句》曰：'寒蟬應陰而鳴，鳴則天涼，故謂之寒蟬也。'"《唐開元占經》卷九三《七月》："涼風至，白露降，寒蟬鳴，鷹乃祭鳥，天地始肅。"《北堂書鈔》卷一五四《秋》："寒蟬鳴：《月令》：'孟春之月。涼風至，白露降，寒蟬鳴，鷹乃祭鳥。'"

　　[二五]　深，底本作"㴱"，茲據文義徑錄正，《類書》《王研》錄作"深"，茲從之。按：㴱，爲"深"字俗寫。黃征《敦煌俗字典》"深"字條下俗字有"㴱"字。俄弗九六號《雙恩記》："大慈悲父演雷音，法調喻和理極㴱（深）。"

　　[二六]　賓，底本作"賔"，茲據文義徑錄正，《類書》《王研》錄作"賓"，茲從之。按：賔，爲"賓"字俗寫。黃征《敦煌俗字典》"賓"字條下俗字有"賔"字。斯六六五九號《太上洞玄靈寶妙經眾篇序章》："乃得爲五帝賔（賓）友。"以下"賓"字俗寫，徑錄正，不再一一出校。又"候鴈來賓"，見漢·許慎《淮南鴻烈解》卷十《時則訓下》："候鴈來賓，雀入大水爲蛤。"注云："是月時侯之鴈，從北漢中來……賓雀者，老雀也。樓宿人家堂宇之間，如賓客者也。"

　　[二七]　按：羈寓，謂寄居、旅居。見《北史》卷二九《蕭寶夤傳》："雖少羈寓，而志性雅重，過期猶絕酒肉。"《全唐詩》卷六四九方干《冬日》詩："已

嗟周一歲，羈寓尚何依。”

[二八]　菊散金花，《歲華紀麗》卷三：“露凝白玉，菊散黃金。”注云：“《秋日》詩：‘露凝千片玉，菊散一叢金。’”又“金花”，指色彩金黃豔麗、不易敗落的花朵。見《全上古三代秦漢三國六朝文·全後周文》卷一二庾信《玉帳山銘》：“玉策難移，金花不落。”《才調集》卷一王建《宮中調笑詞》：“蝴蝶，蝴蝶，飛上金花枝葉。”

[二九]　灰飛玉管，見唐·張說《張燕公集》卷一《扈從幸韋嗣立山莊應制二首》：“寒灰飛玉管，湯井駐金輿。”詳參注“緹幕飛灰”“玉律飛緹”。

[三〇]　按：解見上也，謂“灰飛玉管”之釋文前文以見。詳參注“緹幕飛灰”“玉律飛緹”。

冬第九

黑帝司辰[一]：顓頊爲黑帝[二]。

玄冥紀侯[三]：《月令》云：其神玄冥。玄冥[四]，水神也。

灰移緹幕。

律戒玄英[五]：冬爲玄英[六]。

霜氣晨嚴[七]：言霜氣嚴冷也。

風威曉勁[八]：冬風可畏，故風威勁急。

愁雲暮結[九]：冬至似愁。

苦露朝凝：重霧謂之苦霧[一〇]。凝亦結也[一一]。

雪彩如花[一二]。

冰光似鏡[一三]。

寒蟲響切[一四]。

旅雁聲哀[一五]。

瑤宿迴天·璧月窮紀[一六]：十二月，月窮紀日迴天於□□[一七]。

【校釋】

[一]　黑帝，底本作“黑帝”，茲據文義徑録正，《類書》《王研》録作“黑

帝"，兹從之。按：黑，爲"黑"字俗寫。黃征《敦煌俗字典》"黑"字條下俗字有"黑"字。甘博三號《佛説觀佛三昧海經》卷五："此處黑（黑）闇，汝欲往不？"以下"黑"字俗寫，徑録正，不再一一出校。又"黑帝"，五天帝之一。古指北方之神。《史記》卷二七《天官書》："黑帝行德，天關爲之動。"《周禮·天官·大宰》："祀五帝。"唐·賈公彦疏："五帝者，東方青帝，靈威仰，南方赤帝，赤熛怒，中央黃帝，含樞紐，西方白帝，白招拒，北方黑帝，汁光紀。"《唐宋白孔六帖》卷三《冬》："冬之日，祀黑帝於北郊。"又"黑帝司辰"，見伯三九三一號《書儀》："十月，以黑帝司辰，玄冥戒序。初逢愛景，已認寒雲。"

　　[二]　按：顓頊，上古帝王名。"五帝"之一，號高陽氏。相傳爲黃帝之孫、昌意之子，生於若水，居於帝丘。見漢·王符《潛夫論》卷八："摇光如月，正日，感女樞，幽防之宫，生黑帝顓頊。"《淮南子》卷三《天文訓》："北方，水也，其帝顓頊，其佐玄冥，執權而治冬。"《歲華紀麗》卷四《冬》："帝稱顓頊，神號玄冥，司寒。"注云："魏相曰：'北方之神顓頊，承坎，執權而司寒。'"

　　[三]　冥，底本作"寞"，兹據文義徑録正，《類書》《王研》録作"冥"，兹從之。按：寞，爲"冥"字俗寫。《干禄字書·平聲》："寞冥：上通下正。"黃征《敦煌俗字典》"冥"字條下俗字有"寞"字。斯六六五九號《太上洞玄靈寶妙經篇序章》："受生玄孕之胞，觀陽於寞（冥）感之魂。"以下"冥"字俗寫，徑録正，不再一一出校。又"玄冥"，爲冬神神名，亦指冬季。如《禮記·月令》："孟冬、仲冬、季冬之月……其帝顓頊，其神玄冥。"《楚辭·九歎·思古（劉向）》："就顓頊而敶詞兮，考玄冥於空桑。"王逸注："玄冥，太陰之神。"《全唐詩》卷七〇〇韋莊《詠梅》："不隨妖艷開，獨媚玄冥節。"《李太白全集》卷一《古賦八首·大獵賦》："若乃嚴冬慘切，寒氣凜冽，不周來風，玄冥掌雪。"

　　[四]　玄冥，底本"玄冥"二字下各施一重文符號"丷"，當徑作"玄冥"，《類書》《王研》録作"玄冥"，兹從之。

　　[五]　英，底本作"羙"，兹據文義徑録正，《類書》《王研》録作"英"，兹從之。按：羙，爲"英"字俗寫。黃征《敦煌俗字典》"英"字條下俗字有"羙"字。斯二八三二號《願文等範本·夫歎齋分爲段》："惟靈天資冲邈，秀氣英

（英）靈；禮讓謙和，忠孝俱備。”以下“英”字俗寫，徑録正，不再一一出校。又“玄英”，謂冬天。《爾雅注疏》卷六《釋天》：“冬爲玄英。”邢昺疏曰：“言冬之氣和則黑而清英也。”《全唐文》卷一三九魏徵《道觀内柏樹賦》：“涉青陽不增其華，歷玄英不減其翠。”

〔六〕冬爲玄英，見晋・郭璞《爾雅》卷五《釋天第八・四時》“冬爲玄英”注云：“氣黑而清英。”

〔七〕按：霜氣，謂刺骨的寒氣。見《建安七子集》卷七《劉楨集・詩・贈五官中郎將詩四首》：“凉風吹沙礫，霜氣何瞠瞠。”《鮑照集校注》卷一《蕪城賦》：“稜稜霜氣，蔌蔌風威。”注云：“稜稜，霜氣，嚴冬之貌。”《全唐詩》卷三七五孟郊《秋懷》：“霜氣入病骨，老人身生冰。”

〔八〕按：風威，謂風的威力。見《鮑照集校注》卷一《蕪城賦》：“稜稜霜氣，蔌蔌風威。”《杜詩詳注》卷二〇《夜》：“絶岸風威動，寒房燭影微。”○曉勁，底本作“曉劢”，兹據文義徑録正，《類書》《王研》録作“曉勁”，兹從之。按：曉，爲“曉”字俗寫。黄征《敦煌俗字典》“曉”字條下俗字有“晓”字。伯二一七三號《御注金剛波羅蜜經宣演卷上》：“寔由昏衢未晓（曉），見海長淪。”俄弗九六號《雙恩記》：“子時送晓（曉），伏日生寒。”《歲華紀麗》卷四《冬》：“冬爲玄英：《梁元帝纂要》云：‘冬爲玄英，亦曰安寧、暮冬、三冬、九冬、玄冬。’”又劢，爲“勁”字俗寫。黄征《敦煌俗字典》“勁”字條俗字有“勁”字。斯二八三二號《原文等範本・女人》：“貴族靈源，清風雅量；貌含桃李，心勁（勁）笙簧。”以下“勁”字俗寫，徑録正，不再一一出校。又“風威曉勁”，亦見斯五四五號《失名類書》有：“玄冬戒序，風威曉勁。舞飛雪階，月兔宵寒。”

〔九〕按：愁雲，謂色彩慘澹，望之易於引發愁思的烟雲。見《全上古三代秦漢三國六朝文・全漢文》卷一一班婕妤《擣素賦》：“佇風軒而結睇，對愁雲之浮沉。”《全唐詩》卷六四七《詠史詩・蒼梧（胡曾）》：“無計得知陵寢處，愁雲長滿九疑山。”

〔一〇〕按：苦霧，指濃霧。見《鮑照集校注》卷一《舞鶴賦》：“凉沙振野，箕風動天，嚴嚴苦霧，皎皎悲泉。”《全上古三代秦漢三國六朝文・全梁文卷十九・昭明太子統・錦帶書十二月啓・大吕十二月》：“嚴風極冷，苦霧添寒。”

　　［一一］　亦結，底本原作"結亦"，底本"結"字右下施乙正符號"✓"，據此乙正，當作"亦結"，《類書》《王研》徑録作"亦結"，兹從之。

　　［一二］　按：雪彩，指雪花。如《全唐詩》卷五一六庾敬休《春雪映早梅》："清晨凝雪彩，新候變庭梅。"

　　［一三］　冰，底本作"氷"，兹據文義徑録正，《類書》《王研》録作"冰"，兹從之。按：氷，爲"冰"字俗寫。《干禄字書》云："氷冰：上通下正。"《字彙・水部》："氷，俗冰字。"又"冰光"，指雪白光亮。《全唐詩》卷三八七盧仝《月蝕詩》："天色紺滑凝不流，冰光交貫寒瞳朧。"

　　［一四］　蟲，底本作"𧉕"，兹據文義徑録正，《類書》《王研》録作"蟲"，兹從之。按：𧉕，虿爲"蟲"字俗寫。黄征《敦煌俗字典》"蟲"字條下俗字有"䖝"字。斯一八九號《老子道德經》："毒䖝（蟲）不螫，猛獸不據。"張湧泉《敦煌俗字研究》指出"䖝"蓋亦隸變之異。（第七〇六頁）又"寒蟲"，謂寒天的昆蟲。多指蟋蟀。《全上古三代秦漢三國六朝文・全梁文》卷五一王僧孺《與何炯書》："寒蟲夕叫，合輕重而同悲。"《全唐詩》卷一四四常建《聽琴秋夜贈寇尊師》："寒蟲臨砌急，清吹裏燈頻。"

　　［一五］　旅雁，底本作"𢓜鴈"，兹據文義徑録正，《類書》《王研》録作"旅鴈"，兹不從。按：𢓜，爲"旅"字俗寫。斯三八八號《正名要録》："旅𢓜：右字形雖別，音義是同。古而典者居上，今而要者居下。"又鴈，爲"雁"字俗寫。黄征《敦煌俗字典》"雁"字條下俗字有"鴈"字。俄弗九六號《雙恩記》："似星簇高天，如鴈（雁）奔陽浦。"又鴈，同"雁"，謂鴻雁。清・段玉裁《説文解字注・鳥部》："鴈，鴈與雁各字……今字雁、鴈不分久矣。"又"旅雁"，指南飛或北歸的雁群。《全唐詩》卷三八四張籍《横吹曲辭・望行人》："秋風窗下起，旅雁向南飛。"〇聲，底本作"𦕑"，兹據文義徑録正，《王研》録作"聲"，兹從之。按：𦕑，爲"聲"字俗寫。黄征《敦煌俗字典》"聲"字條下俗字有"聲"字。伯二一七三號《御注金剛般若波羅蜜經宣演卷上》："俗諦者，謂諸凡夫、聲（聲）聞、獨覺、菩薩、如來，乃至名義智境，業果相屬。"

　　［一六］　璧，底本作"𤥭"，兹據文義徑録正，《類書》《王研》録作"璧"，兹從之。按：𤥭，爲"璧"字俗寫。黄征《敦煌俗字典》"璧"字條下俗字有"𤦲"字。斯一八九號《老子道德經》："雖有供（拱）𤦲（璧）以先駟馬，不如坐進

此道。”○月，底本“月”字下原有一“宮”字，此字右側旁“卜”形刪除符號，當不讀，《類書》《王研》録作“月”，兹從之。又“月璧”，對月亮的美稱。如《全上古三代秦漢三國六朝文·全梁文》卷一四簡文帝《慈覺寺碑》：“龍星啓曜，璧月儀天。”《全唐詩》卷六九八章莊《咸通》：“諸郎宴罷銀燈合，仙子游回璧月斜。”○窮紀，爲農曆十二月的代稱。如《禮記·月令》：“季冬之月……日窮於次，月窮於紀，星回於天，數將幾終，歲且更始。”鄭玄注：“言日月星辰運行於此月，皆周匝於故處也。次，舍也。紀，會也。”《全上古三代秦漢三國六朝文·全齊文》卷二三謝朓《高松賦奉竟陵王教作》：“至於星迴窮紀，沙雁相飛。”《初學記》卷三《歲時部上·冬四》引南朝·梁元帝《纂要》：“十二月季冬，亦曰暮冬、杪冬、除月、暮節、暮歲、窮稔、窮紀。”《楊炯集箋注》卷十《祭文·祭汾陰公文》：“月窮紀兮日上丁，籍白茅兮無咎。”

　　［一七］　月，底本“月”字下施重文符號“〻”，當補作“月”，《王研》録作“月”，兹從之。又月窮紀，見《樂府詩集》卷三《郊廟歌辭三·齊雩祭樂歌·歌黑帝》：“霜鍾鳴冥陵起，星迴天月窮紀。”○按：底本“紀”字下缺有字。○按：底本“於”字下缺有字。《王研》録作“□□”。

帝德第十[一]

金鏡[二]：天子振金鏡[三]。

玉燭[四]：謂四時。

南風[五]：舞歌《南風》之曲。

東户[六]：古有道天子。

五帝[七]：少皥[八]、顓頊、高辛、唐、虞是也[九]。

三皇[一〇]：伏羲[一一]、神農[一二]、黃帝[一三]。

三王[一四]：周、夏、殷。

八眉[一五]：堯眉八彩[一六]。

雙瞳[一七]：舜目雙瞳。

至化[一八]。

淳風[一九]。

一人[二〇]。

萬乘[二一]：天子萬乘。

駕嶮[二二]：言嶮路不通梯，不山入貢嶮[二三]。

八表[二四]：四方四角，謂之八表。

梯山[二五]：言梯山入貢。

九垓[二六]。

有截・無垠[二七]：并言遠境[二八]。

象浦[二九]：在南方也。

月津[三〇]：在西方[也][三一]。

紫宸[三二]・丹禁[三三]：并言天子所居之處。

方今道光東户[三四]，德邁南風；條玉燭以乘時[三五]，振金鏡而凝化。恩霑八表[三六]，南宫象浦之鄉[三七]；澤被九垓，西極月津之豈（壋）[三八]。淳風敷於有截，既駕嶮而來珍[三九]；至化布於無垠，亦梯田而入貢，息飛塵於五嶽恒山、太山、嵩高山、衡山、華山[四〇]，静驚浪於四溟四海[四一]。

【校釋】

　　［一］　德，底本作"德"，兹據文義徑録正，《類書》《王研》録作"德"，兹從之。按：德，爲"德"字俗寫。斯三八八號《正名要録》："䕫德，右字形雖別，音義是同。古而典者居上，今而要者居下。"以下"德"字俗寫，徑録正，不再一一出校。又"帝德"，指天子的德性。《吕氏春秋》卷五《仲夏紀第五・古樂》："帝舜乃令質修《九招》《六列》《六英》，以明帝德。"《後漢書》卷一〇八《宦者傳》："其後弘恭、石顯以佞險自進，卒有蕭周之禍，損穢帝德焉。"

　　［二］　按：金鏡，比喻顯明的正道。如《太平御覽》卷七一七引《尚書考靈耀》："秦失金鏡，魚目入珠。"鄭玄注："金鏡，喻明道也。"《全上古三代秦漢三國六朝文・全梁文》卷五七劉峻《廣絶交論》："蓋聖人握金鏡，闡風烈。"唐・杜光庭《廣成集》卷四《普康諸公主爲皇帝修金籙齋詞》："握金鏡以御寰瀛，致衢樽而歡億兆。"《北堂書鈔》卷一三六《鏡》："金鏡明道：尚書考靈曜云：'秦失金鏡，魚目入珠。'注曰：'金鏡，喻明道也。'"

　　［三］　振，底本作"振"，兹據文義徑録正，《類書》《王研》録作"振"，兹

從之。按：振，爲"振"字俗寫。斯三八八號《正名要録》："振（振）動。""右本音雖同字義各別例。"黄征《敦煌俗字典》"振"字條下俗字有"振"字。伯六六五九號《太上洞玄寶妙經衆篇序章》："不敢藏情，逆用振（振）惶。"以下"振"字俗寫，逕録正，不再一一出校。

　　［四］　按：玉燭，謂四時之氣和暢，形容太平盛世。如《尸子》卷上："四氣和，正光照，此之謂玉燭。"《爾雅注疏》卷六《釋天》："四氣和謂之玉燭。"郭璞注："道光照。"邢昺疏："道光照者，道，言也。言四時和氣，温潤明照，故曰玉燭。"《抱朴子·内篇》卷十："玉燭表昇平之徵，澄體彰德洽之符。"

　　［五］　按：南風，亦作"南薰"，指《南風》歌。相傳爲虞舜所作，歌中有"南風之薰兮，可以解吾民之愠兮"之語。《全唐詩》卷一二八王維《大同殿柱産玉芝龍池上有慶雲神光照殿百官共觀聖恩便賜宴樂敢書即事》："陌上堯樽傾北斗，樓前舜樂動南薰。"《全唐詩》卷六一九陸龜蒙《雜諷》："永播南薰音，垂之萬年耳。"亦指從南向北刮的風，亦爲古代樂曲名。見《詩·邶風·凱風》："凱風自南。"毛傳："南風謂之凱風。"南朝宋·孔靈符《會稽記》："（鄭）弘識其神人也，曰：'常患若邪溪載薪爲難，願旦南風，暮北風。'"《淮南子》卷一四《詮言訓》："舜彈五絃之琴，而歌《南風》之詩，以治天下。"注云："南風，愷樂之風。"《北堂書鈔》卷一〇二《詩》："彈琴歌南風：《禮記》云：'舜彈五弦之琴，以歌南風之詩。'"

　　［六］　戶，底本僅存上部殘筆，兹據文義録作"戶"，《類書》《王研》逕録作"户"，兹從之。按：東戶，指傳説中的上古君主。見《全上古三代秦漢三國六朝文·全三國文》卷六文帝《讓禪令》："東戶季子，容成大庭，軒轅赫胥之君，咸得以此就功勒名。"《淮南子》卷十《繆稱訓》："昔東戶季子之世，道路不拾遺，耒耜餘糧宿諸畮（畝）首。使君子小人各得其宜也。"高誘注："東戶季子，古之人君。"

　　［七］　按：五帝，上古傳説中的五位帝王，説法不一。依其解釋所言，當爲少皞（亦作少昊）、顓頊、高辛、唐（堯）、虞（舜）。《尚書·序》："少昊、顓頊、高辛、唐、虞之書，謂之五典，言常道也。"孔穎達疏："言五帝之道，可以百代常行。"《荀子集解》卷一八《賦篇第二十六》："臣愚而不識，請占之五泰。"注云："五泰，五帝也。五帝，少昊、顓頊、高辛、唐、虞。"

　　［八］　按：少皞，亦作少昊。見《左傳》卷二三“昭公十七年”：“郯子曰：‘我高祖少皞，摯之立也，鳳鳥適至，故紀於鳥，爲鳥師而鳳鳥名。’”杜預注：“少皞，金天氏，黄帝之子，己姓之祖也。”《吕氏春秋・孟秋》：“孟秋之月，日在翼，昏斗中，旦畢中，其日庚辛，其帝少皞。”高誘注：“庚辛，金日也。少皞……以金德王天下，號爲金天氏，死配金，爲西方金德之帝，爲金神。”

　　［九］　虞，底本作“虞”，兹據文義逕録正，《類書》《王研》録作“虞”，兹從之。按：虞，爲“虞”字俗寫。黄征《敦煌俗字典》“虞”字條下俗字有“虞”字。斯二五三六號《春秋穀梁經傳》：“虞（虞）之非正也。虞（虞）典，禽獸之官也。”又“唐虞”，唐堯與虞舜的并稱，亦指堯與舜的時代，古人以爲太平盛世。《論語・泰伯》：“唐虞之際，於斯爲盛。”《史記》卷五〇《汲鄭列傳》：“陛下内多欲而外施仁義，柰何欲效唐虞之治乎！”

　　［一〇］　按：三皇，傳説中上古三帝王，所指説法不一。依其解釋所言，當爲伏羲、神農、黄帝。見《尚書・序》云：“伏犧、神農、黄帝之書謂之《三墳》。”《莊子集解》卷四《天運第十四》：“餘語汝三皇五帝之治天下。”成玄英疏：“三皇者，伏羲、神農、黄帝也。”

　　［一一］　按：伏羲，亦作“伏戲”“伏犧”。見《莊子集解》卷六上《繕性第十六》：“逮德下衰，及燧人、伏羲始爲天下，是故順而不一。”《莊子集解》卷六《大宗師第六》：“伏戲氏得之，以襲氣母。”《法言義疏》卷六《問道卷第四》：“鴻荒之世，聖人惡之，是以法始乎伏犧，而成乎堯。”

　　［一二］　農，底本作“晨”，兹據文義逕録正，《類書》《王研》録作“農”，兹從之。按：晨，爲“農”字俗寫。斯三八八號《正名要録》：“農農，右正行者正體，脚注訛俗。”

　　［一三］　黄，底本作“皇”，當作“黄”，兹據文義逕録正，《類書》《王研》録作“黄”，兹從之。按：黄帝，見《易・繫辭下》：“神農氏没，黄帝、堯、舜氏作，通其變，使民不倦。”孔穎達疏：“黄帝，有熊氏少典之子，姬姓也。”《史記》卷一《五帝本紀》：“黄帝者，少典之子，姓公孫，名曰軒轅。生而神靈，弱而能言，幼而徇齊，長而敦敏，成而聰明。”裴駰集解：“號有熊。”司馬貞索隱：“有土德之瑞，土色黄，故稱黄帝，猶神農火德王而稱炎帝，然也。”此處作“黄”義通。

　　［一四］　按：三王，指夏禹、商湯、周武王。見《穀梁古義疏》卷二“桓公三年”：“盟詛不及三王。”範甯注：“三王，謂夏、殷、周也。夏后有鈞臺之享，商湯有景亳之命，周武有盟津之會。”

　　［一五］　按：八眉，八字眉，傳說帝堯八眉。見《尚書大傳疏證》卷七《周傳·略說》：“堯八眉，舜四瞳子……八眉者，如八字。”

　　［一六］　堯，底本作“夫”，兹據文義徑録正，《類書》《王研》録作“堯”，兹從之。按：夫，爲“堯”字俗寫。《干禄字書·平聲》：“尭堯：上俗下正。”以下“堯”字俗寫，徑録正，不再一一出校。又“堯眉八彩”，見《白虎通疏證》卷七《聖人》：“堯眉八彩，是謂通明。”《淮南子》卷一九《修務訓》：“若夫堯眉八彩，九竅通洞，而公正無私。”《北堂書鈔》卷一《奇表四》：“周文望羊，堯眉八彩。”注云：“《春秋元命苞》曰：‘堯眉八彩，是謂通明。’補。”

　　［一七］　按：雙瞳，謂重瞳，兩個眸子。見《全上古三代秦漢三國六朝文·全隋文》卷三三釋彥琮《通極論》：“非可以龍顏虎鼻，八彩雙瞳，方我妙色。”又“雙瞳”，亦重瞳。見《史記》卷七《項羽本紀》：“吾聞之周生曰：‘舜目蓋重瞳子’，又聞項羽亦重瞳子。”《北堂書鈔》卷一《奇表四》“舜目重瞳”注云：“《藝文》注云：‘重瞳象電，多精光也。’補。”

　　［一八］　至，底本作“㐸”，兹據文義徑録正，《類書》《王研》録作“至”，兹從之。按：㐸，爲“至”字俗寫。黃征《敦煌俗字典》“至”字條下俗字有“㐅”字。斯二一四號《燕子賦》：“燕雀既和，行㐅（至）鄰并。”指出此字爲草書而進入普通行、楷文獻者。以下“至”字俗寫，徑録正，不再一一出校。又“至化”，指極美好的教化。《後漢書》卷七九《仲長統傳》：“今欲張太平之紀綱，立至化之基趾。”《晋書》卷五二《阮種傳》：“旁求俊乂，以輔至化，此誠堯舜之用心也。”

　　［一九］　淳，底本作“淿”，兹據文義徑録正，《王研》録作“淳”，兹從之。按：淿，爲“淳”字俗寫。黃征《敦煌俗字典》“淳”字條下俗字有“渟”字。斯七八號《失名類書》：“渟（淳）於髠。”《干禄字書》：“亨享：上亨通，亦亨宰字，下祭享字。”以下“淳”字俗寫，徑録正，不再一一出校。又“淳風”，謂敦厚古樸的風俗。《抱朴子·逸民》：“淳風足以濯百代之穢，高操足以激將來之濁。”《資治通鑒》卷一四五《梁紀一·高祖武皇帝》“天監元年”條：“今與古

異，不可以淳風期物。”胡三省注：“淳風，謂淳古之風也。”

〔二〇〕　按：一人，古代稱天子，亦爲天子自稱。如《書・太甲下》：“一人元良，萬邦以貞。”孔傳：“一人，天子。”《書・湯誥》：“王曰：‘嗟爾萬方有衆，明聽予一人誥。’”孔傳：“天子自稱曰予一人。”《白虎通疏證》卷二《號・論王者接上下之稱》：“王者自謂一人者，謙也，欲言己材能當一人耳。故《論語》曰：‘百姓有過，在予一人。’臣謂之一人何？亦所以尊王者也，以天下之大，四海之内，所共尊者一人耳。故《尚書》曰：‘不施予一人。’”

〔二一〕　萬乘，底本作“万乗”，茲據文義徑録正，《類書》《王研》録作“萬乘”，茲從之。按：万，爲“萬”字俗寫。《玉篇・方部》云：“万，俗萬字。十千也。”《集韻・願韻》言：“万，數也。通作萬。”《干禄字書》：“万萬：並正。”以下“萬”字俗寫，徑録正，不再一一出校。又乗，爲“乘”字俗寫。黄征《敦煌俗字典》“乘”字條下俗字有“乗”字。伯二九六五號《佛説生經》：“願乗（乘）此善，乃至菩提。”以下“乘”字俗寫，徑録正，不再一一出校。又“萬乘”，周制天子地方千里，能出兵車萬乘，因以“萬乘”指天子，《孟子正義》卷二《梁惠王章句上・一章》：“萬乘之國，弑其君者，必千乘之家。”趙岐注：“萬乘，兵車萬乘，謂天子也。”漢・鄭玄《駁五經异義》：“天子萬乘，諸侯千乘，大夫百乘。”《全唐文》卷一六六盧照鄰《樂府雜詩序》：“中巖罷燠，飛霜爲之夏凝。太谷生寒，層淮以之秋洰。天子萬乘，驅鳳輦於西郊。”

〔二二〕　駕嶮，見唐・釋德誠《船字和尚撥棹歌・讚頌・投子青禪師》：“泛舟駕嶮三十春，繫廬竿頭死活人。”

〔二三〕　不山入貢嶮，底本作“不山入貢嶮”，《類書》《王研》録作“不入貢，入貢嶮”，非原形。按：“不山入貢嶮”，文義不通，俟校。

〔二四〕　按：八表，謂八方之外，指極遠的地方。見《樂府詩集》卷三三《相和歌辭八・清調曲一・苦寒行五解》：“遺化布四海，八表以肅清。”《陶淵明集》卷一《詩四言・歸鳥》：“遠之八表，近憩雲岑。”

〔二五〕　按：梯山，攀登高山，亦泛指遠涉險阻。如《陳書》卷一《高祖紀上》：“楛矢素犀，梯山以至；白環玉玦，慕德而臻。”《唐太宗全集校注・詩賦編・詩・幸武功慶善宫》：“梯山咸入款，駕海亦來思。”《法苑珠林校注》卷二九《感通篇第二十一・述意部第一》：“輶軒繼接，備盡觀方，千有餘國，咸歸風化，莫不梯山貢職，望日來王，而前後傳録。”

［二六］垓，底本作“垓”，兹據文藝徑録正，《類書》《王研》録作“垓”，兹從之。按：垓，爲“垓”字俗寫。黄征《敦煌俗字典》“垓”字條下俗字有“垓”字。俄弗九六號《雙恩記》：“滿虚空，邊天地，垓（垓）羅未省織［□］起。”以下“垓”字俗寫，徑録正，不再一一出校。又“九垓”，亦作“九畡”“九陔”，中央至八極之地。《國語集解·鄭語第十六·桓公爲司徒》：“王者居九畡之田，收經入以食兆民。”韋昭注：“九畡，九州之極數。”《抱朴子·審舉》：“今普天一統，九垓同風。”《全上古三代秦漢三國六朝文·全北齊文》卷四魏收《枕中篇》：“九陔方集，故眇然而迅舉；五紀當定，想宵乎而上征。”見《淮南子》卷一二《道應訓》：“吾與汗漫期于（於）九垓之外，吾不可以久駐。”亦指天，如《漢書》卷二二《禮樂志二》：“專精屬意逝九閡，紛雲六幕浮大海。”顔師古注曰：“閡亦陔也。”《抱朴子·廣譬》：“日未移晷，周章九陔。”《古詩源》卷八《晋詩·游仙詩（郭璞）》：“升降隨長烟，飄飄戲九垓。”《全唐詩》卷八八八吴筠《秋日彭蠡湖中觀廬山》：“董氏出六合，王君升九垓。”《文選》卷四八《符命·封禪文（司馬長卿）》：“上暢九垓，下泝八埏。”注云：“垓，重也。”“上達於九重之天。”伯三八〇八號《長興四年中興殿應聖節講經文》中亦有“聖慈如似日輪開，照燭光明遍九垓”之語。

［二七］無垠，底本作“无垠”，兹據文義徑録正，《類書》《王研》録作“無垠”，兹從之。按：无，爲“無”字俗寫。黄征《敦煌俗字典》“無”字條下俗字有“无”字。斯三四三號《願文範本》：“餐法喜而无（無）煩惠命。”以下“無”字俗寫，徑録正，不再一一出校。又垠，爲“垠”字俗寫。以下“垠”字俗寫，徑録正，不再一一出校。又“無垠”，謂無邊際。《楚辭·遠游》：“道可受兮而不可傳，其小無内兮其大無垠。”《全上古三代秦漢三國六朝文·全晋文》卷一四三王該《日燭》：“周太虚以游眺，究渚蕩而無垠。”《全唐詩》卷一二七王維《送秘書晁監還日本國序》：“乾元廣運，涵育無垠。”

［二八］按：遠境，謂邊遠地區。見《韓非子集解》卷八《用人第二十七》：“不去眉睫之禍，而慕貴育之死，不謹蕭牆之患，而固金城於遠境。”

［二九］象浦，見《水經注校證》卷三六《温水》：“水物盈縮是爲海運，亦曰象水也，又兼象浦之名。”《庾子山集注》卷一三《碑·周大將軍司馬裔神

道碑》："玉鏡云始，金行乃構，象浦通關，龍沙開候。"《楊炯集箋注》卷四《碑·遂州長江縣先聖孔子廟堂碑》："環林拂日，映高柳而對扶桑，圓海澄天，走鯤池而涵象浦。"

［三〇］ 月津，見《管子校注》卷一二《侈靡第三十五》："若旬虛期於月津，若出於一明，然則可以虛矣。"

［三一］ 也，底本脱，《類書》《王研》徑補作"也"，兹從補。

［三二］ 紫宸，底本作"𦂅宸"，兹據文義徑録正，《類書》《王研》録作"紫宸"，兹從之。按："𦂅"，爲"紫"字俗寫。以下"紫"字俗寫，徑録正，不再一一出校。又"宸"，爲"宸"字俗寫。《龍龕·宀部》："宸，音臣，屋宇，天子所居。"又"紫宸"，爲宮殿名，天子所居。唐宋時爲接見群臣及外國使者朝見慶賀的内朝正殿，在大明宮内。《杜詩詳注》卷二一《冬至》："杖藜雪後臨丹壑，鳴玉朝來散紫宸。"《北堂書鈔》卷五七《中書侍郎》："躍鱗龍鳳池，揮翰紫宸裏。"注云："《卞伯玉起中書詩》云：'大方信苞容，優渥遂不以。躍鱗龍鳳池，揮翰紫宸裏。'"

［三三］ 丹禁，指帝王所住的紫禁城。見《隋書》卷二六《百官志上》："殿中將軍、武騎之職，皆以分司丹禁，侍衛左右。"《李太白全集》卷一一《古近體詩共三十二首·江夏使君叔席上贈史郎中》："鳳凰丹禁裏，銜出紫泥書。"《全唐詩》卷三六三劉禹錫《和浙西李大夫伊川卜居》："烟霞遥在想，簿領益爲繁。丹禁虛東閣，蒼生望北辰。徒令雙白鶴，五里自翩翻。"《楊炯集箋注》卷三《序·崇文館宴集詩序》："賓主交懽於百拜，爾其青垣繚繞，丹禁逶迤，魚鑰則環鎖晨開。"

［三四］ 今，底本作"金"，當作"今"，兹據文義徑録正，《類書》《王研》校作"今"，兹從校。按：方今，指往時、當時。如《文選》卷四《賦乙·南都賦（張平子）》："方今天地之睢剌，帝亂其政，豺虎肆虐，真人革命之秋也。"李善注："《漢書音義》曰：方，向也。謂高祖之時。"劉良注："方今，猶向時也。"

［三五］ 條，底本作"𥾝"，兹據文義徑録正，《類書》《王研》録作"條"，兹從之。按："𥾝"，爲"條"字俗寫。黃征《敦煌俗字典》"條"字條下俗字有"𢱢"字。伯二五二四號《語對》："六𢱢（條）。"〇按：底本"乘"字下原有一

"来"字，右側旁施"卜"形符號，據此刪。

[三六] 恩，底本作"恩"，兹據文義徑録正，《類書》《王研》録作"恩"，兹從之。按：按：恩，爲"恩"字俗寫。黄征《敦煌俗字典》"恩"字條下俗字有"恩"字。斯二八三二號《源文等範本·帝德》："化洽寰宇，恩（恩）霑率土；清四夷以殄魔軍，御六龍而安万（萬）國。"又"恩霑"，謂皇恩潤澤。見《魏書》卷二《太祖紀第二》："仁風被於四海，盛化塞於大區，澤及昆蟲，恩霑行葦。"《全唐文》卷五五〇韓愈《奏汴州得嘉禾嘉瓜狀》："伏惟皇帝陛下道合天地，恩霑動植。"

[三七] 南宫，南方星宿的宫，指朱鳥星座。《史記》卷二七《天官書第五》："南宫朱鳥，權、衡。"《書·洪範》"月之從星，則以風雨。"唐·孔穎達疏曰："推此則南宫好暘，北宫好燠，中宫四季好寒。"《全唐詩》卷五八七李頻《感懷獻門下相公》："日望南宫看列宿，迢迢婺女與鄉比。"

[三八] 極，底本作"極"，兹據文義徑録正，《類書》《王研》録作"極"，兹從之。按：極，爲"極"字俗寫。黄征《敦煌俗字典》"極"字條下俗字有"極"字。斯四五三號《禮懺文》："壽逾南山，福極（極）西溟。"○壇，底本作"壐"，當作"壇"，兹據文義徑録正，《類書》《王研》校作"壇"，兹從校。

[三九] 珍，底本作"珎"，兹據文義徑録正，《類書》《王研》録作"珍"，兹從之。按：珎，爲"珍"字俗寫。《玉篇·玉部》："珍……珎，同上，俗。"《干禄字書·平聲》："珎珍：上通下正。"《五經文字》卷中玉部："珍，作珎訛。"宋·王觀國《學林》卷十"尒參"條下云："（尒）後世俗書乃作尒字，故書彌爲弥……皆非字法也。而俗書參字亦作尒，如書珍爲珎……皆因草書參字爲尒形，故隸省亦從而變之，然失字法益遠矣。"張涌泉《敦煌俗字研究》指出敦煌卷子中"參"旁多作"尒"形。後世刻本通常寫作"尔"形，又爲"尔"的變體。（第二七六、四六四頁）

[四〇] 嶽，底本作"岳"，兹據文義徑録正，《類書》録作"岳"，不妥；《王研》録作"嶽"，兹從之。按：岳，爲"嶽"字俗寫。岳，指高大的山，也作"嶽"。《玉篇·山部》："岳，同嶽。"嶽，特指名山"五嶽"或"四嶽"。斯三八八號《正名要録》："嶽岳，右字形雖別，音義是同。古而典者居上，今而要者居下。"

〔四一〕 浪，底本作"﹝﹞"，兹據文義徑録正，《類書》《王研》録作"浪"，兹從之。按：﹝﹞，爲"浪"字俗寫。〇溟，底本作"﹝﹞"，兹據文義徑録正，《類書》《王研》録作"溟"，兹從之。按：﹝﹞，爲"溟"字俗寫。黄征《敦煌俗字典》"溟"字條下俗字有"﹝﹞"字。斯四五三號《禮懺文》："壽逾南山，福極西﹝﹞（溟）。"又"四溟"，亦作"四冥"，指四海，四方之海。見《阮籍集校注》卷上《書・答伏義書》："四冥之深，幽鱗不能測其底。"《文選》卷二九張協《雜詩》之十："雲根臨八極，雨足灑四溟。"李善注："四溟，四海也。"《全唐詩》卷六七〇秦韜玉《問古》："深作四溟何浩渺，高爲五嶽太崢嶸。"

瑞應第十一[一]

騰黄：神馬[二]。

兹［白］[三]。

［赤汗］[四]：赤血馬[五]。

赤文緑地[六]：并堯時負圖龍馬[七]。

紃牛[八]：瑞牛。

露犬[九]：瑞犬。

朱英[一〇]・紫脱[一一]：并瑞［草］[一二]。

蓂莢[一三]・蕪（芫）華[一四]：并瑞草。

天驥[一五]：《漢書・天馬歌》[一六]。

澤馬[一七]：魏時見上黨。

慶雲甘露[一八]，五色之鳳；一角之麟，雲芝同紫，紫[一九]，雲紫。泉露俱甘，甘泉[二〇]。白馬門雀。兹白乘黄之駟，紃牛露犬之歌[二一]，朱英秀而紫脱 ☐☐☐☐ 慶雲朝泛[二二]，甘露霄懸。

【校釋】

〔一〕 按：瑞應，古代以爲帝王修德，時世清平，天就降祥瑞以應之，謂之瑞應。如《後漢書・百官志二》："太史令一人……凡國有瑞應、灾異，掌記之。"

〔二〕　按：騰黄，神馬名。見《文選李注義疏》卷三《賦乙·京都中·東京賦一首（張平子）》："虞擾澤馬與騰黄。"注云："《瑞應圖》曰：'騰黄，神馬。一名吉光。然吉良、騰黄一馬而异名也。'"《初學記》卷二九《獸部·馬四》引《符瑞圖》："騰黄者，神馬也。其色黄，一名乘黄，亦曰飛黄，或作古黄，或曰翠黄，一名紫黄，其狀如狐，背上中兩角。"

〔三〕　兹白，底本作"𩣡"，當作"兹白"，兹据文義徑録正、徑補，《類書》《王研》録作"絲白"，不妥。按：兹白，爲獸名。《汲冢周書輯要·汲冢周書輯要·王會》："正北方義渠以兹白，兹白者若白馬。鋸牙，食虎豹。"《全唐詩》卷八七張説《舞馬千秋萬歲樂府詞三首》："不因兹白人間有，定是飛黄天上來。"《唐六典》卷四《尚書禮部》："凡祥瑞見，皆辨其物名。若大瑞、上瑞、中瑞、下瑞，皆有等差。"注云："大瑞謂景星、慶雲、黄星真人……神馬、龍馬、澤馬、白馬赤髦、白馬朱鬣之類……兹白、騰黄……皆爲大瑞。"此處作"兹白"義通。

〔四〕　赤汗，底本脱，兹據文義録作"赤汗"，《類書》《王研》未録。按：赤汗，指赤汗馬所流的赤色汗水，亦指赤汗馬。《史記》卷二四《樂書》："歌曲曰：'太一貢兮天馬下，霑赤汗兮沫流赭。'……歌詩曰：'天馬來兮從西極，經萬里兮歸有德。從靈威兮降外國，涉流沙兮四夷服。'"裴駰集解引應劭曰："大宛馬汗血霑濡也，流沫如赭。"《東觀漢記》卷七《東平憲王蒼傳》："聞武帝歌天馬洽赤汗，今親見其然，血從前髆上小孔中出。（案：范書本傳并遺宛馬一匹，故賜書及此，上下文闕。）"《後漢書》卷四二《東平憲王蒼傳》："并遺宛馬一匹，血從前髆上小孔中出。常聞武帝歌天馬，霑赤汗，今親見其然也。"注云："前書天馬歌曰：'太一況，天馬下，霑赤汗，沫流赭'也。"《全唐詩》卷二三一杜甫《玉腕騮》："騄驪飄赤汗，蹄踏顧長楸。"《唐宋白孔六帖》卷九六《馬》"赤汗"條注云："見上。"當指之前"大宛汗血作歌"條解釋，注文云："李廣利爲貳師將軍，伐大宛國，得汗血馬，名蒲梢作天馬之歌。"

〔五〕　血，底本作"𧖉"，兹據文義録作"血"，《類書》《王研》録作"血"，兹從校。按：《周易正義》卷一《坤卦》："故稱龍馬，猶未離其類也，故稱血馬。"又"赤血馬"，即赤汗馬。漢武帝時伐大宛得千里馬，其馬汗出如血，後因以"赤汗馬"泛指名馬。《元稹集》卷二四《樂府·和李校書新題樂府十二首·西凉伎》："大宛來獻赤汗馬，贊普亦奉翠茸裘。"○按："赤血馬"三字原書於"絲白"之下，但"赤血馬"不屬"絲白"的解釋，而當爲原卷所脱事對"赤汗"的解釋，當爲過録之失，兹將"赤血馬"三字移録至"赤汗"之下。

〔六〕　文，底本作"𢒉"，兹據文義録作"文"，《類書》《王研》録作"文"，兹從之。按：赤文，紅色圖像，指古代讖緯家謂帝王受命的祥瑞。如《藝文類聚》卷一一引《尚書中候》："帝堯即政，榮光出河，休氣四塞，龍馬銜甲，赤文綠色。"又"赤文綠地"，見《尚書中候疏證·握河紀》："龍馬銜甲，赤文綠色，自河而出。"注云："王者有仁德，則龍馬見也，其文赤色而綠地也。"疏證云："《瑞應圖》曰：'龍馬者，仁馬也。河水之精，高八尺長，頭身有鱗。甲骼上有翼，旁有垂毛，鳴聲九音，蹈水不没。有明王則見。'"

〔七〕　負，底本作"𧴣"，兹據文義徑録正，《類書》《王研》録作"負"，兹從之。按：𧴣，爲"負"字俗寫。斯三八八號《正名要録》："𧴣，從人亦從刀。""右各依腳注。"又"負圖"，謂背負《河圖》。傳說聖主出，有龍馬龜鳳等背負傳授天命的圖文以獻。《全唐詩》卷二八一丁澤《龜負圖》："天意將垂象，神龜出負圖。"《唐宋白孔六帖》卷九五《龍》"負圖"條下注云："龍馬負圖出河。"○按：龍馬，古代傳說中龍頭馬身的神獸。《書·顧命》："天球，河圖，在東序。"孔傳："伏犧王天下，龍馬出河。遂則其文，畫八卦，謂之河圖。"《水經注校證》卷一《河水》："粤在伏義，受龍馬圖於河，八卦是也。"又"龍馬負圖"，《禮記·禮運》："河出馬圖。"孔穎達疏引《尚書中候·握河紀》："伏義氏有天下，龍馬負圖出於河。"

〔八〕　按：䍱牛，指小牛。見《文選》卷四六王元長《三月三日曲水詩序》言："䍱牛露犬之玩，乘黃兹白之駒。"李善注："䍱牛，小牛也。"

〔九〕　按：露犬，傳說中的獸名，亦借指珍禽異獸。見《博物志校證》卷三《异獸》："文馬，赤鬣身白，似若黃金，名吉黃之乘，復薊之露犬也。"《文選》卷四六王元長《三月三日曲水詩序》："䍱牛露犬之玩，乘黃兹白之駒。"李善注："露犬，犬也。"《全唐文》卷一七八王勃《乾元殿頌序》："赤馬文獿之寶，叢積乎郊虞。䍱牛露犬之貢，滿盈乎儲邸。"《唐六典》卷四《尚書禮部》："凡祥瑞見，皆辨其物名。若大瑞、上瑞、中瑞、下瑞，皆有等差。"注中指出"露犬"爲"大瑞"。

[一〇]　按：朱英，指朱草，一種紅色的草，古人以爲祥瑞之物。見《抱朴子·對俗》：“飲則玉醴金漿，食則翠芝朱英。”《文選》卷四六王元長《三月三日曲水詩序》言：“天瑞降，地符升，澤馬來，器車出，紫脫華，朱英秀。”李善注引《尚書大傳》曰：“德先地序，則朱草生。”并引《瑞應圖》言：“朱草亦曰朱英。”又《鶡冠子校注》卷中《度萬》云：“膏露降，白丹發，醴泉出，朱草生，衆祥具。”下注：“朱草可以染，終以別尊卑。”

[一一]　脫，底本作“蒎”，當作“脫”，《類書》《王研》録作“蕻”，非原形。按：《康熙字典·申集上·艸部》：“蒎，《集韻》：‘他括切，音脫。草名。’《類篇》同莌。”又“紫脫”，傳説中瑞草名。如《文選》卷四六王元長《三月三日曲水詩序》：“天瑞降，地符升，澤馬來，器車出，紫脫華，朱英秀，倭枝植，歷草孳。”注云：“《禮斗威儀》曰：人君乘土而王，其政太平，而遠方神獻其朱英、紫脫。宋均注曰：紫脫，北方之物，上值紫宫。”

[一二]　草，底本脫，兹據文義補作“草”，《類書》《王研》録作“□”。按：前有“𦙃牛”謂“瑞牛”，“露犬”謂“瑞犬”，自此處作“瑞草”義通。

[一三]　蓂，底本作“蕡”，兹據文義徑録正，《類書》《王研》録作“蓂”，兹從之。按：蕡，爲“蓂”字俗寫。又“蓂莢”，傳説中的一種瑞草，一説爲樹名。見《白虎通義》卷五《封禪》：“蓂莢，樹名也。月一日生一莢，十五日畢至，十六日去莢。”《論衡校讀箋識》卷一六《講瑞篇》：“蓂莢、朱草，亦生在地，集於衆草，無常本根，暫時産出，旬月枯折，故謂之瑞。”《初學記》卷一《天部上》引《帝王世紀》：“堯時有草，夾階而生。每月朔日生一莢，至月半則生十五莢。至十六日後，日落一莢，至月晦而盡。若月小，餘一莢。王者以是占曆，應和而生，以爲堯瑞，名之蓂莢。一名曆莢，一名仙茆。”《元稹集》卷一四《律詩·賦得數蓂》：“將課司天曆，先觀近砌蓂。一旬開應月，五日數從星。桂滿叢初合，蟾虧影漸零……堯年始今歲，方欲瑞千齡。”《唐六典》卷四《尚書禮部》：“凡祥瑞見，皆辨其物名。若大瑞、上瑞、中瑞、下瑞，皆有等差。”注中指出“蓂莢”爲“大瑞”。

[一四]　芫華，底本作“蕪華”，當作“芫華”，《類書》《王研》録作“蕪華”，不妥。按：蕪，同“蕪”。“蕪”與“芫”形近，此處當爲“芫”字之形誤。“芫華”爲落葉灌木，葉小橢圓形，花小色紫，可供觀賞，花蕾含芫花素，可供

藥用。《急就篇》卷四："烏喙附子椒芫華。"顏師古注云："芫華，一名魚毒，漁者煮之以投水中，魚則死而浮出，故以爲名。"《山海經・中山經》："首山，其陰多穀柞，其草多䖆、芫。"郭璞注云："芫華，中藥。"又"芫華"爲"五華"之一，《全唐文》卷一七七王勃《七夕賦》："羅帳五花懸，瑉砌百枝然。"注云："謝靈運《山居賦》：五華九寶。自注：五華者，堇華、芫華、樧華、菊華、旋覆華也。"《鮑照集校注》卷一《芙蓉賦》："冠五華於仙草，超四照於靈木。"其後釋文作"并瑞草"，則此處作"芫華"義通。

[一五] 驥，底本作"骥"，茲據文義徑録正，《類書》《王研》録作"驥"，茲從之。按：骥，爲"驥"字俗寫。異，爲"冀"字俗寫。斯三八八號《正名要録》："異，望。""右本音雖同字義各別例。"又"天驥"，指天馬、神馬，亦爲駿馬的美稱。《文選》卷三五《七下・七命八首（張景陽）》："天驥之駿，逸態超越。"李善注云："天驥，天馬也。"《蘇軾詩集》卷二七《古今體詩三十九首・次韻子由送陳侗知陝州》："天驥皆簡雲，長鳴飽芻禾。"

[一六] 天，底本作"帀"，茲據文義徑録正，《類書》《王研》録作"天"，茲從之。按：帀，爲"天"字俗寫。黃征《敦煌俗字典》"天"字條下俗字有"帀"字。斯五四五號《失名類書》："金帀（天）爽氣，牛星夜上。"并指出此是篆書字形，被用於武周時期的楷書文獻者。《類書》中指出："全卷書法猶帶盛唐風味，足以證明成書年代距離盛唐不遠。"（第一〇七頁）又"天馬"，鄭炳林先生在《敦煌文獻與中古敦煌歷史研究中的若干問題》主題報告中指出："漢朝政府對天馬的認知有一個過程，最初將出產於匈奴余吾水的馬稱之爲天馬，後來得到烏孫馬之後將烏孫稱之天馬，李廣利征大宛得到汗血寶馬之後，將大宛馬稱之爲天馬。"（二〇二〇年八月一日國務院學位委員會第七屆中國史學科評議組主辦、華中師範大學歷史文化學院承辦"中國史研究的實踐與經驗"系列雲講座第三講）從"天驥"的釋文"《漢書・天馬歌》"之語，可知其典出《漢書》卷六《武帝紀第六》"元鼎四年（公元前一一三）"："六月，得寶鼎後土祠旁。秋，馬生渥洼水中。作寶鼎、天馬之歌。"顏師古注："李斐曰：'南陽新野有暴利長，當武帝時遭刑，屯田敦煌界，數於此水旁見群野馬中有奇（異）者，與凡馬[異]，來飲此水。利長先作土人，持勒靽於水旁。後馬玩習，久之代土人持勒靽收得其馬，獻之。欲神異此馬，云從水中出。'"伯五〇三四號《沙州圖經》亦

有相同記載，應當來自《漢書‧武帝紀》，鄭炳林先生指出此天馬很可能就是活動於敦煌到新疆地區的普氏野馬。又伯三八七〇號《敦煌廿詠‧渥洼池天馬詠》載："渥洼爲小海，伊西獻龍媒。花裏牽絲去，雲間曳練來。騰驤走天闕，滅没下章台。一入重泉底，千金市不回。"將敦煌發現的野馬和李廣利征大宛所獲汗血寶馬、西周所獲龍馬混合在一起，變成一種傳説。伯三七七〇號《張族慶寺文》、伯三五五四號背《謹上河西道節度公德政序》稱張議潮"渥窪龍種，丹穴鳳維，稟氣精靈，生便五色"。

　　[一七]　按：澤馬，古人以爲表示祥瑞的神馬。見《文選》卷三《賦乙‧京都中‧東京賦（張平子）》："囿林氏之騶虞，擾澤馬與騰黃。"《博物志校證》卷一《物產》："和氣相感，則生朱草。山出象車，澤出神馬，陵出黑丹，阜出土怪。"《全上古三代秦漢三國六朝文‧全宋文》卷三六顏延之《赭白馬賦》："漢道亨而天驥呈才，魏德棷而澤馬效質。"《唐六典》卷四《尚書禮部》："凡祥瑞見，皆辨其物名。若大瑞、上瑞、中瑞、下瑞，皆有等差。"注云："大瑞謂……神馬、龍馬、澤馬、白馬赤髦、白馬朱鬣之類……皆爲大瑞。"

　　[一八]　按：慶雲，指五色雲。古人以爲喜慶、吉祥之氣。如《列子集釋》卷五《湯問第五》："慶雲浮，甘露降。"《漢書》卷二六《天文志六》："若烟非烟，若雲非雲，鬱鬱紛紛，蕭蕭輪囷，是謂慶雲。慶雲見，喜氣也。"〇按：甘露，甘美的露水。古人認爲甘露降，是太平瑞徵。見《漢書》卷八《宣帝紀八》："乃者鳳皇集泰山、陳留，甘露降未央宮……獲蒙嘉瑞，賜兹祉福，夙夜兢兢，靡有驕色。"又日本釋信瑞撰《净土三部經音義集》卷一《無量壽經卷上》引《五經通義》曰："和氣律凝爲露。"蔡邕《月令》曰："露者，陰之液也。洛故反。"《瑞應圖》曰："甘露者，養露心神靈之精，仁瑞之沢，其凝如脂，其甘如飴，一名膏露，一名天酒。"東方朔《神異經》曰："西北海外有人，長二千里，脚中間相去千里，但曰：'飲天酒五斗。'張花云：'天酒，甘露也。'"《山海經》曰："諸沃之野，摇山之民，甘露是飲，不壽者八百。"《唐六典》卷四《尚書禮部》："凡祥瑞見，皆辨其物名。若大瑞、上瑞、中瑞、下瑞，皆有等差。"注云："大瑞謂景星、慶雲、黃星真人……皆爲大瑞。"

　　[一九]　按：雲芝，指靈芝，又靈芝爲傳説中的瑞草、仙草，則雲芝亦爲瑞

草。如《文選》卷三五《七下·七命八首（張景陽）》："乘鼉舟兮爲水嬉，臨芳洲兮拔雲芝。"李善注："《西京賦》曰：'擢靈芝之朱柯。'"《全唐詩》卷一太宗皇帝《宴中山》："雲芝浮碎葉，冰鏡上朝光。"《雲笈七籤》卷七四《方藥·太一餌瑰葩雲屑神仙上方》："丹棗者，盛陽之雲芝也。茯苓者，絳晨之伏胎也。"〇紫，底本"紫"字下施重文符號"〻"，當補作"紫"，《類書》《王研》錄作"紫"，茲從之。

〔二〇〕 甘，底本作"甘"，《類書》《王研》於"甘"字後徑補"曰"字，不妥。

〔二一〕 歌，底本僅存左側"哥"，茲據文義錄作"歌"，《類書》《王研》錄作"歌"，茲從之。

〔二二〕 按："脫"字下有缺字。〇泛，底本作"汛"，茲據文義徑錄正，《類書》《王研》錄作"汛"，不妥。按：汛，爲"汛"字俗寫。又"汛"爲"泛"字俗寫。斯三八八號《正名要錄》："**汛泛**：并浮。""右依顏監《字樣》甄錄要用者，考定折衷，刊削紕繆。"

王第十二

維城[一]:《詩》云：宗子維城[二]。

盤石[三]：漢時，立子孫盤石之固。

十枝[四]：扶桑有枝，十日伐出，言分日之十枝也。

五潢[五]：五潢，天潢[六]，疏闊於天潢[七]。

金枝[八]：天子親貴云，故曰金枝。

瓊萼[九]：花喻兄弟。王者[一〇]，天子之昆季是也[一一]，故云瓊萼。

戚里[一二]：親戚之里。

宗盟[一三]：《左傳》云：周之宗盟，異姓爲後[一四]。

大王風[一五]：宋玉《風〔賦〕》云[一六]：此大王之雄風。

小山桂[一七]：淮南王劉安有小山之徒，爲《招隱〔士〕》云[一八]：攀桂枝兮聊淹留[一九]。

兔苑[二〇]：梁孝王有兔苑。

猨巖[二一]：梁孝王有落猨巖[二二]。

帝子[二三]：是天帝之子[二四]。

天人：陳思王有天人之才[二五]。

八公[二六]：淮南王有[二七]。

【校釋】

[一] 按：維城，借指皇子或皇室宗族。見《後漢書》卷八〇《孝明八王傳》："孝明傳胤，維城八國。"《全唐詩》卷八一四無可《送李長吉之任東井》："家世維城後，官資宰邑初。"《資治通鑒》卷七四《魏紀六·烈祖明皇帝》"景初三年"條："孫盛論曰：'……然不思建德垂風，不固維城之基，至使大權偏據，社稷無衛，悲夫！'"胡三省注云："此言帝猜忌宗室，以亡魏。"

[二] 子，底本作"之"，兹據文義逕録作"子"，《類書》《王研》逕録作"子"，兹從校。按：宗子維城，語出《毛詩正義》卷一七《大雅·生民之什·板》："价（價）人維藩，大師維垣，大邦維屏，大宗維翰，懷德維寧，宗子維城。"

[三] 盤，底本作"𥖲"，兹據文義逕録正，《類書》《王研》録作"磐"，非原形。按：𥖲，爲"盤"字俗寫。斯三八八號《正名要録》："盤槃，右字形雖別，音義是同。古而典者居上，今而要者居下。""槃盤，（上）正，（下）相通用。""右依顏監《字樣》甄録要用者，考定折衷，刊削紕繆。"以下"盤"字俗寫，逕録正，不再一一出校。又"盤石"，即磐石，喻穩定堅固，亦指封藩宗室。《全上古三代秦漢三國六朝文·全後魏文》卷一一孝明帝《改封東平王略詔》："昔劉蒼好善，利建東平，曹植能文，大啓陳國，是用聲彪盤石，義鬱維城。"《全唐文》卷六〇〇劉禹錫《爲裴相公賀冊魯王表》："皇家有慶，寶祚無疆，既榮本枝，克固盤石。"《長興四年中興殿應聖節講經文》亦有"維城之義方堅，盤石之心益壯"之語。

[四] 枝，底本作"𢽳"，兹據文義逕録正，《類書》《王研》録作"枝"，兹從之。按：𢽳，爲"枝"字俗寫。黃征《敦煌俗字典》"枝"字條下俗字有"𢽳"字。伯二五二四號《語對》："片玉一枝（枝）。"以下"枝"字俗寫，逕録正，不再一一出校。

　　〔五〕按：五潢，星名，又名“五車”，共有五星，位於畢宿東北。見《史記》卷二七《天官書》：“西宮咸池，曰天五潢。五潢，五帝車舍。”司馬貞索引《元命包》云：“咸池主五穀，其星五者各有所職。咸池，言穀生於水，含秀含實，主秋垂，故一名‘五帝車舍’，以車載穀而販也。”《徐陵集校箋》卷九《碑·丹陽上庸路碑》：“在天成象，咸池屬於五潢；在地成形，滄海環於四瀆。”《張説集校注》卷一六《碑銘·唐故夏州都督太原王公神道碑（銘并序）》：“公門揔四嶽之靈，帝子分五潢之氣。”

　　〔六〕按：天潢，星名，亦指皇族，帝王後裔。如《庾子山集注》卷七《表·爲杞公讓宗師驃騎表》：“憑天潢之派水，附若木之分枝。”

　　〔七〕闊，底本作“𣵀”，兹據文義徑録正，《類書》《王研》録作“闊”，兹從之。按：冂，爲“門”字俗寫，則𣵀，爲“闊”字字俗寫。又“疏闊”，指疏遠，不親近。《三國志》卷一三《蜀志·張嶷傳》：“廣漢太守蜀郡何祇，名爲通厚，嶷宿與疏闊。”

　　〔八〕按：金枝，謂帝王子孫的貴稱。《舊唐書》卷一九下《僖宗紀下》：“臣以爲煴（嗣襄王李煴）胤係金枝，名標玉牒。”伯三八〇八號《長興四年中興殿應聖節講經文》中亦有“金枝眷蜀圍宸宬，金紫朝臣進壽盃”之語。

　　〔九〕瓊葶，底本作“瓂葶”，兹據文義徑録正，《類書》《王研》録作“瓊葶”，兹從之。按：瓂，爲“瓊”字俗寫。黄征《敦煌俗字典》“瓊”字條下俗字有“瓂”字。斯六六九五號《太上洞玄靈寶妙經眾篇序章》：“並乘五色瓂（瓊）輪。”以下“瓊”字俗寫徑録正，不再一一出校。又葶，爲“葶”字俗寫。黄征《敦煌俗字典》“葶”字條下俗字有“葶”字。伯二三一九號《大目乾連冥間救母變文》：“長者聞言大驚葶（葶），思忖無常情不樂。”以下“葶”字俗寫，徑録正，不再一一出校。又“瓊葶”，猶言金枝玉葉，指皇親宗室。《晋書》卷六四《簡文三子傳》：“瑶枝瓊葶，隨鋒鏑而消亡；朱帝綠車，與波塵而殄瘁。”

　　〔一〇〕者，底本僅存上部“土”，兹據文義録作“者”，《類書》《王研》徑補作“者”，兹從補。

　　〔一一〕季，底本作“季”，《類書》《王研》校作“弟”，不妥。按：昆季，指兄弟，長爲昆，幼爲季。見《顏氏家訓集解》卷二《風操第六》：“行路相逢，便定昆季，望年觀貌，不擇是非。”唐·李德裕《次柳氏舊聞》：“玄宗於諸昆季，友愛彌篤，呼寧王爲大哥。”此處作“季”義通。〇是，底本作“㐱”，兹據文義徑録正，《類書》《王研》未録。按：㐱，爲“是”字的隸書寫法。〇也，底本僅存“也”字殘畫，兹據文義補作“也”，《類書》《王研》未録。

　　[一二]　戚，底本走作“𢧵”，兹據文義徑録正，《類書》《王研》録作“戚”，兹從之。按：𢧵，爲“戚”字俗寫。黄征《敦煌俗字典》“戚”字條下俗字有“𢧵”字。甘博一號《法句經》：“不能斷樹，親𢧵（戚）相戀。”以下“戚”字俗寫，徑録正，不再一一出校。又“戚里”，謂帝王外戚聚居的地方，借指外戚。見《史記》卷一〇三《萬石張叔列傳》：“於是高祖召其姊爲美人，以奮爲中涓，受書謁，徙其家長安中戚里。”司馬貞索隱引顏師古曰：“於上有姻戚者皆居之，故名其里爲戚里。”《文選》卷六《賦丙·京都下·魏都賦（左太沖）》：“亦有戚里，寘宮之東。”吕延濟注：“戚里，外戚所居之里。”又借指外戚，如《後漢書》卷六六《張霸傳》：“霸貴知止，辭交戚里。”

　　[一三]　按：宗盟，指同宗、同姓。如《舊唐書》卷五三《李密傳》：“宗盟之長，屬籍見容。復封於唐，斯榮足矣！”《舊唐書》卷六七《李敬業傳》：“君之愛子，幽之於別宫。賊之宗盟，委之以重任。”《太平廣記》卷三七《神仙·韋仙翁》：“韋君訪老父何姓，答曰：‘姓韋。’韋君曰：‘相與宗盟，合有繼叙。’邀與同席。”

　　[一四]　異，底本作“𢽹”，兹據文義徑録正，《類書》《王研》録作“異”，兹從之。按：𢽹，爲“異”字俗寫。黄征《敦煌俗字典》“異”字條下俗字有“𢽹”字。俄弗九六號《雙恩記》：“不異（異）從頭遍禮名。”“總言一時，揀異（異）餘時。”又“周之宗盟，異姓爲後”，語出《左傳》卷四“隱公十一年”。

　　[一五]　大王風，本爲諷諭，後轉爲對帝王的諛辭，猶言帝王的雄風。如《初學記》卷十《帝戚部·王五》引南朝梁·劉孝義《行過康王故第苑》詩：“芳流小山桂，塵起大王風。”

　　[一六]　賦，底本脱，兹據文義補，《類書》《王研》校作“賦”，兹從校。按：宋玉《風賦》：“故其風中人……清清泠泠，愈病析酲；發明耳目，寧體便人；此所謂大王之雄風也。”

　　[一七]　按：小山桂，謂隱逸山林。如《楚辭集注》卷八《招隱士第十五》：“攀桂枝兮聊淹留，虎豹鬥兮熊羆呴，禽獸駭兮亡其曹。”《全唐詩》卷五〇楊炯

《游廢觀》：“獨知小山桂，尚識大羅天。”又代指接待賓客的府第或園林，如《全唐詩》卷八〇張易之《侍從過公主南宅侍宴探得風字應制》：“時攀小山桂，共抱大王風。”《全唐詩》卷三五八劉禹錫《酬李相公歸鄉國自鞏縣夜泛洛水見寄》：“雖攀小山桂，此地不淹留。”

　　［一八］招隱，底本作“扗隱”，茲據文義徑錄正，《類書》《王研》錄作“招隱”，茲從之。按：扗，爲“招”字俗寫。《干祿字書·去聲》云：“呂呂召：上俗，中下正。諸從呂者皆準此。”又隱，爲“隱”字俗寫。黃征《敦煌俗字典》“隱”字條下俗字有“隱”字。斯一八九號《老子道德經》：“大音希聲，大象無形，大隱（隱）無名。”○士，底本脱，茲據文義補，《類書》《王研》未錄。按：《楚辭集注》卷八《招隱士第十五》：“攀桂枝兮聊淹留，虎豹鬬兮熊羆咆，禽獸駭兮亡其曹。”此處當指《招隱士》篇。

　　［一九］分，底本作“兮”，茲據文義徑錄正，《類書》《王研》錄作“分”，茲從之。按：兮，爲“分”字俗寫。黃征《敦煌俗字典》“分”字條下俗字有“兮”字。俄弗九六號《雙恩記》：“蹋彩雲兮（分）陽御。”《敦煌俗字研究》指出：“‘八’形偏旁俗書多寫作‘丷’形，故‘分’字俗書作‘兮’。”（第二九二頁）○留，底本作“流”，當作“留”，茲據文義徑錄正，《類書》《王研》校作“留”，茲從校。按：流，爲“流”字俗寫。又“淹留”，謂羈留、逗留。如《楚辭·離騷》：“時繽紛其變易兮，又何可以淹留？”《文選》卷三〇《詩乙·石門新營所住四面高山迴溪石瀨茂林修竹（謝靈運）》：“洞庭空波瀾，桂枝徒攀翻。”注云：“《楚辭》曰：‘洞庭波兮木葉下，攀桂枝兮聊淹留。’”

　　［二〇］兔，底本作“兎”，茲據文義徑錄正，《類書》《王研》錄作“兔”，茲從之。按：兎，爲“兔”字俗寫。黃征《敦煌俗字典》“兔”字條下俗字有“兎”字。斯二八三二號《願文等範本·夫歡齋分爲段》：“爰夫金烏旦上，逼夕暮而藏輝；玉兎（兔）霄（宵）明，臨曙光而匿曜。”以下“兔”字俗寫，徑錄正，不再一一出校。○苑，底本作“菀”，當作“苑”，《類書》《王研》錄作“苑”，茲從之。按：菀，通“苑”。爲養禽獸植樹木的地方。見《管子·水地》：“地者，萬物之本原，諸生之根菀也。”注云：“菀，圃城也。”《漢書》卷八六《王嘉傳》：“詔書罷菀，而以賜（董）賢二千餘頃。”顏師古注云：“菀，古苑字。”又伯二五二四號《語對》中存“兔苑”條，言“漢梁孝王有落猿巖，游兔園”。以下

“菀”字徑録作“苑”，不再一一出校。又“兔苑”，即兔園。《全唐詩》卷六五五羅隱《所思》：“梁王兔苑荆榛裏，煬帝雞臺夢想中。”

［二一］ 猨巖，見伯二五三七號《籯金》有“雍容文雅，俊傑方駕於猨巖；仁孝恭勤，英彦連芬於龍岫”之語。

［二二］ 按：落猨巖，泛指精美的湖山建築。《史記》卷五八《梁孝王世家》引晋·葛洪《西京雜記》云：“梁孝王苑中，有落猨巖、栖龍岫。雁池、鶴洲、鳧島，諸宫觀相連。”《太平御覽》卷一九七《居處部·園圃》：“梁孝王兔園有落猨巖、棲龍岫，雁池、鶴洲、鳧渚宫觀相屬。”《文苑英華》卷一七四《應制七·爰因巡省途次舊居（唐玄宗）》：“如何昔朱邸，今此作離宫。雁沼澄瀾翠，猨巖落照紅。”

［二三］ 按：帝子，謂帝王之子。見《文選》卷二六陸韓卿《奉答内兄希叔》：“嘉惠承帝子，躧履奉王孫。”伯二五三七號《籯金》卷一叙曰：“乾文著象，帝子之星耀於天。”

［二四］ 之，底本作“夫”，當作“之”，《類書》《王研》徑録作“之”，兹從校。

［二五］ 才，底本作“扌”，兹據文義徑録正，《類書》《王研》録作“才”，兹從之。按：扌，爲“才”字俗寫。黄征《敦煌俗字典》“才”字條下俗字有“丯”字。敦研一一六號《維摩詰所説經》：“辯丯（才）説法，當如世尊。”又“天人”，見《三國志》卷二一《魏書·王粲傳》“自潁川邯鄲淳”下注云：“植初得淳甚喜，延入坐，不先與談。時天暑熱，植因呼常從取水自澡訖，傅粉。遂科頭拍袒，胡舞五椎鍛，跳丸擊劍，誦俳優小説數千言訖，謂淳曰：‘邯鄲生如何邪？’於是乃更著衣幘，整儀容，與淳評説混元造化之端，品物區别之意，然後論羲皇以來賢聖名臣烈士優劣之差，次頌古今文章賦誄及當官政事宜所先後，又論用武行兵倚伏之勢。乃命廚宰，酒炙交至，坐席默然，無與伉者。及暮，淳歸，對其所知歎植之材，謂之‘天人’。”

［二六］ 八公，漢淮南王劉安門客八人，稱“八公”。見《史記》卷一一八《淮南衡山列傳》云：“淮南王安爲人好讀書、鼓琴……陰結賓客。”《索隱》言：“《淮南要略》云：‘安養士數千，高才者八人，蘇非、李尚、左吴，陳由、伍被、毛周、雷被、晋昌，號曰八公也。’”《神仙傳校釋》卷六《淮南王》云：“淮南王

安，好神仙之道。海内方士從其游者多矣。一旦，有八公詣之……八公曰：'王以我衰老不欲相見，卻致年少有何難哉？'於是振衣整容，立成童幼之狀。"

　　［二七］　有，《類書》《王研》未録。按：底本抄録止此。伯二五二四號《語對》"八公"條有"淮南王好琴書，有八公之賓"，則此處有作"八公之賓"之可能。又伯二五二四號《語對》"八公"條下有："七步：陳思王曹植，字子建，魏文忌之，將欲害植。以其無罪，文帝命令七步成詩。若不成，將誅。王應聲曰：'其在釜下然，豆在釜中泣，本是同根生，相煎何乃急。'帝善之。""八公"與"七步"正相對也，則事對"八公"條下，應有事對"七步"。

第一章 《文場秀句》的作者與成書年代考定

　　敦煌文獻現存《文場秀句》的相關寫卷中，作者闕如，亦未見題記，其作者及其成書年代，較難考述。敦煌文獻發現之前，《文場秀句》已亡佚，《舊唐書》《新唐書》《通志》《詩藪》《唐音癸籤》《癸巳存稿》等文獻中雖曾見載，但止於存目，僅著録了《文場秀句》的書名及其作者而已。且關於《文場秀句》一書的作者，尚存有不同之記載，亦有未注明作者之情況。則是書作者與其成書、抄寫年代問題，雖經那波利貞、福田俊昭、永田知之、李銘敬、王三慶等前輩學者進行過探討[一]，爲進一步研究提供了基礎，但尚存諸多

　　[一] 按：關於《文場秀句》作者的相關研究，詳參 [日] 那波利貞：《唐鈔本〈雜抄〉考——唐代庶民教育史研究の資料》，收入 [日] 那波利貞著：《唐代社會文化史研究》，第二六〇頁；[日] 福田俊昭：《〈注好選〉所引の〈文場秀句〉考》，《東洋研究》第一一三號，一九九四年，第五六頁；李銘敬：《日本及敦煌文獻中所見〈文場秀句〉一書的考察》，《文學遺産》二〇〇三年第二期，第六二～六八頁；[日] 永田知之：《〈文場秀句〉小考——"蒙書"と類書と作詩文指南書の間》，收入 [日] 高田時雄編集：《敦煌寫本研究年報》第二號，第一一八～一二〇頁；[日] 永田知之：《〈文場秀句〉補——〈敦煌秘笈〉羽072と〈和漢朗詠集私注〉》，收入 [日] 高田時雄編集：《敦煌寫本研究年報》第九號，第六〇頁；王三慶：《〈文場秀句〉之發現、整理與研究》，收入王三慶、鄭阿財合編：《2013年敦煌、吐魯番國際學術研討會論文集》，第一二～一三頁。

問題，懸而未決，唯據《文場秀句》著録及其相關寫卷内容，對其作者及其成書年代進行探討。

第一節 《文場秀句》作者考定

關於《文場秀句》作者的記載多爲隻言片語。前輩學者對於《文場秀句》作者的研究，主要有兩種觀點：其一，認爲其作者爲王起，主要依據的是《舊唐書》《新唐書》《通志》等文獻記載。其二，認爲其作者爲孟憲（獻）忠，所據則爲敦煌文獻及日本所存文獻中的記載。可見，學界對於《文場秀句》作者的不同觀點，蓋因史料、敦煌文獻、日本所存文獻中的記載，存在着不同的記載。因此，在考訂《文場秀句》一書的作者之前，應先對相關記載情況進行探討和分析，以便通過梳理相關文獻，考定其作者。

一 關於《文場秀句》作者記載情況

就相關記載而言，史料、敦煌文獻、日本見在文獻中以《文場秀句》爲名者，概有三種記載，兹臚陳如下：

其一，王起撰《文場秀句》。《舊唐書・王起傳》載："（王起）爲太子廣《五運圖》及《文場秀句》等獻之。"[一]據《新唐書・藝文志》載，有"王起《文場秀句》一卷"[二]，將其歸入總集類[三]。宋代鄭樵《通志・藝文略八・詩評》載有"王起《文場秀句》一卷"[四]，將其歸入詩評類[五]。

與史載一致的亦有宋代王應麟《詩藪・雜編・遺逸・載籍》，其言："《文

〔一〕《舊唐書》卷一六四《王起傳》，第四二八〇頁。
〔二〕《新唐書》卷六〇《藝文志四》，第一六二三頁。
〔三〕《新唐書》卷六〇《藝文志四》，第一六二六頁。
〔四〕《通志》卷七〇《藝文志略八・詩評》，第八二八頁。
〔五〕《通志》卷七〇《藝文志略八・詩評》，第八二八頁。

場秀句》一卷，王起編。"〔一〕明代胡震亨的《唐音癸籤·集録》言："《文場秀句》（王起編，一卷）。"〔二〕明代焦竑所輯《國史經籍志附録·詩文評》言有"王起《文場秀句》一卷"〔三〕。又《（嘉靖）惟揚志·經籍志》載："《大中新興詩格》一卷、《文場秀句》一卷，俱王起撰。"〔四〕清代陳夢雷的《古今圖書集成·理學彙編·經籍典》卷三二"詩文評"下有"王起《文場秀句》一卷"〔五〕，均載《文場秀句》爲王起所撰（編）。清代俞正燮所撰《癸巳存稿·科場書》指出："《文場秀句》，王啓所集，懷挾本也。"〔六〕"王啓"當爲"王起"，音近而訛。

其二，孟憲（或作"獻"字）子撰《文場秀句》。與上述史料記載不同的是，敦煌文獻《雜抄》中所見關於《文場秀句》一書的記載，俱言其爲孟憲子作。計有六件，兹擇其與《文場秀句》及作者相關者，録如下：

伯二七二一號《雜抄一卷并序》："《文場秀〔句〕》，孟憲子作。"〔七〕
伯三六四九號《雜抄一卷》："《文場秀句》，孟憲子作。"〔八〕
伯三六六二號《雜抄》："《文長繡（場秀）句》，孟憲子。"〔九〕

〔一〕（明）胡應麟著：《詩藪·雜編》卷二《遺逸中·載籍》，第二六一頁。

〔二〕（明）胡震亨著：《唐音癸籤》卷三〇《集録一》，第三一六頁。

〔三〕（明）焦竑輯：《國史經籍志附録》卷五《詩文評》，第二九六頁。

〔四〕（明）朱懷幹修，（明）盛儀纂：《（嘉靖）惟揚志》卷一二《經籍志》，收入上海古籍書店編：《天一閣藏明代方志選刊》第一二册，第七筒頁。

〔五〕（清）陳夢雷編纂：《古今圖書集成》第五七册《理學彙編·經籍典》卷三二《經籍總部》，第六八二一〇頁。

〔六〕（清）俞正燮撰：《癸巳存稿》卷一四《科場書》，第四三三～四三四頁。

〔七〕按："場"字伯二七二一號作"塲"，爲"場"字的俗寫，兹徑録正。（《法藏》第一七册，第三五七頁）

〔八〕按："場"字伯三六四九號作"塲"，爲"場"字的俗寫，兹徑録正。（《法藏》第二六册，第二二九頁）

〔九〕按："句"字伯三六六二號作"勾"，爲"句"字的俗寫，兹徑録正；寫卷伯三六六二號"孟憲子"下殘。（《法藏》第二六册，第二五九頁）

　　伯三六七一號《雜抄一卷》："《文場秀句》，孟憲子作。"[一]

　　斯五六五八號《雜抄（一名珠玉抄）》："《文場秀句》，孟憲子作。"[二]

　　斯四六六三號《雜抄一卷（一名珠玉抄、二名益智文、三名隨身寶）》："《文場秀句》，孟憲子作。"[三]

　　與敦煌文獻所載相同，清代葉德輝考證的《秘書省續編到四庫缺書目·子類·類書》中也指出《文場秀句》的作者爲孟獻子，其著録爲"孟獻子撰《文場秀句》一卷（闕）"[四]。

　　日本早稻田大學圖書館藏唐代張鷟撰《游仙窟》"有注本"卷一"絳樹青琴，對之羞死"下，有雙行小注云：

　　　　魏文帝《與繁欽書》曰："今之妙舞，莫過絳樹。"孟獻忠《文場秀
　　　　句》曰："絳樹者，古美妾也。"引司馬相如《上林賦》曰："美夫青琴，
　　　　宓妃之徒。"伏儼曰："青琴，古神女也。"[五]

　　明確署名《文場秀句》一書的作者爲孟獻忠，與前述敦煌寫卷中論及的"孟憲子"，第二字有"憲""獻"之別，末字亦有"子""忠"之別。蓋"憲""獻"二字，當爲同音俗字之訛，"忠"字應爲其具名，而"子"字當是

　　〔一〕　按："場"字伯三六七一號作"塲"，爲"場"字的俗寫，茲徑録正。（《法藏》第二六册，第二八五頁）

　　〔二〕　按："場"字斯五六五八號作"塲"，爲"場"字的俗寫，茲徑録正。（《英藏》第九卷，第四五頁）

　　〔三〕　按："場"字斯四六六三號作"塲"，爲"場"字的俗寫；"句"作"勾"，爲"句"字的俗寫，茲徑録正。（《英藏》第六卷，第二二八頁）

　　〔四〕　（清）葉德輝考證：《秘書省續編到四庫闕書目》卷二《子類·類書》，見中華書局編輯部編：《宋元明清書目題跋叢刊·宋代卷》，第三二七頁。

　　〔五〕　按："場"字日本早稻田大學圖書館藏《游仙窟》作"塲"，爲"場"字的俗寫，茲徑録正。參見（唐）張鷟：《游仙窟》，（日本）京都慶安五年（一六五二）中野太良左衛門本藏日本早稻田大學圖書館，第五筒頁。

對其人之美稱，故《游仙窟》作引《文場秀句》之作者，當爲孟獻忠。

其三，未注撰人。成書於日本寬平三年（八八九）的《日本國見在書目錄》著錄有"《文場秀句》一卷"（見圖一），并將其歸入小學家，但未言明其作者[一]。

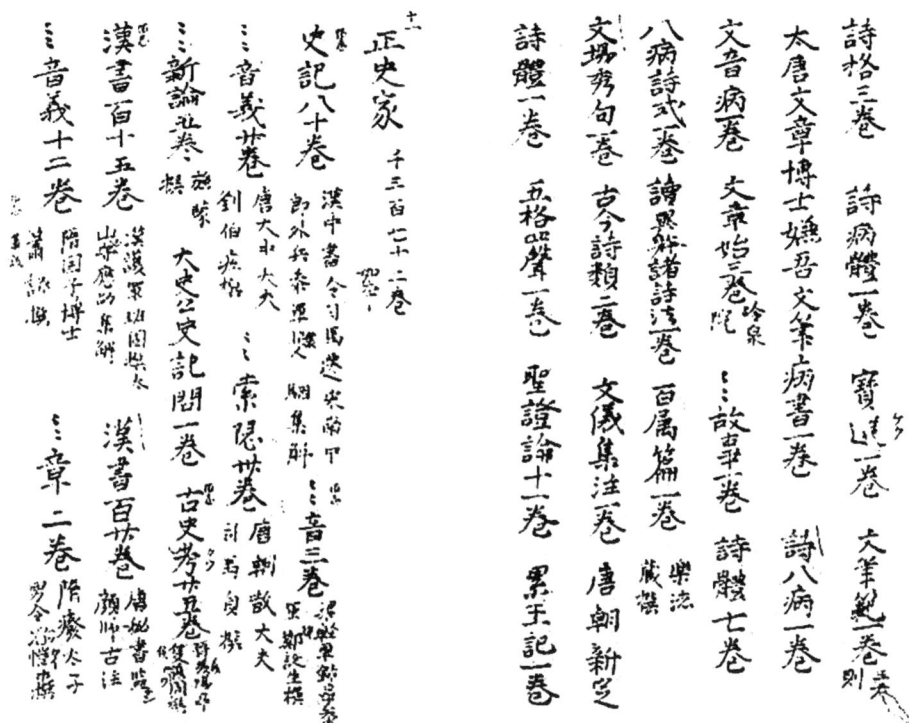

圖一　日本國立國會圖書館藏《日本國見在書目錄》

〔一〕　按：本研究使用的是日本國立國會圖書館藏日本天保六年（一八三五）《日本國見在書目錄》寫本。（[日]藤原佐世奉敕撰：《日本國見在書目錄》，（日本）天保六年（一八三五）寫本（藏日本國立國會圖書館），寫本不注頁碼）又日本內閣文庫尚藏有（日本）塙保己一《續群書類從》第一〇二七冊《本朝見在書目》寫本，及日本嘉永四年（一八五一）《日本現在書目錄》寫本。關於藤原佐世《日本國見在書目錄》的成書時間，流行之觀點爲"日本貞觀說"。孫猛《日本國見在書目錄·研究篇·〈日本國見在書目錄〉的成書年代及背景》中指出是書成書、奏進的時間當在寬平三年（八八九）。故是書記錄早於《舊唐書》五十四年，早於《新唐書》一百六十九年，爲研究《文場秀句》提供更早的記錄。（孫猛：《日本國見在書目錄詳考》，第七、二一六五～二一七九頁）

《宋史·藝文志》言有"《文場秀句》一卷"[一]，并將其歸入類事類[二]，亦未注明是書撰人[三]。清代陳夢雷編纂《古今圖書集成·理學彙編·經籍典》卷一九中著錄與《日本國見在書目録》《宋史》同[四]。

依上文所引，相關文獻中對於《文場秀句》一書作者的記載，疑竇非一，試略言之於次：

一是，相關文獻中明確撰者爲王起的《文場秀句》，當是爲莊恪太子所獻之書。是書雖已亡佚，但從其歸入總集、詩評之類，并觀其所題之名，則其言"文場"，概有兩種含義：其一，指科舉之考場，如唐代白居易《醉後走筆酬劉五主簿長句之贈兼簡張大賈二十四先輩昆季》云："齊入文場同苦戰，五人十載九登科。"[五]其二，猶指文壇，如南朝梁劉勰的《文心雕龍·總術》贊曰："文場筆苑，有術有門。"[六]唐代楊炯《遂州長江縣先聖孔子廟堂碑》則有"駭飛兔於文場，躍雕龍於筆海"之言[七]。而"秀句"當指文句之優美，如南朝梁鍾嶸《詩品·齊吏部謝朓詩》言："然奇章秀句，往往警遒。"[八]唐代杜甫有《送韋十六評事充同谷郡防御判官》詩云："題詩得秀句，札翰時相

〔一〕《宋史》卷二○七《藝文志六》，第五二九五頁。

〔二〕《宋史》卷二○七《藝文志六》，第五三○三頁。

〔三〕按：清代葉德輝考證《秘書省續編到四庫缺書目·子類·類書》中按語指出："新唐志入集部總集類，云王起撰，宋志無撰人。"參見（清）葉德輝考證：《秘書省續編到四庫闕書目》卷二《子類·類書》，見中華書局編輯部編：《宋元明清書目題跋叢刊·宋代卷》，第三二七頁。

〔四〕按：清代陳夢雷編纂《古今圖書集成》第五七冊《理學彙編·經籍典》卷一九《經籍總部》中著錄"《文場秀句》一卷"。（第六八○八七頁）

〔五〕（清）彭定求等校點：《全唐詩》卷四三五白居易《醉後走筆酬劉五主簿長句之贈兼簡張大賈二十四先輩昆季》，中華書局，一九六○年，第一○七三頁。

〔六〕（南朝·梁）劉勰著，周振甫譯注：《文心雕龍今譯·總術第四十四》，中華書局，二○一三年，第三六一頁。

〔七〕（唐）楊炯著：《楊炯集》卷四《遂州長江縣先聖孔子廟堂碑》，中華書局，一九八○年，第六二頁。

〔八〕（南朝·梁）鍾嶸著，曹旭集注：《詩品集注·詩品中·齊吏部謝朓詩》，上海古籍出版社，一九九四年，第二九八頁。

投。"〔一〕蓋爲其美辭〔二〕。

二是，除王起《文場秀句》之外，當尚有一同名《文場秀句》，原因有三：

第一，性質差異。王起所撰《文場秀句》列入總集或詩評類，與元兢編《古今詩人秀句》、黃滔編《泉山秀句》等秀句集同列〔三〕，則王起所撰《文場秀句》當是收録科舉考試詩賦之中，"文章胜篇""篇章秀句""自然會妙"的詩句集〔四〕。而未注撰人或署孟獻忠之《文場秀句》，則入小學類、類事類，與王起所撰《文場秀句》的性質相距甚遠，從其所歸入的類別來看，二者具有不同的性質與功用。

第二，世人評價。關於《文場秀句》，《舊五代史·周書·馮道傳》中有相關的記載：

> 有工部侍郎任贊，因班退，與同列戲道於後曰："若急行，必遺下《兔園册》。"道知之，召贊謂曰："《兔園册》皆名儒所集，道能諷之。中朝士子止看《文場秀句》，便爲舉業，皆竊取公卿，何淺狹之甚耶！"〔五〕

《兔園册》"非鄙朴之談"，但世人仍"多賤之"〔六〕，馮道通過中朝士子憑借《文場秀句》便可成就舉業，來反駁任贊取笑他所讀《兔園册》。從馮道對於《文場秀句》與《兔園册》的評價來看，《文場秀句》一書在不如《兔園册》爲名儒所集，强調較之其諷誦的《兔園册》，中朝士子通過學習《文場秀句》來成就舉業的做法更爲"淺狹"。

〔一〕《全唐詩》卷二一七杜甫《送韋十六評事充同谷郡防禦判官》，第五一四頁。

〔二〕王三慶：《〈文場秀句〉之發現、整理與研究》，收入王三慶、鄭阿財合編：《2013年敦煌、吐魯番國際學術研討會論文集》，第四頁。

〔三〕（明）胡應麟著：《詩藪·雜編》卷二《遺逸中·載籍》，第二六一頁。

〔四〕（南朝·梁）劉勰著，周振甫譯注：《文心雕龍今譯·隱秀第四十》，第三六一頁。

〔五〕《舊五代史》卷一二六《馮道傳》，第一六五六～一六五七頁。

〔六〕按：《舊五代史》卷一二六《馮道傳》注云："北中村墅，多以《兔園册》教童蒙，以是譏之。然《兔園册》乃徐、庾文體，非鄙朴之談，但家藏一本，人多賤之也。"（第一六五六頁）

依上文所引，馮道將《文場秀句》與《兔園册》進行比較，則二書應具有相似或相同的性質與功用，二者應與詩賦考試具有密切的聯繫，均是便於參加舉業之書。《文場秀句》具有廣采詩文秀句，彙集成書，以便時人撰文之用，則可無疑。通過馮道將二書進行對比的情況來看，《文場秀句》的作者應并非名儒，但從《文場秀句》的作者王起生平和學識來看，與馮道所言情況，存在着較大的出入。

考王起生於唐肅宗上元元年（七六六），卒於唐宣宗大中元年（八四七）。《舊唐書・王起傳》言：

　　起字舉之，貞元十四年擢進士第，釋褐集賢校理，登制策直言極諫科，授藍田尉……入朝爲殿中，遷起居郎、司勳員外郎、直史館。元和十四年，以比部郎中知制誥。穆宗即位，拜中書舍人。長慶元年，遷禮部侍郎。其年……起遂代（錢）徽爲禮部侍郎，掌貢二年，得士尤精……出爲河南尹。入爲吏部侍郎。文宗即位，加集賢學士、判院事……大和二年，出爲陝虢觀察使、兼御史大夫。四年，入拜尚書左丞。居播之喪，號毀過禮，友悌尤至。遷戶部尚書、判度支……六年，檢校吏部尚書、河中尹、河中晉絳節度使……七年，入爲兵部尚書。八年，檢校右僕射、襄州刺史，充山南東道節度……九年，就加銀青光禄大夫……八月，詔拜兵部侍郎，判戶部事。其冬……罷判戶部事。文宗好文，尤尚古學。鄭覃長於經義，起長於博洽，俱引翰林，講論經史。起僻於嗜學，雖官位崇重，耽玩無斁，夙夜孜孜，殆忘寢食，書無不覽，經目靡遺。轉兵部尚書。以莊恪太子登儲，欲令儒者授經，乃兼太子侍讀，判太常卿，充禮儀詳定使……爲太子廣《五運圖》及《文場秀句》等獻之。三年，以本官充翰林侍講學士。莊恪太子薨，詔起爲哀册文，辭情婉麗。四年，遷太子少師，判兵部事，侍講如故……武宗即位，八月，充山陵鹵簿使……尋檢校左僕射、東都留守，判東都尚書省事。會昌元年，徵拜吏部尚書，判太常卿事。三年，權知禮部貢舉。明年，正拜左僕射，復知貢舉。起前後四典貢部，所選皆當代辭藝之士，有名於時，人皆賞其精鑒徇公也。其年秋，出爲興元尹，兼同平章事，充山南西道節度使……在鎮二年，以老疾求代，不許。大中元年，卒於鎮，時年八十八。廢朝三日，贈太尉，謚曰文懿〔一〕。

又《新唐書·王起傳》則載：

> 起字舉之，釋褐校書郎，補藍田尉。李吉甫辟爲淮南掌書記，以殿中侍御史入兼集賢殿直學士。元和末，累遷中書舍人。數上疏諫穆宗畋游事，歲中考第一……拜禮部侍郎……賜金紫，拜河南尹，進吏部侍郎。方播以僕射居相，避選曹，改兵部，爲集賢殿學士。拜陝虢觀察使……入拜尚書左丞，以户部尚書判度支……歷河中節度使……召授兵部尚書，以檢校尚書右僕射爲山南東道節度使。李訓爲宰相，起門生也，欲引與共政，即加銀青光禄大夫，復以兵部尚書判户部……止罷其判。俄加皇太子侍讀……開成三年，入翰林爲侍讀講學士，改太子少師……武宗立，爲章陵鹵簿使、東都留守。召爲吏部尚書，判太常卿……進尚書左僕射，封魏郡公……擢山南西道節度使、同中書門下平章事……宣宗初，檢校司空……卒，年八十八，贈太尉，謚曰文懿〔二〕。

由其傳可見，王起擢進士第，且歷任要職，釋褐集賢校理，後又登制策直言極諫科，以殿中侍御史入兼集賢殿直學士，曾拜中書舍人、禮部侍郎，并曾多次知貢舉〔三〕，進吏部侍郎、尚書左丞，進尚書左僕射，封魏郡公，擢山南西道節度使、同中書門下平章事。且王起"長於博洽""夙夜孜孜，殆忘寢

〔一〕《舊唐書》卷一六四《王起傳》，第四二七八～四二八一頁。

〔二〕《新唐書》卷一六七《王起傳》，第五一一七～五一一八頁。

〔三〕 按：《登科記考》卷一九長慶二年條、長慶三年條指出禮部侍郎王起是年知貢舉。《登科記考》卷二二會昌三年條，指出吏部尚書王起知貢舉；會昌四年條，言左僕射王起知貢舉。《廣卓異記》卷一三《座主與門生同在翰林》："右按《唐書》，長慶二年，王起自中書舍人知貢舉，放進士周墀及第，其後同在翰林。"參見（清）徐松撰：《登科記考》卷一九、卷二二，中華書局，一九八四年，第七一二、七一六、八〇二頁；（宋）樂史：《廣卓異記》，見《四庫全書存目叢書》編纂委員會編：《四庫全書存目叢書》史部第八七册，齊魯書社，一九九六年，第五六六頁。

食，書無不覽，經目靡遺"〔一〕，以其學識與文采來看，則其所撰之《文場秀句》一書，當與馮道口中淺陋之書并不相符。由此可見，除王起所撰《文場秀句》之外，尚有一別種《文場秀句》。

第三，王起撰《文場秀句》之時間。據上文所引，《舊唐書・王起傳》云："充禮儀詳定使……爲太子廣《五運圖》及《文場秀句》等獻之。（開成）三年，以本官充翰林侍講學士。"〔二〕《新唐書・王起傳》則載："李訓爲宰相，起門生也，欲引與共政，即加銀青光禄大夫，復以兵部尚書召判户部。訓敗，起素長厚，人不以訓誘之，止罷其判。俄加皇太子侍讀。"〔三〕而其撰《文場秀句》以獻太子，當欲令其誦讀，以廣見識，則王起撰此書當在其任太子侍讀之後〔四〕。王三慶先生指出，李訓於大和九年十一月壬戌日（八三五年十二月十四日）被殺〔五〕，王起任侍讀當在此之後。又太子卒於開成三年十月庚子日（八三八年十一月六日）〔六〕，而王起進書必在此前，則撰述時間當在此大和九年（八三五）至開成三年（八三八）的三年之間〔七〕，其所撰《文場秀句》當成書於開成三年（八三八）之前。

而敦煌文獻《雜抄》中已見"文場秀句"一書之名，據鄭阿財、朱鳳玉先生考證，認爲其成書大致在神龍三年（七〇七）至開元十年（七二二）之

<hr>

〔一〕《舊唐書》卷一六四《王起傳》，第四二七九頁。

〔二〕《舊唐書》卷一六四《王起傳》，第四二七九～四二八〇頁。

〔三〕《新唐書》卷一六七《王起傳》，第五一一七～五一一八頁。

〔四〕詳參王三慶：《〈文場秀句〉之發現、整理與研究》，收入王三慶、鄭阿財合編：《2013年敦煌、吐魯番國際學術研討會論文集》，第四頁。

〔五〕《舊唐書》卷一七下《文宗本紀》云："（大和九年）十一月壬寅朔……壬戌，中尉仇士良率兵誅宰相王涯、賈餗、舒元輿、李訓，新除太原節度王璠、郭行餘、鄭注、羅立言、李孝本、韓約等十餘家，皆族誅。時李訓、鄭注謀誅内官，詐言金吾仗舍石榴樹有甘露，請上觀之。内官先至金吾仗，見幕下伏甲，遽扶帝輦入内，故訓等敗，流血塗地。"（第五六二頁）

〔六〕《舊唐書》卷一七下《文宗本紀》云："（開成三年）冬十月……庚子，皇太子薨於少陽院，諡曰莊恪。"（第五七五頁）

〔七〕詳參王三慶：《〈文場秀句〉之發現、整理與研究》，收入王三慶、鄭阿財合編：《2013年敦煌、吐魯番國際學術研討會論文集》，第四頁。

間〔一〕，可見，在王起撰《文場秀句》之前，便已有《文場秀句》一書。則除王起所撰《文場秀句》之外，尚存在與之書名相同，但作者不同之《文場秀句》。且敦煌蒙書《雜抄》便記録了《文場秀句》，説明《文場秀句》在當時具有一定的影響，很可能爲童蒙所習用之書。

三是，敦煌文獻所存《文場秀句》的作者，當爲相關文獻所署之孟獻忠。從王起所撰《文場秀句》的性質來看，與敦煌本《文場秀句》的性質并不相符。敦煌本《文場秀句》的性質，更符合未注撰人或署孟獻忠之《文場秀句》的類書、小學書性質。加之孟獻忠其人，於史傳中不見相關記載，由此可以推測孟獻忠并非唐代的知名人物，亦非名儒〔二〕，正與《舊五代史·馮道傳》所載笑談中，非"名儒"所撰的評價情況相一致，則可進一步推知敦煌文獻中所存《文場秀句》的作者，當爲孟獻忠。

王起《文場秀句》非敦煌文獻所載之《文場秀句》，可以肯定，太子既不用參加科考，也不會用此淺陋初學之書，莊恪太子生年不詳，其薨當年文宗欲廢之，群臣云"太子春秋盛"，則已爲青年，王起獻書時定不用此啓蒙之書。

二 《文場秀句》作者生平事迹考略

依據上文對《文場秀句》作者的分析，敦煌文獻中所存《文場秀句》的作者孟獻忠，并非知名人物，亦稱不上名儒，則其生平事迹并不見於史傳概有其原由。關於孟獻忠的生存時代和事迹，李銘敬的《日本及敦煌文獻中所見〈文場秀句〉一書的考察》一文根據孟獻忠所撰《金剛般若集驗記》，指出其在長安三年（七〇一）時任申州司户，并根據《金剛般若集驗記》中的相關記載，推知孟獻忠當爲生活於武則天時代至唐玄宗時代之人〔三〕。其後，永

〔一〕 鄭阿財、朱鳳玉：《敦煌蒙書研究》，第一七九頁。

〔二〕 詳參李銘敬：《日本及敦煌文獻中所見〈文場秀句〉一書的考察》，《文學遺産》二〇〇三年第二期，第六八頁。

〔三〕 詳參李銘敬：《日本及敦煌文獻中所見〈文場秀句〉一書的考察》，《文學遺産》二〇〇三年第二期，第六八頁。

田知之《〈文場秀句〉小考——"蒙書"と類書と作詩文指南書の問》則通過日本東京博物館所藏唐鈔本《王勃集》中的《君没後彭執古、孟獻忠與諸弟書》，在李銘敬研究的基礎上，對孟獻忠的生平進行了探討，認爲孟獻忠當與王勃同屬於知識分子階層[一]。根據前輩學者的研究成果可知，涉及孟獻忠的相關文獻，除上文所録敦煌文獻和日本文獻中存《文場秀句》的相關記載外，尚有其他資料可參。在前輩學者研究的基礎上，進一步梳理與孟獻忠相關的資料，概有如下五端，兹臚列如下：

其一，唐代彭執古《與王六賢弟書（題擬）》，言："僕等近游汾晋，言訪山泉……豈謂賢兄長逝，化爲异物……彭執古、孟獻忠諮。"[二]陳尚君於"彭執古"下注云："彭執古，高宗時人，及識王勃。"[三]

其二，《全唐文補編》卷二九有孟獻忠的《金剛般若經集驗記序》，其中原署"梓州司馬孟獻忠撰"[四]。陳尚君於"孟獻忠"下注云："孟獻忠，玄宗開元初爲梓州司馬。"[五]據孟獻忠的《金剛般若經集驗記序》載，此書"于（於）時大唐開元六年（七一八）歲次戊午奥四月乙丑朔八日壬申撰畢"[六]。《卍續藏經》第一四九册《中國撰述・史傳部・金剛般若經集驗記》中所收《金

〔一〕 按：永田知之《〈文場秀句〉小考——"蒙書"と類書と作詩文指南書の問》："孟獻忠Ａが彼を悼む文章を寄せる〔東博本卷三十〕……王勃の友人であるからには、孟獻忠Ａも知識人階層に屬していたと想像される。"（收入［日］高田時雄編集：《敦煌寫本研究年報》第二號，第一一七～一一八頁）

〔二〕 陳尚君輯校：《全唐文補編》卷一六彭執古《與王六賢弟書（題擬）》，中華書局，二〇〇五年，第一八九頁。

〔三〕 陳尚君輯校：《全唐文補編》卷一六彭執古《與王六賢弟書（題擬）》，第一八九頁。

〔四〕 陳尚君輯校：《全唐文補編》卷二九孟獻忠《金剛般若經集驗記》，第三四二頁。

〔五〕 陳尚君輯校：《全唐文補編》卷二九孟獻忠《金剛般若經集驗記》，第三四二頁。

〔六〕 陳尚君輯校：《全唐文補編》卷二九孟獻忠《金剛般若經集驗記》，第三四二頁。按：日本國立國會圖書館藏《金剛波若經集驗記》序言部分，亦存"于（於）時大唐開元六年歲次戊午奥四月乙丑朔八日"的内容。

剛般若集驗記卷上（并序）》亦屬"梓州司馬孟獻忠撰"〔一〕。

其三，宋代陳思纂《寶刻叢編》卷八《唐太子中書舍人楊承源碑》載："唐孟獻忠撰，集王羲之、褚遂良、歐陽詢等諸家書。承源，字嗣本。弘農華陰人。仕至太子典郎。追贈太子中書舍人。碑以景龍三年（七〇九）十月立（集古録目）。"〔二〕

其四，日本東京國立博物館所藏唐鈔本《王勃集》殘卷（見圖二、圖三，以下簡稱"東博本"）〔三〕，收入《書迹名品叢刊》之中，并對其內容進行了整理（以下簡稱"《書迹》"）。

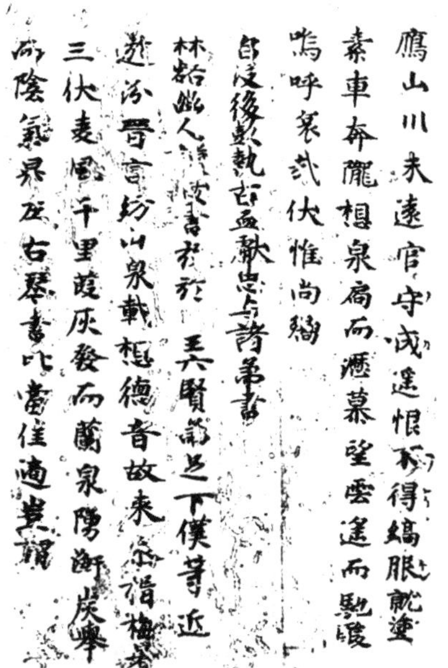

圖二　中國國家圖書館藏《書迹名品叢刊　　圖三　中國國家圖書館藏《書迹名品叢刊
　　　　（合訂版）》　　　　　　　　　　　　　　　（合訂版）》

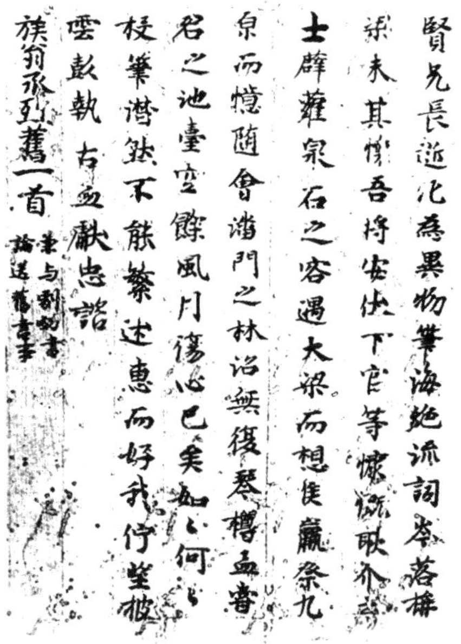

〔一〕（唐）孟獻忠：《金剛般若經集驗記》，見新文豐編審部編輯：《卍續藏經》第一四九冊，新文豐出版公司，一九八三年，第七五頁。

〔二〕（宋）陳思纂：《寶刻叢編（三）》，中華書局，一九八五年，第二六一頁。

〔三〕 按：日本東京國立博物館所藏唐鈔本《王勃集》殘卷，收入［日］西川寧、［日］神田喜一郎監修：《書迹名品叢刊（合訂版）》卷一八《唐Ⅷ·（唐鈔本）王勃集》，（日本）東京：二玄社，二〇〇一年，第三五八～三五九頁。

其中，《王勃集》卷三〇存有《君没後彭執古、孟獻忠與諸弟書》一文〔一〕，尾題作"彭執古、孟獻忠諧"，此文又收入《羅雪堂先生全集·初編·王子安佚文》（以下簡稱"《佚文》"）、《内藤湖南全集·寶左盦文》（以下簡稱"《寶左》"），兹以東博本爲原本，參《寶左》《佚文》《書迹》所作整理，重新將此文校録如下：

君没後彭執古、孟獻忠與諸弟書〔二〕

林壑幽人謹致書□於王六賢弟足下〔三〕。僕等近游汾晋，言訪山泉〔四〕，載想德音，故來參揖。梅暑三伏，麥風千里。葭灰發而蘭泉湧，衡炭舉而陰氣昇。左右琴書，比當佳適。豈謂賢兄長逝，化爲异物。筆海絶流，詞岑落構。梁木其壞〔五〕，吾將安伏〔六〕。下官等慷慨耿介之士，薛蘿泉石之客〔七〕。遇大梁而想侯嬴〔八〕，祭九原而憶隨會〔九〕。潘［黄］門之林

〔一〕 按："君"字，羅振玉《王子安佚文》校作"自"；"孟"字，内藤湖南《寶左盦文》《研幾小録》校作"血"字，（日本）杉村邦彦（《書迹名品叢刊》）、羅振玉校作"孟"。詳參羅振玉著：《羅雪堂先生全集·初編》第三册《王子安佚文·又附録》，大通書局，一九八六年，第一一九三頁；〔日〕内藤虎次郎著：《内藤湖南全集》第十四卷《寶左盦文》，（日本）東京：築摩書房，一九七六年，第三一頁；〔日〕内藤虎次郎著：《内藤湖南全集》第七卷《研幾小録（一名支那學叢考）》,（日本）東京：築摩書房，一九七〇年，第一一三頁。

〔二〕孟：《書迹》校作"孟"，《寶左》校作"血"。與：東博本作"与"，爲"與"字的俗寫，兹徑録正。以下俗字徑録正，不再一一説明。

〔三〕謹致：東博本不清，《書迹》校作"謹致"二字。□："書"字後有一字，僅存左側"方"字，似爲"放"字，兹録作"□"，以示區別。東博本"於"字下有敬空一格，兹接排。

〔四〕訪：東博本作"紡"，《書迹》校作"訪"。

〔五〕木：東博本作"未"，《書迹》《佚文》校作"木"，兹從校。壞：東博本作"懷"，《書跡》《佚文》校作"壞"，兹從校。

〔六〕伏：東博本作"伏"，《佚文》校作"放"，兹從東博本。

〔七〕客：東博本作"客"，《佚文》校作"容"，兹從東博本。

〔八〕遇：東博本作"遇"，《佚文》校作"過"，兹從東博本。嬴：東博本作"嬴"，《書迹》《佚文》校作"嬴"，兹從校。

〔九〕祭：東博本作"祭"，《佚文》校作"登"，兹據東博本及文義作"祭"。隨：東博本作"随"，爲"隨"字的俗寫，兹徑録正。

沼〔一〕，無復琴樽〔二〕，孟嘗君之池臺，空餘風月，傷心已矣。如何如何〔三〕，投筆潸然，不能繁述。惠而好我，佇望披雲〔四〕。彭執古、孟獻忠謌〔五〕。

其五，前述孟獻忠所撰《金剛般若經集驗記》之書，國內雖久佚，但從日本所留存的古寫本中，仍可略見其原貌，對於孟獻忠其人的記述，也較存序豐富。

日本國立國會圖書館所藏石山寺本孟獻忠《金剛波若經集驗記》殘卷〔六〕，其上卷《救護篇第一》載："獻忠親自追問，具説源流，神晏當時始年卅八。"〔七〕（見圖四）又同卷 "以危急實冥助焉" 之下雙行小注言："獻忠任梓州司馬，崔善冲親説。"〔八〕（見圖五）又黑板勝美藏古鈔本《金剛波若經集驗記》卷上有："長安三載，獻忠任申州司户。"〔九〕（見圖六）《金剛波若經集驗記》卷

〔一〕 黄：東博本脱，兹據《書迹》《佚文》補。

〔二〕 樽：東博本作 "樽"，《佚文》校作 "尊"，兹從東博本。按：參此 "孟" 字之寫法，首題及尾題中所書，當爲 "孟獻忠"。

〔三〕 如何如何：東博本 "如""何" 二字下各施一重文符號 "〻"，當作 "如何如何"。《書迹》《佚文》校作 "如何如何"，兹從校。

〔四〕 佇：東博本作 "佇"，《佚文》作 "佇"，兹從東博本。

〔五〕 ［日］西川寧、［日］神田喜一郎監修：《書迹名品叢刊（合訂版）》卷一八《唐Ⅷ·（唐鈔本）王勃集》，第四〇〇～四〇一頁。

〔六〕 按：相關情況詳參《石山寺藏古鈔本金剛波若經集驗記解説》，見（唐）孟獻忠撰：《金剛波若經集驗記》（石山寺藏），（日本）東京：古典保存會，一九三八年，不注頁碼（藏日本國立國會圖書館）。

〔七〕 （唐）孟獻忠撰：《金剛波若經集驗記》（石山寺藏）卷上《救護篇第一》，不注頁碼（藏日本國立國會圖書館）。《卍續藏經》中《中國撰述·史傳部·金剛般若經集驗記》爲 "三十八"。詳見（唐）孟獻忠：《金剛般若經集驗記》，見新文豐編審部編輯：《卍續藏經》第一四九册，第八〇頁。

〔八〕 （唐）孟獻忠撰：《金剛波若經集驗記》（石山寺藏）卷上《救護篇第一》，不注頁碼（藏日本國立國會圖書館）。

〔九〕 按：此語不見於石山寺藏《金剛波若經集驗記》。《金剛波若經集驗記》中有《黑板勝美氏藏古鈔本〈金剛波若經集驗記〉解説》，指出："孟獻忠の傳はいまだ詳ならず。唯本書によりて、長安三年（則天武后の時）申州の司户に任ぜられ、開元の頃梓州の司馬たりしを知るのみ。"強調此本書中記載了孟獻忠長安三年任申州司户，以及在開元間任梓州司馬的情況。（唐）孟獻忠撰：《金剛波若經集驗記》（黑板勝美藏）卷上，（日本）東京：古典保存會，一九三四年，不注頁碼（藏日本國立國會圖書館）。

中及《金剛波若經集驗記》卷下之下，均署"梓州司馬孟憲忠撰"[一]（見圖七、圖八）。

圖四　日本國立國會圖書館藏《金剛波若
　　　經集驗記》（石山寺藏）

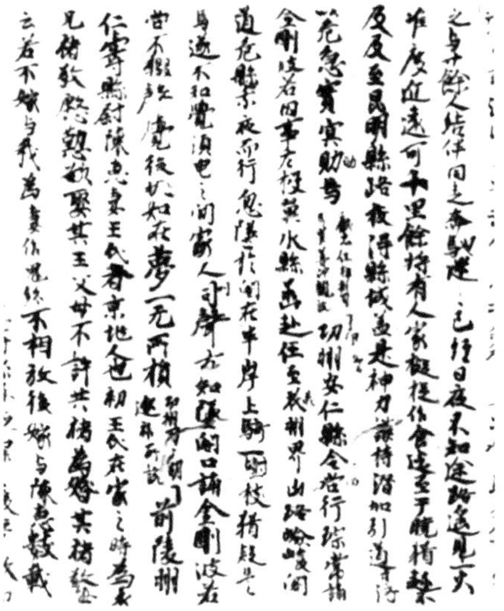

圖五　日本國立國會圖書館藏《金剛波若
　　　經集驗記》（石山寺藏）

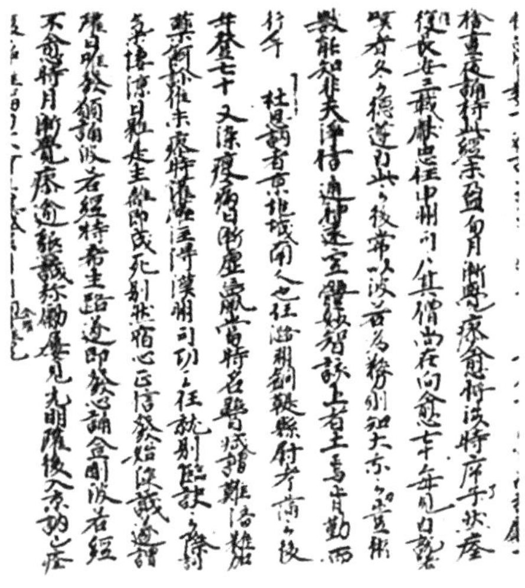

圖六　日本内閣文庫藏《金剛波若經集驗
　　　記》（黑板勝美藏）

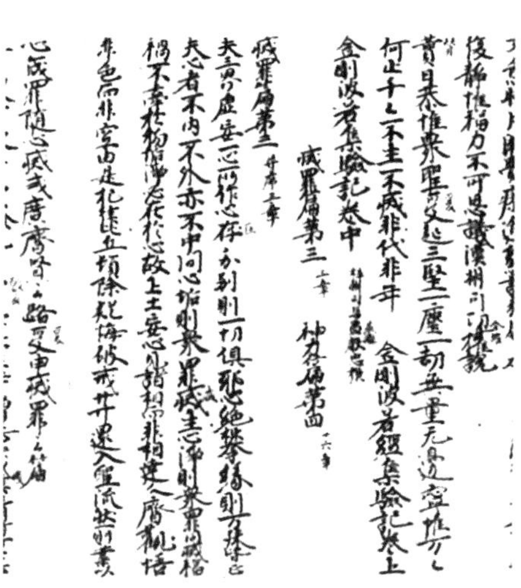

圖七　日本内閣文庫藏《金剛波若經集驗
　　　記》（黑板勝美藏）

〔一〕　按：詞語不見於石山寺藏《金剛波若經集驗記》。

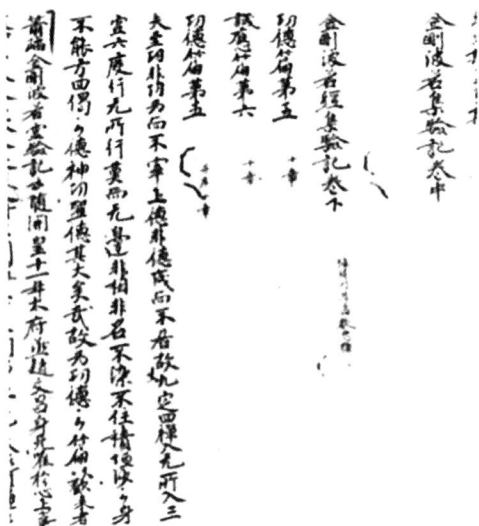

圖八 日本内閣文庫藏《金剛波若經集驗記》
（黑板勝美藏）

依上述文獻記載，關於孟獻忠其人，大體上可得到以下幾點認識：

其一，根據《金剛波若經集驗記》中的相關記載，孟獻忠於長安三年
（七〇一）任申州（今河南省信陽市）司户〔一〕，於唐玄宗先天元年（七一二）
至開元開元六年（七一八），任梓州（今四川省三台縣）司馬〔二〕。

其中，司户爲州司户參軍事省稱〔三〕，又申州爲中州，《舊唐書·職官志三·郡
縣官員》："中州……司功、司倉、司户、司法、司士六曹參軍事各一人。（并

〔一〕《元和郡縣圖誌·河南道五》："申州（中），本屬淮南道，貞元已後，隸蔡州節
度使……禹貢荆州之域。又古申國也……武德四年復置申州。"詳參（唐）李吉甫：《元和
郡縣圖誌》卷九《河南道五》，中華書局，一九八三年，第二四三頁。

〔二〕《元和郡縣圖誌·劍南道下》："梓州（上），今爲東川節度使理所……雖開皇末
改爲梓州，因梓潼水爲名也。"參見（唐）李吉甫：《元和郡縣圖誌》卷三三《劍南道下》，
第八四一頁；（唐）孟獻忠：《金剛般若經集驗記》，收入陶敏主編：《全唐五代筆記》第一冊，
三秦出版社，二〇一二年，第一一四頁。

〔三〕 龔延明：《中國歷代職官別名大辭典》，上海辭書出版社，二〇〇六年，第
二三七頁。

正八品下，隨曹有佐史人數）"〔一〕《唐六典·三府都護州縣官吏·中州》："中州……司戶參軍事一人，正八品下。"〔二〕《唐六典·三府都護州縣官吏·上州》："上州……司馬一人，從五品下。"〔三〕則孟獻忠當是生活於唐玄宗時期的地方官員。從其所撰書中記載的靈驗故事來看，孟獻忠主要接觸的有縣令、司戶和當地僧人等，由此可見，孟獻忠作爲地方文人，其所撰作品自然難以形成很大的影響力，而這一點不僅與其人其書不爲史傳記載的情況相符合，也和馮道對於《文場秀句》"淺狹"的評價相一致。

其二，根據上文所引文獻，孟獻忠應與彭執古、楊承源、王勃爲友。孟獻忠撰《唐太子中書舍人楊承源碑》立於唐中宗景龍三年（七〇九），其所撰時間當與景龍三年相距不遠，又陳尚君指出彭執古爲高宗時人，及識王勃〔四〕，則孟獻忠亦應與彭執古、王勃爲同一時期之人。且從其與"初唐四傑"之一的王勃，以及中書舍人楊承源等人爲友的情況看，可知孟獻忠雖并非名儒，但尚屬於具有一定社會地位的文士。

由於彭執古、楊承源的生平事迹不見於史傳，僅可從王勃的生活時代對孟獻忠的生活時代試作推斷。《舊唐書·王勃傳》載："上元二年，勃往交趾省父，道出江中，爲《采蓮賦》以見意，其辭甚美。渡南海，墮水而卒，時年二十八。"〔五〕《新唐書》卷二〇一《王勃傳》則言：

> 王勃字子安，絳州龍門人。六歲善文辭，九歲得顏師古注《漢書》讀之，作《指瑕》以摘其失……客劍南，嘗登葛憒山曠望，慨然思諸葛亮之功，賦詩見情。聞虢州多藥草，求補參軍。倚才陵借，爲僚吏共嫉。

〔一〕《舊唐書》卷四四《職官志三》，第一九一八頁。
〔二〕（唐）李林甫等撰，陳仲夫點校：《唐六典》卷三〇《三府都護州縣官吏·中州》，中華書局，一九九二年，第七四六頁。
〔三〕《唐六典》卷三〇《三府都護州縣官吏·上州》，第七四五頁。
〔四〕陳尚君輯校：《全唐文補編》卷一六彭執古《與王六賢弟書（題擬）》，第一八九頁。
〔五〕《舊唐書》卷一九〇上《王勃傳》，第五〇〇五頁。

官奴曹達抵罪，匿勃所，懼事泄，輒殺之。事覺當誅，會赦除名。父福時，繇雍州司功參軍坐勃故左遷交阯令。勃往省，度海溺水，痎而卒，年二十九[一]。

唐代楊炯《王勃集序》言："命不與我，有涯先謝，春秋二十八，皇唐上元三年秋八月，不改其樂，顏氏斯殂，養空而浮，賈生終逝。嗚呼！天道何哉！"[二]依上文所引，則初唐文人王勃卒年與享歲猶有可疑者，岑仲勉先生的《唐集質疑・王勃疑年》指出："王勃之生，可斷在永徽初元，其卒疑以上元三年（六七六）爲近信。"[三]則王勃大致生於唐高宗永徽元年（六五〇）[四]，卒於唐高宗上元三年（六七六）[五]。可進一步推知孟獻忠當與王勃、彭執古二人同爲唐高宗時人。從孟獻忠撰有《唐太子中書舍人楊承源碑》，以及其能與王勃有識爲友，則其應爲唐代文人群體中的一員。

此外，《君没後彭執古、孟獻忠與諸弟書》一文收入《王勃集》第三十卷中，此卷收録了王勃死後，朋友及族人的憑吊祭文[六]。根據内藤湖南對

〔一〕《新唐書》卷二〇一《王勃傳》，第五七三九頁。

〔二〕（唐）楊炯著：《楊炯集》卷三《王勃集序》，第三八頁；（唐）楊炯：《王勃集序》，收入周紹良主編：《全唐文新編》第一部第四册，第二一九六頁。

〔三〕岑仲勉：《唐集質疑・王勃疑年》，收入岑仲勉：《唐人行第録（外三種）》，上海古籍出版社，一九六二年，第三五八頁。

〔四〕按：關於王勃生卒年，（日本）杉村邦彦在唐鈔本《王勃集》中指出，初唐文人王勃大致生於生卒年爲六四九年～六七六年，《王子安年譜》中言永徽元年（六五〇）庚戌一歲。（［日］西川寧、［日］神田喜一郎監修：《書迹名品叢刊（合訂版）》卷一八《唐Ⅷ・（唐鈔本）王勃集》，第三九四頁；北京圖書館編：《北京圖書館藏珍本年譜叢刊》第九册《王子安年譜》，北京圖書館出版社，一九九九年，第二六二頁）

〔五〕《舊唐書》卷五《高宗下》："（上元三年）十一月……壬申，以陳州言鳳凰見於宛丘，改上元三年曰儀鳳元年。"上元三年（六七六）十一月改元儀鳳，則王勃卒於上元三年。（《舊唐書》卷五《高宗下》，第一〇二頁；岑仲勉：《唐集質疑・王勃疑年》，收入岑仲勉：《唐人行第録（外三種）》，第三五八頁）

〔六〕按：《内藤湖南全集》第七卷中指出："此卷の載する所は皆勃の文にあらずして、其死後、朋友族人の寄せる弔書祭文等を雑集して、勃の集に殿せるなり。"（［日］内藤虎次郎：《内藤湖南全集》第七卷《研幾小録（一名支那學叢考）》，第一一三頁）

於上野本《王勃集》中“華”字避諱缺筆情況，結合武后新字在載初元年（六九〇）之前并未使用情況的分析，推斷《王勃集》的書寫時代應在唐睿宗垂拱至永昌之間（六八五~六八九）〔一〕，亦與之前所述孟獻忠的活動時間相印證。綜上所論，孟獻忠大概生活在唐高宗永徽元年至唐玄宗開元六年（六五〇~七一八）之間。

其三，從《金剛波若經集驗記》的性質與内容來看，此靈驗記以佛經《金剛波若經》爲中心進行渲染，爲宣傳佛教的功德觀，并通過彙集靈驗故事的方式來勸導警戒僧俗遵守佛教規誡〔二〕。孟獻忠此書對佛教靈驗故事的記録，反映了孟獻忠對於佛教的敬信態度，則其人應是信仰佛教的基層文官。這一身份亦十分符合編撰童蒙讀物《文場秀句》作者的身份，加之其基層文官之身份，使其作品難以形成很大的影響力，因此，《文場秀句》一書及其作者難以爲世人所熟知、不爲史書記載，則在情理之中〔三〕。且其所撰《金剛波若經集驗記》中記載的靈驗故事，多發生在萬歲通天元年至開元五年（六九六~七一七）之間，如《金剛波若經集驗記》便記述了梓州僧人神晏萬歲通天元年（六九六）誦經靈驗的故事，孟獻忠於其後稱此故事爲其親自采録之事。據此可以推知，孟獻忠大抵生活於武則天時期至唐玄宗時期，亦同前述孟獻忠生活之時代相符。

綜其大要，敦煌文獻中所存《文場秀句》的作者，當爲孟獻忠，其人概生活於唐高宗永徽元年至唐玄宗開元六年（六五〇~七一八）之間，孟獻忠除創作了《文場秀句》之外，還編撰了《金剛波若經集驗記》。孟獻忠曾任申

〔一〕 按：日本杉村邦彦在唐鈔本《王勃集》中指出：“内藤博士は、上野本に則天武后の祖父の諱で華の字がみな末筆を欠いており、しかも則天文字を一つも用いていないところから推して、武后が則天文字を作つた載初元年（六九〇）より以前の、垂拱・永昌の間（六八五~六八九）に寫されたものと斷定された。”（〔日〕西川寧、〔日〕神田喜一郎監修：《書迹名品叢刊（合訂版）》卷一八《唐Ⅷ・（唐鈔本）王勃集》，第三九六頁）

〔二〕 詳參楊寶玉：《敦煌本佛教靈驗記校注并研究》，甘肅人民出版社，二〇〇九年，第一六頁。

〔三〕 詳參李銘敬：《日本及敦煌文獻中所見〈文場秀句〉一書的考察》，《文學遺產》二〇〇三年第二期，第六八頁。

州司户、梓州司馬等職，是有佛教信仰的基層文官，與彭執古、楊承源聯繫較爲密切，概因善文，方可與初唐四傑之一的王勃爲友。

第二節 《文場秀句》年代考定

關於《文場秀句》的年代考定，雖史傳不詳，難以確言，但從其寫卷情況及是書體例，尚存信息可資考察，可對是書大致成書及抄寫年代試作推斷。主要包括兩個方面：一是成書年代考定；二是抄寫年代考定。兹擇其要者，分別論述如下。

一 成書年代考定

關於《文場秀句》的成書年代，李銘敬《日本及敦煌文獻中所見〈文場秀句〉一書的考察》一文根據孟獻忠所作《金剛般若集驗記》及日本所存文獻，對其成書年代進行過判斷，指出孟獻忠概生活於武則天時代之唐玄宗時代的人物，《文場秀句》一書當撰成於他成年後的某一時間[一]。可見，雖然《文場秀句》寫卷無紀年亦無題記，但尚有日本所存文獻可資參考。除日本所存文獻之外，亦有敦煌文獻可供參考，如敦煌文獻中，除《文場秀句》之寫卷外，尚有其他文獻記録了與《文場秀句》相關的内容，如前所述伯二七二一號、伯三六四九號、伯三六六二號、伯三六七一號、斯五六五八號、斯四六六三號等六件《雜抄》寫卷，均記載了《文場秀句》及其作者的相關信息，如：

> 論經史何人修撰製（制）注？《史記》司馬遷修；《三國志》陳壽修；《春秋》孔子修，杜預注；《老子》河上（公）注；《三禮》孔子修，鄭玄注；《周易》王弼注；《離騷經》屈原注（作）；《流（劉）子》劉協（勰）注（作）；《爾雅》

〔一〕 李銘敬：《日本及敦煌文獻中所見〈文場秀句〉一書的考察》，《文學遺產》二〇〇三年第二期，第六八頁。

郭璞注；《文場秀句》孟憲子作；《莊子》郭象注。（後略）〔一〕

　　從《雜抄》存有《文場秀句》一書及其作者的情況來看，則可推知《文場秀句》在《雜抄》編撰之前便已出現，因此，分析《雜抄》的編撰時代，對於推斷《文場秀句》成書年代具有十分重要的價值。

　　就《雜抄》所存内容而言，《雜抄》雖存有首題、序文及尾題等，但均不著撰人，爲探討其編撰時代帶來了一定的困難〔二〕，僅能從今存寫本的内容來探討其可能成書的時代。關於《雜抄》的成書時代，鄭阿財、朱鳳玉先生《敦煌蒙書研究》中已進行過探討：根據《雜抄》中："何名五嶽？東嶽泰山，豫州；西嶽華山，畫（華）州；南嶽衡山，衡州；北嶽恒山，定州；中嶽嵩高山，嵩城縣。"〔三〕"豫州""衡州"設置的時間，推斷《雜抄》成書當在神龍三年（七〇七）以後，寶應元年（七六二）之前。又據"論經史何人修撰制注……《毛詩》《孝經》《論語》，孔子作，鄭玄注"之語〔四〕，其言《孝經》爲鄭玄注，然自唐玄宗御注《孝經》并頒行於天下，科舉考試即采唐玄宗御注本，則其成書當在玄宗御注頒行之前〔五〕。根據《舊唐書》卷八《玄宗上》開元十年（七二二）條載："六月辛丑，上訓注《孝經》，頒行天下。"〔六〕又《唐會要》卷三六《修撰》亦言："（開元）十年六月二日，上注《孝經》，頒於天下及國子學。至天寶二年（七四三）五月二十二日，上重注，亦頒於天下。"〔七〕則其成書當在唐玄宗御注《孝經》頒布之前，即開元十年之前。

　　由此可以推知，《雜抄》的成書大致在神龍三年至開元十年之間，則《文

〔一〕　按：此處采用的是伯三六四九號《雜抄》，詳參《法藏》第二六册，第二二九頁。
〔二〕　詳參鄭阿財、朱鳳玉：《敦煌蒙書研究》，第一七九頁。
〔三〕　詳參《法藏》第一七册，第三五六頁。
〔四〕　詳參《法藏》第一七册，第三五七頁。
〔五〕　詳參鄭阿財、朱鳳玉：《敦煌蒙書研究》，第一七九頁。
〔六〕　《舊唐書》卷八《玄宗上》，第一八三頁。
〔七〕　（宋）王溥撰：《唐會要》卷三六《修撰》，中華書局，一九五五年，第六五八頁。

場秀句》的成書時間當在《雜抄》成書之前，即開元十年之前。

二 抄寫年代考定

據今所知，敦煌文獻現存《文場秀句》有伯三九五六號＋伯二六七八號[一]、羽七二ノb ノ二號兩件寫本[二]，均無紀年，但敦煌寫卷中用字的寫法、書寫情況等，對於考定其抄寫年代，同樣具有十分重要的意義。關於寫卷的抄寫時代，王三慶先生認爲"全卷書法猶帶盛唐風味，足以證明成書年代距離盛唐不遠"[三]。兹據相關史料及《文場秀句》的相關內容，在前輩學者研究成果的基礎上，對其抄寫年代進行考察。

《文場秀句·瑞應篇第十一》中有："天驥：《漢書·天馬歌》。"其中，"天馬歌"的"天"字，寫卷作"𠀑"。黄征先生《敦煌俗字典》指出此爲篆書字形，被用於武周時期的楷書文獻者，爲武周新字[四]。王三慶先生《敦煌寫卷中武后新字之調查研究》中指出，武后新字自常盤大定考訂凡有天、地、日、月、星、年、君、臣、人、國、載、初、授、證、聖、照等十七字[五]，此十七字中，"天"字爲載初年間所造之字[六]。關於武后制字，《唐大詔令集》卷四《帝王·改元中·改元載初敕》載："朕宜以明空爲名……特創制一十二字，率先百辟，上有依於詁體，下有改於新文，庶保可久之基，方表還淳之意。"[七]

〔一〕《法藏》第一七册，第二〇六～二〇七頁。

〔二〕（日本）武田科學振興財團杏雨書屋、［日］吉川忠夫編：《敦煌秘笈：影片册》第一册，第四二五～四二六頁。

〔三〕 王三慶：《敦煌類書》上册，第一〇七頁。

〔四〕 黄征：《敦煌俗字典》，上海教育出版社，二〇〇五年，第四〇二頁。

〔五〕 詳參王三慶：《敦煌寫卷中武后新字之調查研究》，收入中國唐代學會編，台北編譯館主編：《唐代研究論集》第三輯，第六〇頁。

〔六〕 詳參王三慶：《敦煌寫卷中武后新字之調查研究》，收入中國唐代學會編，台北編譯館主編：《唐代研究論集》第三輯，第七二頁。

〔七〕（宋）杜敏求：《唐大詔令集》卷四《帝王·改元中·改元載初敕》，商務印書館，一九五九年，第二〇頁。

從寫卷中所使用之新字，可推知寫卷抄寫的時代應在載初元年（六九〇）之後。然武后所制之新字，并未嚴令遵行，且武后所制新體之字，非爲一時并造，亦未隨其政權的結束而被完全廢用。因此，敦煌寫卷中尚存非武后時代，而書武后新字的寫卷[一]。則存有武后新字之寫卷，恐并不爲武后時代之寫卷的情況存在。若僅據此判斷此爲武后時代之寫卷，對於《文場秀句》寫卷時代的判斷尚有所窒礙。且除此"天"字寫作武后新字外，寫卷中所書之其餘"天"并未作武后新字，對於《文場秀句》抄寫及創作時代的推斷，尚需要其他資料證明。

寫卷《風雲第三》中，釋文"虎嘯風生"的"虎"字作"𤢖（㡉）"。而"虎"字變體作"㡉"，當爲唐太祖李虎的避諱缺筆字[二]，楷定作"㡉"。此外，事對"風虎（贙）"及儷語"雲虎（贙）嘯巖幽"的"贙"字中偏旁從"虎"者，亦作"㡉"。竇懷永《敦煌文獻避諱研究》指出"㡉"的隸變俗體，漢魏六朝以來碑刻中已多見，與避唐諱無關[三]。又《春第六》事對"柳葉如眉"中"葉"字作"𦯧"，竇懷永《敦煌文獻避諱研究》指出"𦯧"字爲避諱改形字[四]，張涌泉《敦煌俗字研究》也指出"枽"字爲避諱字，認爲"枽"爲唐避太宗李世民諱，"世"旁或改書"云"等形，故"枽"即"葉"避唐諱形成的異體字[五]。

就敦煌文獻而言，避諱并非十分嚴格，如竇懷永的《敦煌文獻避諱研究》一書中便指出：

在明確紀年的敦煌文獻中，唐高宗時期的寫卷共59件，其中：出現

〔一〕 詳參王三慶：《敦煌寫卷中武后新字之調查研究》，收入中國唐代學會編，台北編譯館主編：《唐代研究論集》第三輯，第六二~六三頁。

〔二〕 詳參鄭阿財、朱鳳玉：《敦煌蒙書研究》，第二一三頁。

〔三〕 詳參竇懷永：《敦煌文獻避諱研究》，甘肅教育出版社，二〇一三年，第二二〇~二二一頁。

〔四〕 詳參竇懷永：《敦煌文獻避諱研究》，第二二八頁。

〔五〕 詳參張涌泉：《敦煌俗字研究》，上海教育出版社，二〇一五年，第四七三、四八八頁。

太宗正諱的寫卷共56件，完全避諱的寫5件，不完全避諱的寫卷1件，其餘均不避諱，比例分別爲89.3%、1.79%、89.29%……顯然，不避諱的比例相對較高，避諱較爲鬆弛[一]。

依上文所引，敦煌文獻中的避諱情況，相對鬆弛，并未嚴格避諱。因此，不能僅通過避諱情況對敦煌寫卷的抄寫年代進行推論。通過《文場秀句》寫卷中出現的避諱情況，來推斷其抄寫年代并不準確。

因此，王三慶先生在分析寫卷避諱情況的基礎上，參考了其相關寫卷的書寫情況，指出《文場秀句》中《雷電》門中“隆”字可能因避諱而空缺，因此在過錄時佚失[二]，認爲“全卷書法猶帶盛唐風味，足以證明成書年代距離盛唐不遠”[三]。需要說明的是，雖然書法風格不能作爲書寫年代的截然分割點，盛唐之後若干年依然帶有時代特點是很正常的。另外，此書寫成後能傳到僻遠的敦煌，肯定也需要較長時日。但是仍可爲其抄寫年代的判斷提供啟示。

若以盛唐之勢的情況來判斷，據《舊唐書》卷一一《代宗紀》：“觀夫開元之治也，則橫制六合，駿奔百蠻；及天寶之亂也，天子不能守兩都，諸侯不能安九牧。是知天下者，治道其可忽乎！”[四]明代王夫之《讀通鑒論》卷二六《唐宣宗》：“唐自高宗以後，非弑械起於宮闈，則叛臣訌於肘腋，自開元二十餘年粗安而外，皆亂日也。”[五]則指出開元二十年（七三二）左右尚可言“粗安”，則《文場秀句》當作於開元之前，又《文場秀句》的作者孟獻忠，其人概生活於唐高宗永徽元年至唐玄宗開元六年（六五〇～七一八）之間，亦與寫卷抄寫的時代相符合。則此寫卷的抄寫年

〔一〕 竇懷永：《敦煌文獻避諱研究》，第八〇頁。
〔二〕 詳參王三慶：《敦煌類書》上冊，第一〇七頁。
〔三〕 王三慶：《敦煌類書》上冊，第一〇七頁。
〔四〕《舊唐書》卷一一《代宗紀》，第三一六頁。
〔五〕（明）王夫之著：《讀通鑒論》卷二六《唐宣宗》，中華書局，一九七五年，第九四一頁。

代當在唐玄宗開元年間。

結　論

本章主要以敦煌文獻現存《文場秀句》的相關寫卷爲基礎，結合史料、敦煌文獻、日本見在文獻等，分析了《文場秀句》作者的記載情況，對其作者的生平事迹進行了考略，并對其成書年代和抄寫年代進行了考定。

關於《文場秀句》作者的記載，《舊唐書》《新唐書》《通志》《詩藪》《唐音癸籤》《癸巳存稿》等文獻中，止於存目、著録，本章在前輩學者研究的基礎上，進一步將史料、敦煌文獻、日本文獻相結合，主張敦煌本《文場秀句》的作者當爲唐人孟獻忠，其人概生活於唐高宗永徽元年至唐玄宗開元六年（六五〇～七一八）之間，孟獻忠除創作了《文場秀句》之外，還編撰了《金剛波若經集驗記》。孟獻忠曾任申州司户、梓州司馬等職，是有佛教信仰的基層文官，與彭執古、楊承源聯繫較爲密切，概因善文，并與初唐四傑之一的王勃爲友。

敦煌本《文場秀句》的作者闕如，亦未見題記，其作者及其成書年代，較難考述。通過考察敦煌文獻中載有《文場秀句》的《雜抄》寫卷，根據《雜抄》的成書年代，可以進一步推知《文場秀句》的成書年代。《雜抄》的成書大致在神龍三年（七〇七）至開元十年（七二二）之間，則《文場秀句》的成書時間至少在《雜抄》成書之前，即開元十年之前。

根據《文場秀句》寫卷的抄寫情況、成書年代，以及作者孟獻忠的生活年代，可以進一步推知其抄寫年代。《文場秀句》當作於開元之前，又《文場秀句》的作者孟獻忠，其人概生活於唐高宗永徽元年至唐玄宗開元六年之間，亦與寫卷抄寫的時代相符合，則此寫卷的抄寫年代當在唐玄宗開元年間。

第二章 《文場秀句》的
編撰體例與背景

　　"一物之微，亦時代之所孳育，其來有自，非偶然也。"[一]誠然，《文場秀句》的編撰并非偶然，將其置於其作者所處之時代，可知此書的出現乃適應了當時社會發展與文化教育需要，是當時時代的産物，此書的編撰是必然的。就其編撰體例而言，此書主要采用了類書的編撰方式，其特點概不出類書之特點，然尚有不同於其他類書的獨特之處，而其"事文兼采"之體例的具體情況，對於認識其在類書發展過程中的重要地位具有重要價值。

　　若談其編撰背景，《文場秀句》的編撰主要受到了類書編撰風行，以及科舉制度發展的影響。而其采用類書的形式進行編撰，亦淵源有自，蓋受到其前所撰類書《編珠》的影響。而其編撰特點亦着眼於對初學者進行屬對、屬文啓蒙教育，以便於初學者識記和使用。

第一節 《文場秀句》的編撰體例

　　就《文場秀句》一書的編撰而言，是書經王三慶等前輩學者的研究，性

〔一〕　張滌華：《類書流別》，商務印書館，一九八五年，第一五頁。

質、内容、作者等方面已見識卓著，但關於《文場秀句》的體例，尚有可進一步探討的地方。

目前所見，《文場秀句》之寫本，記有伯三九五六號+伯二六七八號，以及羽七二ノbノ二號等兩件寫本，均未録完整：

其一，伯三九五六號+伯二六七八號寫卷起"五月，日東井也"，訖"八公：淮南王有"，原件書寫止此，抄録未完，僅存"天地第一""日月第二""風雲第三""雷電第四""煙霧第五""春第六""夏第七""秋第八""冬第九""帝德第十""瑞應第十一""王第十二"等十二部的内容。其中，"王第十二"部分抄録未完，僅存部分内容。

其二，羽七二ノbノ二號起"乾象：天文也"，訖"蟾暉東上，烏景西傾"。此寫卷《文場秀句》的内容書寫止此，抄録未完。從此寫卷抄録的内容來看，自"乾象""圓清"至"高天""厚地"及"方輿下闕，列五鎮於坤維"之語，此寫卷所存内容，與伯二六七八號+伯三九五六號抄録内容十分相似，均爲"天地"的相關内容，可補充"天地"之部類名稱，又據《文場秀句》之體例，則此寫卷計存"天地第一"及"日月第二"二部。

雖然確爲《文場秀句》之寫卷所存内容不全，但其所存留的部分内容，仍可使今人窺見此書的部分原貌。

若其體例，即首出部類，之後以部類爲綱，臚列與部類相關的事對，事對之下則多以雙行小注的形式抄録釋文，其後又括其所列事對，撰寫一段儷語，爲學習者提供一定的詩賦創作範本。在分析《文場秀句》編寫内容之前，關於其體例尚需説明者，概有三點：

其一，各部類自有其名目，均以大字書寫。起自"天地"，訖於"王"。

其二，各部類收録事對若干，與部類一樣爲大字書寫。就事對的字數言之，多爲二字、三字、四字對。就現存完整的各部類中的事對數量而言，收録事對多寡不盡相同。所列事對多兩兩相對，偶或有三辭條共對之情況。

其三，事對之下多有釋文，明示事對含義或出處。釋文與部類及事對書寫形式不同，采用雙行小字的形式，與部類和事對之間存在着較爲明顯的區别。

以上乃《文場秀句》編撰之常軌，基本遵循了當時類書的編撰體例。唯

《文場秀句》一書所存寫卷較少，内容不全，且今日所見寫卷歷時綿渺，故是書抄録之時，是否有删改、佚失、增編、改編之情形，亦難以辨别。而所見《文場秀句》之體例不一，亦多有别於常軌之情形。故特分部類、麗辭（包括事對和儷語）、釋文三端，加以論説如下。

一 部類

部類亦謂門類，如《隋書·經籍志二》載："晋時，巴西陳壽删集三國之事，唯魏帝爲紀，其功臣及吴、蜀之主，并皆爲傳，仍各依其國，部類相從，謂之《三國志》。"〔一〕《梁書·劉勰傳》云："遂博通經論，因區别部類，録而序之。"〔二〕於此則指《文場秀句》所依據的分類標準，此書編次的部類，可自然地將其内容分爲不同的類别。

（一）敦煌本《文場秀句》保存部類

敦煌文獻伯三九五六號+伯二六七八號《文場秀句》内容最爲完整，然亦抄録未完，計其部類，凡一十二部，兹録其部類如次：

1. 天地
2. 日月
3. 風雲
4. 雷電
5. 煙霧
6. 春
7. 夏
8. 秋
9. 冬

〔一〕《隋書》卷三三《經籍志二》，第九五七頁。
〔二〕（唐）姚思廉撰：《梁書》卷五〇《文學傳下·劉勰傳》，中華書局，一九七三年，第七一〇頁。

  10.帝德

  11.瑞應

  12.王

  據現存寫卷可知，敦煌本《文場秀句》所存類部，一十有二，并按照一定的次序進行編次，是書啓自"天地"，訖於"王"。若其内容，斯有三端：其一，分別列舉了天地、日月、風雲、雷電、烟霧等自然現象和事物。這與古代蒙書編撰的傳統之間存在着一定的聯繫，如《千字文》《開蒙要訓》《李嶠雜詠》等蒙書，均是一天地、日月等事物開篇。其二，按照四時時序，依次對歲時進行了羅列。其三，列舉了天子德性、帝王修德，以及與之相關的事物。

  若其内容次第，較之肇始自"帝王"的《北堂書鈔》《册府元龜》，《文場秀句》一書肇啓"天地"之部類，與《藝文類聚》《初學記》等始自天部者更爲相類，内容次第仍襲用唐代類書編撰的基本體系，亦反映了"天人合一"的自然觀以及對天地自然的崇重。

  (二)《文場秀句》部類考訂

  除敦煌本所存十二部類之外，依據日本所存文獻援引的《文場秀句》内容，尚可進一步探討《文場秀句》的部類情況。就日本所存文獻援引的内容來看，釋文相對淺顯、易懂，且與敦煌本《文場秀句》首出事對，後有釋文，并撰有儷語的情況[一]，可知其與敦煌本《文場秀句》具有較爲密切的關係，而有別於王起所撰《文場秀句》，有助於進一步考訂《文場秀句》的部類情況，主要體現在三個方面：

  一是，根據日本東大寺北林院所藏《言泉集·兄弟姊妹帖》所引《文場秀句》的"共被""同餐""推梨·讓棗""八龍""兩驥""二陸""三張"等七則内容，與敦煌本《語對·兄弟》中的内容十分相似[二]，則可推知《文場秀

  〔一〕 按：關於日本文獻援引《文場秀句》的具體内容及情況，詳見第五章第一節。

  〔二〕 詳參王三慶：《敦煌文獻辭典類書研究：從〈語對〉到〈文場秀句〉》，《廈門大學學報(哲學社會科學版)》二〇二〇年第四期，第一七一頁。

句》當有"兄弟"部類[一]。

二是，據日本所存《倭名類聚抄》十卷本第一卷《人倫部·男女類》"朋友"條下存有："《文場秀句》云：'知音得意。'"其下注云："朋友篇事對也，故附。"[二]則可知《文場秀句》尚有"朋友"部類。

三是，《性靈集注》卷三"返鵲"之下，亦援引了《文場秀句》的内容，存有"懸針""垂露""返鵲""迴鸞""魚鱗""虎爪""鳥迹""蟲書""銀鉤""墨池"等五對十則之事對[三]。從《性靈集注》中所存《文場秀句》的内容來看，此十則事對多與書法、筆勢的内容相關，通過梳理敦煌文獻，其與伯二六三五號《類林·攻書第卅二》中記述"蒼頡""張芝""王羲之"等人與書法相關的事迹相似[四]，兹將《類林·攻書》中與《文場秀句》内容相關者，録如下：

> 倉頡，黄帝時人，觀鳥迹以造文字。
>
> ……
>
> 張芝，字伯英，敦煌人也，善草書，妙絶。臨池學書，池水乃黑，寸紙不遺。
>
> ……

〔一〕 按：關於《言泉集》所引具體内容及研究，詳見第五章第一節。所引七則内容，詳參澄憲著，[日]畑中榮編：《言泉集：東大寺北林院本》，（日本）東京：古典文庫，二〇〇〇年（藏日本國立國會圖書館），第三二三~三二六頁。

〔二〕 按：關於《倭名類聚抄》所引具體内容及研究，詳見第五章第一節。引文詳參[日]狩谷棭齋著：《箋注倭名類聚抄》，日本明治十六年（一八八三）印刷局活版本（藏日本内閣文庫）；[日]狩谷棭齋著：《箋注倭名類聚抄》，日本大正十年（一九二一）東京印刷局鉛印本（藏中國國家圖書館）。

〔三〕 詳參[日]阿部泰郎、[日]山崎誠編集：《性靈集注》卷三，見國文學研究資料館編：《真福寺善本叢刊》第二期第十二卷（文筆部三），（日本）東京：臨川書店，二〇〇七年，第八一八頁。

〔四〕 王三慶：《敦煌類書》上册，第二二二~二二四頁；《法藏》第一七册，第二一~二二頁。按：關於《性靈集注》中所引《文場秀句》的情況與探討，詳見第五章第一節。

索靖（靖），尤善草書，妙有餘姿，號爲銀鉤蠆尾，如蟲蛇虯蟉。〔一〕

《類林》與《文場秀句》相似，亦爲類書，大致成書於唐高宗顯慶元年（六五六）至乾封元年（六六六）間〔二〕，亦與《文場秀句》成書時間相近，則《文場秀句》此部分的部類之名，可能爲《類林》之"攻書"，主要羅列擅書、漢字相關的内容。

其四，《性靈集注》卷二中亦存："精粹者，《文傷（場）抄》賢部云：'挺生，精粹清字（孚）思精歟。'"〔三〕於"精粹"一詞的解釋中，言《文場抄》中有"賢部"，亦與《文場秀句》以部類收録事對及範文的形式一致。若《文場抄》與《文場秀句》爲同書，則《文場秀句》中除上述"朋友""兄弟""攻書"這三部類之外，還應存"賢部"。

由此可見，敦煌文獻所存《文場秀句》的内容抄録未完、非其全貌。又根據日本所存文獻對《文場秀句》的援引，則此書應尚存有"朋友""兄弟""攻書""賢部"部類。較之其現存之部類與内容，《文場秀句》一書在編撰之初，部類和内容應更加複雜和豐富，亦可知矣。

二 麗辭

所謂麗辭，即爲對偶〔四〕。《文場秀句》在編撰的過程中，多采用對偶，以爲麗辭，亦繼承了唐初類書編撰的優勢，以類分部，并用事對和儷語，熔鑄成篇。是書雖兼顧辭藻和典故，但未及《初學記》體例完備嚴謹。就其體例

〔一〕 王三慶：《敦煌類書》上册，第二二二~二二四頁；《法藏》第一七册，第二一~二二頁。

〔二〕 史金波等：《類林研究》，寧夏人民出版社，一九九三年，第三頁。

〔三〕 詳參《性靈集注》卷一，影印篇第一三七頁、翻刻篇第六〇八頁。按：關於《性靈集注》中所引《文場抄》的情況與探討，詳見第五章第一節。

〔四〕 詳參王力：《中國古典文論中談到的語言形式美》，《文藝報》一九六二年第二期，第二五頁。又收入王力：《龍蟲并雕齋文集》第一册，中華書局，二〇一五年，第四三〇~四三四頁。

而言，包括事對及儷語兩個方面，兹分別論述如下。

（一）事對

事對指將相似或相反的人或事物故實，使其構成對偶句。南朝梁劉勰《文心雕龍·麗辭》中指出：“事對者，并舉人驗者也⋯⋯宋玉《神女賦》云：‘毛嬙鄣袂，不足程式；西施掩面，比之無色。’此事對之類也。”〔一〕事對是練習對屬的基礎，“凡爲文章，皆須對屬”〔二〕，對詩文創作具有十分重要的價值。聞一多先生也曾指出，一首詩做到了“事對”的程度，便已經成功了一半，“餘剩的工作，無非是將‘事對’裝潢成五個字一幅的更完整的對聯，拼上韻脚，再安上一頭一尾罷了”〔三〕。可見，事對在詩創作過程中的重要價值。因此，《文場秀句》將事對根據不同的内容進行分類，以義聚類，以類相從，集中了羅列了詩歌中常用的事對，以供詩歌創作之用。

根據《文場秀句》的相關寫卷，事對共存一百九十三條，主要擇取二字或四字的事對，偶見三字，如“倚柱雷”“投壺電”“大王風”“小山桂”。在編撰過程中，事對分別列於十二部類之下，而各部類之下的事對數量并不相同：《天地第一》存十四條；《日月第二》存二十二條；《風雲第三》存十五條；《雷電第四》存九條；《煙霧第五》存十六條；《春第六》存二十一條；《夏第七》存十四條；《秋第八》存十八條；《冬第九》存十四條；《帝德第十》存二十三條；《瑞應第十一》存十二條；《王第十二》存十五條。其中，“王第十二”僅存“維城”“盤石”“十枝”“五潢”“金枝”“瓊萼”“戚里”“宗盟”“大王風”“小山桂”“兔苑”“㺞巖”“帝子”“天人”“八公”的部分内容，由於“八公：淮南王有”條内容抄録未完，僅存此部類下的部分内容。就其數量言之，部類“日月”“春”“帝德”之下事對較爲豐富。若以四時論之，描寫四時的事對便

〔一〕（南朝·梁）劉勰著，周振甫譯注：《文心雕龍今譯·麗辭第三十五》，第三一九頁。

〔二〕［日］遍照金剛著，周維德校點：《文鏡秘府論》北卷《論對屬》，人民文學出版社，一九八〇年，第二二五頁。

〔三〕聞一多：《類書與詩》，收入聞一多：《唐詩雜論》，上海古籍出版社，一九九八年，第五頁。

有六十七條，約占事對全數的十分之三，足見其重要性。蓋因《文場秀句》之編撰，着眼於唐代應試詩命題與創作，科舉考試所考內容，便是教育所指向的重要方面。孟二冬先生《論唐代應試詩的命題傾向之二——以詠物、寫景、頌德爲重心》一文，通過對唐代應試詩進行分類整理，指出詠物、寫景、頌德是唐代應試詩的常見命題〔一〕，"日月""春""夏""秋""冬"部類之下的事對對於創作寫景類的詩歌具有重要的參考價值，而部類"帝德"下事對，亦有助於歌頌功德。

由此可見，《文場秀句》在編撰過程中對應試詩命題傾向的參考，從而幫助初學詩者在初學階段，對詠物、寫景、頌德方面事對進行積累，以便掌握并熟練運用這些事對，對寫出出色的應試詩具有很大幫助。因此，《文場秀句》編撰過程中，更多地臚列"日月""春""帝德"之下事對，自然是明智的選擇。

若其所列事對，多可相互成對。可以相互成對的事對共存八十六對〔二〕。如《天地第一》中的"乾象"與"坤元"、"圓清"與"方濁"、"圓蓋"與"方輿"、"玄蓋"與"黃輿"、"高天"與"厚地"等；《日月第二》中的"金烏"與"玉兔"、"陽烏"與"陰兔"、"烏影"與"蟾暉"等；《風雲第三》中的"風驚地籟"與"雲起天津"；《雷電第四》中的"倚柱雷"與"投壺電"；《煙霧第五》中的"靄靄"與"霏霏"、"鬱鬱"與"紛紛"；《王第十二》中的"大王風"與"小山桂"等，均可以相互成對，且不拘字數，但仍以二字爲主，以便初學者學習和識記。

就其體例言之，《文場秀句》所存事對尚有數失焉：其一，存在重複出現的事對。《風雲第三》中的事對"籟吹"共於此部類下出現兩次，第一次見於釋文"舞長松之下"，且有對"籟吹"進行解釋的釋文"風起於青蘋之末"。

〔一〕 孟二冬：《論唐代應試詩的命題傾向之二——以詠物、寫景、頌德爲重心》，收入孟二冬：《孟二冬學術文集》第六冊《唐代進士試年表》，中華書局，二〇一八年，第四一五~四四六頁。

〔二〕 按：《文場秀句》中存二字對五十四對，三字對兩對，四字對二十六對，多字對五對，計存八十六對。

第二次見於"浮雲：□□雲"之下，并無具體釋文。

其二，事對順序顛倒。《帝德第十》中事對的順序，依次爲"駕嶮""八表""梯山""九垓"，部類下所列事對多爲可相互成對，"八表"與"九垓"可以相互成對，"駕嶮"與"梯山"可以相互成對，則"八表"與"梯山"二事對，順序顛倒。凡此概爲抄録之疏漏者，而非編録者之疏失。

（二）儷語

《文場秀句》將事對按照部類進行分類編排之後，又使用部類之下所列事對，將其編成一段對偶之儷語，以提供事對使用的範例和參考。如《天地第一》中存儷語："圓清上廓，懸日月以爲綱；方濁下凝，列山河而作鎮。圓蓋上［信］，耀七星於乾紀；方輿下闚，列五鎮於坤維。"此段儷語中使用了部類"天地"中所列事對"圓清""方濁""圓蓋""方輿"。《日月第二》中則存有："金烏旦上，散朱景於遥空；玉兔霄臨，騰素華於迴漢。蟾暉東上，烏景西傾。"此段儷語使用了部類"日月"下所列事對"金烏""玉兔""蟾暉""烏景"。《煙霧第五》中有："青煙旦上，碧霧晨凝；斂薄霧於遥空，卷長煙於迴漢。夕霧凝而巖出□，朝煙散而遠岫昏。"此儷語亦使用了部類"煙霧"中的事對"青煙""碧霧""薄霧""長煙""朝煙""夕霧"。

但依《文場秀句》的相關寫卷，并非各部類之下均存有使用事對撰寫之儷語。十二個部類中，《春第六》《夏第七》《秋第八》《冬第九》《王第十二》中無儷語。其中《王第十二》因抄録止事對"八公"條，據伯二五二四號《語對》"八公"條下有："七步：陳思王曹植，字子建，魏文忌之，將欲害植。以其無罪，文帝命令七步成詩。若不成，將誅。王應聲曰：'其在釜下然，豆在釜中泣，本是同根生，相煎何乃急。'帝善之。"[一]"八公"與"七步"正相對也，則事對"八公"條下，應有事對"七步"之事對，則此部類羅列事對之後，是否撰有麗辭，尚不能得出肯定的判斷。無儷語之部類，約占部類全數的十分之三，可見《文場秀句》在羅列事對之後，撰寫一段儷語以提供範

〔一〕 詳參王三慶：《敦煌本古類書〈語對〉研究》，第一〇〇頁。

式當爲其體例之常軌。而"春""夏""秋""冬"四時之部類，并未撰寫儷語，其考慮概有兩點：

其一，較之"帝德""瑞應"等部類，"春""夏""秋""冬"部類下所列事對相對易於理解，所列事對爲描繪四時所用，且與初學者的生活聯繫較爲緊密，理解起來較爲容易。較之"帝德"中的"金鏡""玉燭""南風""東户"等涉及到典故的內容，"春""夏""秋""冬"部類中描寫四時之景的事對，如"和風""淑景""獻歲""發春""燦景流空""蝶舞南園""侯鴈來賓""霜氣晨嚴""雪彩如花"等，多爲可見、可感的具體事物，更易於初學者理解。

其二，描寫"春""夏""秋""冬"四時的詩句豐富，多可爲詩歌創作供參考，故而并不需要於此費更多的筆墨，而將着眼點放在幫助初學者積累與"春""夏""秋""冬"四時相關的事對之上。根據《文場秀句》各部類所存事對的情況，"春""夏""秋""冬"之下所臚列的事對數量，計有六十七條，已約占事對全數的十分之三，可見，對於"春""夏""秋""冬"四時之部類、麗辭的編撰，其重點在於積累事對，而非爲初學者提供使用範例。

因此，《文場秀句》的部類之下，并非均撰有儷語，應不是抄録之疏失，當爲編撰者詳慮之結果。

三　釋文

釋文指《文場秀句》中解釋事對字、詞讀音及意義的文字內容，編録者偶於事對之後加有雙行小字釋文，釋文所載有引録、出典、解釋等方面，或注其音，或解其義。《文場秀句》中所存雙行小字的釋文內容作用有二：一是解釋、説明事對，有助於幫助初學者識記及理解所臚列的事對，從而達到對初學者進行詩歌啓蒙教育的目標；二是標示、説明事對出處，易於初學者掌握事對出典的情況，以便於在詩歌創作過程中使用事對。

就《文場秀句》中所存釋文內容而言，主要包括兩個方面：

一是對字音的解釋説明，使其內容順暢可讀。如《雷電第四》中"砰""訇"二字下，存有"片彭反""大宏反"的內容，是爲"砰""訇"二字的讀音反切，對於較難釋讀之字，進行了進一步解釋説明，以便讀者或學習者參考。

二是對事對的解釋說明。若其類別，可主要分爲三端：其一，對事對内容進行解釋的釋文。《文場秀句》中以此類釋文最豐富，兹舉數例，以見一斑。如《天地第一》中事對"乾象"釋文爲"天文"，"坤元"釋文爲"地理"，"玄蓋"釋文爲"天色玄也"，"黄輿"釋文爲"地色黄也"；《日月第二》中事對"陽烏"釋文爲"日爲陽精"，"陰兔"釋文爲"月爲陰精"，"曦光"釋文爲"日也"，"娥影"釋文爲"月也"；《春第六》中事對"和風"釋文爲"風氣温和"，"淑景"釋文爲"景氣淑美"等。且釋文大半未加注出處，多難以確知釋文所引載籍，僅可從其所作解釋，對其所引之書試作推斷。如《天地第一》中的"高天"與"厚地"，《日月第二》"日烏"與"月兔"，《風雲第三》中的"蘋吹"與"騰雲"，《煙霧第五》中的"朝煙"與"夕霧"、"濃煙"與"苦霧"等。這些僅出事對、而未注釋文的情況，乃《文場秀句》體例一般常軌之外者，詳見下文論述。

其二，對事對中具體字、詞進行解釋的釋文。如對字的解釋有《雷電第四》"曜豐震響"中"曜"字下有釋文"雷光"二字，《瑞應第十一》"雲芝同紫"下注"紫，雲紫"；"泉露俱甘"下注"甘泉"二字。對詞的解釋有《帝德第十》"五嶽"有釋文"恒山、太山、嵩高山、衡山、華山"，"四溟"下注"四海"二字。對於初學者而言，較之解釋事對的釋文，這些對具體字詞進行解釋的釋文更加具有針對性，也更加簡潔，便於初學者識記和理解，符合初學者學習的特點與規律。

其三，對事對引録的典籍書目進行解釋與説明。《文場秀句》中對於事對的解釋，多未注明出處，此自校釋篇及上文所述，約可知矣，不煩多言。若其明注出典者，僅有如下數則，兹臚列如次：

1.太皞司辰：《月令》：春時，其帝太皞。（《春第六》）

2.句芒應節：《月令》：春時，其帝句芒。（《春第六》）

3.青蘋開葉，香流少女之風：……《易》云：巽爲風。（《夏第七》）

4.荷花覆水，迷疑野客之裳：……揚雄《反離騷》云：被芙蓉之朱裳。（《夏第七》）

5.玄冥紀侯：《月令》云：其神玄冥。（《冬第九》）

6.天驥：《漢書·天馬歌》。（《瑞應第十一》）

7.維城：《詩》云：宗子維城。（《王第十二》）

8.宗盟：《左傳》云：周之宗盟，異姓爲後。（《王第十二》）

9.大王風：宋玉《風賦》云：此大王之雄風。（《王第十二》）

10.小山桂：……爲《招隱士》云：攀桂枝兮聊淹留。（《王第十二》）

　　綜觀《文場秀句》中明確説明其所援引之書，共有十則八種，依次爲：《月令》《易》《反離騷》《漢書》《詩》《左傳》《風賦》《楚辭》，出自經部者五，集部者三，史部者二。以數量言之，經部書籍出現次數占所援引之書的全數之半，其援引情況與唐代教育重視經典的實際情況相符合，不僅有助於對初學者進行詩歌啓蒙教育，也有助於加深對經典的認識和理解，從而使其更具有實用性。從這些釋文的具體内容來看，雖明確注明了所引用載籍或篇目，但多爲節引或意引，并未完整抄録。

　　如《文場秀句》事對"維城"的釋文引《詩經》中的"宗子維城"之語，并未完整抄録《詩經》中《大雅·生民之什·板》"價人維藩，大師維垣，大邦維屏，大宗維翰，懷德維寧，宗子維城"的内容〔一〕。"大王風"釋文爲"此大王之雄風"，而宋玉《風賦》云："故其風中人……清清泠泠，愈病析酲；發明耳目，寧體便人；此所謂大王之雄風也。"〔二〕

　　又《文場秀句》中"太皞司辰"，其解釋指出其出《月令》，與之相關的内容有以下數則：

―――――――――

〔一〕（唐）孔穎達撰：《毛詩正義》卷一七《大雅·生民之什·板》，收入（清）阮元校刻：《十三經注疏》，第五五〇頁。

〔二〕（戰國）宋玉著，蕭平編注：《〈風賦〉及其他》，中華書局，一九五九年，第一〇頁。

《禮記·月令》:"孟春之月……某日甲乙,其帝大皞,其神句芒。"〔一〕

《春秋左傳正義》卷四八:"大皞氏亦龍紀,故爲龍師而龍名。"正義曰:"《月令·孟春》云:'其帝大皞。'"〔二〕

隋代蕭吉《五行大義》卷五《論五帝》:"《禮記》曰:'春之月,其帝大皞。'"〔三〕

均與《文場秀句》中所引内容相似而有所不同,可見《文場秀句》在編撰或抄録的過程中,并未完全抄録所引載籍之内容。釋文部分采用意引或節引的方式,其考慮概有如下三點:

第一,釋文多采用節引的方式,便於對事對進行較爲具體、明確地解釋或説明,對於學習者理解和掌握事對的意義具有一定的幫助。第二,釋文所引内容簡潔、易懂,對於學習者而言,"少則得,多則惑"〔四〕,簡潔淺近的内容更易於學習者識記和理解。第三,釋文所引内容多出自經部,《文場秀句》中摘録經典要籍之言以成編,便於學習者在學習事對的過程中,加深對於經典中相關内容的認識和理解。

綜括而論,《文場秀句》的編撰體例大略可知,主要包括部類、麗辭與釋文三個部分。唯此書完成編録後,又輾轉抄録,現存寫卷又未抄録完整,依據《文場秀句》體例之常軌,就其釋文部分言之,尚可見編録者編録之疏失,如有事對而無釋文之情況。

依上文所述,《文場秀句》共存事對一百九十三條,無釋文者僅有二十一則,包括:《天地第一》中的"高天"與"厚地";《日月第二》"日烏"與"月

〔一〕(漢)鄭玄注,(唐)孔穎達等正義:《禮記正義》卷一四《月令》,收入(清)阮元校刻:《十三經注疏》,中華書局,一九八〇年,第一三五二~一三五三頁。

〔二〕(晋)杜預注,(唐)孔穎達疏:《春秋左傳正義》卷四八,收入(清)阮元校刻:《十三經注疏》,第二〇八三頁。

〔三〕(隋)蕭吉著:《五行大義》,上海書店出版社,二〇〇一年,第一二四頁。

〔四〕(魏)王弼注:《老子道德經·二十二章》,上海書店出版社,一九八六年,第一二頁。

兔";《風雲第三》中的"蘋吹"與"騰雲";《煙霧第五》中的"朝煙"與"夕
霧"、"濃煙"與"苦霧";《春第六》"春鳥初吟,簫管而齊發";《夏第七》中
的"桃源散";《冬第九》中的"灰移緹幕""雪彩如花""冰光似鏡""寒蟲響
切""旅雁聲哀""瑤宿迴天";《帝德第十》中的"至化""一人";《瑞應第
十一》中的"兹白",全無釋文。僅約占事對全數的二十分之一,則事對之後
出釋文,當爲《文場秀句》體例之常軌,由此可知矣。

較之有釋文的事對,這些事對似更易理解,故可能於過録之時進行了簡
省,而未抄録此十二則事對之釋文。但"蘋吹"爲重出事對,之前已注明
"風起於青蘋之末"的釋文。則《文場秀句》中有事對而無釋文之情況,蓋因
前文已對事對進行了説明,故没有再復出釋文之必要。但并未如《雷電第四》
中"天笑:注上",説明事對"天笑"的解釋已見"玉女投壺"的釋文之中。
《秋第八》中亦有"灰飛玉管:解見上也",言解釋已見"玉管移辰"的釋文
之中。雖然"注上""解見上也"并非解釋事對之釋文,但明確説明了"天
笑"及"灰飛玉管"不注釋文的緣由,即解釋已見於上文事對的釋文之中。
則有事對而無釋文當爲體例疏漏之者。

此外,亦可見抄録之缺失,主要表現在兩個方面,兹叙述如下:

其一,釋文内容的脱誤。如《風雲第三》中,事對"風虎"的釋文爲
"虎嘯風",其下脱"生"字。《周易正義》卷一《乾文言》:"雲從龍,風從虎,
聖人作而萬物覩。"孔穎達疏曰:"'雲從龍,風從虎'者……虎是威猛之獸,
風是震動之氣,此亦是同類相感。故虎嘯則谷風生,是風從虎也。"〔一〕《淮南
子》卷三《天文訓》云:"虎嘯而谷風至,龍舉而景雲屬。"注云:"虎,土物
也;風,木風也。木生於土,故虎嘯而谷風至。"〔二〕唐代韓鄂《歲華紀麗》卷
二《風》:"虎嘯:《淮南子》曰:'虎嘯而谷風生。'"〔三〕唐代白居易、宋代孔

〔一〕(唐)孔穎達撰,(魏)王弼注:《周易正義》卷一《乾文言》,收入(清)阮元
校刻:《十三經注疏》,第一六頁。

〔二〕(漢)劉安撰,(漢)高誘注:《淮南子》卷三《天文訓》,中華書局,一九三六
年,第二簡頁。

〔三〕(唐)韓鄂撰:《歲華紀麗》卷二《風》,中華書局,一九八五年,第五七頁。

傅輯《唐宋白孔六帖》卷二《風》"虎嘯"條所注同〔一〕。則其釋文當爲"虎嘯
風生"。又《王第十二》中事對"大王風""小山桂"下釋文,"風賦"脱"賦"
字,"招隱士"脱"士"字。戰國宋玉《風賦》:"故其風中人……清清泠泠,
愈病析酲;發明耳目,寧體便人;此所謂大王之雄風也。"〔二〕《楚辭集注》卷
八《招隱士第十五》:"攀桂枝兮聊淹留,虎豹鬬兮熊羆咆,禽獸駭兮亡其
曹。"〔三〕均爲抄録時之疏漏〔四〕。

　　其二,釋文與事對不符。如《瑞應第十一》中,事對"茲白"之下,有
釋文"赤血馬"三字。而"茲白"爲獸名,與其上事對"騰黃",俱爲大瑞。
據《唐六典》卷四《尚書禮部》:"凡祥瑞見,皆辨其物名。若大瑞、上瑞、
中瑞、下瑞,皆有等差。"注云:"大瑞謂景星、慶雲、黃星真人……神馬、
龍馬、澤馬、白馬赤髦、白馬朱駿之類……茲白、騰黃……皆爲大瑞。"〔五〕則
可知釋文"赤血馬"并非是對"茲白"的解釋。又"赤血馬",即赤汗馬、汗
血馬,亦不爲其下"赤文緑地"的釋文,則"赤血馬"三字之前,當脱一事
對。據釋文"赤血馬",此事對當爲"赤汗",如《史記》卷二四《樂書》:"歌
曲曰:'太一貢兮天馬下,霑赤汗兮沬流赭。'……歌詩曰:'天馬來兮從西
極,經萬里兮歸有德。從靈威兮降外國,涉流沙兮四夷服。'"裴駰集解引
應劭曰:"大宛馬汗血霑濡也,流沫如赭。"〔六〕《東觀漢記》卷七《東平憲王蒼
傳》:"聞武帝歌天馬沾赤汗,今親見其然,血從前髆上小孔中出。(案:范書
本傳并遺宛馬一匹,故賜書及此,上下文闕。)"〔七〕《後漢書》卷四二《東平憲

　　〔一〕(唐)白居易、(宋)孔傅輯:《唐宋白孔六帖》卷二《風》,明嘉靖間
(一五二二~一五六六)刊本(藏日本内閣文庫),第一五筒頁。
　　〔二〕(戰國)宋玉著,蕭平編注:《〈風賦〉及其他》,第十頁。
　　〔三〕(宋)朱熹集注:《楚辭集注》卷八《續離騷招隱士第十五》,上海古籍出版社,
一九七九年,第一六九頁。
　　〔四〕按:釋文脱誤之處,尚可舉出不少,詳見上編校釋篇。
　　〔五〕《唐六典》卷四《尚書禮部》,第一一四頁。
　　〔六〕《史記》卷二四《樂書》,第一一七八~一一七九頁。
　　〔七〕(漢)班固等撰:《東觀漢記》卷七《東平憲王蒼傳》,中華書局,一九八五年,
第五六頁。

王蒼傳》："并遺宛馬一匹，血從前髆上小孔中出。常聞武帝歌天馬，霑赤汗，今親見其然也。"注云："前書天馬歌曰：'太一况，天馬下，霑赤汗，沫流赭'也。"〔一〕則釋文"赤血馬"三字，蓋爲抄録之疏漏者。

凡此，或因抄録之失，或爲當時抄録之習慣，非編録者之疏失。不可執其疏失，而責其編録者。故對於《文場秀句》釋文的探討，皆依其編撰體例之常軌。

綜其本末，則《文場秀句》一書之體例，分而析之，概有三端：一曰部類；二曰麗辭；三曰釋文，爲其編撰之常軌，但尚有出於其外者。

《文場秀句》以事對之義爲類，各類録詩歌常用之事對，這種分類編輯方式實繼六朝以來類書的體式，亦適應了詩歌啓蒙教育的需要，就其特點言之，要有兩點：

其一，依義聚類，以類相從。《文場秀句》一書是按照部類進行劃分的，所存内容均是按照事對及儷語所涉及的含義，將其分爲了十二個部類，統一部類之下的事對及儷語，具有一致的中心含義，且各部類之間并非隨意的安排，而是具有其内在的邏輯，將關係較爲密切的部類排列在一起，以便於初學者學習、記憶和理解。

此外，以類相從的例類形式，不僅是類書編撰的特點，也是蒙書編撰的重要特點之一，如漢代史游的《急就篇》在開篇即明言其編撰方式是："急救奇觚與衆異，羅列諸物名姓字。分別部居不離廁，用日約少誠快意。勉力務之必有喜。"〔二〕采用了分部收字之法，這種"以類相從，種別區分"的方式〔三〕，對後世蒙書編撰産生了深遠影響。《文場秀句》也受到了"以類相從"

〔一〕（南朝・宋）范曄著：《後漢書》卷四二《東平憲王蒼傳》，中華書局，一九六五年，第一四三九頁。

〔二〕 按："離"下注："顔本作雜。""喜"下注："碑本作熹。"參見（漢）史游撰，（唐）顔師古注，（宋）王應麟音釋：《急就篇》，明崇禎間（一六二一～一七二二）毛氏汲古閣刻本（藏哈佛大學圖書館），第一簡頁。

〔三〕 按："分別部居不雜廁"下顔師古注云："前後之次，以類相從，種別區分，不相間錯也。"此語不見於哈佛大學圖書館藏本。詳見（漢）史游撰，（唐）顔師古注，（宋）王應麟音釋，（明）胡文焕校正：《急就篇》，明萬曆三十一年（一六〇三）錢塘胡氏刻本（藏台北圖書館），第一簡頁。

方式的影響，同樣采用了例類的方式，按照不同的類别，將事物進行分類，從而達到提高兒童的識字效率的效果，起到"師逸而功倍"的教育效果[一]。

其二，釋義兼音，以義爲主。《文場秀句》中的釋文釋義兼音，如《雷電第四》中"砰""訇"二字下所注的"片彭反""大宏反"釋文，可以使内容通暢可讀，不至出現因有字音不清，而無法順讀的情况。同時，釋音的釋文也有助於初學者理解事對的含義，事對"砰訇"爲象聲詞，謂迅雷之聲。通過釋文所注之字音，事對的含義或所指已自然明了，音曉而義明，故而無須再作詳釋。總體而言，釋義者多於釋音者。究其原因，蓋因是書并非針對出於識字階段的初學者，而是具有一定識字量、能够進行初步對屬訓練的初學者，因此，并不需要於字音上作過多的説明和解釋，而將重點放在釋義方面，以便讀者或學習者參考，幫助讀者或初學者掌握和使用書中所臚列的事對。

第二節 《文場秀句》的編撰淵源

就《文場秀句》的編撰而言，其采用類書的方式進行編撰，則其編撰淵源必不出類書編撰之淵源，通過考察類書編撰的體例，尤其是隋代杜公瞻所撰之《編珠》，對認識《文場秀句》的編撰及其淵源具有重要的意義。

若以其編撰特點而言，是書"事文兼采"的體例，概源於《編珠》《北堂書鈔》之嘗試，以及《藝文類聚》之初創，亦對後世類書的編撰產生了深刻影響。由於《文場秀句》一書采用了"事文兼采"的體例，則其在編撰過程中所參考之書亦可分爲"事"與"文"兩個方面，即輯"事"之《藝文類聚》，以及録"文"之《文選》。

一 編撰體例的歷史考察

關於《文場秀句》一書的體例，概言如上。以其體例言之，是書應屬於

〔一〕（漢）史游撰，（唐）顏師古注，（宋）王應麟音釋，（明）胡文焕校正：《急就篇》，第一簡頁。按：此語不見於哈佛大學圖書館藏本。

類書之範疇，則其體例之淵源概不出類書。以類書言之，《四庫全書總目‧子部‧類書類序》載：

> 類事之書，兼收四部。而非經非史，非子非集。四部之內，乃無類可歸。《皇覽》始於魏文，晋荀勗《中經部》分隸何門，今無所考。《隋志》載入子部，當有所受之。歷代相承，莫之或易[一]。

可見，類書兼收四部之書，而非四部之內。此與《文場秀句》中兼收經、集、史部的情況相符合。類書肇自於《皇覽》，或史或子，未有定論[二]。直到《舊唐書‧經籍志》"子部"第十五家有"類事類"之名，收錄了《皇覽》《藝文類聚》《北堂書鈔》等書[三]。其後，宋代歐陽修等編撰《新唐書‧藝文志》，將"類事"改爲"類書"[四]，"類書"之名目，於是正式確立[五]，相沿不改。

鄧嗣禹先生在《燕京大學圖書館目録初稿：類書之部》一書的《叙録》中指出：

> 類書之作，肇於《皇覽》，由來遠矣。自書契以來，典籍日繁，人生有涯，事難盡稽；雖畢歲月於披尋，窮心目於究探，而周知不易，記誦尤難。於是類事類文之書，應運而起，或以供人君之乙覽，或以備一時

〔一〕（清）永瑢等撰：《四庫全書總目》卷一三五《子部‧類書類序》，中華書局，一九六五年，第一一四一頁。

〔二〕詳參王三慶：《敦煌類書》上册，第一頁。

〔三〕詳參《舊唐書》卷四七《經籍志下》，第二〇四五～二〇四六頁。

〔四〕詳參《新唐書》卷五九《藝文志三》，第一五六二～一五六四頁。

〔五〕按：《敦煌類書》中指出："'類書'者，非指一書之專名，而是目録學家根據客觀的作品分類，用以概括學術史上凡具有某一特殊性質書籍的指稱。這一類特殊性質的書籍肇自於《皇覽》……初始之際，目録學家對於本類書籍的擺置猶未定位，因此或史或子，并無成見。隨着效顰之作的衍生……於是五代時劉昫的《舊唐書‧經籍志》'子部'十七家中，其第十五家曰'類事類'，即收錄了《皇覽》等二十二部……到宋代歐陽修等編纂《新唐書‧藝文志》時，也正式承認其類目，祇改'類事'爲'類書'，於是名目正是確立。"（王三慶：《敦煌類書》上册，第一頁）

之偶忘；而其體例，則大抵以類相從，如錢就貫；或依韻編次，左右逢源。使儉腹者資以餽貧，禿筆者賴以利潤，爲學者持以尋檢，從政者得以流覽；省時節力，用至廣也[一]。

認爲類書的體例，多是"以類相從"，或"依韻編次"。類書最初編撰當是作詩文以備查找之用，由於魏晉南北朝至隋唐時期，文章流行駢體文，詩也講究辭藻，故而多需要使用典故，於是便在已有書籍中抄出多種用於詩文的故實，分類編集，以便模仿甚至剿襲[二]。以其作用言之，類書不僅可以爲"儉腹者""禿筆者"提供可參考的資料，亦可便於學者、政者檢索查閱，節省時力，故而用途益廣。

張滌華先生《類書流別》對類書的性質及功用作出了進一步的界定：

> 由今觀之，類書爲工具書之一種，其性質實與近世辭典、百科全書同科，與子、史之書，相去秦越。語其義界，則凡薈萃成言，哀次故實，兼收衆籍，不主一家，而區以部類，條分件系，利尋檢，資采綴，以待應時取給者，皆是也[三]。

認爲類書之性質與"辭典""百科全書"相似，對於其作用的論述，則與之前所述類似。其後，楊家駱先生承其所論，進一步闡明："凡裁章節句，保其原文，分類隸錄，以便尋檢者，是爲類書。"[四]王三慶先生根據類書的相關

〔一〕 鄧嗣禹編：《燕京大學圖書館目録初稿：類書之部‧叙録》，燕京大學圖書館，一九三五年，第Ⅳ頁。

〔二〕 詳參黃永年：《唐史史料學》，中華書局，二〇一五年，第二四三頁。

〔三〕 張滌華：《類書流別》，第四頁。

〔四〕 楊家駱：《鼎文版古今圖書集成序例二卷》，收入楊家駱主編：《鼎文版古今圖書集成》第一册《序例 簡目彙編 凡例 原目録》，鼎文書局，一九七七年，序例第四頁。

研究成果〔一〕，對“類書”作出了如下定義：“凡屬裁章節句，保其原文，標辭分隸或者分類隸録，勿論其是否成篇或用於科場文料，祇要便於尋檢，而無中心思想之分類寫卷，盡屬類書範疇。”〔二〕

由是觀之，裁章節句、保其原文、分類隸録之書，則爲類書。雖然類書編撰體式并無明確的標準，蓋因編録者的觀點及著作方式不同，但尚不出編排情況與撰述方式兩個方面〔三〕。

就《文場秀句》的編排情況而言，其采用依類編排的方式，是“古今類書之大宗”〔四〕，先編制出具體的部類，再根據部類内容，抄録與之相關的、適合的事類於各部類之中，則其編撰符合類書編排之特點。且《文場秀句》采用以類編排的方式，將事對與儷語等内容分類安置在不同的部類之中，可以便於讀者或初學者檢尋，亦體現了其編撰者的良苦用心。

從其撰述方式來看，是書在編排的過程中，以部類爲基礎，進行更進一步的加工，以二字或四字（偶或有三字）作爲事對，并就事對摘集與之相關的語彙，同時編制駢語對句，以便讀者或初學者記憶或引發聯想，從而在學習或進行詩文創作的過程中，進行套用，無需苦思冥想或自鑄偉詞，亦符合類書之功用。

需要説明的是，王三慶先生在《敦煌類書》中對敦煌類書進行了分類〔五〕，將“《語對甲》”（即《文場秀句》）歸入“類語體之類書”〔六〕，并在《講座敦

〔一〕 按：關於類書定義的相關研究，詳參王三慶：《敦煌類書》上册，第一～一〇頁；劉全波：《類書研究通論》，甘肅文化出版社，二〇一八年，第一～一三頁。

〔二〕 王三慶：《敦煌類書》上册，第四頁。

〔三〕 詳參王三慶：《敦煌類書》上册，第四頁。

〔四〕 王三慶：《敦煌類書》上册，第四～五頁。

〔五〕 按：敦煌類書包括：書名冠首之類書、人名冠首之類書、冠首不定之類書、近似類書之書鈔、類語體之類書、類句體之類書、文賦體之類書、詩篇體類書和問答體之類書。（王三慶：《敦煌類書》上册，第一五～一二六頁）

〔六〕 王三慶：《敦煌類書》上册，第九七頁。

煌5·敦煌漢文文獻》中亦將其歸入"類語體"〔一〕。依據王三慶先生的研究，認爲《文場秀句》編纂體例與杜公瞻的《編珠》，以及《語對》《簒金》極爲相似〔二〕。劉全波、何强林在《〈編珠〉編纂與流傳考》一文中，也指出《語對》《簒金》亦采用了《編珠》的體例，認爲《語對》與《簒金》皆是《編珠》影響下的新作〔三〕。從《文場秀句》與《語對》《簒金》的内容、編撰方式的情況來看，三者之間存在着密切聯繫〔四〕，根據《文場秀句》的體例與創作的年代，則其亦應是受到《編珠》編撰體例影響而産生的作品之一。

　　清代朱彝尊《曝書亭集·杜氏編珠補序》言："隋安陽令中山杜公瞻，撰《編珠》四卷。新舊《唐書》志經籍、藝文無之。至宋始著於録，其書流傳特罕……朱澹遠有《語麗》，又有《語對》，徐僧權有《編略》，顧其書皆不傳，論者遂以《修文殿御覽》爲古今類書之首，今亦亡之。惟隋著作郎杜臺卿所撰《玉燭寶典》十二卷，見於連江陳氏《世善堂書目》，予嘗入閩，訪陳後人，已不復可得。則類家當首公瞻是書。"〔五〕對《編珠》作出了極高的評價，可見其在類書中的重要地位。今觀此書，與《文場秀句》的編撰體例存在着密切聯繫，故不可不稍詳其體例，并將《文場秀句》與其試作對比，以見《文場秀句》編撰體例之淵源。以《編珠》與《文場秀句》的編撰體例言之，二者的相似之處主要表現在三個方面，要之如下：

　　〔一〕 王三慶撰，[日]池田温譯：《類書·類語體·語對甲》，收入［日］池田温編：《講座敦煌5·敦煌漢文文獻》，第三七二、三七九頁。

　　〔二〕 王三慶：《〈文場秀句〉之發現、整理與研究》，收入王三慶、鄭阿財合編：《2013年敦煌、吐魯番國際學術研討會論文集》，第三頁。

　　〔三〕 劉全波、何强林：《〈編珠〉編纂與流傳考》，《北京理工大學學報（社會科學版）》二〇一九年第三期，第一八八頁。

　　〔四〕 按：關於《文場秀句》與《語對》《簒金》之間的關係，詳見第三章第一節。

　　〔五〕 （清）朱彝尊著：《曝書亭集》卷三五《序·杜氏編珠補序》，商務印書館，民國二十四年，第五八四～五八五頁。

其一，部類設置。觀《編珠》一書[一]，原目共四卷，凡十四部，分別爲天地部、山川部、居處部、儀衛部、音樂部、服玩部、珍寶部、繒綵部、酒膳部、黍稷部、菜蔬部、果實部、車馬部、舟楫部[二]。雖與《文場秀句》部類不甚相同，但二者同以"天地"居首，反映當時人們認識、理解世界的過程，而人們對廣袤世界的理解與叙述，則是從象徵時間、空間的天地開始的[三]，故均將"天地"置於首要位置。《編珠》與《文場秀句》"天地"之下各部，均對具體的事物進行了較爲系統的整理，較之《編珠》，《文場秀句》部類的設置更爲系統和細緻。如《編珠》"天地部"包含有"日迴烏翼""姮娥託月""雲起魚鱗""神女爲雲""五日風""一旬雨""少男風""童女電""雌霓""雄雷""紺碧霜""玄黄露""玉虹""金霧"等，涉及了日、月、風、雲、雷、電、霧、露等内容，《文場秀句》中則根據具體的事物，將涉及上述内容的事對從"天地"中分離出來，分別歸入"日月""風雲""雷

〔一〕　按：關於《編珠》現今流傳的版本，劉全波、何强林在《〈編珠〉編纂與流傳考》一文中進行過考證（《北京理工大學學報（社會科學版）》二〇一九年第二期，第一八七頁）。此書主要有三個版本體系：其一爲清康熙三十七年（一六九八）清吟堂本。清吟堂即爲清康熙間高士奇的室名，亦名朗潤堂（瞿冕良編著：《中國古籍版刻辭典》，齊魯書社，一九九九年，第七五〇、八二七頁）。則此版本很可能爲高士奇增補《編珠》後的初刻本。其二爲中國國家圖書館藏清代（一六四四～一九一一）翰林院抄本，封面題"隋杜公瞻編珠四卷有翰林院典籍廳官印"，索書號爲"13728"。較之清吟堂本，此抄本中各卷内注明增補的情況較爲混亂，故本研究未選取此版本系統。其三爲日本早稻田大學圖書館藏文政十二年（一八二九）和刻本，是較晚之刻本。根據《編珠》三個版本體系的情況以及版本的價值，本研究使用的是美國國會圖書館藏清康熙三十七年（一六九八）清吟堂刊本。根據此書情況及美國國會圖書館著錄的信息，其書名頁正中題"編珠"二字，右上題"高詹事輯補 附續編珠"，左下題"吟堂秘本"。正文卷端題"編珠卷第一"，下署"隋著作佐郎兼散騎侍郎杜公瞻撰 詹事府詹事兼翰林院侍讀學士高士奇校"。正文前有康熙三十二年（一六九三）徐乾學序，隋大業七年（六一一）杜公瞻序，康熙三十七年（一六九八）高士奇序述鋟印事，凡例五則及原目。每卷末刻"男高興、軒仝校字"。

〔二〕　（隋）杜公瞻輯：《編珠·編珠原目》，第一～二簡頁。

〔三〕　葛兆光：《中國思想史》第一卷《七世紀前中國的知識、思想與信仰世界》，復旦大學出版社，一九九八年，第六〇〇頁。

電""煙霧"等部類之中，對涉及"天地"的事物進行了更爲細緻的分類。再如《編珠》不録"帝王"之部，而以《居處部》《音樂部》等部中的事對，如《居處部》的"儀鳳樓，鳴鸞殿""長樂宮，永寧殿""三臺，九室"〔一〕;《音樂部》的"東舞，南歌"〔二〕，來呈現與"帝王"相關的内容，《文場秀句》則將與"帝王"相關的内容，分爲了"帝德""瑞應""王"三部，將具體的事物進行了提煉，從而進行了更爲系統地分類，反映了類書分類不斷系統化的發展特點。

其二，事對編排。《四庫全書總目》卷一三五《子部·類書類一》中亦指出："今觀其書（《編珠》），隸事爲對，略如徐堅《初學記》之體。但前無序（叙）事，後無詩文。"〔三〕較之前有叙事、後有詩文的《初學記》，《文場秀句》首出事對、下注釋文的編排方式，與《編珠》的體例更爲相似，主要表現在三個方面：

一是事對均以二字爲主，兼及三字、四字。通過對比《文場秀句》與《編珠》事對的編排情況，二者事對的選擇雖以二字爲主，但較之《编珠》，《文場秀句》的事對字數較爲單一，除二字、四字事對外，三字對僅存兩對〔四〕，而《編珠》亦多見有三字、四字、五字之對〔五〕。兹舉數例，以實所述。《編珠》中的三字對有卷一《天地部》的"編珠星"與"破鏡月"、"車蓋雲"與"弓弦月"等。四字對有卷一《天地部》的"日回烏翼"與"雲起魚鱗"、"神女爲雲"與"姮娥托月"等；卷二《音樂部》的"衡山竹笛"與"汶陽葆笙"、"笛寫龍音"與"簫象鳳翼"等。五字對則有卷二《音樂部》的"歸風

〔一〕（隋）杜公瞻輯：《編珠》卷二《居處部》，第一、三、一一筒頁。

〔二〕（隋）杜公瞻輯：《編珠》卷二《音樂部》，第二五筒頁。

〔三〕（清）永瑢等撰：《四庫全書總目》卷一三五《子部·類書類一》，第一一四一頁。

〔四〕 按：《文場秀句》中三字對有"倚柱雷"與"投壺電"、"大王風"與"小山桂"。

〔五〕 按：《編珠》中的三字對有卷一《天地部》的"編珠星"與"破鏡月"、"車蓋雲"與"弓弦月"等。四字對有卷一《天地部》的"日迴烏翼"與"雲起魚鱗"、"神女爲雲"與"姮娥託月"等；卷二《音樂部》的"衡山竹笛"與"汶陽葆笙"、"笛寫龍音"與"簫象鳳翼"等。五字對則有卷二《音樂部》的"歸風送遠操"與"流鄭激楚聲"。

送遠操”與“流鄭激楚聲”。

二是事對采用字數相同、可互成對的形式進行編排。以《編珠》一書言之，鄧嗣禹先生《燕京大學圖書館目録初稿：類書之編》曾指出：“是書（《編珠》）原本四卷，隋大業七年（六一一）杜公瞻奉敕撰。凡十四門，門各有類，惟取其事之切於用，故實簡而易爲比風者編録之，以四字（如：天柱地軸），六字（如：樹上日，井中星），或八字（如：橋勢如星，沙形似月）標題。”〔一〕其中，“天柱”與“地軸”、“樹上日”與“井中星”、“橋勢如星”與“沙形似月”則爲相對應、可互成對的三組事對，此外尚可舉出不少。則其將可相互對應的事對并爲一組的編排情況，正與《文場秀句》中事對多可相互成對的情況相一致。敦煌本《文場秀句》所存一百九十三條事對中，可以互成對的事對共存八十六對〔二〕，如《天地第一》中的“乾象”與“坤元”、“圓清”與“方濁”、“圓蓋”與“方輿”、“玄蓋”與“黃輿”、“高天”與“厚地”等；《日月第二》中的“金烏”與“玉兔”、“陽烏”與“陰兔”、“烏影”與“蟾暉”等。

三是二者所輯事對中存在相似的情況。梳理《編珠》中的事對，發現其所輯事對與《文場秀句》中事對存在着諸多相似之處。如《編珠・天地部》有“九野・四荒”“日下桑枝・月中桂樹”〔三〕，《文場秀句・天地第一》中則有“九天”與“十地”，《日月第二》中亦有“扶光”與“桂影”，二者所輯事對雖有所不同，但其事對所述乃爲相同之物。

其三，注釋方式。杜公瞻在《編珠》序文中便指出：“其朱書者故實，墨書者正義。”〔四〕其中的“故實”即爲事對，“正義”則爲其出處〔五〕，則《編珠》與《文場秀句》中臚列事對、并注釋文之情況十分相似。鄧嗣禹先生亦指出

〔一〕 鄧嗣禹編：《燕京大學圖書館目録初稿：類書之編》，第二頁。

〔二〕 按：《文場秀句》中存二字對五十四對，三字對兩對，四字對二十六對，多字對五對，計存八十六對。

〔三〕（隋）杜公瞻輯：《編珠》卷一《天地部》，第一、二筒頁。

〔四〕（隋）杜公瞻輯：《編珠・序》，第一筒頁。

〔五〕 孫猛：《日本國見在書目録詳考》，第一一五九頁。

其於故實之後"引古籍以釋之，皆甚簡賅"〔一〕。二者均在事對之下，出釋文明其出處或進行解釋，如《編珠》卷一《天地部》"九野・四荒"，其下注文有："《呂氏春秋》曰：天有九野，中央曰鈞天，東方曰蒼天，北方曰玄天，西北方曰幽天，西方曰皓天（《廣雅》作'成天'），西南方曰朱天，南方曰炎天，東南方曰陽天。又《太玄經》亦有九天。《爾雅》曰：地有四荒，孤竹、北戶、西王母、日下也。"〔二〕由於《編珠》更加強調相對應的一組事對，爲編排之便，故注釋并未似《文場秀句》的釋文部分，分別注釋於各事對之下，而是以一組事對爲單位進行注釋。

就注釋方式而言，二者均使用的互見之法，以省文，但表述有所不同。如《編珠》卷二《儀衛部》中"寒光劍・漏影刀"下，釋文爲"上見三劍，下見三刀"；"紫電劍・丹霞刀"下釋文則爲"上見六劍，下見龍鱗刀"〔三〕。卷三《服玩部》中"青羽・丹霞"事對下，便有"上見前羽裙注"的釋文，言"青羽"解釋已見其前事對"麟衣・羽裙"之下〔四〕。多以"上見""下見"的表述形式説明具體事對的注釋情況。較之《編珠》，《文場秀句》中互見的表述未有統一標準，標示亦不明確，僅説明事對的解釋已見於上，但并未説明具體存於爲哪條事對之下。如《文場秀句・雷電第四》中"天笑：注上"，"注上"雖説明事對"天笑"的解釋已見其上事對的釋文之中，但未明言見於"玉女投壺"之下。再如《秋第八》中亦有"灰飛玉管：解見上也"，言解釋已見上，亦未明言存於"玉管移辰"的釋文之中。

值得注意的是，《編珠》注釋之語雖稱"簡賅"，但仍未及《文場秀句》釋文簡練，如《文場秀句》中與"九野"相似之事對"九天"，其釋文爲"天有九重之霄，地有九野，有陽數九"，較之《編珠》的注釋，《文場秀句》中的釋文更爲淺顯易解，便於初學者識記和理解。而二者之間存在差別之原因，蓋本於二者編撰目的與受衆不同。《編珠》乃是"好爲雜詠及新體詩"的帝

〔一〕 鄧嗣禹編：《燕京大學圖書館目録初稿：類書之編》，第二頁。

〔二〕 （隋）杜公瞻輯：《編珠》卷一《天地部》，第一筒頁。

〔三〕 （隋）杜公瞻輯：《編珠》卷二《儀衛部》，第一七筒頁。

〔四〕 （隋）杜公瞻輯：《編珠》卷三《服玩部》，第三～四筒頁。

王，而編撰的“故實簡者，易爲比風”之作〔一〕，而《文場秀句》雖注重對偶、音律，輯録麗辭以供作詩習文之用，但其受衆多爲初學詩文者，故而其在出釋文之時，更多着眼於初學者的接受程度和理解水平。

綜括而言，《文場秀句》與《編珠》之間存在着密切聯繫，而《文場秀句》實爲受《編珠》編撰體例影響之作，但其編撰并非完全按照《編珠》之體例，而是根據自身的編撰目的、受衆等情況，繼承了《編珠》編撰體例的優勢，并在其基礎上進行了創新，如使用所輯事對撰成可供參考之範例，以供初學者參考，從而凸顯出了其自身的特點，也爲類書編撰體例的發展與完善提供新的參考。

二 “事文兼采”的體例來源

就《文場秀句》的體例而言，是書采用類書形式進行編撰，其體例實受《編珠》編撰體例之影響，則其編纂特點概不出類書編撰之特點。關於類書的編纂體例，前輩學者已有卓著之論〔二〕。然《文場秀句》作爲類書發展過程中重要的一環，其“事文兼采”之體例，尚有值得進一步探究之處，不僅有助於認識是書編撰的獨特之處，也有助於更好地認識類書的發展，以見《文場秀句》一書在類書編撰與發展過程中的重要價值。

“事文兼采”的體例，是指類書在編排各部類下具體內容之時，不僅輯録“事”（即經典中相關內容的記載），也摘録與之相關的“文”（如詩、賦、頌之類）的編撰方式〔三〕，以便於讀者尋檢詩文創作所需要的資料或素材。

然“事文兼采”的體例，并非是類書最初編便采用的編撰方式，而是在

〔一〕（隋）杜公瞻輯：《編珠·序》，第一筒頁。

〔二〕 按：關於類書編撰的研究，參見張滌華：《類書流別》，第一六～二三頁；劉葉秋：《類書簡説》，上海古籍出版社，一九八〇年，第二一～三三頁；胡道静：《中國古代的類書》，第八～一四頁；王三慶：《敦煌類書》上册，第一二七～一三一頁；劉全波：《類書研究通論》，第五七～七八頁；劉全波：《唐代類書編撰研究》，花木蘭文化事業有限公司，二〇一八年，第二四三～二五六頁。

〔三〕 詳參梁玲華：《〈北堂書鈔〉初探》，四川大學碩士學位論文，二〇〇四年，第一九頁；王燕華：《中國古代類書史視域下的隋唐類書研究》，上海人民出版社，二〇一八年，第一八六頁。

類書編撰與發展的過程中逐漸形成的，主要表現在"事文兼采"體例的嘗試、初創與發展三個階段，兹分別論述如下。

（一）"事文兼采"體例之嘗試

就類書編撰的變化而言，張滌華先生的《類書流別》中便指出："若論千餘年來類書之內容，則有三變焉。最古類書，大都專輯故事（如《皇覽》《遍略》）；稍後乃有掇拾字句者（如《語對》《語麗》）；更後則事文兼采（如《聚類》《初學記》）。"〔一〕認爲類書發展的過程中有"三變"：其一是類書初創之時，《皇覽》等以記事爲主的類書；其二是專取字句之《語對》等；其三是事文兼采之《藝文類聚》等。《藝文類聚序》亦載："《流別》《文選》，專取其文，《皇覽》《遍略》，直書其事。文義既殊，尋檢難一。爰詔撰其事且文，棄其浮雜，删其冗長，金箱玉印，比類相從，號曰《藝文類聚》。"〔二〕依《藝文類聚序》所載，其在編撰的過程中已注意輯錄"其事且文"，但是"事文兼采"并非是由《藝文類聚》纔開始的。但事實上，隋代類書在編撰過程中，便已對"事文兼采"的體例進行了初步嘗試：其一爲《編珠》，其二爲《北堂書鈔》，二者均成書於隋大業中。《編珠》序言謂："時大業七年（六一一）正月奉敕撰進。"則是書當成書於隋大業七年（六一一）。而從《北堂書鈔》中"忠""堅""廣"字的避諱情況、《隋書·經籍志》的著錄情況、隋大業中藏書較唐初豐富以及虞世南在隋時間與精力，則是書當成書於隋大業間〔三〕。

《編珠》一書對"事文兼采"體例的嘗試情況尚多，兹聊舉數例，以實所述。如《編珠》卷一《天地部》中的"日迴烏翼·雲起魚鱗"之下便有左思《蜀都賦》"陽烏回翼於高標"之"文"，亦有《吕氏春秋》"山雲草莽，水雲魚鱗，旱雲烟火，雨雲水氣"之"事"〔四〕。"編珠星·破鏡月"之下有："《尚

〔一〕 張滌華：《類書流別》，第二一頁。

〔二〕 （唐）歐陽詢撰：《藝文類聚》，中華書局，一九六五年，第二七頁。

〔三〕 詳參孟祥娟、曹普傑：《〈北堂書鈔〉編撰於隋考》，《古籍整理研究學刊》二〇一三年第三期，第三五~三八頁。

〔四〕 （隋）杜公瞻輯：《編珠》卷一《天地部》，第二简頁。

書・中候》曰：天地開闢，甲子冬至，日月如懸璧，五星若編珠。"亦有："古詩曰：槁砧今何在，破鏡飛上天。"〔一〕亦有均出於"文"或"事"者，如前引卷一《天地部》"九野・四荒"，其下注文有《吕氏春秋》及《爾雅》的内容〔二〕。卷二《居處部》"彤軒・翠觀"之下則有："曹植《七啓》：彤軒紫柱，文榱華梁。張協《七命》：翠觀岑青，雕閣霞連。"〔三〕《七啓》與《七命》則均屬於文的範疇。

在與《編珠》編撰年代相去不遠的《北堂書鈔》中，亦對"事文兼采"的體例進行了初步嘗試。是書中所録"事"者尚多，如《北堂書鈔》卷三《帝王部・潛晦》中有"潛龍勿用，陽在下也"之語，此出《易・乾卦》〔四〕；如《北堂書鈔》卷一一八《武功部・攻戰》中有"七擒七縱"，典出《三國志・蜀志・諸葛亮傳》，爲諸葛亮擒獲孟獲之事〔五〕；《北堂書鈔》卷一五四《歲時部・夏》中有"日在東井"，則見《禮記・月令》〔六〕。而此書中亦存有"文"者〔七〕，如《北堂書鈔》卷二〇《帝王部・微行》中有"便旋閭閻，周觀郊

〔一〕 按：《玉臺新詠》卷十《古絶句四首》之一有："藁砧今何在，山上復有山。何當大刀頭，破鏡飛上天。"《藝文類聚》卷五六《雜文部二・詩》引《藁砧詩》亦同（第一〇〇七頁）。《初學記》卷一"破鏡"條引《古詩》曰："藁砧今何在，山上復有山。何當大刀頭，破鏡飛在天。"（第九頁）關於《編珠》中所引詩、賦的考證，詳參孫麗婷：《〈編珠〉殘卷研究》，河北師範大學碩士學位論文，二〇一四年，第二九～四九頁。

〔二〕（隋）杜公瞻輯：《編珠》卷一《天地部》，第一筒頁。

〔三〕（隋）杜公瞻輯：《編珠》卷二《居處部》，第六筒頁。

〔四〕（唐）虞世南編撰：《北堂書鈔》卷三《帝王部・潛晦》，見《續修四庫全書》編纂委員會編：《續修四庫全書》第一二一二册《子部・類書類》，上海古籍出版社，一九九六年，第八一頁。

〔五〕（唐）虞世南編撰：《北堂書鈔》卷一一八《武功部・攻戰》，見《續修四庫全書》編纂委員會編：《續修四庫全書》第一二一二册《子部・類書類》，第五三八頁。

〔六〕（唐）虞世南編撰：《北堂書鈔》卷一五四《歲時部・夏》，見《續修四庫全書》編纂委員會編：《續修四庫全書》第一二一三册《子部・類書類》，上海古籍出版社，一九九六年，第一〇二頁。

〔七〕 詳參梁玲華：《〈北堂書鈔〉初探》，四川大學碩士學位論文，二〇〇四年，第二〇頁；王燕華：《中國古代類書史視域下的隋唐類書研究》，第一八七～一八八頁。

隧”“降尊就卑，懷璽藏斂”“若神龍之變化，彰后皇之爲貴”〔一〕，三者均出張衡的《西京賦》〔二〕，“白龍魚服，見困豫且”〔三〕，則出張衡《東京賦》〔四〕；《北堂書鈔》卷三〇《政術部·錫命》中有“經緯禮律，爲民軌儀”“是用錫君大輅”“溫恭爲基”“是用錫君秬鬯一卣”〔五〕，均出潘元茂《册魏公九錫文》〔六〕。類似的情況尚可舉出不少，此不悉列。凡此皆可見此書“事文兼采”的情況。

值得注意的是，《編珠》與《北堂書鈔》對“事文兼采”進行初步嘗試的情況有所不同，主要表現在兩個方面：

其一，形式不同。《編珠》多於“事”“文”之前注明所出書目、篇目之名，以明故實之出處，如故實之下存有“《吕氏春秋》曰”（九野）、“《爾雅》曰”（四荒）、“左思《蜀都賦》曰”（日迴鳥翼）、“傅玄《菊花賦》曰”（黄雲）等，尚有不題作者，不言書目、篇目之情況。而《北堂書鈔》則於所録“事”“文”之下，以注釋的形式説明“事”“文”出處，如《北堂書鈔》卷二〇《帝王部·微行》條目下所注便有“《列子》”“張衡《西京賦》”“《漢書》”“《史記》”等内容〔七〕。

其二，目的不同。《北堂書鈔》“事文兼采”乃是爲了廣泛輯録與“部類”（如帝王部、后妃部、政術部、刑法部等）、“子目”（如“帝王部”下有帝王總載、帝係、誕載、奇表、徵應、福禄等）相關的辭條，以供初學者或者進行詩歌創作之人參考，而《編珠》録“事”且“文”的目的，則在於説明故

〔一〕（唐）虞世南編撰：《北堂書鈔》卷二〇《帝王部·微行》，見《續修四庫全書》編纂委員會編：《續修四庫全書》第一二一二册《子部·類書類》，第一二三、一二四頁。

〔二〕按：（南朝·梁）蕭統編，（唐）李善注《文選》卷二《賦甲·京都上·西京賦》中作“便旋閭閻，周觀郊隧”“降尊就卑，懷璽藏斂”。（中華書局，一九七七年，第四九頁）

〔三〕（唐）虞世南編撰：《北堂書鈔》卷二〇《帝王部·微行》，見《續修四庫全書》編纂委員會編：《續修四庫全書》第一二一二册《子部·類書類》，第一二四頁。

〔四〕《文選》卷三《賦乙·京都中·東京賦》，第六六頁。

〔五〕（唐）虞世南編撰：《北堂書鈔》卷三〇《政術部·錫命》，見《續修四庫全書》編纂委員會編：《續修四庫全書》第一二一二册《子部·類書類》，第一四二、一四三頁。

〔六〕《文選》卷三五《册·册魏公九錫文》，第五〇二~五〇三頁。

〔七〕（唐）虞世南編撰：《北堂書鈔》卷二〇《帝王部·微行》，見《續修四庫全書》編纂委員會編：《續修四庫全書》第一二一二册《子部·類書類》，第一二三~一二四頁。

實的出處，對故實進行解釋。

故雖然《編珠》與《北堂書鈔》均對"事文兼采"體例進行了初步嘗試，但二者"事文兼采"的形式與目的，均存在着較大差异，而這也從側面反映出類書"事文兼采"的體例尚未完全形成的情况。

（二）"事文兼采"體例之初創

類書的編撰并非是一成不變的，而是根據實際的需要不斷調整和發展的。隨着類書編撰的發展，由於"直書其事"或"專取其文"之類書，在實際使用過程中，面臨着"文義既殊，尋檢難一"的困難[一]，加之此前《編珠》《北堂書鈔》中對於"事文兼采"體例的進行了初步嘗試，爲類書編撰提供了新的範式。因此，《藝文類聚》在此基礎上，采用了"撰其事且文"的方式進行編撰[二]，兼取"事""文"二者，彙集了前有類書編撰體例之優勢，以便於讀者或學習者使用，創造了"事文兼采"之體例。

南宋陳騤編《中興館閣書目・子部・類書類》中載："歐陽詢《藝文類聚》一百卷：分門類事，附見前世詩、賦、贊、頌、牋、啓之作。"[三]《四庫全書・子部・類書類》中《藝文類聚》提要亦指出："是書比類相從，事居於前，文列於後，俾覽者易爲功，作者資其用。於諸類書中，體例最善。"[四]則此書采用"事文兼采"體例可無疑矣，以其所録"文"者的情况來看，已較爲豐富，包括賦、詩、銘、頌、檄、論、序、説等。關於《藝文類聚》所采用的"事文兼采"體例，使其兼具類書與總集的雙重功用[五]。如明代胡應麟《少室山房筆叢・九流緒論下》便指出："如《初學》《藝文》，兼載詩詞則近

〔一〕（唐）歐陽詢：《藝文類聚序》，見（唐）歐陽詢撰：《藝文類聚》，第二七頁。

〔二〕（唐）歐陽詢：《藝文類聚序》，見（唐）歐陽詢撰：《藝文類聚》，第二七頁。

〔三〕（宋）陳騤編：《中興館閣書目》卷三《子部・類書類》，見南京圖書館編：《南京圖書館藏朱希祖文稿》第六册，鳳凰出版社，二〇一〇年，第四六五頁。

〔四〕（清）紀昀等編纂：《影印文淵閣四庫全書》第八八七册《藝文類聚・提要》，北京出版社，二〇一二年，第一三七～一三八頁。

〔五〕 詳參王燕華：《中國古代類書史視域下的隋唐類書研究》，第一五一頁。

於集。"〔一〕胡道静先生《中國古代的類書》一書中也指出："《藝文類聚》在輯存文獻的方法、方式上，有一重大特點……就是把'事'與'文'兩條龍并成了一條龍，變更了類書的常軌體制。"〔二〕顯然，《藝文類聚》"事文兼采"的方式使其與前撰之類書及以後的大多數類書之間存在着較大差异，從而具有了其獨特之處。

《舊唐書·儒學上·歐陽詢傳》載："武德七年（六二四），詔與裴矩、陳叔達撰《藝文類聚》一百卷，奏之，賜帛二百段。"〔三〕《唐會要·修撰》中亦載："武德七年九月十七日，給事中歐陽詢，奉敕撰《藝文類聚》成，上之。"〔四〕可知，《藝文類聚》當成書於武德七年。以《藝文類聚》成書時間來看，《文場秀句》成書於《藝文類聚》之後，亦采用了"事文兼采"的體例，然《文場秀句》一書中，并未完全按照《藝文類聚》中"事文兼采"的體例進行編排，而是更多輯録了"事"相關的内容，較之《藝文類聚》，《文場秀句》一書的"事文兼采"體例似乎與《編珠》更爲相似，亦與《北堂書鈔》中所存之"事"較多之情况相一致。

如《雷電第四》中的"倚柱雷"，釋文爲"夏侯太〔初〕倚柱而書，▓（雷）震其柱而不驚"，事見南朝宋劉義慶《世説新語·雅量第六》："夏侯太初嘗倚柱作書。時大雨，霹靂破所倚柱，衣服焦然，神色無變，書亦如故。賓客左右，皆跌蕩不得住。"〔五〕又如"投壺電"，釋文爲"玉女投壺，天爲之笑，▓（則）電"，典出東方朔《神异經·東荒經》："東荒山中有大石室，東王公居焉……恒與一玉女投壺，每投千二百矯，設有入不出者，天爲之噓

〔一〕（明）胡應麟撰：《少室山房筆叢·丙部》卷二九《九流緒論下》，上海書店出版社，二〇〇九年，第二八六～二八七頁。

〔二〕胡道静：《中國古代的類書》，第七九～八〇頁。

〔三〕《舊唐書》卷一八九上《儒學上·歐陽詢傳》，第四九四七頁。

〔四〕《唐會要》卷三六《修撰》，第六五一頁。

〔五〕（南朝·宋）劉義慶：《世説新語》卷中之上《雅量第六》，上海古籍出版社，二〇一二年，第七三頁。

嘘。"〔一〕就"事"的選擇而言,《文場秀句》在輯録《編珠》《藝文類聚》等傳統類書内容的同時,亦不局限於傳統類書的内容,而是着眼於童蒙教育的内容,除輯録初學者詩文學習中需要學習識記并熟練使用的事對之外,尚輯録了與童蒙教育密切相關的内容,如《文場秀句·天地第一》中的"乾象"、《日月第二》中的"陽烏:日爲陽精""陰兔:月爲陰精",分别出北齊顏之推《顏氏家訓·歸心》"乾象之大,列星之夥,何爲分野,止系中國"及"日爲陽精,月爲陰精"之語,而《顏氏家訓》是古代的傳統家訓,對童蒙教育具有重要的貢獻。從其涉及《顏氏家訓》的内容來看,《文場秀句》在編撰之初,便已明確了其爲童蒙教育服務的目的,從而在"事"的選擇上,考慮到了童蒙教育的需要。

就其所録"文"者言之,概有如下五條,兹移録《文場秀句》中内容及其所出篇目,冀便説明:

序號	《文場秀句》	所出篇目
1	蘋吹:風起於青蘋之末。(《風雲第三》)	宋玉《風賦》:"夫風生於地,起於青蘋之末。"
2	青蘋開葉,香流少女之風:風起於青蘋之末。《易》云:巽爲風。□□□□譔少女之風。(《夏第七》)	
3	荷花覆水,迷疑野客之裳:揚雄《反離騷》云:▓(被)芙蓉之朱裳。(《夏第七》)	揚雄《反離騷》:"衿芰茄緑衣兮,被夫容之朱裳。"
4	蝶舞南園:故詩云:借問此何時,胡蝶飛南園。	張協《雜詩》之八:"借問此何時,胡蝶飛南園。"
5	大王風:宋玉《風[賦]》云:此大王之雄風。(《王第十二》)	宋玉《風賦》:"故其風中人……清清泠泠,愈病析酲;發明耳目,寧體便人;此所謂大王之雄風也。"

〔一〕(漢)東方朔、(晋)葛洪、(晋)王嘉撰:《神异經 枕中書 拾遺記》,中華書局,一九九一年,第三頁。

略觀上表，可知《文場秀句》在輯録 "事" 的同時，亦抄録了與至相關的 "文"，然是書雖采用了 "事文兼采" 之體例，但多事文不分，廁然雜居之情況明顯，所存 "文" 者，僅 "青蘋開葉，香流少女之風" 一條中，"事" "文" 抄録於同一事對之下，且所録之文的類型亦不似《藝文類聚》豐富，以詩賦爲主。則《文場秀句》雖成書於《藝文類聚》之後，即 "事文兼采" 體例已初創之後，然《文場秀句》仍較爲直接地繼承了《編珠》的編撰體例，并在《編珠》的基礎上進行了完善。由此可知，《藝文類聚》一書雖初創 "事文兼采" 之體例，但是在其後不久的類書編撰中，"事文兼采" 之體例尚在發展、變化之中，未形成較爲固定的形式，但是類書采用 "事文兼采" 體例進行編撰的趨勢已逐漸形成。

值得注意的是，《文場秀句》中所輯 "文" 者以詩賦爲主的原因，蓋因其在編撰的過程中，不僅受到了前撰類書《編珠》《北堂書鈔》《藝文類聚》等書的影響，亦考慮到其編撰是書的目的，由於其着眼點在於對初學者進行作詩習文的啓蒙教育，則其主要摘録詩賦，非無因也。

（三）"事文兼采" 體例之發展

經過了《編珠》《北堂書鈔》及《藝文類聚》對 "事文兼采" 體例的嘗試與初創，"事文兼采" 之體例得以不斷發展，并隨着《初學記》的撰成而得以完善。

聞一多先生在《類書與詩》中指出："《初學記》雖是開元間的産物，但實足以代表較早的一個時期的態度……每一項題目下，最初是 '叙事'，其次是 '事對'，最後便是成篇的詩賦或文。其實這三項中減去 '事對'，就等與《藝文類聚》，再減去詩賦文便等於《北堂書鈔》。"[一] 強調《初學記》一書雖成書於唐開元間，但其體例與《北堂書鈔》《藝文類聚》之間存在着密切聯繫，而從《編珠》《北堂書鈔》到《初學記》，類書編撰的變化，則顯示了類書 "事文兼采" 體例發展、演進之迹。關於類書内容之流變，王三慶先生也指出：

〔一〕 聞一多：《類書與詩》，收入聞一多撰：《唐詩雜論》，第五頁。

　　初則專輯故事，次有捃拾字句，逮及事文兼采後，已是類書成熟期矣。故《藝文類聚》《初學記》之成於唐代，要非無因也。尤以《初學記》一書，其部類子目較他書清晰……兼顧辭藻典故及文章名篇，异於一般類書之編撰體制，實乃汲取唐初以前各種重要類書之特長，鎔裁成篇〔一〕。

　　可見，《初學記》一書在編撰的過程中，汲取了前有類書編撰的特長。較之"事文兼采"嘗試之《編珠》《北堂書鈔》、初創之《藝文類聚》，以及尚事文不分，厠然雜居之《文場秀句》，《初學記》進一步發展并完善了"事文兼采"的體例。兹將《文場秀句》與《初學記》中相關内容移録如下，冀便説明。

《文場秀句》	《初學記》
圓蓋：天圓在上，如蓋。（《天地第一》）	卷一《天部上·星四》引《梁陸雲公星賦》云："隨圓蓋而不窮。"
方輿：地▨（方），〔如在下輿〕。（《天地第一》）	卷五《地部上·總載地》事對"方輿 大舟"條引宋玉《大言賦》："方地爲輿，圓天爲蓋。"
金烏：日色赤，故雲金烏。日中有三足烏。（《日月第二》）	卷三〇《烏部·烏五》引《春秋元命苞》："日中有三足烏者，陽精其僂呼也。"
雲起天津：天津，地畔。（《風雲第三》）	卷一《天部上·天一》："天河謂之天漢。亦曰雲漢、星漢、河漢、清漢、銀漢、天津、漢津、淺河、銀河、絳河。"
青陽戒序：春〔色〕青。（《春第六》）	卷三《歲時部·春一》南朝·梁元帝《纂要》曰："春曰青陽，亦曰發生、芳春、青春、陽春、三春、九春。"下注："氣清而温陽。"

<hr>

〔一〕　詳參王三慶：《敦煌古本類書——〈語對〉伯二五二四號及其副本寫卷研究》，收入中國文化大學、中國文學研究所敦煌學會編輯：《敦煌學》第九輯，中國文化大學、中國文學研究所敦煌學會，一九八五年，第七四頁；王三慶：《敦煌本古類書〈語對〉研究》，第一九頁。

續表

《文場秀句》	《初學記》
獻歲：歲初獻，受湧。（《春第六》）	卷三《歲時部·春一》引南朝·梁元帝《纂要》："正月孟春，亦曰……獻歲。"
麥壟驚秋：四月麥［如］秋雲，言麥將衰之時，更微涼如秋。	卷三《歲時部·春一》："麥壟一驚？菱潭兩飛鷺。"
瑤宿迥天·璧月窮紀：十二月，月窮紀日迥天於□□。	卷三《歲時部上·冬四》引南朝·梁元帝《纂要》："十二月季冬，亦曰暮冬、杪冬、除月、暮節、暮歲、窮稔、窮紀。"
騰黃：神馬。	卷二九《獸部·馬四》引《符瑞圖》："騰黃者，神馬也。其色黃，一名乘黃，亦曰飛黃，或作古黃，或曰翠黃，一名紫黃，其狀如狐，背上中兩角。"
蓂莢·蕭（莐）華：并瑞草。	卷一《天部上·月三》引《帝王世紀》："堯時有草，夾階而生。每月朔日生一莢，至月半則生十五莢。至十六日後，日落一莢，至月晦而盡。若月小，餘一莢。王者以是占曆，應和而生，以爲堯瑞，名之蓂莢。一名曆莢，一名仙茆。"
大王風：宋玉《風［賦］》云：此大王之雄風。	卷十《帝戚部·王五》引南朝梁·劉孝義《行過康王故第苑》詩："芳流小山桂，塵起大王風。"

　　《文場秀句》與《初學記》雖均具有蒙書之性質[一]，二者在編撰的過程中，兼顧"事"與"文"，以便於幫助初學者學習作詩習文，但各具有其特定的編撰目的與功能。較之《初學記》，《文場秀句》的篇幅更爲精簡，所輯事對及釋文亦淺顯易懂，省去了《初學記》"叙事"部分的內容，簡省了《初學記》中具體的"詩""賦""銘"條目，而將詩、賦等"文"的內容進行摘引，與

　　〔一〕按：關於《初學記》一書的性質，《舊五代史·梁書·成汭傳》引《五代史補》言："夫《初學記》，蓋訓童之書爾，今敵國交聘，以此書爲贐。得非相輕之甚耶。"（第二三〇頁）可見此書蒙書之性質。

事對内容相對應，以成解釋事對的釋文内容，使其供童蒙教育之用的特點更爲明顯、突出。而《初學記》則更多輯録"經史文章之要"〔一〕，雖體例更加完善，但篇幅、内容也更加豐富，但於初學者而言，過於豐富的内容不便於識記。就二者之間的聯繫來看，《文場秀句》中各部類下臚列的事對，對於《初學記》中引入"事對"之體，産生了一定的影響。《初學記》在繼承了《北堂書鈔》《藝文類聚》輯録"事"且"文"的基礎上，亦繼承了《編珠》《文場秀句》對於故實、事對的編排方式，因而使《初學記》一書中的叙事、事對、詩文三個部分，得以相互補充、支撐，從而形成了更爲完善、完備的類書編撰體例。

三 《文場秀句》與相關書籍的關係

《文場秀句》在編纂過程中所使用或參考的資料，定非簡單依靠抄録浩繁典籍中的内容即可成之，必然需要其撰者經過長期的積累和裒輯，且其編撰亦非其撰者一人之功，而是汲取前人著述成果的基礎上，進一步撰述的成果。依前文所述，《文場秀句》·書采用了"事文兼采"的體例，則其在編撰過程中所參考之書亦可分爲"事"與"文"兩個方面。根據《文場秀句》的成書年代，對比其先所撰之書，《文場秀句》與輯"事"之《藝文類聚》，以及録"文"之《文選》之間存在着較爲密切的關係，兹分別論述如下。

（一）《文場秀句》與《藝文類聚》的關係

《藝文類聚》在編撰的過程中，爲了幫助初學者更好地將典故融入詩文創作之中，故而多抄録了具體的詩文，讓初學者閱讀典範作品，了解到如何使用人事典故等。較之《藝文類聚》，《文場秀句》在編撰過程中，更加關注了兒童初學的情況，幫助兒童在初學階段積累具體詞彙、事對，并撰有具體的參考範文，以便在詩文創作過程中了解如何進行套用，但不受固定作品的限制，更自如地進行創作。通過對比《文場秀句》與《藝文類聚》中的具體内

〔一〕《唐會要》卷三六《修撰》，第六五八頁。

容,《文場秀句》中的事對和釋文多可在《藝文類聚》中找到相對應的内容,
而二者相關的内容計有一二六條,約占《文場秀句》所存條目全數的五分之
三,主要表現事對與釋文兩個方面,兹分別論述如下:

1.《文場秀句》事對與《藝文類聚》

《文場秀句》中的事對多可在《藝文類聚》中找到相對應的内容,如《藝
文類聚》卷三八《禮部上·辟雍·賦》:"握天鏡而授河圖,執玉衡而運乾
象。"〔一〕卷九《水部·湖·詩》引晉李顒《涉湖詩》曰:"高天森若岸,長津
雜如縷。"卷二七《人部十一·行旅·詩》引陳沈炯《魂歸賦》曰:"絶君臣
而辭骨肉,蹐厚地而踞蒼穹。"卷四二《樂部二·樂府》引梁簡文帝《京洛篇》
曰:"重門遠照耀,天闕複穹隆。"便包含了《文場秀句·天地第一》中的事
對"乾象""高天""厚地""穹隆"。《藝文類聚》一書中亦有同一文句中包含
《文場秀句》兩條及兩條以上事對的情況,兹將此種情況以表明之,以見《文
場秀句》事對與《藝文類聚》的關係:

序號	《文場秀句》	《藝文類聚》
1	九天(《天地第一》)	卷四八《職官部四·尚書令·表》引隋江總《除尚書令謝台啓》曰:"聲寄浮雲,方祈九天之路。"
2	浮雲(《煙霧第五》)	
3	陽烏(《日月第二》)	卷七六《内典上·内典·寺碑》引《鄆州晉安寺碑銘》曰:"峰下陽烏,林生陰兔。"
4	陰兔(《日月第二》)	
5	桂影(《日月第二》)	卷七《山部上·總載山·碑》引梁元帝《玄圃牛渚磯碑》曰:"即代歌仙,桂影浮池,仍爲月浦,璧月朝暉。"
6	朝暉(《日月第二》)	
7	皎皎(《日月第二》)	卷二《天部下·雪·詩》引梁劉孝綽《對雪詩》曰:"桂華殊皎皎,柳絮亦霏霏,詎比咸池曲,飄飄千里飛。"
8	霏霏(《煙霧第五》)	
9	飄飄(《煙霧第五》)	

〔一〕 按:以下所引《藝文類聚》中具體篇目内容,均引自唐代歐陽詢撰《藝文類
聚》(中華書局,一九六五年),不再一一説明。

序號	《文場秀句》	《藝文類聚》
10	浮雲（《風雲第三》）	卷三五《人部十九·愁·賦》引《九愁賦》："踐有畿之末境，超引領之徘徊，眷浮雲以太息，原攀登而無階。"
11	徘徊（《煙霧第五》）	
12	騰雲（《煙霧第五》）	卷二七《人部十一·行旅·賦》引《阻歸賦》曰："頓天羅於八表，騰雲驅於四溟。"
13	八表（《帝德第十》）	
14	豐隆（《雷電第四》）	卷二《天部下·電·賦》引晉顧凱之《雷電賦》曰："豐隆破響，列缺開雲。"
15	列缺（《雷電第四》）	
16	鬱鬱（《煙霧第五》）	卷一《天部上·雲》引《史記》曰："若煙非煙，若雲非雲，鬱鬱紛紛，蕭索輪困，是謂卿雲。"
17	紛紛（《煙霧第五》）	
18	獻歲（《春第六》）	卷三《歲時上·春》引《楚辭》曰："獻歲發春兮，汩吾南征。"
19	發春（《春第六》）	
20	玉燭（《瑞應第十一》）	卷九八《祥瑞部上·祥瑞·頌》引魏何晏《瑞頌》曰："通政辰修，玉燭告祥，和風播烈，景星揚光。"
21	和風（《春第六》）	
22	八表（《瑞應第十一》）	卷五二《治政部上·善政·碑》引梁裴子野《丹陽尹湘東王善政碑》曰："策鏡區域，充塞乎無根，上冠九垓，旁濟八表。
23	九垓（《瑞應第十一》）	
24	無根（《瑞應第十一》）	
25	維城（《王第十二》）	卷五一《封爵部·總載封爵·論》引晉陸機《五等論》曰："使萬國相維，以成盤石之固；宗庶雜居，而定維城之業。"
26	盤石（《王第十二》）	

　　略觀上表可知，《文場秀句》事對與《藝文類聚》的聯繫主要表現在兩個方面：其一，《藝文類聚》涉及《文場秀句》中事對的文句，廣泛地參考了表、碑文、頌、論等多種文體，如《除尚書令謝台啓》《鄞州晉安寺碑銘》《玄圃牛渚磯碑》《瑞頌》《丹陽尹湘東王善政碑》《五等論》，非惟詩賦。

　　其二，《文場秀句》同一部類的多條事對，多見於《藝文類聚》所摘引的同一作品。如《藝文類聚》中《鄞州晉安寺碑銘》所用"陽烏"與"陰兔"、"桂影"與"朝暉"均出《日月第一》；《雷電賦》所用"豐隆"與"列缺"均出《雷電第四》；《對雪詩》中的"霏霏"與"飄飄"，均出《煙霧第五》；《丹陽尹湘東王善政碑》中的"八表""九垓""無垠"，則均出《瑞應第十一》；《五等論》中的"維城"與"盤石"均出《王第十二》。但《藝文類聚》具體文句中出現的《文場秀句》事對，尚有出自《文場秀句》不同部類的情況，如"九天"與"浮雲"、"桂影"與"朝暉"、"皎皎"與"霏霏"、"玉燭"與"和風"。

此外，《藝文類聚》文句中使用的事對，尚存與《文場秀句》中事對文字有異，但含義相同的事對，如《藝文類聚》卷七一《舟車部·車·銘》所引後漢李尤《小車銘》曰："員蓋象天，方輿則地。"卷六一《居處部一·總載居處·賦》引晋左思《蜀都賦》曰："羲和假道於峻岐，陽烏回翼乎高摽。"又如卷七五《方術部·相·論》引魏陳王曹植《相論》曰："是以堯眉八采，舜目重瞳。"從其所引文句的具體含義和情況來看，《藝文類聚》中的"員蓋""羲和""重瞳"，與《文場秀句》中的"圓蓋""曦和""雙瞳"當爲相同含義的事對。這種情況多爲字體書寫正俗、訛誤、同義所致。

以此言之，《文場秀句》并非是完全按照《藝文類聚》具體文句使用事對的順序進行編排，而是從《藝文類聚》的不同部類中揀擇出與《文場秀句》中部類相關的事對，在借鑒《藝文類聚》的同時，也根據《文場秀句》部類的編撰以及童蒙教育的功用所需，將詩文創作中所需或可能用到的事對重新進行編排，或對具體事對進行調整、改寫，以方便初學者學習、檢尋和使用。由於《文場秀句》面向的是初學者，其在編撰的過程需要將其內容限定在相對較少的字數之內，在編撰過程中揀擇的具體條目、內容與注文，更多地着眼於童蒙教育之需，故而更爲簡潔易解，以便初學者學習和識記。因此，其在編撰的過程中對《藝文類聚》的相關內容進行了壓縮、改寫。

2.《文場秀句》釋文與《藝文類聚》

就《文場秀句》中的釋文而言，也與《藝文類聚》中摘引的具體文句存在較爲密切的聯繫。兹以表格的形式，移録《文場秀句》與《藝文類聚》中的相關內容，以見二者的聯繫：

《文場秀句》	《藝文類聚》
投壺雷：玉女投壺，天爲之笑。（《雷電第四》）	卷二《天部下・電》引《莊子》曰："陰氣伏於黄泉，陽氣上通於天，陰陽分争故爲電，玉女投壺，天爲之笑則電。"
律惟南吕：八月，律中南吕也。（《秋第八》）	卷五《歲時下・律》引《禮記》曰："七月律中夷則，八月律中南吕。"
蘋吹：風起於□（青）萌（蘋）之末。（《夏第七》）	卷一《天部上・風・賦》引楚宋玉《風賦》曰："夫風生於地，起於青蘋之末。"
律戒珠（朱）明：夏爲朱［明］。（《夏第七》）	卷三《歲時上・春》引《爾雅》曰："夏爲朱明，一曰長嬴。"
八眉：堯眉八彩。（《帝德第十》） 雙瞳：舜目雙瞳。（《帝德第十》）	卷七五《方術部・相・論》引魏陳王曹植《相論》曰："是以堯眉八采，舜目重瞳。"

依上表所引，《文場秀句》中的釋文與《藝文類聚》中所引内容之間，存在着很大的相似性，《文場秀句》在解釋具體的事對過程中，很可能借鑒、改寫了《藝文類聚》摘引的具體文句，主要表現在兩個方面：一是，《文場秀句》中的釋文與《藝文類聚》中所引内容相同或相似。二者相關的内容雖然存在着并非完全相同的文句，但多爲語氣助詞的差異，如"也"字的區別，但有無"也"字，并不影響其意義的理解，所表述的内容與含義也是相同的。又如"重瞳""雙瞳"二詞，雖有"重""雙"二字之别，但所表述的含義仍是相同的。二是，《文場秀句》釋文所出部類與《藝文類聚》摘引所出部類存在很大的相關性。如"玉女投壺，天爲之笑"的内容，出《文場秀句・雷電第四》，《藝文類聚》則在《天部下・電》；"八月，律中南吕"與"夏爲朱［明］"的内容，分别出《文場秀句》"秋第八""夏第七"，均出《藝文類聚》中的"歲時"。從"雷電"與"電"；"秋""夏"與"歲時"來看，可見二者之間存在聯繫與相似性。通過比較《文場秀句》中的釋文與《藝文類聚》中的具體文句，相似之處從側面反映出了二者之間密切的聯繫。

（二）《文場秀句》與《文選》的關係

《文場秀句》采用了"事文兼采"的體例，除前文所引對輯"事"之《藝

文類聚》進行借鑒、改寫之外，《文場秀句》中的事對、釋文亦與録“文”之
《文選》存在着密切的關係。通過比較《文場秀句》與《文選》，以及李善所
注《文選》，則《文場秀句》與《文選》相關的内容，計有一百二十一條，約
占《文場秀句》所存條目全數的五分之三，主要表現事對與釋文兩個方面，
兹分别説明如下：

1.《文場秀句》事對與《文選》

《文場秀句》中所存事對與《文選》詩賦中具體詞句存在着一定的聯繫。
如《文場秀句·天地第一》中的事對“乾象”“坤元”，分别見於《文選》卷
二五《詩丁》劉越石《答盧諶詩一首并書》：“乾象棟傾，坤儀舟覆。”以及
《文選》卷五六《銘》陸佐公《新刻漏銘一首》：“成物之能，與坤元等契。”〔一〕
《風雲第三》中事對“騰雲”，亦見《文選》卷二九《詩己》張景陽《雜詩十
首》：“騰雲似湧烟，密雨如散絲。”篇什尚多，不能悉列。然《文場秀句》中
所輯録的事對多爲詩賦創作中常用的内容和材料，不能僅從《文場秀句》中
所存事對可見於《文選》的情況，來判斷是書與《文選》的關係，尚須更多
的材料支撐。

就《文選》中所輯之“文”而言，《文場秀句》中的事對，出自《文選》
所收篇目情況較多，亦有多條事對出自《文選》所選同一篇目的情況。兹將
《文場秀句》與《文選》中所存的此種情況，列表於下，借以略知《文場秀
句》與《文選》之間的聯繫。

序號	《文場秀句》	《文選》
1	高天（《天地第一》）	卷三《賦乙》張平子《東京賦》：“豈徒跼高天，蹐厚地而已哉。”
2	厚地（《天地第一》）	
3	望舒（《日月第二》）	卷三五《七下》張景陽《七命八首》：“悲蒦荄之朝落，悼望舒之夕缺。”
4	蒦荄（《瑞應第十一》）	

〔一〕 按：以下所引《文選》中具體篇目内容，均引自南朝梁蕭統編、唐代李善注
《文選》（中華書局，一九七七年），不再一一説明。

序號	《文場秀句》	《文選》
5	皎皎（《日月第二》）	卷一四《賦庚》鮑明遠《舞鶴賦》："嚴嚴苦霧，皎皎
6	苦霧（《煙霧第五》）	悲泉。"
7	豐隆（《雷電第四》）	卷一五《賦辛》張平子《思玄賦》："豐隆軼其震霆兮，
8	列缺（《雷電第四》）	列缺曄其照夜。
9	長煙（《煙霧第五》）	卷二一《詩乙》郭景純《游仙詩七首》："升降隨長煙，
10	飄颻（《煙霧第五》）	飄颻戲九垓。"
11	九垓（《帝德第十》）	
12	獻歲（《春第六》）	卷三三《騷下》宋玉《招魂一首》："獻歲發春兮，汩
13	發春（《春第六》）	吾南征些。"
14	五帝（《帝德第十》）	卷八《賦丁》司馬長卿《上林賦》："德隆於三王，而
15	三王（《帝德第十》）	功羨於五帝。"
16	騰黃（《瑞應第十一》）	卷三《賦乙》張平子《東京賦》："囿林氏之騶虞，擾
17	澤馬（《瑞應第十一》）	澤馬與騰黃。"
18	紃牛（《瑞應第十一》）	卷四六《序下》王元長《三月三日曲水詩序》："紃牛
19	露犬（《瑞應第十一》）	露犬之玩，乘黃茲白之駟。"
20	茲白（《瑞應第十一》）	
21	朱英（《瑞應第十一》）	卷四六《序下》王元長《三月三日曲水詩序》："紫脱
22	紫脱（《瑞應第十一》）	華，朱英秀，佞枝植，曆草孳。"
23	維城（《王第十二》）	卷五四《論四》陸士衡《五等論》："使萬國相維，以
24	盤石（《王第十二》）	成盤石之固；宗庶雜居，而定維城之業。"

從上表可知，《文選》中所輯之"文"同一句中，包含兩條或兩條以上《文場秀句》事對的情況，主要有以下兩個特點：

其一，同一部類之下，《文場秀句》中的事對多可見於《文選》的同一文句之中。如以部類"瑞應"而言，其所臚列的十二條事對中，"蓂莢""騰黄”“澤馬”“紖牛”“露犬”“兹白”“朱英”“紫脱”八條内容，均可在《文選》中找到相對應的内容，占此部類中所存事對的一半以上，且“紖牛”“露犬”“兹白”“朱英”“紫脱”五條内容均出自王元長《三月三日曲水詩序》。可見《文場秀句》對《文選》的重視程度。

其二，《文場秀句》中可以互成對的一組事對，在《文選》中亦多以相對應的形式出現。如《文場秀句》中互成對的事對“高天”與“厚地”、“豐隆”與“列缺”、“五帝”與“三王”、“維城”與“盤石”，在《文選》中也是以同一句中相對應的情況出現，如“豈徒局高天，蹐厚地而已哉”“豐隆軒其震霆兮，列缺曄其照夜”“德隆於三王，而功羨於五帝”。又如《文場秀句·瑞應第十一》中的“騰黄”與“澤馬”、“紖牛”與“露犬”、“朱英”與“紫脱”三組事對，在《文場秀句》是以相對應的事對形式出現，而《文選》中則多是以對句的形式出現。且《文選》中“乘黄”與《文場秀句》中“騰黄”雖不是完全相同的，但均爲神馬名，則有四組事對可在二書中找到相對應的内容。

通過分析表格中《文場秀句》中事對與《文選》相關内容的情況，可推知《文場秀句》與《文選》之間當存在着較爲密切的聯繫。《文場秀句》在編撰的過程中，很可能對《文選》有所借鑒、參考，并從中選取了成組的、具有代表性的詞彙，并根據詞彙的具體含義，將其分別歸入相關的部類之下。而《文場秀句》中八條事對均見於《文選》中王元長的《三月三日曲水詩序》，反映了《文場秀句》編撰過程中對《文選》的參考。則《文場秀句》的編録者孟獻忠在輯録有關部類“瑞應”的具體事對時，極有可能參考了《文選》中的《三月三日曲水詩序》。

2.《文場秀句》與《文選》中的注文

《文選》中的注文與《文場秀句》存在着諸多相似之處。通過梳理《文場秀句》與《文選》注文的情況，可知《文場秀句》中有九十五條内容，可在李善《文選》的注文中找到相關的内容，主要包括兩種情況：

其一，《文場秀句》釋文對《文選》注文的參考。主要表現在以下兩個方面：一是，《文場秀句》釋文與李善《文選》注文内容相同。如《文選》卷五二《論二》曹元首《六代論一首》：“内無深根不拔之固，外無盤石宗盟之助，非所以安社稷，爲萬代之業也。"注曰："《左氏傳》曰：周之宗盟，异姓爲後。"李善所内容與《文場秀句·王第十二》中"宗盟"的釋文"《左傳》云：周之宗盟，异姓爲後"，除《左氏傳》與《左傳》之名略有差异外，内容完全相同。陸士衡《五等論》："使萬國相維，以成盤石之固；宗庶雜居，而定維城之業。"注曰："《毛詩》曰：'宗子維城，無俾城壞，而獨斯畏。'"與《文場秀句·王第十二》中"維城"的釋文"《詩》云：宗子維城"，從内容和出處來看，亦爲相同的内容。又謝靈運《石門新營所住四面高山迴溪石瀨茂林修竹》："洞庭空波瀾，桂枝徒攀翻。"注云："《楚辭》曰：'洞庭波兮木葉下，攀桂枝兮聊淹留。'"與《文場秀句·王第十二》"小山桂"釋文所引"攀桂枝兮聊淹留"之語相同。

　　二是，《文場秀句》釋文對李善《文選》注文改寫。如《文場秀句·天地第一》"朝曦"的釋文爲"曦和爲日御"，張平子《蜀都賦》："羲和假道於峻歧，陽烏回翼乎高標。"其注曰："《廣雅》曰：'日御謂之羲和。'"其爲"羲和"的解釋，但從"日御"之義來看，釋文與注文所表達的含義是相同的。《文場秀句》很可能在《文選》注文的基礎上進行了改寫，直接改《文選》所引《廣雅》曰的内容爲"曦和爲日御"，文義更爲明確，方便童蒙閱讀，突出條目正確性。張平子《西京賦》："上春候來，季秋就溫。"注曰："《禮記》曰：孟春，鴻來。鄭玄曰：雁自南方來，將北反其居也。又曰：季秋之月，鴻雁來賓。鄭玄曰：來賓，止而未去也。"注文中的"鴻雁來賓"與《文場秀句·秋第八》中的事對"候鴈來賓"雖有"後""鴻"之別，但其所述之事亦同。又卷一五《賦辛》張平子《思玄賦》："乘天潢之泛泛兮，浮雲漢之湯湯。"注曰："天潢，天津也……善曰：《樂緯》曰：商爲五潢。宋均曰：五潢，天津之別名也。"注文中對於"天潢"的解釋，與《文場秀句·瑞應第十一》中"五潢"釋文"五潢，天潢，疏闊於天潢"所述含義相同。總體而言，較之《文選》所輯内容，《文場秀句》更多的是節略和概括，以便初學者閱讀和記憶，以便之後熟練掌握、靈活應用。

　　需要説明的是，張平子《思玄賦》："豐隆軒其震霆兮，列缺曄其照夜。雲師䨘以交集兮，凍雨沛其灑塗。"其下注文曰："豐隆，雷公也……善曰：《楚辭》曰：吾令豐隆乘雲兮。《羽獵賦》曰：霹靂列缺，吐火施鞭……善曰：

諸家之説豐隆，皆曰雲師，此賦別言雲師，明豐隆爲雷也，故留舊説以廣异聞。"李善注文指出對於"豐隆"二字的解釋，諸家多言其爲"雲師"，但此賦中明確"豐隆"當爲"雷"，其對"豐隆"所作之注亦爲"雷公"二字。而《文場秀句·雷電第四》中"豐隆"之釋文，正爲"雷師"二字，與李善所注內容含義完全相同，則《文場秀句》的編撰者在對事對"豐隆"進行解釋時，極有可能借鑒了李善所注內容。

此外，《文場秀句·雷電第四》事對"砰訇"中"訇"字下注反切"大宏反"三字，此內容亦與張平子《西京賦》"奮隼歸鳧，沸卉軿訇"下注文"訇，大宏反"相同，也從另一方面反映了其對《文選》注文的借鑒與參考。

其二，《文場秀句》事對參考《文選》注文的情況。通過對比《文場秀句》與《文選》，《文場秀句》中所輯事對，不僅見於《文選》所録具體文句之中，亦多存於李善所注《文選》的注文之中，且有《文場秀句》中的事對見於《文選》注文而不見於《文選》具體文句的情況。如謝靈運《石壁精舍還湖中作一首》："出谷日尚早，入舟陽已微。"注曰："《楚辭》曰：陽杲杲其朱光。"注文中便有《文場秀句·日月第二》中的事對"杲杲"。曹子建《上責躬應詔詩表》："是以不別荆棘者，慶雲之惠也。"注曰："《史記》曰：若烟非烟，若雲非雲，鬱鬱紛紛，蕭索輪囷，是謂慶雲。"其注文中亦有《文場秀句·煙霧第五》中的是一組事對"鬱鬱""紛紛"。又如班孟堅《封燕然山銘一首》："鑠王師兮征荒裔，剿凶虐兮截海外。"注曰："《毛詩》曰：相土烈烈，海外有截。"注文中有《文場秀句·帝德第十》中的事對"有截"。較之前文所引《文場秀句》中事對見於《文選》具體文句之情況，《文場秀句》中的事對見於《文選》注文而不見於《文選》具體文句的情況，似乎更能説明其對李善所注《文選》內容的參考。

值得注意的是，據《唐李善崇賢上文選注表》尾題"顯慶三年（六五八）九月日，上表"[一]，則李善《文選注》當上表於顯慶三年（六五八），《文場秀

〔一〕（清）高步瀛：《文選李注義疏·唐李善崇賢上文選注表》，中華書局，一九八五年，第三頁。

句》概成書於開元十年（七二二）之前，若以《文場秀句》中釋文對於李善所注《文選》内容的引用情況來看，可進一步將《文場秀句》的成書年代範圍縮小爲顯慶三年至開元十年（六五八～七二二）之間。

依上文所引，《文場秀句》對《藝文類聚》《文選》的參考，主要表現在兩個方面：一是事對的參考情況；二是釋文的參考情況。雖然《文場秀句》與《文選》相關的條目數量未及《藝文類聚》，但《文場秀句》在編排事對時，多選取了《文選》中可以相對應的事對。《文場秀句》對於李善所注《文選》注文的參考，較之單獨輯録具體文句，更加便於初學者學習和掌握具體的事對。而《文場秀句》參考李善注《文選》的考慮，要而言之，蓋有三端：

其一，《文場秀句》采用"事文兼采"之體例，需輯録"文"的相關内容。在編撰的過程中，《文場秀句》繼承了前有《北堂書鈔》《藝文類聚》"事文兼采"之體例，故在進行編撰和輯録相關内容時，自然要兼顧"事""文"。而《文選》輯録了前人文學著作，便於閱讀、學習各家代表作品，因此受到了士人的廣泛重視，甚至成爲了士人必學之書，至有"熟精《文選》理，休覓彩衣輕"之語〔一〕，至宋仍有"《文選》爛，秀才半"之諺語〔二〕，二者皆非虚語，則《文選》的重要性自不待言。加之《文選》所録又多爲文中的典範之作，廣泛彙集了經典、重要之"文"，因而得到了《文場秀句》編撰者的重視，故而在編撰過程中多援引了《文選》中的具體文句，以便識記和理解。

其二，李善所注《文選》大行於時。《舊唐書·文苑中》載："李邕，廣陵江都人。父善，嘗受《文選》於同郡人曹憲。後爲左侍極賀蘭敏之所薦引，爲崇賢館學士，轉蘭台郎。敏之敗，善坐配流嶺外。會赦還，因寓居汴、鄭之間，以講《文選》爲業。年老疾卒。所注《文選》六十卷，大行於時。"〔三〕隨着科舉制度的發展，《文選》的價值得以凸顯，再之曹憲、李善等人的推廣和使用，使李善所注《文選》得到了廣泛的使用和認可，而"大行於世"。故

〔一〕（唐）杜甫撰，（清）仇兆鼇詳注：《杜詩詳注》卷一七《宗武生日》，中華書局，一九七九年，第一四七八頁。

〔二〕（宋）陸游撰：《老學庵筆記》卷八，商務印書館，民國二十五年，第七一頁。

〔三〕《舊唐書》卷一九〇《文苑傳中·李邕傳》，第五〇三九頁。

而《文場秀句》在編撰的過程中，不僅參考了《文選》中的具體内容，也對李善所注注文進行了摘引、改寫。

其三，李善注本《文選》在科舉考試中具有重要的地位。孟二冬先生的《論唐代應試詩的命題傾向之一——以李善注本〈文選〉爲重心》對唐代應試詩題進行了分析，指出："在今存唐代應試詩題之中，有將近一半的題目皆可在當時流行的李善注本《文選》中找到其原典出處或相關的知識内容。"〔一〕認爲唐代科舉中所試詩歌的命題，確實具有以李善注本《文選》爲重心的明顯傾向。因此，《文場秀句》以李善所注《文選》作爲參考，反映出了是書爲科舉考試服務之傾向與功用。

總括言之，《文場秀句》在編撰過程中對《藝文類聚》《文選》的參考，并非無因，而是深慮之結果。就《文場秀句》一書而言，其考慮的出發點亦與其編撰目的具有密切聯繫，是書對初學者進行作詩習文的教育功用，促使其以類書的形式編撰，以便尋檢、查閱和識記，又兼顧"事""文"，以便初學者識記具體事對的同時，對相關詩文有所了解，從而提高作詩習文教育的效果。

就《文場秀句》而言，是書采用類書形式進行編撰，其編纂特點雖不出類書編撰之特點，然其尚有不同於其他類書的獨特之處。《文場秀句》作爲類書發展過程中重要的一環，在類書編撰與發展過程中的重要價值。

以其體例言之，實受《編珠》之影響，較爲直接地繼承了《編珠》的編撰體例，并在《編珠》的基礎上進行了完善，對其後《初學記》的編撰以及"事文兼采"體例的發展與完善，具有重要的意義。《文場秀句》録事且文但事文不分的編撰特點，不僅反映了"事文兼采"體例的發展過程，也在一定程度上反映了其供童蒙教育之用的目標。

以"事文兼采"的體例言之，其在編纂過程中定非依靠簡單抄録即可成之，必然需要其撰者經過長期的積累和裒輯，則其在編撰過程中勢必要兼顧

〔一〕　孟二冬：《論唐代應試詩的命題傾向之一——以李善注本〈文選〉爲重心》，孟二冬：《孟二冬學術文集》第六册《唐代進士試年表》，第四一四頁。

"事"與"文"兩個方面。通過對比《文場秀句》與輯"事"之《藝文類聚》，以及録"文"之《文選》，可知其與二書之間存在着較爲密切的關係，《文場秀句》中事對與釋文均對二書有所借鑒、參考，并在二書原有文句的基礎上進行了摘引或改寫，以便更好地適應其童蒙教育的目標。

第三節 《文場秀句》的編撰背景

《文場秀句》一書采用類書之形式進行編撰，并非無意爲之，而是深慮之結果。就其采用類書的形式編撰而言，其亦具有類書編撰之特點。若其特殊之編撰特點，蓋爲其事對的選擇與編撰，使其具有了不同於他書之特徵及功用。

根據編撰者孟獻忠生活及其撰《文場秀句》的時代，可以大概推知是書之編撰，主要受到以下兩方面因素的影響，兹分別論述如下。

一　類書編纂風行的影響

類書彙集典籍之精粹、知識之精華，編排有序，便於檢尋，亦對保存文獻、知識傳播具有重要的價值。賈晋華《隋唐五代類書與詩歌》一文中曾指出："類書在隋唐五代達到高度繁榮，其標誌有三：一是數量劇增，公私并舉；二是獨立成類，蔚爲大國；三是體例嚴密，種類多樣。"〔一〕較之前代的類書，這一時期類書的内容得以不斷豐富，體例漸趨完備，種類更加多樣。

就類書的數量言之，《新唐書》卷五九《藝文志三 · 子部 · 類書類》便記載了三十九部類書〔二〕，可見唐代類書編撰的數量之多，胡道静先生的《中國古代的類書》亦指出：

> 唐代自開國到玄宗時代，除了中宗、睿總兩個很短的朝代外，累朝

〔一〕 賈晋華：《隋唐五代類書與詩歌》，《廈門大學學報（哲學社會科學版）》一九九一年第三期，第一二七頁。

〔二〕 詳參《新唐書》卷五九《藝文志三》，第一五六二～一五六四頁。

都用封建國家的力量編纂了一些大規模的類書……現在祇《藝文類聚》《初學記》二書尚存，《文思博要》一千二百卷還有一卷之遺留……唐代還有不少的文人學士自己編輯的類書，借以儲備撰文作詩的資料[一]。

且其中多有統治者敕纂之類書，官修類書大量湧現，如唐高祖李淵稱帝之後，便敕令歐陽詢等編撰《藝文類聚》[二]，唐太宗亦敕纂《文思博要》[三]，唐高宗繼位後敕纂《瑤山玉彩》《累璧》《東殿新書》[四]，武則天稱帝後敕纂《三教珠英》[五]，唐玄宗敕纂《初學記》等[六]，亦可見統治者對類書編撰的重視程度。而統治者對於類書編撰的重視，也在一定程度上促進了類書編撰的風行。開元後，官修類書的風潮漸息，但是私人修撰之風却自隋至五代，一直持續不衰[七]。

依上文所述，《文場秀句》的編撰正處於類書編撰的重要時期，而這一時期不僅出現了一些依靠國家力量編撰的官修類書，亦出現了不少文人所私修之類書。則《文場秀句》一書采用類書的編撰方式，應是受到了類書編撰風行的影響。

就唐代類書編撰風行的原因而言，概有以下三端：

其一，魏晋南北朝時期的抄撮、抄撰之風的影響。"抄撰是魏晋南北朝時期的一種重要的著作方式。"[八]張滌華先生的《類書流別》中曾指出："唐以前書籍無刻本，故鈔書成要事，六朝士大夫，尤喜爲此，至成風氣……蓋當

〔一〕 胡道静：《中國古代的類書》，第七六頁。

〔二〕 詳參《新唐書》卷五九《藝文志三》，第一五六三頁。

〔三〕 詳參《新唐書》卷五九《藝文志三》，第一五六二頁。

〔四〕 詳參《新唐書》卷五九《藝文志三》，第一五六二～一五六三頁。

〔五〕 詳參《新唐書》卷五九《藝文志三》，第一五六三頁。

〔六〕 詳參《新唐書》卷五九《藝文志三》，第一五六三頁。

〔七〕 賈晋華：《隋唐五代類書與詩歌》，《廈門大學學報（哲學社會科學版）》一九九一年第三期，第一二七頁。

〔八〕 黃侃撰，周勳初導讀：《文心雕龍札記·類事第三十八》，上海古籍出版社，二〇〇〇年，第一八八頁。

時書籍流通，固恃鈔寫；而崇尚數典隸事之駢語，亦恃鈔寫以助記憶也。唐時文人，猶有此習。"〔一〕可見唐以前，典籍主要依靠手抄的形式傳播，對於數典、隸事的記憶亦依靠鈔寫，因此，唐時文人猶有鈔書之風，此風直至雕版印刷術發明之後纔稍衰〔二〕。而抄撮之法爲"讀書摘要之法"〔三〕，自漢以來，以類相從的抄撮之法，概爲"古人讀書過程中最自然、最順手的札記方式"〔四〕，故後人多效此法，"遂爲治學一大法門"〔五〕。此法具有以備遺忘、便於尋檢之功用，且經過了較長時間的實踐檢驗，因而得到了後人較爲廣泛的接受和效法。而魏晉南北朝時期的抄撮、抄撰之風，爲唐代類書編撰的繁榮奠定了基礎，積累了經驗，使得抄撮、抄撰之風在唐代得以繼續延續并發展。《文場秀句》采用類書的編撰方式，不僅繼承了前人抄撮之法，也從側面反映了類書編撰之風行。

其二，能够滿足統治者顯示政績、以維護和鞏固統治的需要。張滌華先生《類書流別》一書指出："類書之升降，恒依政治、學術及社會制度諸方面爲之進退，而其間尤以政治之關係爲切。"〔六〕類書的編纂與政治之間具有密切的關係，唐代統治者重視并敕纂了多部類書，意在誇耀文治之盛，以點綴太平景象，并借此維護統治，尤其是新王朝建立之後，類書的編撰不僅具有宣揚新王朝統治者的文治，也可借類書重新建立起被社會動蕩所破壞的社會秩序、道德觀念，從而達到鞏固統治的目的。"雖然類書祇是一種'鈔撮群書'的資料彙編，學術地位遠不及正史，但在歷代帝王的眼裏，編纂類書與編纂正史幾乎是同等的潤色鴻業的盛事。"〔七〕

就《文場秀句》所存內容而言，是書雖不及卷帙浩繁的鴻篇類書，但是

〔一〕 張滌華：《類書流別》，第二七頁。

〔二〕 張滌華：《類書流別》，第二七頁。

〔三〕 張舜徽：《漢書藝文志通釋·諸子略·儒家》，湖北教育出版社，一九九〇年，第一二三頁。

〔四〕 劉全波：《魏晉南北朝類書編纂研究》，民族出版社，二〇一八年，第二七頁。

〔五〕 張舜徽：《漢書藝文志通釋·諸子略·儒家》，第一二三頁。

〔六〕 張滌華：《類書流別》，第三四頁。

〔七〕 唐光榮：《唐代類書與文學》，巴蜀書社，二〇〇八年，第二頁。

其在編撰之初，亦考慮到了其傳承、宣揚文化的作用與目標。就其性質言之，是書雖然是童蒙教育所用之書，但是教育從來是不會脱離政治的。因此，《文場秀句》作爲産生於這一時期的、用於童蒙教育的蒙書，必然或多或少地反映了這個時代主導的、占統治地位的政治思想觀點，至少是其傾向或要求的，儘管由於蒙書的内容相對簡單，這種反映可能是并不十分顯眼[一]。《文場秀句》於"四時"部類之後，單獨列出"帝德""瑞應""王"之部類，雖然不能排除其爲類語體類書編撰之常軌，但仍可見其對帝王修德、時世清平的讚美。

其三，唐代類書編撰的繁榮，與這一時期詩歌的發展與繁榮之間，具有密切的關係。《文心雕龍札記·類事第三十八》指出：

> 爰至齊梁，而後聲律對偶之文大興，用事采言，尤關能事。其甚者，捃拾細事，争疏僻典……然淺見者臨文躊躇，博聞者裕之於平素，天資不充，益以强記，强記不足，助以鈔撮[二]。

自南朝以來，詩歌創作重視"用事采言"，促進了類書的編撰，且詩歌的普及化至唐代完成[三]，高宗、武則天時期，隨着唐代詩歌創作逐漸普及化，而類書編撰能够滿足了世人學習、創作詩歌的需要，是詩文創作參考之資料，具有"俾夫覽者易爲功，作者資其用"的功用[四]，使得世人對類書的需要不斷擴大，促進了類書的編撰。

此外，類書的本身具有的功能與優勢，也在一定程度上促進了類書的編撰。張滌華先生在《類書流别》中指出類書之五利，分别爲：其一便省覽；

〔一〕 詳參張志公：《傳統語文教育教材論：暨蒙學書目和書影》，中華書局，二〇一三年，第一五八～一五九頁。

〔二〕 黄侃撰，周勳初導讀：《文心雕龍札記·類事第三十八》，第一八八頁。

〔三〕 詳參賈晉華：《詩可以群：中國傳統詩歌普及化軌迹描述》，《江海學刊》一九八九年第四期，第一五二頁；賈晉華：《隋唐五代類書與詩歌》，《厦門大學學報（哲學社會科學版）》一九九一年第三期，第一二八頁。

〔四〕 （唐）歐陽詢：《藝文類聚序》，見（唐）歐陽詢撰：《藝文類聚》，第二七頁。

其二利尋檢；其三供采撮；其四存遺佚；其五資考證〔一〕。類書之利，多與學習、創作詩文相關，可見，類書編撰與詩文創作之間的密切聯繫。

由於類書編纂風行的影響以及類書自身具有的優勢，使《文場秀句》在編撰的過程中，選擇并采用了以類書的形式。

二 科舉制度發展的影響

《文場秀句》一書編録作詩習文相關的事對、儷語，以供詩賦創作之參考。究其原因，概因科舉制度的發展，進士科的地位不斷提升，成爲士人致身通顯的要途，進士科考試逐漸形成了重文之風〔二〕，詩賦在進士科考試中的地位亦不斷提高，是否善文成爲士人能否在科舉考試中取得成功的關鍵，因此，童蒙教育亦着眼於對於兒童詩賦啓蒙的教育，使童蒙教育的内容也發生了轉變，以適應科舉考試的變化。而《文場秀句》之作，便是適應童蒙教育及科舉考試之需的産物。

就進士科考試的變化而言，唐初進士科并不試雜文〔三〕，關於進士科試雜文的情況，程千帆先生指出進士本祇試策論和帖經，後來纔加上雜文，而試雜文又逐漸變爲專試詩、賦〔四〕。關於進士科試雜文的原因，除武則天"頗涉文史，好雕蟲之藝"之外〔五〕，當時的社會風氣也在一定程度上促進了進士科試文。儀鳳三年（六七八）魏元忠上疏言："談文章者以篇章爲首，而不問至以經綸。而奔競相因，遂成浮俗。"〔六〕士人重篇章、不重經義的社會風氣促使進士科不能再僅僅依靠試策進行選拔〔七〕。因此進士科加試雜文便成爲進士科考試

〔一〕 詳參張滌華：《類書流別》，第三五～三八頁。

〔二〕 詳參金瀅坤：《中國科舉制度通史·隋唐五代卷》，上海人民出版社，二〇一五年，第九六頁。

〔三〕 詳參金瀅坤：《中國科舉制度通史·隋唐五代卷》，第九三頁。

〔四〕 程千帆：《唐代進士行卷與文學》，上海古籍出版社，一九八〇年，第一〇頁注一。

〔五〕 （唐）杜佑撰：《通典》卷一五《選舉典三》，中華書局，一九八八年，第三五七頁。

〔六〕 《舊唐書》卷九二《魏元忠傳》，第二九四五頁。

〔七〕 詳參金瀅坤：《中國科舉制度通史·隋唐五代卷》，第九六頁。

變化的重要趨勢，以滿足選拔有才之士的需求。關於進士試雜文的時間，《通典·選舉典三》永隆二年（六八一）《條流明經進士詔》載："進士試文兩篇，識文律者，然後試策。"〔一〕《册府元龜·貢舉部·條制》言："調露二年（六八〇）四月〔二〕，劉思立除考功員外郎，先時進士但試策而已，思立以其膚淺奏請帖經及試雜文自後因以爲嘗。"又同卷載：

> 永隆二年八月，詔曰：學者立身之本，文者經國之資，豈可假以虛名，必須徵其實效……進士不尋史傳，唯誦舊策，共相模擬，本無實才。所司考試之日，曾不簡練，因循舊例，以分數爲限。至於不辯章句，未涉文者，以人數未充，皆聽及第。其中亦有明經學業該深者，唯許通六；進士文理華贍者，竟無甲科。銓綜藝能，遂無優劣。試官又加顏面，或容假手，更相屬請，莫憚糾繩。由是僥倖路開，文儒漸廢。興廉舉孝，因此失人；簡賢任能，無方可致。自今已後，考功試人，明經試帖，麤十帖得六已上者，進士試雜文兩首，識文律者，然後并令試策。仍嚴加捉搦，必材藝灼然，合昇高弟者，并即依令……即爲常式〔三〕。

可見，進士加試雜文當在永隆二年，使進士試雜文的成爲"常式"。但這并非是進士試雜文的最早記載〔四〕，清代徐松《登科記考》卷二"顯慶四年"條

〔一〕《通典》卷一五《選舉典三》，第三五四頁。按：宋敏求編《唐大詔令集》卷一〇六《貢舉·條流明經進士詔》略同，云："進士試雜文兩首，識文律者，然後并令試策。"（第五四九頁）《唐大詔令集》與《册府元龜》卷六三九《貢舉部·條制一》所載同。參見（宋）王欽若等撰：《宋本册府元龜》，中華書局，一九八九年，第二〇九八頁。

〔二〕按：《宋本册府元龜》言爲"調露二年"，《册府元龜》中言爲"調露三年"，蓋誤。又《登科記考》卷二調露二年（六八〇）條載："考功員外郎劉思立奏請明經、進士二科并加帖經。又加《老子》《孝經》，使兼通之。"按語言："按此調露二年事，故列於改元永隆之前，按此爲帖經之始。"參見（宋）王欽若等撰：《宋本册府元龜》卷六三九"調露二年"條，第二〇九八頁；（宋）王欽若等撰：《册府元龜》卷六三九"調露三年"條，中華書局，一九六〇年，第七六六九頁；（清）徐松撰：《登科記考》卷二"調露二年"條，第六八頁。

〔三〕（宋）王欽若等撰：《宋本册府元龜》卷六三九"調露二年"條，第二〇九八頁。

〔四〕詳參金瀅坤：《中國科舉制度通史·隋唐五代卷》，第九五頁。

引《詞學指南》：“顯慶四年，進士試《關內父老迎駕表》《貢士箴》。”〔一〕則進士試雜文在永隆二年（六八一）之前便已有之，程千帆先生《唐代進士行卷與文學》中也指出早在永隆二年之前，進士科加試文詞已偶有之，而劉思立的奏請使其進一步制度化〔二〕。

若按永隆二年《條流明經進士詔》所載，此詔已從法律的層面確立了進士科試文制度，但是對於試文的規定較爲簡略，僅可見“兩首”“識文律”的要求，徐松《登科記考》卷二“永隆二年”條中按語指出：“雜文兩首，謂箴銘論表之類。開元間，始以賦居其一，或以詩居其一，亦有全用詩賦者，非定制也。雜文之專用詩賦，當在天寶之季。”〔三〕雖然進士科試雜文專用詩賦在唐玄宗天寶之季，但自武則天開始，進士科重文之風已逐漸形成，進士科試文的趨勢并未改變〔四〕。陳寅恪先生也指出：“進士科主文詞，高宗、武后以後之新學也。”〔五〕强調“進士之科雖創於隋代，然當日人民致身通顯之途徑并不由此。及武后柄政，大崇文章之選，破格用人，於是進士之科爲全國干進者競趨之鵠的”〔六〕。可見，雖然進士科試文，詩賦僅是其中的一部分，其在科舉考試中的重要性還未得到凸顯，但是對其重視之勢，從其崇重文章之選可見矣。

由於政局動蕩，“尋以則天革命，事復因循”〔七〕，永隆二年新制未能得到有效施行，直到至神龍元年（七〇五）纔明確了帖經、詩賦、策三場試并正式施行，“常列詩賦題目與榜中”〔八〕。則從永隆二年到神龍元年，進士科考試經歷

〔一〕（清）徐松撰：《登科記考》卷二“顯慶四年”條，第四八頁。

〔二〕程千帆：《唐代進士行卷與文學》，第一一頁。

〔三〕（清）徐松撰：《登科記考》卷二“永隆二年”條，第七〇頁。

〔四〕詳參金瀅坤：《中國科舉制度通史·隋唐五代卷》，第九五頁。

〔五〕陳寅恪撰，唐振常導讀：《唐代政治史述論稿》中篇《政治革命及黨派分野》，上海古籍出版社，一九九七年，第八一頁。

〔六〕陳寅恪撰，唐振常導讀：《唐代政治史述論稿》上篇《統治階層之氏族及其升降》，第一八頁。

〔七〕（五代）王定保撰：《唐摭言》卷一《廣文》，中華書局，一九八五年，第七頁。

〔八〕（五代）王定保撰：《唐摭言》卷一《廣文》，第七頁。

了從試雜文到試詩賦的轉變〔一〕，詩賦在進士科考試中的重要性得到進一步地凸顯。就《文場秀句》的成書年代而言，這一轉變在很大程度上促進了《文場秀句》的編撰。由於詩賦在進士科考試中的地位和重要性逐漸提高，世人對詩賦重視程度亦隨之不斷提高，對兒童進行詩賦啓蒙教育之書便應運而生。

結　論

本章分爲兩節，主要探討了《文場秀句》的編撰體例與編撰背景。就《文場秀句》一書的體例言之，主要包括三個方面：一曰部類；二曰麗辭；三曰釋文。爲其編撰之常軌，但尚有出於其外者。

就《文場秀句》的編撰體例而言，是書采用類書形式進行編撰，其編纂特點雖不出類書編撰之特點，然其尚有不同於其他類書的獨特之處。《文場秀句》作爲類書發展過程中重要的一環，在類書編撰與發展過程中具有重要的價值。以其體例言之，實受《編珠》之影響，較爲直接地繼承了《編珠》的編撰體例，并在《編珠》的基礎上進行了完善，對其後《初學記》的編撰以及“事文兼采”體例的發展與完善，具有重要的意義。《文場秀句》錄事且文但事文不分的編撰特點，不僅反映了“事文兼采”體例的發展過程，也在一定程度上反映了其供童蒙教育之用的目標。

以“事文兼采”的體例言之，其在編纂過程中定非依靠簡單抄錄即可成之，必然需要其撰者經過長期的積累和裒輯，則其在編撰過程中勢必要兼顧“事”與“文”兩個方面。通過對比《文場秀句》與輯“事”之《藝文類聚》，以及錄“文”之《文選》，可知其與二書之間存在着較爲密切的關係，《文場秀句》中事對與釋文均對二書有所借鑒、參考，并在二書原有文句的基礎上進行了摘引或改寫，以便更好地適應其童蒙教育的目標。

若談其編撰背景，《文場秀句》的編撰主要受到了類書編撰風行，以及科舉制度發展的影響。由於類書編纂風行的影響以及類書自身具有的優勢，使

〔一〕　詳參金瀅坤：《中國科舉制度通史·隋唐五代卷》，第九七頁。

《文場秀句》在編撰的過程中，選擇并采用了以類書的形式。加之詩賦在進士科考試中的地位和重要性逐漸提高，世人對詩賦重視程度亦隨之不斷提高，對兒童進行詩賦啓蒙教育之書便應運而生。

第三章 《文場秀句》與蒙書編撰

聯繫敦煌蒙書，以及後起蒙書，通過對比《文場秀句》與敦煌蒙書、後起蒙書性質、體例和内容的異同，從《文場秀句》與相關蒙書之同，以見相關蒙書編撰之特點，而以其异，以見蒙書編撰的靈活性與時代性。

第一節 《文場秀句》與敦煌蒙書

古代童蒙教育自來以識字教育爲基礎，進而漸次涉及知識與道德倫理等内容，而唐代科舉考試以詩賦取士是唐代科舉重要而鮮明的特徵，不僅使學詩習文以成爲童蒙教育的重要内容之一[一]，也在一定程度上促進了詩詞類蒙書的編撰，反映了這一時期蒙書發展的新趨勢[二]。而敦煌蒙書中保存了豐富的唐代詩文教育相關資料，對認識《文場秀句》在唐詩詩文教育中的地位與價值具有重要的意義。兹聯繫敦煌蒙書《兔園策府》《籯金》《語對》，以探討《文場秀句》與敦煌蒙書的編撰特點。

〔一〕 詳參鄭阿財：《敦煌吐魯番文獻呈現的唐代學童詩學教育》，收入金瀅坤主編：《童蒙文化研究》第三卷，人民出版社，二〇一八年，第二三頁。

〔二〕 詳參金瀅坤：《唐五代科舉的世界》，復旦大學出版社，二〇一四年，第一三七~一三八頁。

一 《文場秀句》與《兔園策府》

《舊五代史》卷一二六《周書・馮道傳》中，曾將《文場秀句》與《兔園策府》并提[一]，《兔園策府》爲習文知識類的蒙書[二]，則《文場秀句》當與《兔園策府》的性質相類似。從《文場秀句》臚列的事對及儷語情況來看，其在編撰過程中考慮到了將其用於詩文創作的功用，亦與《兔園策府》習文知識類蒙書的性質相似。

關於《兔園策府》的成書時間尚有不同的觀點，如王國維先生《觀堂集林》卷二一《史林・唐寫本兔園册府殘卷跋》指出："是貞觀時寫本，序中劉君詔問皆願治之言，'治'字未闕筆，知尚在太宗時。又案《舊唐書・太宗諸子列傳》，惲以貞觀七年（六三三）爲安州都督[三]，至永徽三年（六五二）除梁州都督。在安州凡十六年，則成書當在安州。而此本乃書成後即傳寫者。"[四]劉進寶先生《敦煌本〈兔園策府・征東夷〉産生的歷史背景》一文則根據《舊唐書》所載內容，認爲《兔園策府》作於貞觀十年（六三六）至上元年間[五]。王三慶先生《敦煌類書》一書中指出《兔園策府》撰成的年代當在永徽三年左右，最遲不晚於高宗顯慶三年（六五八）[六]。雖然《兔園策府》的撰成時間尚存在不同的觀點，從前輩學者的研究成果來看，《兔園策府》成書時間當在《文場秀句》之前。則《兔園策府》在一定程度上對《文場秀句》

〔一〕 詳參《舊五代史》卷一二六《馮道傳》，第一六五六～一六五七頁。

〔二〕 鄭阿財、朱鳳玉：《敦煌蒙書研究》，第二三六頁。

〔三〕 按：王國維《觀堂集林》卷二一《史林十三・唐寫本兔園册府殘卷跋》中言貞觀七年（六三三），蔣王惲爲安州都督。據《舊唐書》卷七六《太宗諸子傳》："蔣王惲，太宗第七子也……十年，改封蔣王、安州都督，賜實封八百户……永徽三年，除梁州都督。"（中華書局，一九五九年，第二六六〇頁）言蔣王惲於貞觀十年（六三六）爲安州都督，與《唐寫本兔園册府殘卷跋》中之論有異。

〔四〕 王國維：《唐寫本兔園册府殘卷跋》，收入王國維著：《觀堂集林》卷二一《史林十三》，第一〇一五頁。

〔五〕 劉進寶：《敦煌本〈兔園策府・征東夷〉産生的歷史背景》，《敦煌研究》一九九八年第一期，第一一一～一一六頁。

〔六〕 王三慶：《敦煌類書》上册，第一一八頁。

的編撰産生了影響，主要表現在兩個方面。

（一）使用典故的情况

就《文場秀句》與《兔園策府》的内容來看，二者所使用的典故存在着諸多相似之處。如斯一七二二號《兔園策府·序》中有"固盤石以開基，列維城而作鎮"之語[一]，與《文場秀句·王第十二》之中所列、可以互成對之"盤石"與"維城"正相符合。《兔園策府·辨天地》中的"玄黄定體""疏五潢於清淺""運玉斗以司辰""玉燭咸調""至若曦光散彩"，《正曆數》中"日御廢官"等内容中所使用的，均可在《文場秀句》中找到與之對應的事對，包括爲《天地第一》中的"玄黄"，《日月第二》中的"曦光"，《春第六》中的"司辰"，《帝德第十》中的"玉燭"。

除上述使用相同的典故外，二者之間亦存在使用相似的詞彙，而典故相同的情况。如《兔園策府·辨天地》中"列九野於矑房"之"九野"，與《文場秀句·天地第一》中的事對"九天"，用詞有所不同，但從《文場秀句》"九天"的釋文"天有九重之霄，地有九野，有陽數九"來看，"九野"猶"九天"。《吕氏春秋》卷一三《有始覽》謂："天有九野，地有九州。"[二]《列子》卷五《湯問》："八紘九野之水，天漢之流，莫不注之。"張湛注云："九野，天之八方中央也。"[三]《兔園策府·辨天地》中"娥魄凝暉，陰氣凝而下薄"所使用的"娥魄"，雖與《文場秀句·日月第二》中事對"娥影"不同，"娥魄""娥影"均指月亮，傳説月中有嫦娥，故稱。又如《兔園策府·正曆數》中的"入幕窺灰"之語，與《文場秀句·春第六》中的"緹幕飛灰"，二者所指均爲"候氣之法"，"飛灰"謂律管中飛動的葭灰，古代以此候測節氣，又

〔一〕 按：以下所引《兔園策府》内容，均爲斯一七二二號，不再一一説明。圖録詳見《英藏》第三卷，第一二〇～一二三頁。録文詳參鄭阿財、朱鳳玉：《敦煌蒙書研究》，第二六五～二七四頁。

〔二〕（漢）高誘注：《諸子集成》第六册《吕氏春秋》，中華書局，一九七八年，第一二四頁。

〔三〕（晋）張湛注：《列子》卷五《湯問》，中華書局，一九八五年，第六一頁。

作"飛律灰"。《後漢書·律曆志上》："候氣之法，爲室三重，户閉，塗釁必周，密布緹縵。室中以木爲案，每律各一，内庫外高，從其方位，加律其上，以葭莩灰抑其内端，案曆而候之。氣至者灰動。其爲氣所動者其灰散，人及風所動者其灰聚。殿中候，用玉律十二。惟二至乃候靈台，用竹律六十。候日如其曆。"〔一〕《兔園策府·正曆數》中"蓂薦影於宵輪，條輟響於風緒"中"蓂"，其注文云："《帝王［世］紀》曰：蓂莢者，瑞草也。月朔日生一莢，十五日生十五莢，十六日落一莢，及晦而晦（盡）。若月小，則餘一莢厭而不落，王者以是占日月之數，故名曆莢，堯時莢階而隨月生死。"從其注文觀之，"蓂"與《文場秀句·瑞應第十一》中"蓂莢"均指瑞草。凡此，皆可見《文場秀句》與《兔園策府》使用典故的相似之處。

此外，較之《兔園策府》中注文，除《文場秀句》所存釋文更加淺顯、易懂之外，《文場秀句》中的釋文對於理解《兔園策府》的内容和典故亦具有十分重要的價值。從《兔園策府》的内容來看，皆"偶儷之語"〔二〕，講究辭藻，用字凝練，雖"行於民間，村野以授學童"〔三〕，《兔園策府》雖爲學童所學之書，但其對於學童而言，依然是晦澀難懂，且不易理解和識記，而《文場秀句》中相關事對的釋文有助於幫助理解《兔園策府》中的語句。如《兔園策府·辨天地》的"玄黄定體，珠璧聰輝，列九野於躔房，疏五潢於清淺"之語，其中"玄黄""九野""五潢"均可在《文場秀句》中找到相對應的解釋，有助於理解《兔園策府》此句所表達的内容與含義。依前文所引，《兔園策府》中的詞句，與《文場秀句》中的相關事對存在諸多相似之處，故《兔園策府》中的内容，可用《文場秀句》中的釋文進行解釋的情況尚多，此不多贅。凡此可見，《文場秀句》對於理解《兔園策府》的重要作用。

〔一〕《續漢書·律曆志上》，《後漢書》第一一册，第三〇一六頁。

〔二〕（宋）晁公武編，孫猛校：《郡齋讀書志校證》卷一四《類書類·兔園策》，上海古籍出版社，一九九〇年，第六五〇頁。

〔三〕（宋）晁公武編，孫猛校：《郡齋讀書志校證》卷一四《類書類·兔園策》，第六五〇頁。

（二）采用句式的情況

《文場秀句》所撰儷語之句式，亦與《兔園策府》使用句式存在諸多相似之處。茲將二者句式相同之語，錄之如下，冀便說明：

1. 列維城而坐鎮。（《兔園策府·序》）
   列山河而作鎮。（《文場秀句·天地第一》）

2. 列九野於矙房，疏五潢於清淺。（《兔園策府·辨天地》）
   斂薄霧於遥空，卷長煙於迥漢。（《文場秀句·煙霧第五》）

3. 鏤芳桂以飛輪，拂若華而逗景。（《兔園策府·辨天地》）
   條玉燭以乘時，振金鏡而凝化。（《文場秀句·帝德第十》）

4. 翠嬀浮（符）籙之祥，黃樞降靈之運。（《兔園策府·正曆數》）
   茲白乘黃之駟，紈牛露犬之歌。（《文場秀句·瑞應第十一》）

5. 逖聽前古，空覽夷吾之詞。發揮中葉，唯傳茂陵之札。（《兔園策府·議封禪》）
   曜豐震響，仍驚倚柱之雷。列缺流暉，即起投壺之電。（《文場秀句·雷電第四》）

6. 朗三光於乾蓋，飛五色於雲柯。（《兔園策府·議封禪》）
   息飛塵於五嶽，靜驚浪於四溟。（《文場秀句·帝德第十》）

7. 發號揚輝，瘞玉金雞之岫。（《兔園策府·議封禪》）
   恩霑八表，南宮象浦之鄉。澤被九垓，西極月津之壃。（《文場秀句·帝德第十》）

依上文所引，《文場秀句》與《兔園策府》句式之一致者，讀之即曉。較之句式一致的情況，《兔園策府·序》中有"列維城而坐鎮"之語，《文場秀句·天地第一》中亦有"列山河而作鎮"之語，儘"山河"二字有異，可見二者在句式方面的一致情況。二者多采用了當句對、隔句對的形式，主要爲六言對、四六對。第二、三、四、六組均爲當句對，如《兔園策府·辨天地》中"列九野於矙房，疏五潢於清淺"與《文場秀句·煙霧第五》中"斂薄霧於遥空，卷長煙於迴漢"，均爲當句對，《兔園策府》中"列"與"疏"對，"九野"與"五潢"對，"躔房"與"清淺"對，《文場秀句》中儷語亦與此句式相同，"斂"與"卷"對，"薄霧"與"長煙"對，"遥空"與"迴漢"對。而隔句對有《兔園策府·議封禪》"遡聽前古，空覽夷吾之詞。發揮中葉，唯傳茂陵之札"之語，"遡聽"與"發揮"對，"前古"與"中葉"對，"夷吾"與"茂陵"對，與《文場秀句·雷電第四》中儷語"曜豐震響，仍驚倚柱之雷。列缺流暉，即起投壺之電"同爲隔句對，其中，"曜豐"與"列缺"對，"震響"與"流暉"對，"倚柱"與"投壺"對。

通過對比分析《兔園策府》與《文場秀句》中使用的典故及句式，可見《文場秀句》與《兔園策府》之間存在着諸多相似之處。就二者成書的時間來看，《文場秀句》很有可能參考了《兔園策府》中的内容。由此可見，《文場秀句》在編撰的過程中不僅參考了詩歌創作中常用的典故，也參考了習文過程中所需要掌握的典故和句式，對於初學者學習詩文的重要價值，亦從側面反映出是書編撰者的良苦用心。

需要説明的是，較之《兔園策府》主要針對習文的教育目標，《文場秀句》的着眼點在於幫助初學者習詩，其内容更爲淺顯、易懂，更加便於初學者記憶詩文創作中所需要掌握的事對。但是習詩、習文的過程并非獨立的兩個階段，而是相輔相成的，習詩與習文之間亦存在着密切的關係。古代童蒙教育經過集中識字和進一步識字兩個階段之後，即入學的第三個年頭（甚至還要早些），便進入以讀寫訓練爲主的學習階段，在這一階段學生會在讀經的基礎上，閲讀簡短的故事、淺近的詩歌，以及練習對屬、學習淺近的音韻知識[一]，爲進一步的讀寫階段奠定基礎。初學者能够在初學階段，熟練掌握并使用《文場秀句》中的事對，不僅有助詩歌創作，也有助於兒童更好地由初步讀寫階段向進一步閱讀和習文階段過渡，從而提高習文教育的教育效果。

〔一〕 詳參張志公：《傳統語文教育教材論：暨蒙學書目和書影》，第七四頁。

二 《文場秀句》與《纂金》

李若立《纂金》"合爲百篇，分爲五卷"〔一〕，鄭炳林、李强先生《唐李若立〈纂金〉編撰研究（上）》就該書中存有 "東都" "西都" "明堂" "文昌" 等稱，加之《東都篇》在《西京篇》之前，認爲這些説明《纂金》編撰之時，東都的地位當高於西京，借此推斷其 "編撰開始的時間當在武則天統治後期，即萬歲登封元年（六九六）之後，成書於唐中宗神龍年間，特別是中宗神龍二年（七〇六）十月將中央政府遷往西京之前"〔二〕。由此可知，《纂金》當與《文場秀句》成書時間相近，當尚未能推斷二者産生的明確先後順序。

（一）性質與體例情況

就《文場秀句》與《纂金》的性質而言，二者之間存在着密切的聯繫。《文場秀句》與《纂金》同爲類語體類書〔三〕，而《纂金》類書的性質，也在一定程度上決定了其具有一定的蒙書功用〔四〕。王三慶先生的《敦煌類書》便指出：

> 類書的編纂，原供皇帝乙夜之覽，以利尋檢；其後，人臣對策、文士撰述，亦得參考方便。等到類書蔚爲大觀，得到大家充分的認識和廣泛的利用後，又成爲童蒙初學時，依類誦讀，助益記憶的教科書。〔五〕

可見，類書便於尋檢的特點，使其不僅能夠滿足士大夫撰文之需，也是童蒙教育過程中便於識記的蒙書。由於《文場秀句》與《纂金》同樣具有類

〔一〕 伯三三六三號，詳參《法藏》第二三册，第三五二頁。

〔二〕 鄭炳林、李强：《唐李若立〈纂金〉編撰研究（上）》，《天水師範學院學報》二〇〇八年第六期，第二九頁。

〔三〕 詳參王三慶：《敦煌類書》上册，第九九頁。

〔四〕 詳參高天霞：《敦煌寫本〈纂金〉係類書童蒙教育價值淺論》，收入金瀅坤主編：《童蒙文化研究》第五卷，人民出版社，二〇二〇年，第六九頁。

〔五〕 詳參王三慶：《敦煌類書》上册，第一三二頁。

書與蒙書的性質，使二者在編撰體例上存在着諸多相似之處。就《籯金》一書言之，羅振玉先生指出："其體例略如《初學記》之事對，摘二字爲目，兩兩相對，而注事實於下。"[一]劉師培先生亦指出：

> 此書之例，亦依事區類。首行標題類名，次按類隸事，集爲對偶……每條之下，均有夾行小注（無注者十之一）。舍不采詩文外，略與徐堅《初學記》同。惟注例弗一軌，或詳注其事，或并引所出之書，或解字義，或僅云見某書，略與今本《白帖》相似[二]。

王三慶先生亦指出《籯金》一書"每篇體制先錄事類，并摘出事類之代表辭句；後則根據事類製作四六駢句之叙文"[三]。根據前輩學者對於《籯金》之體例的相關描述，可知《籯金》一書的體例當與《文場秀句》十分相似。王三慶先生的《敦煌類書》中亦指出，伯三九五六號+伯二六七八號（即《文場秀句》）寫卷"每門以事類爲對，後爲範例叙文"[四]，而伯三三六三號《籯金序》指出，《籯金》一書"先錄其事，後叙其文"[五]，亦可見《文場秀句》與《籯金》體例的相似情況，二者均遵循了類書的編撰體例。

根據敦煌本《籯金》的相關寫卷[六]，《文場秀句》與《籯金》之體例亦存在着差異，主要表現在兩個方面：

〔一〕 羅振玉：《古類書三種跋》，收入羅振玉：《羅雪堂先生全集三編》第八册《鳴沙石室古籍叢殘·群書叢殘》，大通書局，一九八九年，第三〇七三頁。

〔二〕 劉師培：《敦煌新出唐寫本提要·古類書殘卷之二》，收入劉師培：《讀書隨筆·外五種》，廣陵書社，二〇一六年，第一八五頁。

〔三〕 王三慶：《敦煌類書》上册，第一〇五頁。

〔四〕 王三慶：《敦煌類書》上册，第一〇七頁。

〔五〕 詳參《法藏》第二三册，第三五二頁。

〔六〕 按：高天霞《敦煌寫本〈籯金〉係類書童蒙教育價值淺論》指出，《籯金》相關的寫本包括伯二五三七號、伯二九六六號、伯三三六三號、伯三六五〇號、伯三九〇七號、伯四八七三號、斯二〇五三號背、斯五六〇四號、斯四一九五號背+斯四六一號背。（王三慶：《敦煌類書》上册，第九九～一〇一頁；高天霞：《敦煌寫本〈籯金〉係類書童蒙教育價值淺論》，收入金瀅坤主編：《童蒙文化研究》第五卷，第六八～七四頁）

其一，啓自"天地"與肇始"帝德"。王三慶先生指出唐宋類書可以分爲二係：一爲啓自天部者；二爲肇始帝王者〔一〕。通過對比《文場秀句》與《籯金》首篇部類之編排，《文場秀句》啓自"天地"，而《籯金》肇始"帝德"，可見，二者當屬於兩種不同的類書編撰系統。

其二，儷語與"叙曰"。《籯金》中存有"叙曰"，而《文場秀句》中并未將其所撰儷語以"叙曰"名之，以示讀者。就《籯金》一書而言，此書采用此編撰體例，不僅便於檢索與事對相關的資料，爲臨場撰文提供參考，而且將事對成辭的用法和模範文章敷演出來，將對策體式類書的優點融入其中〔二〕。可見，雖然二者有儷語與"叙曰"之別，但《籯金》中所存"叙曰"，與《文場秀句》中儷語具有相似的功用。而二者中編入儷語內容的編撰方式，也是對類語對句式類書的進一步改良〔三〕。

（二）所存的內容情況

就《籯金》與《文場秀句》所存具體內容而言，二者之間亦存在諸多相似之處，兹將《文場秀句》與《籯金》中相對應的內容，移錄如下〔四〕：

序號		《文場秀句》	《籯金》
1	《帝德第十》	南風：舞歌《南風》之曲。	南薰：舜彈七弦之琴，後漢加九絃，歌南風之薰。（《帝德篇第一》）
2		東户：古有道天子。	東户：古有德君。（《帝德篇第一》）
3		五帝：少皞、顓頊、高辛、唐、虞是也。	五帝：少昊、唐堯、顓頊、高辛、虞舜。（《帝德篇第一》）
4		三皇：伏羲、神農、黄帝。	三皇：伏羲伏（服）牛乘馬，神農播植百穀、畫八卦，皇（黄）帝造舟車、弧之事。（《帝德篇第一》）

〔一〕 詳參王三慶：《敦煌本古類書〈語對〉研究》，第一七頁。
〔二〕 詳參王三慶：《敦煌類書》上册，第一〇五頁。
〔三〕 詳參劉全波：《類書研究通論》，第二三三頁。
〔四〕 按：以下所引《籯金》內容，均錄自王三慶先生的《敦煌類書》，不再一一説明。（王三慶：《敦煌類書》上册，第三九三~三九八頁）

序號	《文場秀句》		《籯金》
5	《帝德第十》	八眉：堯眉八彩。	重瞳・八眉：堯眉八綵，舜目重瞳。（《帝德篇第一》）
6		雙瞳：舜目雙瞳。	
7		至化。	至化：謂帝之德化淳善也。（《帝德篇第一》）
8		淳風。	淳風：淳仆之風。（《帝德篇第一》）
9	《王第十二》	維城：《詩》云：宗子維城。	維城・磐石：以上并事。（《諸王篇第三》）
10		盤石：漢時，立子孫盤石之固。	
11		五瀆：五瀆，天瀆，疏闊於天瀆。	派裔・五瀆：派流千載，以灌瀆池，無有斷絕。（《諸君篇第二》）
12		金枝：天子親貴云，故曰金枝。	瑤枝・瓊蕚：此譬帝之子孫比瑤瓊之貴係（系）。（《諸君篇第二》）
13		瓊蕚：花喻兄弟，王囗（者）天子之昆［弟］，故云瓊蕚。	
14		大王風：宋玉《風［賦］》云：此大王之雄風。	［大王風］：宋玉《風賦》曰：承奉大王之風。（《諸君篇第二》）
15		小山桂：淮南王劉安有小山之徒，爲《招隱［士］》云：攀桂枝兮聊淹留。	小山桂：淮南王有小山之桂。（《諸君篇第二》）
16		兔苑：梁孝王有兔苑。	猨巖・兔苑：梁王有此宮苑之盛。（《諸君篇第二》）[一]
17		猨巖：梁孝王有落猨巖。	

　　略觀上表，大體可知《文場秀句》與《籯金》的相似情況，主要表現在事對及釋文兩個方面，茲分別論述於次：

　　其一，事對方面。《文場秀句》中"帝德""王"二部類所存事對，多可

〔一〕　按：《籯金・諸王篇第三》中亦存事對"猨巖""兔苑"，而無釋文内容。

在《籯金》部類"帝德""諸君""諸王"中找到相對應或相似的事對與釋文。《文場秀句》"帝德""王"二部類中共存事對三十八個,可在《籯金》中找到相同、或相似的事對爲十七個,是《文場秀句》二部類下所存事對全數的五分之二。其中,二者完全相同的事對亦有十三個,雖然事對"雙瞳"與"重瞳"、"金枝"與"瑶枝"、"猨巖"與"猿巖"并不是完全相同的事對,但就其典故言之,仍可見《文場秀句》與《籯金》在事對方面的相似性。如《文場秀句》中的事對"南風",亦作"南薰",指《南風》歌。相傳爲虞舜所作,《史記》卷二四《樂書》:"昔者舜作五弦之琴,以歌《南風》。"注云:"南風之薰兮,可以解吾民之愠兮。"〔一〕通過對比《籯金》"南薰"的"舜彈七弦之琴,後漢加九絃,歌南風之薰"釋文,可知"南風"與"南薰"二事對雖有所差异,但二者所使用的典故是相同的。

其二,釋文方面。觀《文場秀句》與《籯金》中釋文的内容,即可見二者的釋文多使用的是相同的典故。雖然二者所臚列的事對多是相同或相似的,勢必會影響釋文對事對的解釋,但總體而言,二者仍存在着諸多相似之處,祇是表述方式、或各别的字詞有所差异。

對比二者所存内容的具體情況,雖然二者存在着諸多相似之處,但二者實分屬類書編撰的兩個系統,故在編撰過程中,除體例有所差异之外,内容亦有所差异,從而表現出其自身的編撰特點。較之《籯金》,《文場秀句》中所存釋文更爲簡潔,但簡潔的同時,亦兼顧互成對之事對的解釋説明。如《文場秀句》中互成對的"八眉"與"雙瞳"、"維城"與"盤石"、"金枝"與"瓊萼"、"兔苑"與"猨巖",之後均分别列有釋文,對事對進行分别説明。而《籯金》中多將可以互成對之事對,使用同一條釋文進行説明。雖然《籯金》中的釋文同樣對互成對的事對進行了解釋説明,但是未似《文場秀句》中釋文分别進行解釋的方式,更加便於讀者或學習者學習和理解。則《文場秀句》與《籯金》在編撰的過程中,很可能存在着借鑒、吸收編撰優勢的情況,但由於未能判定二者産生的先後順序,故尚不能得出具體的判斷,但二

〔一〕《史記》卷二四《樂書》,第一一九七頁。

者之間存在着密切的聯繫，當可無疑。

　　就《纂金》與《文場秀句》相關部類所存事對的數量而言，《文場秀句》"帝德""王"二部類所存事對數量，未及《纂金》相關部類所存事對豐富。若《纂金》成書在《文場秀句》之前，則《文場秀句》在編撰的過程中，很可能參考了《纂金》中的事對內容，并在《纂金》釋文的基礎上，對事對進行了簡省，對釋文內容進行了重新的編排。但由於二者産生的先後次序難以確言，尚不能對二者參考的情況作出明確判斷。

　　此外，尚須説明者，唯《纂金》的部類分類情況，不僅反映了《文場秀句》與《纂金》在編撰體例上的差異，也反映出了《文場秀句》一書更具概括性的編撰特點。如《文場秀句》中"帝德""王"二部類所存事對，可與《纂金》中"帝德""諸君""諸王"三部類中所存事對相對應。可見，較之《文場秀句》，《纂金》一書分類更爲細緻，所存部類也更爲豐富和複雜。

三 《文場秀句》與《語對》

　　《語對》一書計存六個寫卷，分別爲伯二五二四號、斯二五八八號、伯四六三六號、斯七九號、斯七八號、伯四八七〇號，除伯二五二四號爲完本外，其餘皆爲殘本[一]。就《語對》一書言之，王三慶先生指出《語對》寫卷中諱"世""民""治"字，兼用改字空缺之法，但諱法不嚴，故而又據寫卷書迹情況，言其已近中晚唐之風，則其當爲"中唐以後編纂及抄寫之類書"[二]。并根據《語對》中援引的制度，間用時人注疏及避諱的情況，認爲此書産生的時代當在唐神龍至景雲年間（七〇五～七一一）[三]。《敦煌文獻辭典類書研究：從〈語對〉到〈文場秀句〉》一文進一步指出，遠在絲綢路上，《語對》的作者在編纂此書的過程中，很難獲得國家典藏如《藝文類聚》等大部頭類書的支持，而最切合實際的、所能根據和參考的書籍，還是和其具有地緣關

〔一〕　詳參王三慶：《敦煌類書》上册，第九七頁。
〔二〕　詳參王三慶：《敦煌類書》上册，第九九頁。
〔三〕　詳參王三慶：《敦煌本古類書〈語對〉研究》，第九二頁。

係的小型類書，也因如此，則非《文場秀句》一書莫屬了〔一〕。可見，《語對》與《文場秀句》二者之間當具有密切的關係。以此言之，根據二者成書的時間，《文場秀句》當成書於《語對》之前，則《語對》是參考了《文場秀句》而新撰之書。

（一）性質與内容情況

就《文場秀句》與《語對》的性質而言，二者均爲蒙書，亦同爲類語體類書〔二〕。王三慶先生通過分析其編撰原理，指出：“敦煌文獻保存的語辭類書《語對》，無疑是見證學童賦詩爲文需要吸收的基本素養，也是文化内涵中的初階知識。”認爲《語對》爲童蒙用書〔三〕。則二者在編撰和功用方面，必然存在着諸多相似之處。

從《語對》的相關寫卷情況來看，其與《文場秀句》一樣，均采用雙行小字的形式，抄録事對之釋文〔四〕。王三慶先生最初將伯三九五六號＋伯二六七八號（即《文場秀句》）定名爲《語對甲》〔五〕，指出此寫卷“每門以事類爲對，後爲範例叙文”，認爲其與《籝金》體例近似〔六〕，可見《文場秀句》《語對》《籝金》三者之間具有密切的聯繫。前文已對《文場秀句》與《籝金》進行了對比分析，兹僅就《文場秀句》與《語對》二者進行探討。

通過對比《文場秀句》與《語對》，二者所存内容有很多相似之處，因此，特將《文場秀句·王第十二》與《語對·王》中對應的内容羅列比較，

〔一〕 詳參王三慶：《敦煌文獻辭典類書研究：從〈語對〉到〈文場秀句〉》，《厦門大學學報（哲學社會科學版）》二〇二〇年第四期，第一六八頁。

〔二〕 詳參王三慶：《敦煌類書》上冊，第九七、一〇七頁。

〔三〕 詳參王三慶：《敦煌文獻辭典類書研究：從〈語對〉到〈文場秀句〉》，《厦門大學學報（哲學社會科學版）》二〇二〇年第四期，第一六五頁。

〔四〕 詳參《法藏》第一五冊，第一一四～一三〇頁。

〔五〕 詳參王三慶：《敦煌類書》上冊，第一〇八頁。

〔六〕 詳參王三慶：《敦煌類書》上冊，第一〇七頁。

列表明之，以便説明[一]：

序號	《文場秀句·王第十二》	《語對·王》
1	維城：《詩》云：宗子維城。	維城：《毛詩》曰："懷德維寧，宗子維城。"
2	盤石：漢時，立子孫盤石之固。	盤石：漢時，立子孫爲盤石之固。
3	金枝：天子親貴云，故曰金枝。	瑶枝。
4	瓊莩：花喻兄弟，王□（者）天子之昆［弟］，故云瓊莩。	瓊莩：喻王者兄弟，言其貴也，亦云金枝玉葉。
5	戚里：親戚之里。	戚里：親戚之里。
6	宗盟：《左傳》云：周之宗盟，異姓爲後。	宗盟：《左傳》曰：周之宗盟，異姓爲後。
7	大王風：宋玉《風［賦］》云：此大王之雄風。	雄風：宋玉《風賦》曰：此大王之雄風。
8	小山桂：淮南王劉安有小山之徒，爲《招隱［士］》云：攀桂枝兮聊淹留。	小山：淮南王劉安有小山，爲《招隱［士］》云：攀桂樹兮淹留。
9	兔苑：梁孝王有兔苑。	兔苑：漢梁孝王有落猿巖，游兔苑（園）。
10	猨巖：梁孝王有落猨巖。	猨巖。
11	帝子：是天帝之子。	帝子。
12	天人：陳思王有天人之才。	天人：陳思王有天人之才。
13	八公：淮南王有	八公：淮南王有八公之賓。

略觀上表可知，《文場秀句·王第十二》與《語對·王》所存内容，除部分内容略有所差異外，存在着諸多相似之處。其中，二者完全相同的部分有

〔一〕 按：以下所引《語對》内容，均録自王三慶先生的《敦煌類書》及《敦煌本古類書〈語對〉研究》，不再一一説明。（王三慶：《敦煌類書》上册，第三五五～三九二頁；王三慶：《敦煌本古類書〈語對〉研究》，第九五～三四六頁）

二，爲第五條“戚里：親戚之里”，以及第十二條“天人：陳思王有天人之才”。除此之外，二者相同、相似之處亦多見，主要表現在事對及釋文兩個方面，要之如下：

其一，事對方面。《文場秀句·王第十二》中事對共存十五個，僅“十枝”“五潢”二事對未在《語對》中找到可以與之對應的事對，其餘均可在《語對》中找到一致或相似的内容。就《文場秀句》與《語對》中的事對言之，一致的便有“維城”“盤石”“瓊萼”“戚里”“宗盟”“兔苑”“猨巖”“帝子”“天人”“八公”等十個，占《王第十二》中所存事對全數的三分之二。而《文場秀句》中事對“大王風”“小山桂”，與《語對》事對“雄風”“小山”，雖事對不同，但二者中的事對出典仍是相同的：“大王風”與“雄風”均出宋玉《風賦》[一]，而“小山桂”與“小山”均出《招隱士》[二]。可見二者所存事對的相似程度之高。

其二，釋文方面。就《文場秀句》與《語對》的釋文而言，二者所錄釋文除個别字存在差異外，内容基本相同。總體而言，較之《語對》，《文場秀句》所存釋文内容更爲凝練，如第一條“維城”，《文場秀句》中祇抄録了含有“維城”二字的“宗子維城”之語，而《語對》中則録有“懷德維寧，宗子維城”，將經典中的語句更爲完整的進行援引，較《文場秀句》更爲詳細，也有助於初學者在識記事對相關内容的同時，以便初學者更好地識記、理解經典中的内容。

此外，日本所存文獻《倭名類聚抄》《言泉集》中也保存了部分《文場秀句》的内容。如《倭名類聚抄·人倫部》“朋友”條目下釋文便援引“《文

〔一〕 按：宋玉《風賦》云：“故其風中人……清清泠泠，愈病析酲；發明耳目，寧體便人；此所謂大王之雄風也。”參見（戰國）宋玉著，蕭平編注：《〈風賦〉及其他》，第十頁。

〔二〕 按：《楚辭集注》卷八《招隱士第十五》：“攀桂枝兮聊淹留，虎豹鬥兮熊羆咆，禽獸駭兮亡其曹。”參見（宋）朱熹集注：《楚辭集注》卷八《續離騷招隱士第十五》，第一六九頁。

場秀句》云："知音得意"，其下則注："朋友篇事對也，故附。"〔一〕敦煌本《文
場秀句》中雖未存"朋友篇"之内容，然《文場秀句》一書原編很可能存在
"朋友"之部類。而《語對》中確存有《朋友篇》及相關事對與釋文，雖未見
"知音""得意"的内容，亦可見二者之間的相似性。又《言泉集·兄弟姊妹
帖》所引《文場秀句》的内容，與《語對·兄弟》中内容亦存在着諸多相似
之處，通過對比《語對》與《言泉集》中援引《文場秀句》的内容〔二〕，亦反映
出上述《語對》與《文場秀句》在事對與釋文方面的特點：第一，《文場秀句》
中的事對多可在《語對》中找到相對應的内容。第二，較之《語對》，《文場
秀句》的釋文相對凝練簡潔，則《語對》很可能是在《文場秀句》基礎上進
行改編的版本。觀《語對》所存四十之部類〔三〕，則《文場秀句》一書原有之内
容，當遠比現存之十二部類内容豐富。

（二）編撰體例的情況

從《文場秀句》與《語對》之同，可見蒙書編撰的連貫性與一致性；從
二者之異，可明二者在編撰過程中的差異性，亦可見蒙書之編撰，并非一成
不變，而是不斷發展、變化的。就二者的編撰而言，《文場秀句》與《語對》
之差異，主要表現在兩個方面：

其一，部類肇始不同。《語對》起自"王"，而《文場秀句》起自"天

〔一〕［日］狩谷棭齋：《箋注倭名類聚抄》，日本明治十六年（一八八三）印刷局活
版本（藏日本内閣文庫），第九七简頁。

〔二〕按：關於日本所存文獻《言泉集》援引《文場秀句》的情況，及《言泉集》所
引《文場秀句》内容與《語對》的具體情況，詳見第五章第一節。

〔三〕按：《語對》分作四十部類，包括：（一）王、（二）公主、（三）公卿、（四）御史、
（五）刺史、（六）縣令、（七）朋友、（八）人才、（九）文筆、（一〇）談講、（一一）勸學、
（一二）宴樂、（一三）富貴、（一四）酒、（一五）高尚、（一六）貧賤、（一七）送別、（一八）
客遊、（一九）薦舉、（二〇）報恩、（二一）兄弟、（二二）父母、（二三）孝養、（二四）喪孝、
（二五）孝行、（二六）孝感、（二七）孝婦、（二八）喪葬、（二九）婚姻、（三〇）重妻、（三一）
棄妻、（三二）棄夫、（三三）美男、（三四）美女、（三五）貞男、（三六）貞婦、（三七）
醜男、（三八）醜女、（三九）閨情、（四〇）神仙。（王三慶：《敦煌本古類書〈語對〉研究》，
第一四頁）

地"。王三慶先生指出：

> 大抵今日所見唐宋類書凡分二係：
>
> （一）啓自天部者：《藝文類聚》《初學記》《白氏六帖事類集》《太平御覽》者屬之。
>
> （二）肇始帝王者：《北堂書鈔》《册府元龜》者屬之[一]。

可見，《文場秀句》與《語對》二者分屬與不同的類書編撰系統。然《語對》一書肇始於"王"，雖與《文場秀句》起自"天地"不同，但仍遵循唐宋類書編撰之體例。就二者的部類次第情況來看，較之《語對》，《文場秀句》以"天地"內容起，似乎更加適合初學者的學習情況，便於其理解和記憶。

其二，儷語情況不同。《語對》中僅有事對，而未見儷語。通過對二者所存内容進行對比，《文場秀句》中各部類之下，臚列相關事對之後，多會使用所列事對，撰寫與部類内容相關之儷語，以示事對之用法，以便於初學者掌握和使用所列事對。而《語對》一書各部類之下，均未撰有儷語。可見，《語對》在編撰的過程中，吸收了《文場秀句》以類相從的編寫方式，并在《文場秀句》的基礎上，進行了改編，對事對進行了較爲細緻的說明，以便初學者學習和理解。從《語對》中未有儷語的情況來看，較之《文場秀句》，《語對》一書在編撰的過程中，更加注重對於事對的積累，以便更好地進行詩歌創作，故而簡省了儷語的部分。

合而言之，通過對比分析《文場秀句》與《兔園策府》《籝金》《語對》的性質、體例和具體内容，可知《文場秀句》一書與敦煌蒙書《兔園策府》《籝金》《語對》之間，存在着密切的聯繫。就性質而言，《文場秀句》與另外三種均爲具有類書、蒙書的性質，便於尋檢使用，對初學者學習、創作詩文具有重要的意義。

以體例言之，《文場秀句》與《籝金》《語對》雖均采用類書的方式進行

〔一〕 王三慶：《敦煌本古類書〈語對〉研究》，第一七頁。

編撰，因而存在相似之處，但亦表現出其各自的特點，也從側面反映出蒙書的編撰具有豐富性和靈活性的特點，并非是一成不變的，而是不斷發展、變化的，需要根據童蒙教育的不同需要而對編纂體例與内容進行調整，以編撰與童蒙教育相適宜的蒙書，以供童蒙教育之用。較之《籯金》《語對》，《文場秀句》與《兔園策府》之間存在着較大的差異，故《文場秀句》與《兔園策府》的相關性主要體現在内容方面。從内容的角度看，《文場秀句》與《兔園策府》的相關性主要表現在典故和句式兩個方面；與《籯金》《語對》的相關性，則表現在事對與釋文兩個方面。

此外，通過對比《文場秀句》與敦煌蒙書，可知《文場秀句》并非爲唐代學童學習詩文的唯一材料，敦煌蒙書中尚保存了豐富的、與唐代詩歌啓蒙教育相關的資料遺存，不僅有助於更好地認識《文場秀句》的價值，也有助探討唐代詩歌啓蒙教育的情況。

第二節　《文場秀句》與後起蒙書

唐代是中國古代蒙書發展的關鍵時期，上承六朝，下啓宋明[一]，蒙書在編撰的過程中，或内容相襲，或體例相因，因而《文場秀句》内容與體制也在一定程度上對後起蒙書産生了影響。然後起蒙書并非僅僅因襲，而是在已有蒙書的基礎上不斷發展和創新，從而具有其自身獨特的特點，體現了蒙書編撰的靈活性，以及蒙書强大的生命力。兹通過分析繼承《文場秀句》風格與功用的後起蒙書，以探討其對後起蒙書編撰的影響。

一　《文場秀句》與唐代後起蒙書

關於《初學記》的成書時間，載籍所載尚有不同之處，如《唐會要》卷三六《修撰》載："（開元）十五年（七二七）五月一日，集賢學士徐堅等，

〔一〕　詳參鄭阿財、朱鳳玉：《敦煌蒙書研究》，第四五一頁。

纂經史文章之要，以類相從。上制名曰《初學記》，至是上之。"〔一〕《集賢注記》："開元十六年正月，學士徐堅已下撰成《初學記》三十卷奏之。"〔二〕《承明集》卷八："明皇詔集賢學士徐堅等纂經史文章之要，以類相從，御令皇太子檢事綴文，上賜名《初學記》。開元十四年三月，撰成以獻。"〔三〕《郡齋讀書志》卷一四《類書類》"初學記"條："開元中，詔（徐）堅與韋述、余欽、施敬本、張烜、李銳、孫季良分門撰次。"〔四〕陳騤編《中興館閣書目》卷三《子部・類書類》則言："《初學記》三十卷：神龍中徐堅掇諸書分門類事，附見詩、賦、銘、頌之文。"〔五〕趙士煒《中興館閣書目輯考》卷四《子部・類書家》中按語言："《會要》開元十五年上，《集賢注記》云十六年正月上。"〔六〕

　　則《初學記》大致成書於開元十四年至開元十六年之間。而《文場秀句》作者概生活於唐高宗永徽元年至唐玄宗開元六年（六五〇～七一八）之間，則此書編撰的時代當距《初學記》之時代不遠。就《初學記》的性質而言，《舊五代史・梁書・成汭傳》引《五代史補》言："夫《初學記》，蓋訓童之書爾，今敵國交聘，以此書爲貺。得非相輕之甚耶。"〔七〕可知《初學記》具有蒙書之性質。根據《文場秀句》的成書時間，則《初學記》爲《文場秀句》之後所撰蒙書。《文場秀句》與《初學記》除性質同爲蒙書之外，二者之間亦存在着諸多相似之處，主要表現在兩個方面：

　　〔一〕《唐會要》卷三六《修撰》，第六五八頁。

　　〔二〕（唐）韋述撰：《集賢注記》，中華書局，二〇一五年，第二四四頁。

　　〔三〕（宋）周必大：《承明集》卷八，收入曾棗莊、劉琳主編：《全宋文》第二三一冊，上海辭書出版社、安徽教育出版社，二〇〇六年，第一八七頁。

　　〔四〕（宋）晁公武編，孫猛校：《郡齋讀書志校證》卷一四《類書類・初學記》，第六五一頁。

　　〔五〕（宋）陳騤編：《中興館閣書目》卷三《子部・類書類》，見南京圖書館編：《南京圖書館藏朱希祖文稿》第六冊，第四六六頁。

　　〔六〕趙士煒：《中興館閣書目輯考》卷四《子部・類書家》，見許逸民，常振國編：《中國歷代書目叢刊》第一輯，現代出版社，一九八七年，第四三四頁。

　　〔七〕《舊五代史》卷一七《梁書・成汭傳》，第二三〇頁。

　　其一，編撰體例。二者均采用以類相從的編撰方式，將相關的内容按照部類進行分類，且均啓自天部，引書多不注明出處。《初學記》共三十卷，分爲二十四部，三百一十三個子目〔一〕，每個子目“叙事”之後，是成對的詞構成的“事對”。唯《初學記》中包括叙事、事對、賦、詩、讚等，而《文場秀句》中則以事對爲主，尚存釋文及儷語部分，不似《初學記》體例嚴謹、完備。

　　其二，事對情況。就二者所列事對與釋文内容而言，二者亦存在着不少相似之處。比較二者所列的事内容，《文場秀句》的一百九十三條事對中，有二十五條事對可在《初學記》中找到相同或相似的事對，二者相同的事對，有《文場秀句》“天地第一”中的“坤元”“方輿”〔二〕，“風雲第三”中的“浮雲”“騰雲”“雲龍”“風虎”，“春第六”中的“和風”“淑景”，“帝德第十”中的“八眉”，“瑞應第十一”中的“紃牛”，“王第十二”中的“維城”“盤石”“五潢”“金枝”“猨巖”，均可在《初學記》中找到相應的事對，主要見於《初學記》中的“天部”“地部”“歲時部”“帝王部”“帝戚部”等。《文場秀句》與《初學記》相似的事對亦有“九天”與“九重”、“璧月窮紀”與“璧月”、“東户”與“東户雁行”等。

　　若包括《初學記》中的“叙事”部分所編内容，則二者出現相同或相似的事對便有五十二條〔三〕。如《文場秀句》“日月第二”中的“陽烏”“望舒”，“煙霧第五”中的“重霧”，“春第六”中的“獻歲”“發春”“帝德第十”中的“金鏡”“南風”“五帝”，“瑞應第十一”中的“騰黄”“蓂莢”，“王第十二”中的“宗盟”“天人”等，均可在《初學記》部類之下的“叙事”中找到相對

〔一〕　詳參黄永年：《唐史史料學》，第二四四頁。

〔二〕　（唐）徐堅等著：《初學記》卷五《地理上·總載地》，中華書局，一九六二年，第八八、八九頁。按：以下所引《初學記》内容，均引自唐代徐堅等著《初學記》（中華書局，一九六二年），不再一一説明。

〔三〕　按：統計時，若《文場秀句》中的事對，在《初學記》的事對和叙事中均可找到對應的内容，則僅計一次。如《文場秀句·夏第七》中有“炎風扇▨”，而事對“炎風”在《初學記》卷三《歲時部·夏》的事對和叙事中，均有出現，但統計時僅計數一次。

應的內容，多見於《初學記》中的"天部""歲時部""帝王部"等部。

依上文所述，《文場秀句》中有不少事對可以在《初學記》中找到相對應的內容，可見，較之官修之《初學記》，《文場秀句》雖爲私人編撰，在參考書籍有限的情況下，依然能夠較爲有效地、準確地摘録習詩作文過程中所需要的主要事對，不僅體現了《文場秀句》編撰者之用心，也從側面反映出《文場秀句》對於詩文創作的重要價值。

二 《文場秀句》與宋代蒙書編撰

宋代蒙書編撰取得了巨大的發展，李裕民《唐宋蒙學書係年考證與研究》一文中，考訂出宋代蒙書六十六種〔一〕，可見宋代蒙書在編撰方面的發展。宋代亦編撰了不少與作詩屬文、韻對相關的蒙書〔二〕，如曾子戠撰《曾神童對屬》、真德秀撰《對偶啓蒙》、葉鳳撰《群書類聚》、胡繼宗撰《詩韻大成》〔三〕、周子益編《訓蒙省題詩》、吕祖謙編《詩律武庫》等。兹擇取宋代所撰蒙書中與《文場秀句》相關的蒙書，探討《文場秀句》對宋代蒙書編撰的影響。

較之《文場秀句》一書，宋代所撰、以供作詩屬文蒙書的功用更加明確，分類也更加細緻。主要表現在兩個方面：

（一）編撰了針對詩賦考試的蒙書

就專門針對詩賦考試的蒙書而言，主要有吕祖謙的《詩律武庫》。從其

〔一〕 按：李裕民《唐宋蒙學書係年考證與研究》中考訂出北宋蒙書十五種，南宋蒙書五十一種。（李裕民：《唐宋蒙學書係年考證與研究》，收入包偉民、劉後濱主編：《唐宋歷史評論》第三輯，社會科學文獻出版社，二〇一七年，第一三二～一五七頁）

〔二〕 詳參徐梓、王雪梅編：《蒙學輯要》，山西教育出版社，一九九二年，第二九六頁。

〔三〕 按：（清）黄虞稷撰《千頃堂書目》卷一五《類書類》中指出，胡繼宗爲廬陵人，編有《書言故事》十卷、《詩韻大成》二卷。張滌華先生《類書流别》中指出《詩韻大成》已佚。參見（清）黄虞稷撰：《千頃堂書目》卷一五《類書類》，上海古籍出版社，一九九〇年，第四二一頁；張滌華：《類書流别》，第五八頁。

書名便可知其爲專門針對詩律所撰之書。此書目録前亦存有牌記[一]，言此書爲"呂氏家塾手校《武庫》一帙，用是爲詩戰之具，固可以掃千軍而降勍敵"[二]。從其可作"詩戰之具"，能夠"掃千軍""降勍敵"之語，可見此書對於詩賦考試的重要價值。因其爲呂氏家塾之課本，故此書應具有蒙書之性質。

　　此書共十五卷[三]，分爲慶誕門、幼敏門、榮貴門、慶壽門、仙道門、聲樂門、釋學門、文章門、詩詠門、游賞門、贈送門等十一門[四]，涉及了詩賦考試中所應掌握的、不同方面的知識和内容。與《文場秀句》相似的是，《詩律武庫》各門類之下亦羅列與門類相關的辭條。《詩律武庫》各門類所列辭條數量不等，字數不一，二言、三言、四言、五言均有。且各辭條下均有對辭條進行解釋、説明的内容。如卷一《慶誕門》中的"玉燕"條下，録有"開元遺事，張説母夢一玉燕飛入懷中，因而生説。後爲宰相。故人有飛燕投懷之句"之語[五]，對"玉燕"進行解釋、説明，便於學童理解和識記，以便在進行詩賦創作中使用。但是并未似《文場秀句》於羅列事對之後，撰有一段儷語。

　　就二者的内容而言，較之《文場秀句》，《詩律武庫》中對於辭條的解釋，表述更爲細緻、詳細。如《詩律武庫》卷一一《文章門》中有"淮王門下士"，其下解釋爲："漢淮南王安，好文章，善屬文，天下方術之士，多往大山，小山之徒，

　　〔一〕 按：關於牌記，清代葉德輝《書林清話》卷六《宋刻書之牌記》指出："宋人刻書，於書之首尾或序後、目録後，往往刻一墨圖記及牌記。其牌記亦謂之墨圍，以其外墨闌環之也。又謂之碑牌，以其形式如碑也。"參見（清）葉德輝著：《書林清話》卷六《宋刻書之牌記》，中華書局，一九五七年，第一五二頁。

　　〔二〕（宋）呂祖謙輯：《東萊先生分門詩律武庫》，收入《續修四庫全書》編纂委員會編：《續修四庫全書》第一二一六册《子部・類書類》，上海古籍出版社，一九九六年，第二〇一頁。

　　〔三〕 按：呂祖謙《詩律武庫》十五卷之後，亦有後集十五卷，後集爲東萊呂氏編於麗澤書院。

　　〔四〕 詳參（宋）呂祖謙：《東萊先生分門詩律武庫・目録》，收入《續修四庫全書》編纂委員會編：《續修四庫全書》第一二一六册《子部・類書類》，第二〇一～二〇六頁。

　　〔五〕（宋）呂祖謙輯：《東萊先生分門詩律武庫》卷一《慶誕門》，收入《續修四庫全書》編纂委員會編：《續修四庫全書》第一二一六册《子部・類書類》，第二〇八頁。

講論道德。總統仁義而著鴻烈解焉。故杜子美上汝陽王琎詩有‘淮王門有客’之句，蓋以此也。"〔一〕與《文場秀句·王第十二》事對"八公"使用典故是一樣的，雖然事對"八公"釋文僅存"淮南王有"四字，但據其上"天人：陳思王有天人之才"的内容，可知"八公"的釋文字數當與"天人"釋文字數相差不多。則《詩律武庫》中所作解釋更加詳細，也更具故事性和趣味性。學童通過閱讀《詩律武庫》中辭條下的解釋，便可大體認識和了解辭條的含義或典故，從而更好地掌握和使用辭條。而較爲詳細、具有故事性的解釋，不僅易於吸引學童的注意力，提高學童的學習興趣，也有助於培養學童的想象力和創造力。

此外，周子益撰有《訓蒙省題詩》，爲宋人擬科場所作，從其以"訓蒙"二字名其書，便可知其蒙書的性質。此書惜已亡佚〔二〕，但尚有宋代楊萬里所撰序存，可略見其所作之旨。楊萬里《周子益訓蒙省題詩序》云：

> 唐人未有不能詩者，能之矣，亦未有不工者，至李杜極矣。後有作者，蔑以加矣。而晚唐諸子，雖乏二子之雄渾，然好色而不淫，怨誹而不亂，猶有國風小雅之遺音。無他，專門以詩賦取士而已。詩又其專門者也，故夫人而能工之也。自日五色之題，一變而爲天地爲爐，再變而爲堯舜性仁，於是始無賦矣。自春草碧色之題，一變而爲四夷來王，再變而爲政以德，於是始無詩矣。非無詩也，無題也。吾倩陳履常，示予以其友周子益《訓蒙》之編，屬聯切而不束，詞氣肆而不蕩，婉而壯，麗而不浮，駸駸乎晚唐之味。蓋以詩人之情性，而寓之舉子之刀尺者歟？至如"信符"之一題，獨非古題，而詩句亦不爲題所掣，可謂難矣。蓋一嘗試爲我賦"爲政以德"之題乎？惟蟻封乃見王子之馭。嘉泰辛酉九月誠齋野客楊萬里序〔三〕。

〔一〕（宋）吕祖謙輯：《東萊先生分門詩律武庫》卷一一《文章門》，收入《續修四庫全書》編纂委員會編：《續修四庫全書》第一二一六册《子部·類書類》，第二四三頁。

〔二〕詳參周興禄：《宋代科舉詩詞研究》，齊魯書社，二〇一一年，第一八頁；羅積勇、肖金雲：《〈禮部韻略〉與宋代科舉》，武漢大學出版社，二〇一五年，第九六頁。

〔三〕（宋）楊萬里：《誠齋集》卷八四《序·周子益訓蒙省題詩序》，收入（清）紀昀等編纂：《影印文淵閣四庫全書》第一一六一册，北京出版社，二〇一二年，第一〇五頁。

不僅指出了唐代多有能詩且工者的原因，蓋因以詩賦取士，也肯定了周子益所撰《訓蒙省題詩》"屬聯切而不束，詞氣肆而不蕩，婉而壯，麗而不浮"的特點。周子益《訓蒙省題詩》擬試而作，專門應對科舉各環節的省題詩試。

（二）編撰了專門訓練對屬的蒙書

張志公先生曾指出，我國古代有一段散文、駢文的發展過程，而到了唐宋時期，近體詩仍然部分地運用對偶，賦體文學亦尚存，因此，教兒童學習對屬，當是以習文、作詩爲目的的[一]。隨着童蒙教育的發展，對屬亦成爲童蒙教育的内容之一。宋代蘇洵曾言："吾後漸長，亦稍知讀書，學句讀、屬對、聲律，未成而廢。"[二]蘇洵將對屬與童蒙教育中辨句讀、識聲律的教育内容相提并論，可見其在童蒙教育中的重要地位。從宋代兒童對屬訓練的情況，亦可見宋代對屬訓練的情況。如年方七八歲小童孫仲益，村學所學内容已涉及七字對，蘇軾便題測試："衡茅稚子璠璵器。"孫仲益隨即應之曰："翰苑仙人錦繡腸。"[三]蘇軾大爲歡賞。可見對屬是宋代兒童學習的内容之一，亦可見宋代兒童對屬訓練的成果。

而蒙書編撰與童蒙教育之間具有密切的聯繫，對屬是宋代童蒙教育的重要内容之一，因而蒙書編撰的過程中，對屬必然不能忽略此教學内容之一。因此，童蒙教育對對屬的重視，以及對兒童進行對屬訓練的需要，促進了訓練兒童對屬蒙書的編撰。雖然宋代編撰的這類蒙書多已亡佚，但從其相關的序文、小引等文獻中，亦可窺見此類蒙書的編撰情況。如宋代曾豐《曾神童對屬序》便指出：

　　嘉泰癸亥，得吾州中童子科曾氏子戟《對屬》一卷。一卷舒之，字

〔一〕 詳參張志公：《傳統語文教育教材論：暨蒙學書目和書影》，第八七頁。

〔二〕 （宋）蘇洵：《送石昌言使北引》，收入曾棗莊、劉琳主編：《全宋文》第四三册卷九二〇，上海辭書出版社、安徽教育出版社，二〇〇六年，第五五頁。

〔三〕 詳參（宋）王明清撰：《玉照新志》卷一，中華書局，一九八五年，第六頁。

顆珠，句片玉也。置諸袖，留示諸稚。其父德榮曰："小學之道，奚以示
爲？"余曰："不然。屬辭比事而不亂者，深於《春秋》者也。《春秋》
豈小學哉！""衡門稚子璠璵器"，"翰苑仙人錦繡腸"，文忠蘇公軾、尚
書孫公覿問答句也。時則孫公五歲，幼語如老作，猝應如徐思，所謂屬
辭比事而不亂者與！蘇公器之，曰："真璠璵也。"既張且壯，天子擢
爲從臣，公卿推爲文士，卒如蘇公所器。此所謂小道，蓋不失其爲大學
與！孫何人哉，曾何人哉，有爲者亦若是。用書於卷，授德榮亦歸軾，
軾其勉之！[一]

　　曾豐所撰序文爲了解《曾神童對屬》一書提供了較爲豐富的資料。依上
文所引，曾子軾編撰此書在於傳授"屬辭比事"之經驗，亦可見宋人對於
對屬訓練的重視程度。兒童通過學習對字的規範，能够不斷積累詩文創作
中所需的各種詞句，掌握對屬的方法，有助於爲進一步的詩文創作打下良
好的基礎[二]。

　　宋代真德秀亦編有《對偶啓蒙》一書，徐梓《中國傳統啓蒙教育的發展
階段及特徵》指出真德秀撰《對偶啓蒙》已亡佚，具體内容已難知曉[三]。然
從其以"啓蒙"二字名其書，亦可知其具有蒙書的性質。此外，哈佛大學圖
書館藏有《分韻四言對偶啓蒙》一書[四]，是明代蒙賢、史垂教二人在真德秀撰
《對偶啓蒙》的基礎上，對真德秀原編《對偶啓蒙》進行補韻、删補之書，明

　　〔一〕（宋）曾豐：《曾神童對屬序》，收入曾棗莊、劉琳主編：《全宋文》第二七七册
卷六二八二，第三二二~三二三頁。

　　〔二〕詳參林治金主編：《中國小學語文教學史》，山東教育出版社，一九九六年，第
一〇九~一一〇頁。

　　〔三〕徐梓：《中國傳統啓蒙教育的發展階段及特徵》，《首都師範大學學報（社會科
學版）》二〇一八年第一期，第一四頁。

　　〔四〕按：此書爲明萬曆三十四年（一六〇六）端州六委齋刊本，其後亦附有明
代吳默泉撰《音律啓蒙》。參見（宋）真德秀原編，（明）蒙賢補韻，（明）史垂教删補：
《四言分韻對偶啓蒙》，明萬曆三十四年端州六委齋刊本（藏哈佛大學圖書館），第一
筒頁。

代周從龍所撰《四言對偶分韻小引》中有 "真西山《對偶》，有四言五言……
五言曷不宗唐律，子固獨取四言" 之語[一]，從其小引内容可知，真德秀所撰
《對偶啓蒙》中當不衹《分韻四言對偶啓蒙》中所存四言，亦存有五言内容。
真德秀在編撰此書的過程中考慮到了四言、五言兩種形式，以便初學者由淺
入深，學習、練習對屬，并掌握對屬的基本方法。宋代童蒙教育對對屬的重
視，促進了訓練對屬的蒙書編撰，而對屬訓練對於聲韻的較高要求，使得這
一時期的蒙書編撰逐漸將音韻與對屬相結合，使所撰蒙書富有韻律，更加具
有可讀性。

　　依上文所引，宋代出現的專門針對詩賦考試和對屬訓練的蒙書，這些宋
代所撰蒙書雖具有作詩習文的功用，但較之《文場秀句》，宋代所撰蒙書的功
用更加具體明確，使其更能够適應童蒙教育中不同的、具體的目標與需要，
而世人也可根據童蒙教育的目的與要求選擇適合的蒙書對兒童進行教育和
培養。

　　宋代所撰針對詩賦考試和對屬訓練的蒙書，將詩文創作與科考書的功用
從唐代所撰蒙書中分離出來，形成了與前代不同的蒙書特點，不僅豐富了蒙
書的内容與類型，也反映了蒙書編撰的發展，也在一定程度上反映出了《文
場秀句》一書的流傳與使用情況，亦可對其亡佚的時間進行探討，要之如下：

　　一是，《文場秀句》的流傳與使用情況。通過梳理，《文場秀句》撰成之
後的流傳與使用情況，主要表現在以下三個方面：

　　其一，所存寫卷情況與《文場秀句》的流傳。從《文場秀句》所存寫卷
的情況來看，目前所知雖僅存有兩件不同的寫卷，然亦可反映出是書在當時
當地的流傳情況。是書若非於實際使用過程中有所裨益，便難以在當時當地
得以流傳、傳抄，并留下相關的痕跡。根據前文所述，《文場秀句》的抄寫年
代當在唐玄宗開元年間。從其被抄寫的情況來看，可以進一步推知是書在當
時當地應具有一定的影響力，從而使其能够以寫卷形式得以保存。

　　〔一〕（明）周從龍：《四言對偶分韻小引》，見（宋）真德秀原編，（明）蒙賢補韻，
（明）史垂教删補：《四言分韻對偶啓蒙》，第一筒頁。

其二，相關敦煌蒙書情況與《文場秀句》的流傳。《文場秀句》撰成之後，其後亦出現了受其影響而新撰之蒙書《語對》。通過前文對於《文場秀句》和《語對》的對比，二者之前存在着較爲密切的關係，亦有諸多相似之處，《對語》中所存的四十部類内容與條目，很可能是删去了《文場秀句》儷語部分，并重新整合、改編之書。如其原因，蓋因"自駢儷之體盛，文士往往采集語對，以資窘腹……至唐而俳偶益工，初學等書便專取事對"〔一〕，使得事對的重要性得到凸顯，故而《語對》專取事對，而不録儷語。

其三，相關史籍記載的情況與《文場秀句》的流傳。從《舊五代史·馮道傳》中所記載的笑談來看，其將《文場秀句》與《兔園策府》并提，則《文場秀句》當與《兔園策府》一樣，是流行於晚唐五代之書〔二〕。則二書應具有相似或相同的性質與功用，二者應與詩賦考試具有密切的聯繫，均是便於參加舉業之書。則《文場秀句》具有廣採詩文秀句，彙集成書，以便時人撰文之用，則可無疑。而《馮道傳》中所言"中朝士子止看《文場秀句》，便爲舉業"之語，不僅反映出其對科舉考試具有一定的參考價值，也體現了是書在當時應得到了較爲廣泛的認可和使用。

二是，《文場秀句》的亡佚時間與原因。從史籍和著録的情況看，《文場秀句》一書亡佚的時間，當在宋時。《舊五代史·周書·馮道傳》馮道將《文場秀句》與《兔園策府》并提，指出當時有中朝士子以《文場秀句》爲舉業〔三〕，可知是時《文場秀句》一書尚存。而至清代葉德輝考證的《秘書省續編到四庫缺書目·子類·類書》中，却言"孟獻子撰《文場秀句》一卷"已闕〔四〕，可知是書宋時便已不存。而是書於宋時便闕的原因，概有三端：

其一，宋代科舉制度的改革與發展。宋代進士科詩賦幾經變化，時興時

〔一〕（明）胡震亨：《歲華紀麗識語》，（唐）韓鄂撰：《歲華紀麗·序》，第三頁。

〔二〕詳參王三慶：《敦煌文獻辭典類書研究：從〈語對〉到〈文場秀句〉》，《廈門大學學報（哲學社會科學版）》二〇二〇年第四期，第一六八頁。

〔三〕詳參《舊五代史》卷一二六《馮道傳》，第一六五六～一六五七頁。

〔四〕（清）葉德輝考證：《秘書省續編到四庫闕書目》卷二《子類·類書》，見中華書局編輯部編：《宋元明清書目題跋叢刊·宋代卷》，第三二七頁。

廢。張希清先生指出，北宋前期進士科考試内容承襲唐及五代之制，考試内容爲詩賦、論策和帖經、墨義，實際上主要是以詩賦取士，但詩賦中以賦爲要[一]。但是難以培養和選拔經世致用的人才，故王安石改革罷詩賦和帖經、墨義，而專以經義論、策取進士[二]。宋室南遷，又復以經義、詩賦取士，其後元祐、紹興間又幾度變化，最後分爲經義進士、詩賦進士兩科，直至南宋滅亡[三]。

總體而言，雖然詩賦仍在科舉考試中具有一定的地位，但在實際的考試中，多偏重於賦。如宋代歐陽修《六一詩話》便指出："自科場用賦取人，進士不復留意於詩，故絕無可稱者。"[四]宋代劉克莊亦言："唐世以賦詩設科，然去取予奪，一決於詩，故唐人詩工而賦拙……本朝亦以詩賦設科，然去取予奪，一決於賦，故本朝賦工而詩拙。"[五]可見，宋代與唐代科舉考試之間，存在着較爲明顯的差异。較之唐代，宋代科舉考試中以賦爲要，詩在考試中的地位已不似唐時，詩在決定去取方面，已不再具有重要的決定性作用。因此，作爲以詩歌創作教育爲主要功用的《文場秀句》一書，難以得到社會廣泛的認可和使用。

其二，後世蒙書編撰的發展。至宋代，雖然科舉考試多偏重於賦，但總體而言，詩仍然是考試的内容之一，因此，童蒙教育勢必不能忽略對兒童進行詩歌創作的啓蒙教育，促進了宋代蒙書編撰的發展。而後撰蒙書的發展與豐富，替代并發展了原有蒙書的功用。宋代編撰了專門針對詩賦考試和對屬訓練的蒙書，這些具有專門功用的蒙書，使《文場秀句》一書所具有的作詩習文和科考參考書的功用更加明確地體現出來，并在前代蒙書編撰的基礎上

〔一〕 詳參張希清：《中國科舉制度通史·宋代卷》上册，上海人民出版社，二〇一七年，第三六一頁。

〔二〕 詳參張希清：《中國科舉制度通史·宋代卷》上册，第八一、八三頁。

〔三〕 詳參張希清：《中國科舉制度通史·宋代卷》上册，第八一頁。

〔四〕 （宋）歐陽修著：《六一居士詩話》，中華書局，一九八五年，第九頁。

〔五〕 （宋）劉克莊：《後村先生大全集》卷九九《題跋·李耘子詩卷》，收入《四部叢刊初編·集部》第二一三册，上海書店，一九八九年影印本（據江安傅氏雙鑑樓藏高麗活字本），第八筒頁。

所有發展和創新，解釋更加詳細，具有可讀性，更加符合兒童學習和身心發展的特點。

其三，宋代文學思想的變革。宋代文學經過宋初的發展，經世致用的思潮促進了宋代詩文創作出現了新的變化。宋初華而不實、講求雕章麗句的駢偶文風不再是文學創作的主流，經世致用成爲文學創作和文學理論的主題，使宋代文學更加貼近社會現實，因而具有了不同於前代的新動力，并逐漸擺脫了晚唐五代文風的影響。在詩文創作方面，亦開創了新的寫法和格局〔一〕。文風的轉變也在一定程度上促進了詩風的轉變，使士人不再滿足於雕章麗句，而轉向重道德、講實用的追求。加之宋代理學的興起，"重道德輕藝術，重理智輕情感，主實用反藻飾的思想傾向"〔二〕，也對宋代文風產生了一定的影響，故文學創作對於典故、辭藻的需求已不及唐時，《文場秀句》作爲輯錄事對、儷語之書，隨着宋代文風的轉變，較難獲得世人的廣泛接受和使用，對其重視程度亦隨之降低。

此外，《文場秀句》一書不僅涉及對兒童進行對屬訓練，亦具有聲律啓蒙的作用，張志公先生指出："歷代講聲律的書很多，但是專爲蒙學用的比較少。有的，也往往因爲講得不够通俗，不好懂，而且過去的文人多半視聲韻之學爲畏途，教蒙學的塾師多半不碰它，所以這類書在當時大多流傳不廣，後來也就逐漸軼失不傳了。"〔三〕很多涉及聲律之書難以得到較爲廣泛的使用。加之，《文場秀句》的作者孟獻忠并非名儒，且爲地方文人，其所撰之作難以形成較大的影響，使用範圍也相對較小，也是此書未能進一步傳播和流傳的原因之一。

後世承繼《文場秀句》而編撰的蒙書，在一定程度上反映出了其在國內的影響。通過分析《文場秀句》寫卷及相關寫卷、敦煌蒙書以及史籍記載的情況，可知是書在當時應得到了一定的認可和使用，具有一定的影響力。從史籍和著錄的情況看，《文場秀句》一書亡佚的時間，當在宋時。究其原因，

〔一〕 詳參張毅：《宋代文學思想史》，中華書局，一九九五年，第五四頁。

〔二〕 張毅：《宋代文學思想史》，第五五頁。

〔三〕 張志公：《傳統語文教育教材論：暨蒙學書目和書影》，第九四頁。

蓋因科舉制度的發展、蒙書編撰的發展以及文學思想的變革等，在一定程度上減弱了《文場秀句》在童蒙教育中的作用與影響力，使其逐漸淡出了歷史舞臺。

值得注意的是，雖然《文場秀句》一書宋時已不存，但却於亡佚前，曾傳入鄰國日本，并在日本得到了一定的傳播和使用，且在日本平安時期（七九四～一一九二）至鐮倉時期（一一九二～一三三三），仍有不同的日本文獻根據自身所需，援引了《文場秀句》中的不同內容[一]，可見是書對於日本學習、了解漢文化的重要作用。因此，是書的亡佚并非是因爲其在實際的童蒙教育中不具有價值和意義，抑或是編撰存在問題，而是受到多重因素影響的結果。

結　論

本章主要聯繫敦煌蒙書《兔園策府》《篆金》《語對》，以及《初學記》、宋代後起蒙書，通過對比《文場秀句》與敦煌蒙書、後起蒙書性質、體例和內容的异同，探討《文場秀句》與相關蒙書之同，以見相關蒙書編撰之特點；而以其异，以見蒙書編撰的靈活性與時代性。

通過對比分析《文場秀句》與《兔園策府》《篆金》《語對》的性質、體例和具體內容，可知《文場秀句》一書與敦煌蒙書《兔園策府》《篆金》《語對》之間，存在着密切的聯繫，要之如下：

其一，就性質而言，《文場秀句》與另外三種均爲具有類書、蒙書的性質，便於尋檢使用，對初學者學習、創作詩文具有重要的意義。

其二，以體例言之，《文場秀句》與《篆金》《語對》雖均采用類書的方式進行編撰，因而存在相似之處，但亦表現出其各自的特點，也從側面反映出蒙書的編撰具有豐富性和靈活性的特點，并非是一成不變的，而是不斷發展、變化的，需要根據童蒙教育的不同需要而對編纂體例與內容進行調整，

〔一〕　按：日本所存文獻對《文場秀句》的援引情况，詳參第五章第一節。

以編撰與童蒙教育相適宜的蒙書，以供童蒙教育之用。較之《篋金》《語對》，《文場秀句》與《兔園策府》之間存在着較大的差異，故《文場秀句》與《兔園策府》的相關性主要體現在内容方面。

其三，從内容的角度看，《文場秀句》與《兔園策府》的相關性主要表現在典故和句式兩個方面；與《篋金》《語對》的相關性，則表現在事對與釋文兩個方面。

此外，通過對比《文場秀句》與敦煌蒙書，可知《文場秀句》并非爲唐代學童學習詩文的唯一材料，敦煌蒙書中尚保存了豐富的、與唐代詩歌啓蒙教育相關的資料遺存，不僅有助於更好地認識《文場秀句》的價值，也有助探討唐代詩歌啓蒙教育的情況。

《文場秀句》與《初學記》除性質同爲蒙書之外，二者之間亦存在着諸多相似之處，主要表現在兩個方面：其一，編撰體例。二者均采用以類相從的編撰方式，將相關的内容按照部類進行分類，且均啓自天部，引書多不注明出處。唯《初學記》中包括叙事、事對、賦、詩、讚等，而《文場秀句》中則以事對爲主，尚存釋文及儷語部分，不似《初學記》體例嚴謹、完備。

其二，事對情況。就二者所列事對與釋文内容而言，二者亦存在着不少相似之處。《文場秀句》中有不少事對可以在《初學記》中找到相對應的内容，可見，較之官修之《初學記》，《文場秀句》雖爲私人編撰，在參考書籍有限的情況下，依然能够較爲有效地、準確地摘録習詩作文過程中所需要的主要事對，不僅體現了《文場秀句》編撰者之用心，也從側面反映出《文場秀句》對於詩文創作的重要價值。

通過對比宋代承繼《文場秀句》而編撰的蒙書，宋代出現的專門針對詩賦考試和對屬訓練的蒙書。這些宋代所撰蒙書雖具有作詩習文的功用，但較之《文場秀句》，宋代所撰蒙書的功用更加具體明確，使其更能够適應童蒙教育中不同的、具體的目標與需要，而世人也可根據童蒙教育的目的與要求選擇適合的蒙書對兒童進行教育和培養。

後世承繼《文場秀句》而編撰的蒙書，在一定程度上反映出了其在國内的影響。通過分析《文場秀句》寫卷及相關寫卷、敦煌蒙書以及史籍記載的情況，可知是書在當時應得到了一定的認可和使用，具有一定的影響力。從史籍和著録的情況看，《文場秀句》一書亡佚的時間，當在宋時。究其原因，蓋因科舉制度的發展、蒙書編撰的發展以及文學思想的變革等，在一定程度上減弱了《文場秀句》在童蒙教育中的作用與影響力，使其逐漸淡出了歷史舞臺。

第四章 《文場秀句》與童蒙教育

是書以"秀句"爲名，可知此書在編撰之初，便已明確了其編撰的內容，彙集詩文之"秀句"，即突出、巧妙的詞句，并按照一定的邏輯順序編輯成集，爲初學詩者進行詩歌創作提供了一定的靈感、素材及具體範式，以供詩歌啓蒙教育之用。至於其又冠以"文場"之名，亦可見其具有科舉考試參考書之功用。其所收錄的事對、典故等，多爲唐人寫作之時常用者，對於詩賦文章的創作具有重要的意義。就童蒙教育而言，是書之功用尤以詩歌啓蒙教育爲要，故不可不特爲一題，對《文場秀句》與詩歌啓蒙教育試作探討，以見是書在童蒙教育中的重要功用與價值。

第一節 《文場秀句》性質與童蒙教育、科舉考試的關係

《文場秀句》一書在編撰之初，編撰者便考慮到了其功用，以適應初學者學習詩賦的需求。《文場秀句》的性質而言，與童蒙教育、科舉考試之間存在着密切的聯繫，要之如下。

一 《文場秀句》的性質與童蒙教育的關係

《文場秀句》的相關寫卷，即伯三九五六號+伯二六七八號，以及羽七二ノbノ二號等兩件寫本，雖均未錄完整，但仍爲考察其性質提供了重要的信

息，就是書的内容言之，可供參考者，概有二端：

其一，《文場秀句》所存内容與童蒙教育的關係。是書所收的内容多爲天地、日月、風雲、雷電、煙霧、四時等較爲基礎、淺顯的内容，同時也是初學者在初學階段需要了解和掌握的基礎知識。敦煌蒙書中，多在開篇中便介紹了天地、日月、四時等内容，如《千字文》以"天地玄黄，宇宙洪荒。日月盈仄，辰宿列張。寒來暑往，秋收冬藏。潤餘成歲，律吕調陽。雲騰致雨，露結爲霜"開篇〔一〕，介紹了天地、日月、四時、雲雨露霜等。《開蒙要訓》中亦有："乾坤覆載，日月光明。四時來往，八節相迎。春花開艷，夏葉舒榮。薬林秋落，松竹冬青。霧露霜雪，雲雨陰晴。晦暮昏暗，曉暝霞生。雷電覗電，霹靂震驚。"〔二〕亦介紹了天文、地理、四時等自然名物與知識。可見，蒙書多由天地、日月、四時這些淺顯的内容開始介紹，由淺入深地對兒童進行識字、知識等教育。《文場秀句》與這些蒙書相似，所存内容爲較爲基礎的内容和知識，適合初學者學習，則其應爲供童蒙教育之用的蒙書。

其二，《文場秀句》釋文内容與童蒙教育的關係。是書的釋文内容較爲淺顯、簡練，便於初學者識記和理解。如《日月第二》中"曦光""朝暉""暉氣"的釋文爲"日也"，"娥影""夜景""望舒"的釋文爲"月也"，爲簡單的判斷句，對事對進行了解釋，便於初學者理解。《瑞應第十一》中"朱英"與"紫脱"、"蓂莢"與"芫華"的釋文爲"并瑞草"，將含義相同的事對聯繫在一起，便於初學者識記和理解。此類條目尚多，此不悉列。可見，《文場秀句》中采用簡練、易解的釋文，對於幫助初學者識記和掌握所列事對具有重要的作用和價值，以期在之後的詩文創作中進行應用，從而提高作詩習文教育的效率。

由於敦煌本《文場秀句》寫卷可供參考的信息有限，尚需借助其他相關文獻進行分析。日本文獻中有不少可以明確證明《文場秀句》蒙書性質的資

〔一〕 詳參《法藏》第四册，第八頁。
〔二〕 鄭阿財、朱鳳玉：《敦煌蒙書研究》，第五八頁。

料，大致可分爲以下三種情況：

其一，日本文獻《日本國見在書目録》中著録有"《文場秀句》一卷"[一]，并將此書與《蒼頡篇》《急就篇》《千字文》等蒙書，一同歸入"小學家"[二]，可見在日本《文場秀句》與識字蒙書《千字文》等被列入"小學家"，明確説明了其蒙書性質。

其二，日本所存援引《文場秀句》的文獻，多具有蒙書的性質。以《注好選》《仲文章》二書爲例，《注好選》序文中便有"□惟末代學士未必習本文。因兹纔雖學文書難識本義。譬如田夫作苗不作穗。惟只竭力是有何益者粗注之讓小童云云"之語[三]，其序文就已説明《注好選》的注文爲"粗注"，明確説明《注好選》序是供小童使用，其爲童蒙讀物的性質很明顯。《注好選》注文所引《文場秀句》的目的，自然是爲便於小童理解之書。且李育娟《〈注好選〉と敦煌啓蒙書》亦指出《注好選》在編纂的時候，參考了《孔子備問書》《帝紀》《天地開闢以來帝王紀》等具有童蒙性質的書籍[四]。《注好選》對這些童蒙讀物的參考，亦反映出了其蒙書的性質，可供童蒙教育之用，正與其序文所言相符。由此可見，《注好選》其所援引的《文場秀句》一書，亦應屬於供童蒙教育之用的蒙書。《仲文章》亦具有蒙書之性質，此書有"孝養

〔一〕［日］藤原佐世奉敕撰：《日本國見在書目録》，寫本不注頁碼。

〔二〕［日］藤原佐世奉敕撰：《日本國見在書目録》，寫本不注頁碼。

〔三〕［日］今野達校注：《注好選》，收入［日］馬淵和夫、［日］小泉弘、［日］今野達校注：《新日本古典文學大系》第三一册，（日本）東京：岩波書店，一九九七年，第三九九頁。

〔四〕按：今野達《〈注好選〉解説》："そうした意味では中國のいわゆる類書に通うものがあり、中國的發想を借りれば、さしずめ注好選は、童蒙教育に資するためという名分のもとに、故事・因縁を類集解説した袖珍版の類書ということにもなろう。"李育娟《〈注好選〉と敦煌啓蒙書》："本書は、今野達氏の解説のごとく、撰者が好みで選んだ「故事・因縁を類集解説した袖珍版の類書」であり、その編纂目的は、童蒙教育の資とすることにあることが序文に明示きれている。"（［日］今野達：《〈注好選〉解説》，見［日］馬淵和夫、［日］小泉弘、［日］今野達校注：《新日本古典文學大系》第三一册，第五四九～五五〇頁；李育娟：《〈注好選〉と敦煌啓蒙書》，《國語國文》第八二卷第三號，二〇一三年，第一～一四頁）

篇”“學業篇”“農業篇”“貴賤篇”“吏民篇”“禮法篇”“金友篇”等七篇，是供兒童誦習、記憶之用的童蒙讀物〔一〕。而《文場秀句》作爲《仲文章》援引的材料之一，亦應爲供童蒙閱讀、學習之書，則其童蒙教育之功用可知矣。

其三，日本文獻中，多將《文場秀句》與中國古代傳統蒙書或經典一同援引。如《言泉集》在援引《文場秀句》進行解釋的同時，亦援引了《蒙求》的相關内容〔二〕，而《蒙求》一書在我國童蒙教育發展史上，具有重要的地位和深遠的影響〔三〕，誠如王重民先生《敦煌古籍叙録》卷三《子部上・李氏蒙求》所言：“自中唐至於北宋，是書（《蒙求》）爲童蒙課本，最爲通行。”〔四〕《文場秀句》與《蒙求》被《言泉集》援引，説明其與《蒙求》的蒙書性質應該相同，是供童蒙使用。《倭名類聚抄》在援引《文場秀句》的同時，亦援引了《論語》中的内容〔五〕。《論語》作爲儒家最基本的經典，是中國古代童蒙教育的源泉和主要内容之一，自漢代以來，童蒙教育便大致以《論語》爲基礎，在童蒙教中具有重要的地位，隨着唐代科舉制度的發展，進一步強化了《論語》在童蒙教育中的地位〔六〕。《文場秀句》與《論語》的内容同時被援引，也可以説明其用於童蒙教育的功用。

需要明確的是，中國古代童蒙教育以識字爲先，兒童初入學時，多以識字爲主，在識字教育的基礎上，亦教之四聲韻字、對屬、講授典故等，對於資質較高者可講授經書〔七〕。如張志公先生在《傳統語文教育教材論：暨蒙學書

〔一〕 詳參孫猛：《日本國見在書目録詳考》下册，第二三七五頁。

〔二〕 按：本研究使用的是澄憲著，畑中榮編《言泉集：東大寺北林院本》。（澄憲著，〔日〕畑中榮編：《言泉集：東大寺北林院本》，（日本）東京：古典文庫，二〇〇〇年（藏日本國立國會圖書館），第三二三~三二六頁）

〔三〕 詳參鄭阿財、朱鳳玉：《敦煌蒙書研究》，第二二八頁。

〔四〕 王重民：《敦煌古籍叙録》，商務印書館，一九五八年，第二〇七頁。

〔五〕 詳參〔日〕狩谷棭齋：《箋注倭名類聚抄》，第九七筒頁。

〔六〕 詳參金瀅坤：《儒家經典與中國古代童蒙教育掠影》，收入《中華炎黃文化研究會童蒙文化委員會第五屆國際學術研討會論文集》，甘肅敦煌，二〇一九年，第一二六、一三七頁。

〔七〕 詳參連文萍：《詩學正蒙——明代詩歌啓蒙教習研究》，里仁書局，二〇一五年，第二三頁。

目和書影》一書中便指出，傳統語文教育包括初期識字教育和寫字訓練、識字教育與事項教育、知識教育相結合、初步的讀寫教育、進一步的讀寫訓練四個階段〔一〕。就《文場秀句》的內容而言，其作爲初步讀寫訓練時，練習對屬、進行初步詩文創作所使用的童蒙教材，其受衆并非是識字階段的初學兒童，而是在識字基礎之上，能够辨別四聲韻字，可以進行對屬訓練的兒童，甚至是成童（十五歲），爲幫助其學習詩文所用之書。因此，《文場秀句》一書并非是兒童在初學階段所使用、學習的蒙書。雖然其教授的對象非爲初入學的兒童，而是針對具有一定知識基礎的、經過了識字階段的兒童，但是就其教授對象所處的教育階段而言，亦屬於童蒙教育的範疇。

此外，從《文場秀句》的體例來看，是書雖采用類書的形式進行編撰，其類書的性質已較爲明顯確，但就其功用而言，是書亦具有童蒙教育之功用。鄭阿財、朱鳳玉先生也指出，敦煌蒙書的體制不拘識字教育與知識教育，多采用六朝以來流行的類書形式進行編撰〔二〕。因而蒙書與類書實難作出明確的區分，如余嘉錫先生的《內閣大庫本碎金跋》一文指出：

> 諸家目録皆收此書（《碎金》）入類書類，蓋以其上自乾象、坤儀，下至禽獸、草木、居處、器用，皆分別部居，不相雜廁，頗類《書鈔》《御覽》之體。然既無所引證（惟《人倫篇》中有注數條），又不盡涉詞藻，其意在使人即物以辨其言，審音以知其字，有益多識，取便童蒙，蓋小學書也〔三〕。

足見蒙書與類書之難辨〔四〕。依上文所引，可得出關於類書與蒙書性質判斷

〔一〕 詳參張志公：《傳統語文教育教材論：暨蒙學書目和書影》，第一一、四四、七四、一〇一頁。

〔二〕 詳參鄭阿財、朱鳳玉：《敦煌蒙書研究》，第四四九頁。

〔三〕 余嘉錫：《內閣大庫本碎金跋》，收入余嘉錫：《余嘉錫論學雜著》，中華書局，一九六三年，第六〇五頁。

〔四〕 詳參鄭阿財、朱鳳玉：《敦煌蒙書研究》，第四四九～四五〇頁。

的認識：對於一部書性質的判斷，會産生類書、蒙書兩種不同的結果，原因在於判斷的依據不同。對於類書的判斷着眼於編撰體例，而作出蒙書的判斷關注的是其功用，故而産生了不同性質的判斷。因此，對於蒙書與類書的區分，當從體例及功能兩個方面來考察。一部書具有類書的性質，并不妨礙其具有蒙書的性質，蒙書固然可以采用類書的編撰方式，祇要其具有啓蒙功能，合乎蒙書的特質，則亦可視之爲蒙書[一]。

　　根據《文場秀句》的所存内容及釋文，以及日本所存文獻，均可見《文場秀句》是一本蒙書，用於童蒙教育。就《文場秀句》的編撰而言，是書雖采用類書的形式進行編撰，其類書的性質已較爲明顯確，但就其功用而言，則是蒙書。

二　《文場秀句》的性質與科舉考試的關係

　　唐代童蒙教育與科舉考試之間存在着密切的聯繫，童蒙教育的一個重要目的，就是爲科舉考試打基礎，學習優異的兒童可參加童子科考試，或在成童之後繼續修習舉業，參加科舉考試。

　　隨着科舉制度的發展，進士科地位得到逐步提高，高宗、武后時期對文辭的重視程度不斷加深，當時社會尚文的風氣漸濃，出現了“五尺童子，恥不言文墨”的現象[二]，極大地促進了童蒙教育的發展，童蒙教育爲順應科舉考試的要求[三]，而服務於童蒙教育的蒙書，也會隨着科舉考試、童蒙教育的發展而不斷創新。

　　《文場秀句》之名，明確説明其性質就是爲科場服務的，提供“秀句”。“文場”二字有兩種含義：其一，指科舉之考場；其二，猶指文壇。若其

　　〔一〕詳參鄭阿財、朱鳳玉：《敦煌蒙書研究》，第四五〇頁；朱鳳玉：《蒙書的界定與〈三字經〉作者問題——兼論〈三字經〉在日本的發展》，收入金瀅坤主編：《童蒙文化研究》第五卷，第八五～八六頁。

　　〔二〕《通典》卷一五《選舉典三》，第三五八頁。

　　〔三〕詳參金瀅坤：《唐五代科舉的世界》，第一三六頁。

“秀”者，則謂“篇中之獨拔者也……秀以卓絕爲巧”〔一〕，“彼波起辭間，是謂之秀”〔二〕，可見，此書將科場或文壇中精妙之詞句即所謂“秀句”，加以分類彙編成册，以供詩文創作之用。因此，從《文場秀句》之名，明確説明了其爲科舉考試服務的目的。從《文場秀句》的内容來看，主要爲麗詞、典故，用於教授兒童屬對、屬文啓蒙教育，創作“秀句”提供便利。而《舊五代史》卷一二六《周書·馮道傳》中，曾將《文場秀句》與《兔園册》并提，亦可反映出《文場秀句》與科舉考試之間的密切聯繫：

> 有工部侍郎任贊，因班退，與同列戲道於後曰：“若急行，必遺下《兔園册》。”道知之，召贊謂曰：“《兔園册》皆名儒所集，道能諷之。中朝士子止看《文場秀句》，便爲舉業，皆竊取公卿，何淺狹之甚耶！”〔三〕

從馮道之語可以看出，世人憑借《文場秀句》便可成就舉業，意在説明《文場秀句》在文學、文詞方面雖不及名儒所集的《兔園策府》，但仍對科舉考試具有重要的參考價值。由此判定《文場秀句》不僅是蒙書，而且士人應舉的最常見啓蒙或屬文的基礎讀物。

吕思勉先生在《讀史札記·兔園策》中進一步指出：

> 士大夫之取此書（《兔園策府》），初蓋以供對策之用，後則所重者惟在其儷語，而不在其訓注。蓋有録其辭而删其注者，故其卷帙止三之一。若寫作巾箱本〔四〕，則并可藏之懷袖間矣。《文場秀句》，由此作也。村

〔一〕（南朝·梁）劉勰著，周振甫譯注：《文心雕龍今譯·隱秀第四十》，第三五七頁。
〔二〕（南朝·梁）劉勰著，周振甫譯注：《文心雕龍今譯·隱秀第四十》，第三五八頁。
〔三〕《舊五代史》卷一二六《馮道傳》，第一六五六～一六五七頁。
〔四〕 按：關於巾箱本，唐代李延壽撰《南史》卷四一《齊宗室》云：“鈞常手自細書寫《五經》，部爲一卷，置於巾箱中，以備遺忘……諸王聞而争效爲巾箱《五經》，巾箱《五經》自此始也。”宋代戴埴撰《鼠璞·巾箱本》言：“今之刊印小册，謂巾箱本。起於南齊衡陽王鈞，手寫《五經》，置巾箱中。”“巾箱本”指開本極小，可以裝在巾箱裏的書本，便於隨身攜帶。（《南史》，中華書局，一九七五年，第一〇三八頁；（宋）戴埴撰：《鼠璞》，中華書局，一九八五年，第二七頁）

童無意科名，何必誦此等書？然其師何知？但見取科名者皆誦之，則亦以此教其弟子矣[一]。

顯然，吕思勉認識《文場秀句》與《兔園策府》一樣是科舉考試的啓蒙讀物，村童讀《文場秀句》就是爲了應舉，將來獲取科名。

學習、識記《文場秀句》中的内容，可爲科舉考試中詩賦的學習奠定一定的基礎，作爲詩賦的啓蒙讀物，主要表現其事對在唐代科舉考試中的使用情況上。通過梳理所存唐代應試詩與應試賦，《文場秀句》中的事對在唐代試律試賦中，得到了較爲廣泛的使用。林華秋《唐代敦煌蒙書〈文場秀句〉研究》分析了唐代應試詩所見《文場秀句》對語小目的情況，爲本研究進一步探討《文場秀句》中事對與科舉考試的關係提供了一定的啓示。兹以《文苑英華》所輯録的應試詩及應試賦爲基礎，旁涉《登科記考》《全唐詩》《全唐文》《唐詩紀事》《全唐試律類箋》等，通過對比《文場秀句》與《文苑英華》所存的唐代應試詩及應試賦，試對《文場秀句》與科舉考試的關係試做分析。

(一)《文場秀句》與唐代應試詩

隨着唐代科舉考試的發展，進士科考試發生了較大的轉變，詩賦成爲進士科考試中最爲重要的標準[二]，自開元以後，省試詩成爲進士科最重要的考試内容，不僅產生了大量的省試詩，也使得《文場秀句》在童蒙教育與科舉考試方面的功用得以凸顯。而《文苑英華》卷一八〇至一八九的十卷中，便集中收録了衆多省試詩，計存二八〇題，共輯録省試詩四五八

〔一〕 吕思勉：《讀史札記·兔園策》，收入吕思勉：《吕思勉全集》第十册，第九三〇頁。

〔二〕 詳參金瀅坤：《中國科舉制度通史·隋唐五代卷》，第九九頁。

首〔一〕。可見,《文場秀句》的編撰者在編撰之初便敏銳地認識到詩賦在科舉考試中的重要地位,將其編撰目的與功用着眼於作詩習文方面。

通過梳理《文苑英華》中輯録的省試詩,其中使用《文場秀句》事對的詩作,計有一一〇首,約占全數的百分之二十四,涉及詩句計有一三七條,除《文場秀句》部類"雷電"之外,所存十一部類均有所涉及:《天地第一》中事對相關詩句六條;《日月第二》十九條;《風雲第三》十九條;《煙霧第五》二十四條;《春第六》二十三條;《夏第七》三條;《秋第八》二十一條;《冬第九》一條;《帝德第十》十四條;《瑞應第十一》一條;《王第十二》六條。以《文場秀句》中事對在《文苑英華》出現的頻率而言,部類《煙霧第五》中事對出現的頻率最高,其次爲《春第六》。

就《文場秀句》中涉及出現事對的頻率而言,《春第六》"淑氣"(淑氣芳菲)十三次,《風雲第三》"徘徊"十一次;《煙霧第五》"靄靄(藹藹)"及《春第六》"和風"八次;《日月第二》"皎皎""杳杳"六次;"鬱鬱""淑景""紫宸"五次,分別爲《煙霧第五》《春第六》《帝德第十》中事對;"九天""浮雲""天津"(雲起天津)、"帝子"四次,則爲《天地第一》《風雲第三》《王第十二》;"紛紛""霏霏""青陽"(青陽戒序)、"玉律"(玉律飛緹)、"金鏡"三次,涉及《煙霧第五》《春第六》《帝德第十》;"夜景""夜魄"(月魄)〔二〕、"飄颻""泛灩"(泛灩)、"玉管"(玉管移辰)、"玉燭""至化"兩次,爲《日

〔一〕 按:《文苑英華》卷一八〇存省試詩四十七首,卷一八一存四十九首,卷一八二存四十七首,卷一八三存四十四首,卷一八四存四十四首,卷一八五存四十七首,卷一八六存四十四首,卷一八七存四十五首,卷一八八存四十六首,卷一八九存四十七首,共存詩作四六〇首,其中包括卷一八五中題存而詩缺的《龜負圖》兩首,則《文苑英華》中卷一八〇至一八九共存省題詩四五八首。參見(宋)李昉等編:《文苑英華》,中華書局,一九六六年,第八〇八~九二八頁;金瀅坤:《中國科舉制度通史·隋唐五代卷》,第一〇一頁;羅積勇、張鵬飛編著:《唐代試律試策校注》,武漢大學出版社,二〇〇九年,第一五三頁。

〔二〕 按:《文場秀句·日月第二》中事對爲"夜魄",《文苑英華》卷一八六浩虛舟《琢玉》:"賞玩冰光冷,提攜月魄輕。"又卷一八九朱餘慶《晦日同志昆明池泛舟》:"静見砂痕露,微思月魄生。"二詩中爲"月魄"。"夜魄""月魄"均指"月",則可知二者義通。

月第二》《煙霧第五》《春第六》《帝德第十》。

其中，"厚地"、"十地"、"玉兔"、"青煙"、"金塘"（金塘散碧）、"勾芒"（句芒應節）、"南園"（蝶舞南園）、"朱明"（律戒朱明）、"青蘋"（青蘋開葉）、"芳叢"（芳叢搖落）、"搖落"（芳叢搖落）、"寒蟬"（寒蟬輟響）、"金風"（金風動律）、"變節"（金商變節）、"南呂"（律惟南呂）、"照灼"（年華照灼）、"南風"、"有截"、"蕡莢"、"大王風"、"盤石"均出現一次。

從涉及《文場秀句》事對的省試詩情況看，同一省試詩中多包含多個《文場秀句》事對。如《文苑英華》卷一八〇劉公輿《望淩烟閣》："畫閣淩虛構，遥瞻在九天……靄靄浮元氣，亭亭出瑞烟。"[一]其中便有"九天""靄靄"。卷一八一朱華《海上生明月》："皎皎秋中月，團圓海上生。影開金鏡滿，輪抱玉壺清……照水光偏白，浮雲色最明。此時堯砌下，蕡莢自將榮。"則包括了"皎皎""金鏡""浮雲""蕡莢"四個事對。卷一八一徐敞《虹藏不見》："石澗收晴影，天津失彩梁。霏霏空暮雨，杳杳映殘陽。"涉及了"天津"（雲起天津）、"霏霏"、"杳杳"。卷一八一員南溟《玉燭（平字）》："曆象璇璣正，休徵玉燭明……寰海皇恩被，乾坤至化清。"亦涉及了《帝德第十》中的"玉燭""至化"二事對。卷一八二令狐楚《青雲干吕》："鬱鬱復紛紛，青霄干吕雲……湛露羞依草，南風恥帶薰。"出現了《煙霧第五》中相對應的"鬱鬱"與"紛紛"，以及《帝德第十》中的"南風"。卷一八三陳通方《春風扇微和》："習習和風扇，悠悠淑氣微……泛豔搖丹闕，揚芳入粉闈。"亦包含了《煙霧第五》中的"和風"，以及《春第六》中的"淑氣"（淑氣芳菲）與"泛豔"。篇什既多，不能悉舉。

除《文苑英華》所錄省試詩之外，根據《登科記考》《唐詩紀事》等書中的相關內容，尚可發現使用《文場秀句》中事對而《文苑英華》未錄之省試

〔一〕 劉公輿：《望淩烟閣》，《文苑英華》卷一八〇，第八八三～八八四頁。按：《文苑英華》作"劉公輿"，當作劉公輿，詳參羅積勇、張鵬飛編著：《唐代試律試策校注》，第二九頁。以下所引《文苑英華》內容，均引自宋代李昉等編《文選》（中華書局，一九六六年），不再一一説明。

詩。如祖詠所作《終南望餘雪作》〔一〕，其“終南陰嶺秀，積雪浮雲端”中〔二〕，
亦包含事對“浮雲”。李洞《龍池春草》：“和風輕動色，湛露静流津。”〔三〕包含
了事對“和風”。鄭轅《清明日賜百僚新火》：“漏殘丹禁晚，燧發白榆新。”〔四〕
涉及了《帝德第十》中的“丹禁”。《全唐試律類箋》卷一《天文》有徐寅
《東風解凍》：“殷勤排弱羽，飛翥趁和風。”〔五〕涉及事對“和風”。又同卷亦有
黃滔《白雲歸帝鄉》〔六〕：“杳杳復霏霏，應緣有所依。”〔七〕涉及了“杳杳”“霏
霏”二事對。同書卷四《草木》有公乘億《秋菊有佳色》：“芳菲彭澤見，稱
更在誰家。”〔八〕則涉及了“芳菲”（淑氣芳菲）。若以《文苑英華》輯録之外的

〔一〕　按：《登科記考》卷七“開元十二年”條指出祖詠爲開元十二年（七二四）登
進士第（第二三九頁）。又宋代計有功輯撰《唐詩紀事》卷二〇“祖詠”條：“祖詠，登開
元進士第……有司試《終南山望餘雪》詩，詠賦云：‘終南陰嶺秀，積雪浮雲端。林表明
霽色，城終增暮寒。’四句即納於有司。或詰之，詠曰：‘意盡。’”可知祖詠所作《終南
望餘雪作》當爲省試詩。（上海古籍出版社，二〇一三年，第二八四頁）

〔二〕　（唐）祖詠：《終南望餘雪作》，（唐）殷璠輯：《河岳英靈集》卷下，明
（一三六八～一六四四）刻本（藏中國國家圖書館），第六八筒頁。

〔三〕　《全唐詩》卷七二二李洞《龍池春草》，第一八一六頁。按：《登科記考》卷
一四“貞元十三年”條言貞元十三年（七九七）試《龍池春草》，并存（第五一七頁），可
知《龍池春草》爲省試詩題。

〔四〕　（唐）鄭轅：《清明日賜百僚新火》，（宋）計有功輯撰：《唐詩紀事》卷三一，
第四九五頁。按：據《文苑英華》卷一八〇（第八八一頁）、《登科記考》卷十“大曆九年”
條（第三八五～三八六頁），可知《清明日賜百僚新火》爲大曆九年（七七四）省試詩題。

〔五〕　（唐）徐寅：《東風解凍》，（清）惲鶴生、（清）錢人龍編：《全唐試律類箋》卷
一《天文》，第二二筒頁。

〔六〕　按：孟二冬先生《論唐代應試詩的命題傾向之一——以李善注本〈文選〉爲重
心》指出：“《襄州試白雲歸帝鄉》，此題爲乾寧二年（八九五）之前所試，黃滔詩存，見
《四部叢刊》本《黃御史公集》卷四、《類箋》卷一。”（孟二冬：《孟二冬學術文集》第六
册《唐代進士試年表》，第四一一頁）

〔七〕　（唐）黃滔：《白雲歸帝鄉》，（清）惲鶴生、（清）錢人龍編：《全唐試律類箋》
卷一《天文》，清乾隆二十六年（一七六一）春橋書屋刻本（日本早稻田大學圖書館），第
三四筒頁。

〔八〕　（唐）公乘億：《秋菊有佳色》，（清）惲鶴生、（清）錢人龍編：《全唐試律類箋》
卷四《草木》，第二六筒頁。

應試詩情況來看，則《文場秀句》中事對在應試詩中使用的數量及頻率當不止《文苑英華》中所見之數。

綜合上述，無論由《文苑英華》中應試詩出現《文場秀句》事對的數量，抑或是《文場秀句》事對出現的頻率，均可見《文場秀句》輯録的事對在應試詩中得到了較爲廣泛的使用。從上述《文場秀句》事對在應試詩中使用的情況來看，《文場秀句》所輯事對乃着眼於唐代應試詩命題與創作。從《文場秀句》所輯録事對在唐代應試詩中出現的情況來看，部類“煙霧”“春”“風雲”“日月”中的事對，較之其他部類得到了更爲廣泛使用，對於在科場中創作寫景之詩具有重要的意義。而唐代應試詩題中多與詠物、寫景相關〔一〕，則《文場秀句》在編撰的過程中，較爲集中輯録了更多“日月”“春”“夏”“秋”“冬”部類之下的事對，以便於學習者掌握和熟練運用這些事對，并在科舉考試中進行使用和創作，亦反映出其與科舉試律命題相適應的情況。可見，讓兒童熟練掌握及運用《文場秀句》中的事對，對於應對應試詩具有一定幫助作用，有助於其在之後參加科舉考試時創作出出色的應試詩，從而獲得科舉考試的成功。

值得注意的是，《日月第二》《風雲第三》《煙霧第五》中的疊詞，如“皎皎”“杳杳”“鬱鬱”“紛紛”“霏霏”，在唐代應試詩中出現的頻率亦很高，較之《文場秀句》中的其他事對，這些疊詞事對更易於識記和使用，且易於在創作寫景、詠物之應試詩過程中使用，也可從側面反映其爲科舉考試奠定基礎之功用。

（二）《文場秀句》與唐代應試賦

根據清代徐松的《登科記考》，參考《登科記考補正》《登科記考再補正》，以及《唐代科舉與試賦》〔二〕，主要梳理了《文苑英華》所存唐代應試賦，

〔一〕　詳參孟二冬：《論唐代應試詩的命題傾向之二——以詠物、寫景、頌德爲重心》，孟二冬著：《孟二冬學術文集》第六册《唐代進士試年表》，第四一五～四四六頁。

〔二〕　（清）徐松撰：《登科記考》，中華書局，一九八四年；孟二冬補正：《登科記考補正》，北京燕山出版社，二〇〇三年；王洪軍：《登科記考再補正》，廣西師範大學出版社，二〇一〇年；詹杭倫：《唐代科舉與試賦》，武漢大學出版社，二〇一五年。

計有二〇二首〔一〕，其中涉及《文場秀句》事對的應試賦計有八十七首，約占總數的百分之四十三，相關文句計有一四〇條。

《文場秀句》所存十二部類均有所涉及：《天地第一》中事對相關文句六條；《日月第二》二十八條；《風雲第三》十六條；《雷電第四》兩條；《煙霧第五》十八條；《春第六》十四條；《夏第七》一條；《秋第八》四條；《冬第九》四條；《帝德第十》三十四條；《瑞應第十一》六條；《王第十二》七條。以《文場秀句》中事對在唐代應試賦出現的頻率而言，部類《帝德第十》中事對出現的頻率最高，其次爲《日月第二》。

就《文苑英華》所錄應試賦的情況而言，與省試詩相似的是，同一應試賦中多包含多個《文場秀句》事對。兹據數例，以實所言。如卷三大曆十四年（七七九）獨孤授《寅賓出日賦》：“萬物發春，仁氣良由兹始；四方仰照，陽德協於離明……木位值於扶桑，初杲杲以出；土膏潤於南畝，且澤澤其耕……是將邁景德於太皥，俟神功於女夷。玉燭開耀，金烏效遲。”此賦中包含“發春”“杲杲”“太皥”“玉燭”“金烏”五個事對。卷七貞元十八年（八〇二）宏詞試王涯所作《瑤臺月賦》：“九天共霽，臺照月而萬里俱明……皎皎寒光，悠悠清質……九成由其直上，八表可以旁睨……徘徊於臺榭之間，悵望與蟾蜍之際。”此賦中便有“九天”“皎皎”“八表”“徘徊”四個事對。卷一一貞元六年（七九〇）宏詞試崔立之作《南至郊壇有司書雲物賦》：“飄飄颭颭，鬱鬱紛紛……德稱虞德，詠南風之再薰。”亦涉及了“飄

〔一〕 按：本研究主要梳理了《文苑英華》中先天二年至光化四年間（七一三～九〇一）所存之應試賦（包括進士試、宏詞試、府試、解試等），計有二〇二首。二〇二首中不包括賦題存而賦不存的應試賦，如天寶十一年（七五二）《土德惟新賦》、元和五年（八一〇）孟管《洪鐘待撞賦》、元和十三年（八一八）《修禮耕情田賦》、長慶元年（八二一）《孤竹管賦》、長慶三年（八二三）《麗龜賦》、長慶四年（八二四）韓昶《金用礪賦》、寶曆二年（八二六）《齊魯會於夾谷賦》、大和元年（八二七）《觀民風賦》、大和六年（八三二）《君子之聽音賦》、開成二年（八三七）李肱《琴瑟合奏賦》、咸通四年（八六三）《謙光賦》、咸通七年（八六六）《被袞以象天賦》、咸通九年（八六八）《天下爲家賦》、咸通十二年（八七一）《明皇再見阿蠻舞賦》、乾符五年（八七八）《以至仁伐至不仁賦》等。相關考證詳參詹杭倫《唐代科舉與試賦》（第八八～二八三頁）。

飆""鬱鬱""紛紛""南風"四個事對。又如卷二五大曆十年（七七五）崔恒《五色土賦》："法有周維城之制，分土而王……高天雨霽，浮麗日之重光……有以崇國祚於我皇，有以同盤石於宗子。"此賦中便包含"維城""高天""盤石"三個事對。卷四六大和五年（八三一）李遠《題橋賦》："銅梁杳杳以橫翠，錦水翩翩而逆浪。徘徊浮柱之側，睥睨長虹之上……觀者紛紛，嗟其不群。"則包含了"杳杳""徘徊""紛紛"三事對。卷五貞元十二年（七九六）湛賁《日五色賦》："恒旰食以爲慮，豈浮雲之能蔽……杲杲而五色成文，鬱鬱而萬物咸睹。"其中亦有"浮雲""杲杲""鬱鬱"三事對。卷二寶應二年（七六三）鄭錫《日中有王字賦》："此乃聖人合契，至化元通。不然者，何得曜靈起瑞，明被於有截……臨紫宸兮千門洞照，出黃道兮八極增光。"亦包含"至化""有截""紫宸"三事對。

較之應試詩，唐代應試賦使用《文場秀句》中事對的情況，有其自身之特點，要之如下：

其一，應試賦中所用事對多爲《文場秀句》中相對應的一組事對。如卷一一貞元六年（七九〇）宏詞試崔立之作《南至郊壇有司書雲物賦》："飄飄飆飆，鬱鬱紛紛。"卷八六開元三年（七一五）史翽《丹甑賦》："超三皇而軼五帝，尚何足夫比肩？"卷四九開元十三年（七二五）張甫《花萼樓賦》："磐石利建，維城固作。"又卷二五大曆十年（七七五）崔恒《五色土賦》："法有周維城之制……有以同盤石於宗子。"上引應試賦中的"鬱鬱"與"紛紛"、"三皇"與"五帝"、"維城"與"盤石"（磐石），均是相對應的事對。而相對應的事對出現於同一文句或同一應試賦中，反映出《文場秀句》中所輯之事對對於創作對偶之句具有一定的價值，能夠爲進行詩賦創作提供有益幫助。應試詩中雖也出現《文場秀句》相對應一組事對的情況，但爲"鬱鬱"與"紛紛"一組事對，如卷一八二令狐楚《青雲干呂》："鬱鬱復紛紛，青霄干呂雲。"同卷彭伉《青雲干呂》："祥輝上干呂，鬱鬱又紛紛。"卷八二于尹躬《南至日太史登臺書雲物》："長當有嘉瑞，鬱鬱復紛紛。"未及應試賦中使用相對應之事對豐富。

其二，通過對比應試詩與應試賦出現《文場秀句》事對的情況，可知應試賦與應試詩對於事對的使用有其不同的側重點：應試詩以寫景狀物爲主，而應試賦則以歌功頌德爲主。雖然應試詩與應試賦中，均多出現了用於描寫景物的事對，但較之多使用的"煙霧""春"中事對的應試詩而言，應試賦更多使用的是部類"帝德""日月"之下事對。根據孟二冬先生《論唐代應試詩的命題傾向之二——以詠物、寫景、頌德爲重心》中對應試詩題的整理，頌德也是應試詩的命題傾向之一，命題中不少具有歌功頌德的性質[一]。但通過對比應試詩與應試賦中出現歌功頌德相關的"帝德""瑞應"事對，應試詩中計有十五條，而應試賦中則有四十條。可見，較之應試詩，應試賦中出現的"帝德""瑞應"事對之數量遠比應試詩多。以此言之，《文場秀句》在最初編撰之時，可能不僅僅考慮到了應試詩，也兼顧了應試賦，祇是在實際的使用過程中，是書對於創作詩作的功能得到了更爲廣泛的認可。

其三，應試賦中出現的《文場秀句》事對更爲豐富，且同一應試賦中出現事對的數量較多。應試詩中涉及了《文場秀句》中的事對四十八個，而應試賦中則爲五十五個。且較之應試詩，應試賦出現的《文場秀句》事對涉及了其所存的全部十二個部類。依前文所引，應試詩中出現的事對至多爲四個，多爲兩個事對。而應試賦中出現的事對數量至多爲五個，亦有出現三個、四個事對的情況。較之應試詩，同一應試賦中使用的《文場秀句》事對數量較多，蓋因應試賦的篇幅多於應試詩，在一定程度上增加了事對出現的情況。應試賦中多可見《文場秀句》中的事對，反映出《文場秀句》所輯錄的事對對創作應試賦具有一定的積極作用。而想要創作出出色之作，亦離不開對於這些事對的掌握、熟練運用以及長期的訓練。掌握并熟練運用《文場秀句》中的事對，有助於學習者在之後的科場中創作出"麗句與深采并流，偶意共逸韻俱發"之作[二]。

綜其本末，通過梳理《文苑英華》所存應試詩與應試賦，《文場秀句》中

〔一〕 詳參孟二冬:《論唐代應試詩的命題傾向之二——以詠物、寫景、頌德爲重心》，孟二冬:《孟二冬學術文集》第六冊《唐代進士試年表》，第四一六頁。

〔二〕 （南朝·梁）劉勰著，周振甫譯注:《文心雕龍今譯·麗辭第三十五》，第三一七頁。

所輯録的事對在唐代應試詩、應試賦中多次出現及使用之情況。而從《文場秀句》中事對在應試詩、應試賦中多次出現、得到較爲廣泛的使用的情況來看，其當對科舉考試臨場創作詩賦之作用亦可見矣。

第二節 《文場秀句》與對屬訓練

隨着唐代科舉制度的發展，科舉考試尤其是進士科考試對於詩賦的重視，促使童蒙教育内容以及蒙書編撰發生轉變，加强了童蒙教育對兒童詩賦啓蒙教育的重視程度，并將詩歌引入童蒙教育以及蒙書之中。唐代元稹《白氏長慶集序》中便指出："予於平水市中，見村校諸童競習詩。召而問之，皆對曰：'先生教我樂天、微之詩。'"[一]可見，教授兒童詩歌是唐代童蒙教育的主要内容之一。

在唐代童蒙教育中，詩賦文章占有重要的地位，如唐高宗第四子許王"年六歲，永徽二年（六五一），封雍王……能日誦古詩賦五百餘言"[二]。權德輿"生三歲，知變四聲，四歲能賦詩"[三]。柳宗元亦言其"始吾幼且少，爲文章，以辭爲工"[四]。白居易自云其"及五六歲，便學爲詩。九歲，諳識聲韻"[五]。元稹"九歲學賦詩，長者往往驚其可教"[六]。又蕭穎士"四歲屬文，十歲補太學生"[七]。王勃"六歲解屬文，構思無滯，詞情豪邁"[八]。凡此可見，唐

〔一〕（唐）元稹撰：《元稹集》卷五一《序記·白氏長慶集序》，中華書局，一九八二年，第五五五頁。

〔二〕《舊唐書》卷八六《高宗中宗諸子傳》，第二八二六頁。

〔三〕《新唐書》卷一六五《權德輿傳》，第五〇七九頁。

〔四〕（唐）柳宗元撰：《柳宗元集》卷三四《書·答章中立論師道書》，中華書局，一九七九年，第八七三頁。

〔五〕（唐）白居易撰：《白居易集》卷四五《書序·與元九書》，中華書局，一九七九年，第九六二頁。

〔六〕（唐）元稹撰：《元稹集》卷三〇《叙詩寄樂天書》，第三五一頁。

〔七〕《新唐書》卷二〇二《文藝傳中·蕭穎士傳》，第五七六七頁。

〔八〕《舊唐書》卷一九〇上《文苑傳上·王勃傳》，第五〇〇五頁。

代兒童多在童蒙教育階段便已接觸到或學習了詩賦文章的相關内容，能作詩屬文者更不在少數，而唐代對兒童進行作詩習文教育的時間是比較早的。

雖然詩賦在唐代童蒙教育中具有重要的地位，詩風亦盛極一時，但是後世對唐時兒童學詩的情况却不甚明了〔一〕，就唐代兒童的詩歌啓蒙教育而言，鄭阿財先生在《從敦煌本〈詩格〉殘卷論唐代詩學對偶理論的實踐》一文中，以敦煌本《詩格》爲中心，探討了唐五代學童詩歌的學習，以及這一時期詩學中對偶論的發展與實踐〔二〕。之後，其《敦煌吐魯番文獻呈現的唐代學童詩學教育》一文，又特從敦煌吐魯番文獻中學郎所抄詩作、詩格、誦習範本等材料，對唐代學童詩學教育實况進行了深入探討〔三〕，爲探討《文場秀句》在唐代兒童詩歌啓蒙教育中的重要價值和功用提供了有益啓示。

而輯録"篇章秀句，裁可百二"的《文場秀句》一書〔四〕，在了解唐代兒童詩歌啓蒙教育情况的價值與地位得到了凸顯，是書不僅有助於了解唐代兒童研習掌握格律的方式，也爲全面了解唐代兒童詩歌啓蒙教育的情况，尤其是對屬訓練與聲律啓蒙方面提供了新的材料。

對於初學詩者而言，若想創作出出色的詩作，勢必要關注到對偶與聲律。王力先生在《中國古典文論中談到的語言形式美》中便指出："中國古典文論中談到的語言形式美，主要是兩件事：第一是對偶，第二是聲律。"〔五〕可見對偶與聲律的重要價值。然對屬訓練是對偶的基礎，而學習對屬亦須以正音爲基礎。《文場秀句》已敏鋭地認識到對屬訓練與聲律啓蒙的重要性，故其編撰的目的便是主要針對對屬訓練對兒童進行詩歌啓蒙教育，以供兒童詩歌啓蒙

〔一〕　鄭阿財：《敦煌吐魯番文獻呈現的唐代學童詩學教育》，收入金瀅坤主編：《童蒙文化研究》第三卷，第三頁。

〔二〕　鄭阿財：《從敦煌本〈詩格〉殘卷論唐代詩學對偶理論的實踐》，《文學新鑰》二〇一三年第十七期，第五五～八四頁。

〔三〕　鄭阿財：《敦煌吐魯番文獻呈現的唐代學童詩學教育》，收入金瀅坤主編：《童蒙文化研究》第三卷，第三～二三頁。

〔四〕　（南朝·梁）劉勰著，周振甫譯注：《文心雕龍今譯·隱秀第四十》，第三六一頁。

〔五〕　王力：《中國古典文論中談到的語言形式美》，《文藝報》一九六二年第二期，第二五頁。

之用，爲其後應對科舉詩賦考試奠定基礎。故本節以對屬訓練方式與目標二端爲題，分別論述如下。

　　目前，已有學者關注到對屬訓練在唐代教育中的重要作用〔一〕。《文場秀句》作爲"對屬"類蒙書，具有訓練對屬、掌握典故的功用〔二〕，對兒童進行對屬訓練具有重要的價值，可作爲輔助兒童學習《詩格》之書，幫助兒童學習、理解詩歌創作的形式、規範等要素，從而爲之後的對屬、撰句奠定基礎。就對屬訓練而言，依據敦煌本《文場秀句》可以總結、歸納唐代對屬訓練的方式和功能，茲依此二題，對對屬訓練的方式與目標進行分析。

一　對屬訓練的方式

　　從《文場秀句》中輯録的事對情況來看，作爲對屬類蒙書，雖未明確講明對屬的具體方法、方式，而是采用按照部類集中羅列成對詞彙的方式，供初學者熟悉、背誦、積累詩文創作中常用到的詞彙，但仍體現了對屬的訓練方式。本研究主要依據《文鏡秘府論》隋至初唐關於對屬的認識以及敦煌本《詩格》殘卷〔三〕，對《文場秀句》中對屬訓練的方式進行探討。

（一）掌握對之以類的原則

　　就對屬而言，上下相對之字或句，字數相等，語法結構一致，自不必言。

　　〔一〕　按：如唐光榮《唐代類書與文學》一書中指出："在古代的語文教育中，學習作對偶是至關重要的一件事，所以小孩很早就開始被訓練對對子。"（巴蜀書社，二〇〇八年，第一二頁）而類書中便有專門教小孩作對子的。認爲"由於啓蒙教育是與科舉教育緊密結合在一起的，小孩學習就是爲了成年後參見科舉考試……所以很多啓蒙類書與科舉類書，在風貌上很相似，祇是内容深淺不同"。（第一三頁）林華秋《唐代蒙書〈文場秀句〉研究》指出唐代蒙書《文場秀句》中雖各條對語小目字數不統一，但多爲成對的對語小目，對屬對學習具有巨大幫助。（首都師範大學碩士學位論文，二〇一八年，第一六頁）并根據《文鏡秘府論》中的詩法創作步驟，探討了敦煌本《文場秀句》與唐詩創作的關係。（第四一～五四頁）
　　〔二〕　詳參金瀅坤：《論蒙書的起源及其與家訓、類書的關係——以敦煌蒙書爲中心》，《人文雜誌》二〇二〇年第十二期，第九八頁。
　　〔三〕　盧盛江：《文鏡秘府論研究》，人民文學出版社，二〇一三年，第七六五頁。

《文場秀句》中互成對的事對均符合這一原則，二字對二字，三字對三字，四字對四字，多字對亦是如此。但對於對屬訓練而言，僅保證對屬的字數一致是遠遠不夠的，尚需要掌握更加細緻的對屬方式與原則。《文鏡秘府論》北卷《論對屬》中便對對屬的情況進行了較爲細緻的説明，指出：“凡爲文章，皆須對屬，誠以事不孤立，必有配匹而成。至若上與下，尊與卑，有與無，去與來，虚與實，出與入，是與非，賢與愚，悲與樂，明與暗，濁與清，存與亡，進與退，如此等狀，名爲反對者也。除此以外，并須以類對之：一二三四，數之類也；東西南北，方之類也；青赤玄黄，色之類也；風雲霜露，氣之類也；鳥獸草木，物之類也；耳目手足，形之類也；道德仁義，行之類也；唐虞夏商，世之類也；王侯公卿，位之類也。”[一] 在肯定了對屬在“爲文章”重要性的基礎上，強調對屬需要“以類對之”。雖“事類甚衆，不可備述”[二]，但其所列舉的數字、方位、顏色、事物等不同類的内容，亦對認識、了解對屬的“以類對之”原則具有重要的意義。從《文場秀句》的編撰情況來看，有助於初學者學習、掌握對屬“以類對之”的基本原則，主要表現在兩個方面：

其一，按照部類羅列事對。《文場秀句》采用類書的形式進行編撰，同一部類之下的事對均爲同類之事物，便於初學者認識以類對之的對屬原則。《文場秀句》所存十二個部類中的事對，均是以各個部類名稱爲中心，羅列了與之相關的事對。如部類“天地”之下爲“高天”與“厚地”、“九天”與“十地”等與天地相關的事對；部類“日月”之下羅列的則是“金烏”與“玉兔”、“烏影”與“蟾暉”等描述日月的事對，其他部類亦是如此。由於《文場秀句》采用類書“以類相從”的方式編撰，便於初學者在對屬訓練中根據不同的部類一類一類的進行訓練，從而在不斷地識記與練習中，掌握以類對之的基本對屬原則。

其二，例舉以類對之事對。《文場秀句》在編撰的過程中，亦將對屬對之以類的原則融入到其所輯録的事對之中。以類對之的事對尚多，如“高天”

〔一〕〔日〕遍照金剛著，周維德校點：《文鏡秘府論》北卷《論對屬》，第二二五頁。
〔二〕〔日〕遍照金剛著，周維德校點：《文鏡秘府論》北卷《論對屬》，第二二五頁。

與“厚地”、“圓清”與“方濁”、“日烏”與“月兔”、“大王風”與“小山桂”等，均是對屬整齊、語詞相對的。需要説明的是，就對屬訓練而言，廣泛地輯録以事物爲主的事對，雖然便於初學者認識和理解，但對於數字、方位、顏色等較爲特殊的情況時，亦需要在初學階段與兒童講明。《文場秀句》中輯録的事對以事物爲主，滿足了初學階段掌握、了解對屬基本原則的基礎，亦提供了數字、方位、顏色之對的例子，如：

數字之對：“九天”與“十地”、“五帝”與“三皇”（“三王”）、“八眉”與“雙瞳”、“一人”與“萬乘”、“八表”與“九垓”、“十枝”與“五潢”。

方位之對：“景臨東井”與“蝶舞南園”、“律惟南吕”與“氣爽西郊”、“南風”與“東户”。

顏色之對：“玄蓋”與“黃輿”、“青煙”與“碧霧”、“青陽戒序”與“緹幕飛灰”、“碧卉抽萌，花發宜男之草”與“青蘋開葉，香流少女之風”、“黑帝司辰”與“玄冥紀侯”、“紫宸”與“丹禁”、“騰黃”與“兹白”、“朱英”與“紫脱”。

從《文場秀句》中數字、方位、顏色之對的情況來看，對屬過程中遇到數字、方位、顏色之時，亦需要選擇與之相對應的數字、方位、顏色，以成工整的對仗，即“工對”。如數字之對中，“九”與“十”對、“五”與“三”對、“八”與“九”對等；方位之對中，“東”與“南”對、“南”與“西”對、“南”與“東”對；顏色之對中，“玄”與“黃”對、“青”與“碧”對、“黑”與“玄”對、“紫”與“丹”對等。依上所引，《文場秀句》通過例舉的方式，可以幫助初學者在掌握以類對之原則，以及認識到對屬雙方要相稱的基礎上，明了到對屬中數字、方位、顏色需要如何處理。且在實際詩歌創作過程中，若數字、方位、顏色之對運用得當，則有助使詩歌情趣橫溢、詩意盎然，增加詩歌的美感及藝術效果，不易使詩歌流於典故、辭藻的堆砌。

（二）認識對屬的虛實情況

對於對屬中虛實的問題，在初唐的時候便已提出，自覺考慮對屬虛實問題的也是初唐人們〔一〕，不僅反映出了唐人對於對屬的重視，也反映出了虛實對於對屬的重要性。《文鏡秘府論》東卷《二十九種對》中的"疊韻側對"便引崔融之說："夫爲文章詩賦，皆須對屬，不得令有跛眇者。跛者，謂前句雙聲，後句直語，或復空談：如此之例，名爲跛。眇者，謂前句物色，後句人名，或前句語風空，後句山水：如此之例，名爲眇。何者？風與空則無形而不見，山水則有蹤而可尋，以有形對無色：如此之例，名爲眇。"〔二〕認爲"風空"無形不見，"山水"有迹可尋，言以有形對無色則爲眇，探討了對屬中的虛實問題。後來王昌齡亦有所論述，如《文鏡秘府論》南卷《論文意》中則引王昌齡之說："夫語對者，不可以虛無而對實象。若用草與色爲對，即虛無之類是也。"〔三〕依上所引，初唐崔融提出"以有形對無色"則爲眇，至盛唐，王昌齡則進一步提出"不可以虛無而對實象"。而從唐代詩歌創作的實踐情況來看，亦十分注重以虛對虛。盧盛江便在《皎然雙虛實對研究》一文的附錄中，羅列了李嶠、王昌齡、皎然之詩中對屬虛實的情況，絕大多數的對屬均是以虛對虛〔四〕。初唐詩人，如虞世南、許敬宗、上官儀、宋之問等，對偶上亦多以虛對虛，說明初唐人們乃至盛唐之王昌齡，多自覺關注對屬中的以虛對虛〔五〕。作爲對屬的一般原則，強調不可以虛對實，而要以虛對虛、以實對實，是十分重要的，尤其對於初學者而言，有助於幫助其認識對屬中的虛實以及對屬的一般規律，從而對其進行嚴格的對屬訓練。因此，作爲訓練對屬的教材，《文場秀句》所輯錄的互成對之事對，主要是以虛對虛、以實對實的。

　　《文場秀句》中的事對以二字對爲主，通過梳理其中互成對的五十四組二

　　〔一〕 詳參盧盛江：《文鏡秘府論研究》，第七七九、七八三頁。

　　〔二〕 ［日］遍照金剛著，周維德校點：《文鏡秘府論》東卷《二十九種對》，第一二一頁；盧盛江：《文鏡秘府論研究》，第七七九頁。

　　〔三〕 ［日］遍照金剛著，周維德校點：《文鏡秘府論》南卷《論文意》，第一三六頁；盧盛江著：《文鏡秘府論研究》，第七八〇頁。

　　〔四〕 詳參盧盛江：《皎然雙虛實對研究》，《台灣師大學報》二〇一二年第一期，第一三~三一頁。

　　〔五〕 詳參盧盛江：《文鏡秘府論研究》，第七八四頁。

字對[一]，以實對實的二字對有三十二組，如"圓蓋"與"方輿"、"玄蓋"與"黃輿"、"高天"與"厚地"、"陽烏"與"陰兔"、"日烏"對"月兔"、"金鏡"與"玉燭"、"紫宸"與"丹禁"、"騰黃"與"玆白"、"紈牛"與"露犬"、"蓂莢"與"蕉華"、"天驥"與"澤馬"、"維城"與"盤石"、"宗盟"與"戚里"、"兔苑"與"猨巖"等。以虛對虛的事對則有二十組，如"朝曦"與"夜魄"、"曦光"與"娥影"、"扶光"與"桂影"、"烏影"與"蟾暉"、"夜景"與"淑氣"、"青煙"與"碧霧"、"朝煙"與"夕霧"、"和風"與"淑景"等。此外，"南風"與"東戶"一組事對，若依其"風"對"戶"言之，爲以虛對實的情況，但就"南風"所指爲相傳虞舜所作的《南風》歌[二]，則其與"東戶"爲對，亦爲以實對實的情況。可見，就《文場秀句》中二字對的情況而言，十分注重讓初學者識記、學習這些以實對實、以虛對虛的互成對之事對。通過較爲集中、大量地識記，初學者可以在反復識記的過程中，認識到對屬的一般原則，即避免虛實相對，以無形的虛象對有形的實象。而就其輯錄的二字對多爲以實對實的情況而言，《文場秀句》在編撰的過程中亦考慮到了兒童的理解能力。較之無形不見、不見蹤迹的虛象而言，實象更可見可感，更易於理解，便於其在理解的基礎上識記、掌握事對，以便其在之後的實踐過程中靈活運用。

《文場秀句》中四字、多字對亦多是以虛對虛、以實對實的[三]。四字對共存二十六組，主要爲以實對實的情況，共存十七組，如"青陽戒序"與"緹幕飛灰"、"金塘散碧"與"玉律飛緹"、"寒蟬輟響"與"侯鴈來賓"、"瑶宿迴天"與"璧月窮紀"等。以虛對虛的事對則有五組，如"年[華]照灼"與"淑氣芳菲"、"霜氣晨嚴"與"風威曉勁"、"炎風扇▓▓"與"熾景流空"等。

〔一〕 按：《文場秀句》中的二字對，共存一二〇條（不包括重複的"蘋吹"和"▢▢風▢▢"兩條），其中可以互成對的二字對有五十四對，尚有未能成對的事對，如風松、重疊、硏訇、飄颻、駕嶺、梯山、赤汗、八公等。

〔二〕 詳參校釋篇《帝德第十》"南風"條。

〔三〕 按：《文場秀句》中的三字對包括"倚柱雷""投壺電""大王風""小山桂"。"倚柱雷"與"投壺電"，爲以實對實。而"風"爲虛，"桂"爲實，則爲以實對虛，此容下文詳述。

而多字對共存五組，以實對實的事對爲四組，如"春鳥初吟，嘯（簫）管而齊發"與"新紅散彩，共錦績以争輝"；"柳葉如眉，暎夕流而逸賞"與"桃花似臉，向朝日以開紅"等。

值得注意的是，《文場秀句》中的三字對、四字對、多字對中，亦存在不以虚對虚、以實對實，而以虚對實、以實對虚的情況。如三字對中"大王風"與"小山桂"，"風"爲虚，"桂"則爲實，則爲以實對虚。四字對中則有"麥壟驚秋"與"峰雲麥夏"，"麥壟"爲實，"峰雲"爲虚；"玉露垂條"與"金風動律"，"玉露"爲實，"金風"爲虚；凡此爲以虚對實之情況。"景臨東井"與"蝶舞南園"，"景臨"爲虚，"蝶舞"爲實；"愁雲暮結"與"苦露朝凝"，"愁雲"爲虚，"苦露"爲實，此則爲以實對虚之情況。而多字對中亦有"碧卉抽萌，花發宜男之草"與"青蘋開葉，香流少女之風"，以"風"之虚對"草"之實，亦爲以虚對實。可見，《文場秀句》中互成對的事對并非僅僅是以實對實、以虚對虚的情況，亦包含以虚對實、以實對虚的情況。就《文場秀句》中的儷語而言，《瑞應第十》中"慶雲朝泛，甘露霄懸"中的"慶雲"與"甘露"，"慶雲"爲虚，"甘露"爲實，亦存在以實對虚的情況。可知，《文場秀句》中尚存不少以虚對實，或以實對虚的情況。

需要說明的是，有些虚實相對的詞本屬同一類，如"風""雨""雲""露"等，本同屬天文之部，本可相對，然"風"是無形之物爲虚，"露""雨"爲有形之物爲實[一]。這便在一定程度上影響了以虚對實，或以實對虚情況的産生。若將同屬一類的"風""雲""露"均看作"虚"的話，則上述所引之"玉露"與"金風"、"愁雲"與"苦露"、"慶雲"與"甘露"，亦是以虚對虚的。

總體而言，《文場秀句》中事對主要是以虚對虚、以實對實的，符合對屬的基本要求。從對屬的一般規律以及工巧均衡的要求來看，以虚對虚、以實對實是對屬訓練中需要十分注意的，尤其對於初學者而言。因此，《文場秀句》中所輯録的事對，無論是二字對、四字對、多字對，還是所撰儷語，以虚對虚、以實對實的情況均占有很大的比重，以便初學者在初學階段認識對屬中

〔一〕 詳參盧盛江：《文鏡秘府論研究》，第七八四頁。

的虛實，以及基本的以實對實、以虛對虛的對屬要求。

雖然以虛對實、以實對虛的情況在《文場秀句》中所占比例并不高，但却從側面反映出了唐人對於對屬訓練以及詩歌創作的理念與思考。就《文場秀句》中以虛對實、以實對虛的情況來看，《文場秀句》在編撰過程中，不僅考慮到對屬均衡、工巧的原則與要求，也考慮到了實際詩歌創作以及抒情的需要，因而亦存在以虛對實，或以實對虛的情況。如“景臨東井”與“蝶舞南園”，雖然“景臨”與“蝶舞”爲虛實相對；又“碧卉抽萌，花發宜男之草”與“青蘋開葉，香流少女之風”，“風”與“草”亦是虛實相對，雖是將無形的虛象與實象相對，即使虛與實相對，但從整體的抒情表意的情況來看，均描寫了夏季的景色，亦屬工整，并無不妥。

值得注意的是，對於初學階段的兒童而言，需要遵循較爲基礎的以實對實、以虛對虛要求，若於此有失，則易出“跛眇”之病[一]，不利於之後的詩文創作。但并非完全要求一一至切，如皎然便指出：“全其文采，不求至切，得非作者變通之意乎？”[二]在對屬訓練的過程中，雖然應避免以虛象對實象的情況，但詩歌創作實踐與對屬訓練的功能存在着一定的差异，較之對屬訓練，詩歌創作實踐更需關注其抒情表意的功用，更需要考慮到詩歌創作的實際情況以及抒情表意的需要，根據創作的實際情況進行一定的變通，不可固守以虛對虛、以實對實的一般對屬規律，片面地追求對屬的工巧與均衡，而忽略詩歌抒情表意的作用。皎然《詩議》中也指出：“古人後於語，先於意。因意成語，語不使意……若力爲之，則見斤斧之迹。故有對不失渾成，縱散不關造作，此古手也。”[三]認爲“律家之流，拘而多忌，失於自然”[四]，若詩歌創作

〔一〕［日］遍照金剛著，周維德校點：《文鏡秘府論》東卷《二十九種對》，第一二一頁；盧盛江：《文鏡秘府論研究》，第七七九頁。

〔二〕［日］遍照金剛撰，盧盛江校考：《文鏡秘府論彙校彙考》，中華書局，二〇〇六年，第七八六頁。

〔三〕（唐）釋皎然撰：《詩議》，收入張伯偉編撰：《全唐五代詩格校考》，第一八四頁；［日］遍照金剛著，周維德校點：《文鏡秘府論》南卷《論文意》，第一四七頁。

〔四〕（唐）釋皎然撰：《詩議》，收入張伯偉編撰：《全唐五代詩格校考》，第一八一頁；［日］遍照金剛著，周維德校點：《文鏡秘府論》南卷《論文意》，第一四三頁。

過程中，過於受到對屬原則和方法的拘束，很容易"失於自然"，難以做到渾成而顯造作。雖然對屬有其基本的方法與原則，但是在應用的過程中，尚需要根據實際情況靈活地處理對屬中的具體情況。因此，《文場秀句》在大量輯錄以實對實、以虛對虛事對的基礎上，亦輯錄了虛實相對事對，便於讓初學者在初學階段認識以虛對虛、以實對實的對屬基本原則同時，也能夠認識到詩歌創作雖要注重工整，不應被對屬虛實所束縛，而失了詩歌抒情表意之自然〔一〕。

（三）了解對屬的不同名目

《文場秀句》所輯錄的事對以二字對爲主，三字對僅存兩組，四字對多可解爲二字對，儷語部分亦多采用其所輯錄的二字對，故本研究主要依《詩格》殘卷及《文鏡秘府論》中的對屬名目，對《文場秀句》中的二字對進行探討。通過梳理，《文場秀句》中的二字對涉及了的名對、同對、聯綿對、异類對、疊韻對，茲分別略述於下：

1.的名對

《詩格》殘卷中僅存"的名對"的名目，《文鏡秘府論》提供了可供參考的資料，言"的名對者，正也。凡作文章，正正相對"，亦名正名對、正對、切對〔二〕。《文筆式》與皎然《詩議》亦稱"的名對"〔三〕。從《文鏡秘府論》的名對下所舉例子來看，主要包括四個方面的內容：一是名詞，如天、地、日、

〔一〕　按：《紅樓夢》中香菱學詩的相關描述，雖與兒童學詩的情況存在差异，但與兒童初學詩之情況存在一定的相似之處，對認識初學者認識虛實的情況，具有一定的參考和啓示，相關詩論研究詳參萬平：《關於香菱學詩》，《紅樓夢學刊》一九八四年第二輯，第二六一～二七二頁；李蘭、杜敏：《曹雪芹詩歌的美學思想——"紅樓詩論"析論》，《紅樓夢學刊》一九八五年第四輯，第二一七～二五二頁；張平仁：《香菱學詩再論》，《紅樓夢學刊》二〇〇九年第六輯，第二一四～二二四頁，後收入張平仁：《紅樓夢詩性叙事研究》，首都師範大學出版社，二〇一七年，第三六五～三七七頁；楊星麗：《從"香菱學詩"看曹雪芹的"詩格"觀》，《紅樓夢學刊》二〇一八年第二輯，第一六七～一八三頁。

〔二〕　〔日〕遍照金剛著，周維德校點：《文鏡秘府論》東卷《二十九種對》，第九八頁。

〔三〕　佚名撰：《文筆式·對屬》，收入張伯偉編撰：《全唐五代詩格校考》，第五〇頁；（唐）釋皎然撰：《詩議·詩對有六格》，收入張伯偉編撰：《全唐五代詩格校考》，第一七八頁。

月；二是動詞，如好、惡、去、來、浮、沉、進、退、俯、仰、往、還；三是形容詞，如輕、重、長、短、方、圓、大、小、明、暗、老、少、輕、濁；四是方位詞，如南、北、東、西。前述以類對之原則的情況，分爲了數、方、色、氣、物、形、行、世、位之類，當是的名對更爲細緻的分類〔一〕。《文鏡秘府論》中言"初學做文章，須作此對，然後學餘對也"〔二〕，可見的名對的基礎性作用。由於的名對是對屬中最基本的一種〔三〕，因此，《文場秀句》中也廣泛地輯録了的名對，以便對兒童進行對屬訓練。

就《文場秀句》的名對的數量而言，五十四組二字對中，的名對有十八組。如"圓清"與"方濁"、"圓蓋"與"方輿"、"高天"與"厚地"、"九天"與"十地"、"日烏"與"月兔"、"陽烏"與"陰兔"、"五帝"與"三皇"（"三王"）等。由於其具有的名對句式整齊、語詞相對、分量相稱的特點〔四〕，屬於嚴格的對屬，也是最爲基本的對屬。通過識記、背誦《文場秀句》中的事對，不僅可以幫助兒童在初學階段認識《詩格》中的對屬名目，也可以通過的名對的基本、嚴格的訓練，逐漸掌握對屬的原則與方式，爲之後的作詩爲文打下良好的基礎，故而有"須作此對，然後學餘對"之論。且從其所輯録的的名對內容來看，無偏僻難字，爲兒童所熟悉的事物，便於初學對屬的兒童理解，符合兒童的理解能力，有助於兒童在理解的基礎上進行識記，以期幫助兒童在熟練掌握的名對的基礎上，靈活應用到作詩爲文過程之中。

2.同對

《文鏡秘府論》中指出："若大谷、廣陵、薄雲、輕霧；此'大'與'廣'、'薄'與'輕'，其類是同，故謂之同對。"〔五〕認爲同類又同義，或義相近者爲同對〔六〕。就《文場秀句》同對的數量而言，五十四組二字對中，同對便有

〔一〕 詳參盧盛江：《文鏡秘府論研究》，第七三一頁。

〔二〕 ［日］遍照金剛著，周維德校點：《文鏡秘府論》東卷《二十九種對》，第九八頁。

〔三〕 詳參盧盛江：《文鏡秘府論研究》，第七三二頁。

〔四〕 詳參盧盛江：《文鏡秘府論研究》，第七三二頁。

〔五〕 ［日］遍照金剛著，周維德校點：《文鏡秘府論》東卷《二十九種對》，第一一四頁。

〔六〕 詳參盧盛江：《文鏡秘府論研究》，第七三五頁。

三十一組，如"朝曦"與"夜魄"、"曦光"與"娥影"、"扶光"與"桂影"、"烏影"與"蟾暉"、"迅雷"與"起電"、"青煙"與"碧霧"、"濃煙"與"苦霧"、"朱英"與"紫脱"、"兔苑"與"猨巖"等。同對約占《文場秀句》二字對總數的三分之二，可見《文場秀句》對其的重視程度。而其輯録較爲豐富的同對，概因其考慮到了兒童理解能力水平與生活學習經驗有限的情況，而同對的含義淺顯，便於兒童在初學階段掌握和理解，且同對多爲同類的名物，兒童可在其所知的同類事物中找到與之相對應的語詞，使其形成較爲平衡、勻稱的對屬，有助於幫助兒童更好地進行對屬訓練。

就《文場秀句》中所輯録的同對而言，尚有兩點需要説明：

其一，從《文鏡秘府論》中所舉之例來看，是同對的同時，也可以是的名對，如雲、霧、星、月、花、葉、風、煙、霜、雪、酒、觴、東、西、南、北、青、黄、赤、白，丹、素、朱、紫等之類[一]。就《文場秀句》中的同對而言，既可爲同對也可爲的名對者，有"騰黄"與"兹白"、"朱英"與"紫脱"、"天驥"與"澤馬"。雖然同對同時也可以是的名對，但是二者的着眼點是不同的[二]。盧盛江指出，從初唐幾家來看，的名對爲實體性名物詞語之對，强調相對的詞語之間關係要明確，且分量相稱；而同對則着眼於名物是否具有相同的性質，這也從側面反映出唐人對於對屬的認識與總結，是從不同角度進行的[三]。就對屬訓練而言，《文場秀句》中雖輯録了既爲同對亦爲的名對的事對，但此類同對并未占很大比重，其更多輯録的是同對，可知既爲同對亦爲的名對的事對，并非爲對屬訓練的主要內容。

其二，從《文場秀句》中所輯録的數量來看，較之的名對，同對的數量更多。雖然的名對在對屬訓練中具有十分重要的地位，但是的名對的約束性較强，可形成的名對的語詞範圍有限，且在實際的詩歌創作中，易於受到較强的約束。對於初學對屬的兒童而言，不易找到可相對相稱的語詞使其形成

〔一〕［日］遍照金剛著，周維德校點：《文鏡秘府論》東卷《二十九種對》，第一一四頁；盧盛江：《文鏡秘府論研究》，第七三五頁。

〔二〕 詳參盧盛江：《文鏡秘府論研究》，第七三五頁。

〔三〕 詳參盧盛江：《文鏡秘府論研究》，第七三一頁。

平衡、工巧的的名對，因而具有一定的局限性。較之的名對，同對可選擇的範圍更爲寬泛，約束較弱，兒童可以在較爲寬泛的範圍中去尋找可相對的語詞，這也是《文場秀句》輯録的同對數量多於的名對的原因。

3.异類對

异類對是《文鏡秘府論》中"古人同出斯對"之一[一]，謂"上句安天，下句安山；上句安雲，下句安微；上句安鳥，下句安花；上句安風，下句安樹"之類[二]，爲异類對，"非是的名對，异同比類"[三]。認爲使用不同類別、範疇的詞彙相對者，則爲异類對。從其"异類"之名，亦可知其爲异類相對。《文場秀句》二字對中的异類對僅有"和風"與"淑景"一組，"風"與"景"分屬於不同的類別，使"風"與"景"相對，所成之對則爲异類對，與前述"上句安風，下句安樹"的情況相似。雖然异類對在對屬中具有重要的地位，《文筆式》言："但解如此對（异類對），并是大才。籠羅天地，文章卓秀，才無擁至，不問多少，所作成篇。但如此對，益詩有功。"[四]認爲掌握、使用异類對者爲"大才"，肯定了异類對在詩歌創作中的重要價值。但是對於初學者而言，在詞彙積累與習作經驗有限的情況下，較之的名對、同對等，异類對的難度較大，不便於兒童理解、掌握和運用。且由於异類對以不同範疇、類別的詞彙爲對，若所對不當，不能成對，便不能達到對屬工整的基本原則與要求。就《文場秀句》的二字對中僅提供了一組异類對的情況而言，异類對很可能并非是在兒童初學階段便需要掌握的内容。其收録异類對的目的，并非是要求兒童掌握异類對，而是幫助兒童在初學階段了解對屬的名目。至於之後理解與實際應用异類對，則是需要在不斷誦讀、識記的過程中，讓兒童逐漸理解、體悟的。

〔一〕〔日〕遍照金剛著，周維德校點：《文鏡秘府論》東卷《二十九種對》，第九七頁。

〔二〕〔日〕遍照金剛著，周維德校點：《文鏡秘府論》東卷《二十九種對》，第一〇六～一〇七頁。

〔三〕〔日〕遍照金剛著，周維德校點：《文鏡秘府論》東卷《二十九種對》，第一〇七頁。

〔四〕佚名撰：《文筆式・對屬》，收入張伯偉編撰：《全唐五代詩格校考》，第五二頁。

4.聯綿對

從《文鏡秘府論》中對於聯綿對的叙述來看，聯綿對包括兩種：一是
"一句之中，第二字、第三字是重字"，一句之中，相同的兩字處於不同的意
義節奏單位上，如"看山山已峻，望水水仍清"；二是"二字雙來，義涉連
言"，爲一般的重字相對〔一〕。較之第一種聯綿對，第二種聯綿對更易於初學者
理解，以及在詩歌創作中使用，從《文場秀句》所存四組聯綿對均爲第二種
情况來看，亦反映出了其供童蒙教育之用的功用，故而選擇輯録了更易於理
解的第二種聯綿對。就《文場秀句》所存的二字對而言，聯綿對有"杲杲"
與"皎皎"、"杳杳"與"暉暉"、"靄靄"與"霏霏"、"鬱鬱"與"紛紛"等
四組。

依上所引，《文場秀句》中的聯綿對具有兩個特點：一是易於兒童識記。
聯綿對具有重字相對的特點，在對屬訓練過程中，較之二字不同的事對，聯
綿對更易於兒童識記和理解，聯綿對雖爲二字對，但在對屬的過程中，兒童
事實上僅需對出一字即可，如"杲杲"與"皎皎"，兒童識記上僅需要識記、
掌握"杲"與"皎"二字可相對即可。二是具有特殊的表達特點。由於聯綿
對爲二字連綿相對，可形成語氣"不相絶也"的特點〔二〕，易於在誦讀過程中産
生連綿詠歎的韻味，使詩歌具有一種回環婉轉的節奏之美，便於表達出豐富
的情感，且連綿詠歎之感亦便於兒童識記和掌握。

5.疊韻對

《文鏡秘府論》中對於疊韻對特點的描述："雙道二文，其音自疊，文生
再字，韻必重來。"〔三〕對屬中相對應的兩個字爲同韻。《文場秀句》所存的二
字對中，僅見"清泠"與"徘徊"、"依霏"與"泛艷"兩組疊韻對。

就《文場秀句》中疊韻對的韻部情况來看，第一組中，"徘徊"均爲灰

〔一〕［日］遍照金剛著，周維德校點：《文鏡秘府論》東卷《二十九種對》，第一〇四
頁；盧盛江：《文鏡秘府論研究》，第七四四頁。

〔二〕［日］遍照金剛著，周維德校點：《文鏡秘府論》東卷《二十九種對》，第一〇四頁。

〔三〕［日］遍照金剛著，周維德校點：《文鏡秘府論》東卷《二十九種對》，第
一一一～一一二頁。

韻〔一〕，"清泠"中，"清"爲清韻（開三）〔二〕，"泠"爲青韻（開四）〔三〕，由於
"清""泠"二字均爲開口韻，且陽聲韻梗攝各韻中，三等清與四等青可相
代〔四〕，則"清""泠"二字亦爲同韻。第二組中，"依霏"均爲微韻〔五〕，"泛艷"
二字中，"泛"爲凡韻（合三），"艷"爲盐韻（開三）〔六〕，"凡""盐"均爲咸攝
中的韻字，若其區別，則"泛"爲開口韻，"艷"爲合口韻〔七〕。就數量言之，
較之前述對屬名目，《文場秀句》中的疊韻對很少，蓋因其對於童蒙教育的考
慮。對於初學的兒童而言，由於其在初學階段掌握的漢字、詞彙數量有限，
理解能力受到年齡與學習經驗的影響，再加上受到閱讀積累與寫作經驗的限
制，較難在初學階段便掌握并運用疊韻對，但疊韻對又是重要的對屬類型之
一，對於詩歌創作均有重要的意義，疊韻對兩相音疊，音節整齊，構造奇巧，
聲韻琅然，易於鋪陳辭采，其重要性不容忽視。因此，《文場秀句》雖并未較
爲集中地收録疊韻對，但是仍提供了疊韻對之例，以便兒童學習和識記。

　　要而言之，《文場秀句》中涉及了不同的對屬名目，如的名對、同對、异
類對、聯綿對、疊韻對。學習《文場秀句》中的事對，有助於輔助兒童學習、
理解、掌握《詩格》中不同的對屬名目，對於幫助兒童較爲全面地掌握對屬
的類型具有重要的意義，也有助於對兒童循序漸進地進行對屬訓練。就《文
場秀句》中對屬名目的難易程度而言，的名對、同對相對容易，較爲基礎，
且便於初學對屬的兒童理解。而异類對相對較難，需要兒童在掌握基本的的

〔一〕　羅常培：《唐五代西北方音》，商務印書館，二〇一二年，第七〇頁。

〔二〕　羅常培：《唐五代西北方音》，第八〇頁。

〔三〕　羅常培：《唐五代西北方音》，第八〇頁。

〔四〕　按：廖名春《從吐魯番出土文書的別字异文看五至八世紀初西北方音的韻母》
中指出："梗攝韻用例衹有開口韻，而無合口韻。開口之中，二等庚、耕不分，二等庚和
三等清無別。三等清四等青相代，但有省書的可能。不過，王梵志詩'冥'寫作'名'，
屬清、青相混。《開蒙要訓》'榠''名'互注，也是如此。"（《古漢語研究》一九九二年
第一期，第一四頁）又見廖名春：《中國學術史新證》，四川大學出版社，二〇〇五年，第
三九〇頁。

〔五〕　羅常培：《唐五代西北方音》，第六七頁。

〔六〕　羅常培：《唐五代西北方音》，第七四頁。

〔七〕　李維琦：《中國音韻學研究述評》，岳麓書社，一九九五年，第七九、八一頁。

名對、同對的基礎上，再進行進一步的學習。在學習的名對、同對的基礎上，亦需要掌握不同的對屬形式。就《文場秀句》中輯錄的二字對情況而言，聯綿對與疊韻對便是形式較爲特殊的對屬形式，因此，《文場秀句》主要采用提供一定例子的方式，幫助兒童學習和理解這兩種對屬的形式。較之疊韻對，聯綿對更易識記，以及在實際作詩習文過程中使用。

而先學習相對容易的的名對、同對，再學習較難的异類對，以及較爲特殊的聯綿對、疊韻對，如此循序漸進，有助於幫助兒童逐漸掌握對屬的基本方法。《文場秀句》所收錄的二字對中，同對的數量最多，其次爲的名對，之後依次爲聯綿對、疊韻對、异類對。其所輯錄對屬名目以及不同名目對屬的數量，也在一定程度上反映了尊重兒童成長客觀規律、循序漸進的教育理念。如柳宗元便提出“順天至性”的學習理念，認爲萬物生長皆有其自然的發展規律，不可違背。認爲教育兒童的根本方法亦是如此，要尊重兒童成長的客觀規律，“不害其長”，亦“不抑耗其實”，順從兒童天性[一]。而對屬訓練多爲童蒙教育的重要内容之一，亦須要循序漸進、尊重兒童的成長規律，由易到難，有助於更好地幫助兒童學習、認識對屬的基本原則、方式、形式等，從而達到對屬訓練的目標與要求。

二 對屬訓練的目標

分析《文場秀句》中所輯錄的事對情況，不僅可以從中歸納、總結對屬訓練的方式以及對屬的基本原則，也有助於認識對屬訓練的目標與作用，主要表現在以下四個方面：

其一，幫助兒童潛移默化地掌握語法，以及撰句的基本格式。從《文場秀句》中事對和儷語的情況來看，對屬訓練對於兒童掌握語法具有重要的作用。《文場秀句》中不僅涉及了具有實體形式的名詞，亦收錄了形容詞、動詞、助詞。如形容詞便有“圓清”與“方濁”、“圓蓋”與“方輿”、“玄蓋”

〔一〕（唐）柳宗元：《柳河東集》卷一七《種樹郭橐駝傳》，上海古籍出版社，二〇〇八年，第三〇六頁；喬炳臣、潘莉娟編著：《中國古代學習思想史》，人民教育出版社，一九九六年，第三七六頁。

與"黃輿"、"高天"與"厚地"、"青煙"與"碧霧"、"薄霧"與"濃煙"、
"紫宸"與"丹禁"、"朱英"與"紫脱"、"大王風"與"小山桂"、"碧卉抽
萌，花發宜男之草"與"青蘋開葉，香流少女之風"中的"圓""方""玄""黃"
"高""厚""青""碧""薄""濃""紫""丹""朱""大""小"等。動詞亦有"蘋吹""浮
雲""騰雲""飄風"、"風驚地籟"與"雲起天津"、"青陽戒序"與"緹幕
飛灰"、"賀鳥翻空"與"金塘散碧"中的"吹""浮""騰""飄""驚""起"
等。而助詞多集中在儷語之中，如"懸日月以爲綱""列山河而作鎮""斂薄
霧於遥空""卷長煙於迴漠""南宮象浦之鄉""西極月津之豈（壋）"中的
"以""而""於""之"。將名詞、形容詞、動詞組織起來，便可得到主謂（名
詞+動詞）、動賓（動詞+名詞）、偏正（形容詞+名詞，動詞+名詞，或名詞+
名詞）、聯合（名詞+名詞、動詞+動詞，或形容詞+形容詞）等基本的撰句
格式，如：

　　　　主謂結構：蘋吹、天威、天笑。(名詞+動詞)
　　　　動賓結構：浮雲、騰雲、飄風、起電。(動詞+名詞)
　　　　偏正結構：圓蓋、方輿、玄蓋、黃輿、高天、厚地、青煙、碧霧、
　　重霧、長煙、薄霧、濃煙、苦霧、紫宸、丹禁、朱英、紫脱。(形容詞+
　　名詞)
　　　　聯合結構：日烏、月兔、帝子、天人(名詞+名詞)。

　　依上所引，《文場秀句》所輯録的内容已包括了主謂、動賓、偏正、聯合
這幾種基本的撰句格式，初學者在識記《文場秀句》内容的基礎上，通過反
復識記、練習的方式，可以逐漸熟練掌握名詞、形容詞、动詞，了解對屬的
規律、基本的撰句方式及句法規律。總體而言，對屬訓練雖不講具體的語法
理論，但實際上可以對兒童進行較爲嚴格的語法訓練。兒童在經過多次、大
量、反復的練習之後，可以較爲熟練地掌握對屬與撰句的規律，從而在之後
的習作中進行實踐。且大量識記、練習，有助於提高兒童對漢語的敏感性，
對提高語法訓練及語音訓練的教育效果和效率具有重要意義。
　　其二，對兒童進行修辭訓練和邏輯訓練。如《文場秀句》中的"柳葉如

眉，暎夕流而逸賞”與“桃花似臉，向朝日以開紅”中的“如眉”對“似臉”，“雪彩如花”與“冰光似鏡”中的“如花”對“似鏡”，這些內容有助訓練兒童運用比喻的修辭方法，形象生動地形容事物。再如《文場秀句》中“高天”與“厚地”、“有截”與“無垠”、“大王風”與“小山桂”等，有助於幫助兒童在對屬訓練中注意到比較的邏輯關係；而“金枝”與“瓊萼”中的“枝”“萼”、“紫宸”與“丹禁”中的“宸”“禁”、“倚柱雷”與“投壺電”中的“雷”“電”、“黑帝司辰”與“玄冥紀侯”中的“黑帝”“玄冥”、“愁雲暮結”與“苦露朝凝”中的“愁雲”“苦露”、“寒蟬輟響”與“侯鴈來賓”中的“寒蟬”“侯鴈”等，均爲相當的類名，這種對屬訓練做得多了，有助於訓練兒童關注到概念、分類的邏輯關係，從而收到對兒童進行邏輯訓練的功效。陳寅恪先生在《金明館叢稿二編‧與劉叔雅論國文試題書》亦指出對對子可以檢測思想條理，認爲“凡能對上等對子者，其人之思想，必通實而有條理，故可借之以選拔高才之士”[一]。可見，對屬是否整齊、工巧，能够反映出思維邏輯是否具有條理。通過對屬訓練，可以幫助兒童在反復練習中，不斷提高邏輯思維能力。

其三，爲之後的讀書習文奠定基礎。周劭先生曾指出：“中國文學中各種有韻之文的體裁中，如駢文、詩詞、賦銘，都要以對聯爲基礎，所以過去的讀書人，無不以對對子爲基本功，在進塾讀‘四書五經’之前，每天必須有對對子這一課程。這門基本功練好了，纔能進入各種文學體裁的領域。”[二]雖然對屬訓練對於作詩具有很大幫助，但是進行對屬訓練并非完全是爲了作詩之用，而是涉及了多方面的、綜合性的基礎訓練，爲“通文理捷徑”[三]，對進一步培養兒童讀書和習文能力等方面具有重要的作用。古人已很有見地地認識到對對屬於讀書習文的重要價值。就《文場秀句》而言，其所輯錄的多字

〔一〕 陳寅恪：《金明館叢稿二編‧與劉叔雅論國文試題書》，生活‧讀書‧新知三聯書店，二〇〇一年，第二五五頁。

〔二〕 周劭：《黃昏小品‧梁羽生的聯話》，上海古籍出版社，一九九五年，第五八頁。

〔三〕 （清）崔學古：《幼訓》，見（清）王晫、（清）張潮輯：《檀幾叢書‧二集》，清康熙間（一六九五～一七二二）新安張氏霞舉堂刊本（藏中國國家圖書館），第一二筒頁。

對，以及其所撰寫的儷語等内容，有助幫助兒童在對屬訓練的過程中，逐漸認識、了解到撰句的方式與原則，兒童可以在對屬訓練中得到一定的閱讀、習文的啓發，如如何理解文言中的内容、如何將事對連綴成句等，從而爲進一步的閱讀和作詩爲文實踐奠定基礎。

其四，便於兒童積累詞彙。張志公先生曾指出："語彙是語言的根基……而漢語、漢字的特點，使得語彙之學的重要性格外突出。"[一] 而古人很早便已認識到漢語、漢字的特點，十分準確地抓住了語言的根本，重視讀彙學習。《文場秀句》的編撰者亦十分敏銳地注意到了詞彙對於詩歌創作的很重要價值，因而按照不同的部類，較爲廣泛地輯録了事對，以便幫助兒童在閱讀經驗有限、較難進行詩歌創作實踐的初學階段，讓兒童較爲集中的學習、識記詩歌創作中可能會用到的優秀華美辭藻及句式，并於事對之下注明簡短、易解的釋文，幫助兒童在理解的基礎上進行識記，以便在之後的實際創作中靈活的運用。

需要明確的是，對於詞法、句法等語法的相關知識，并非是通過講解就能够理解的，尚需要通過大量的實踐來理解和掌握。因此，注重實踐的對屬訓練得到了童蒙教育的認可和重視，讓兒童在對屬訓練中，了解基本的對屬原則與撰句方式，有助於幫助其掌握語法、修辭、邏輯相關的知識與内容。且對屬訓練可以將語法、修辭、邏輯等較爲抽象的知識學習，轉化爲實踐的方式，而不是依靠掌握語法術語或抽象定義的方式。較之抽象的定義與術語，識記實例、反復練習、大量實踐更加便於兒童學習和理解。

結　論

本章主要以《文場秀句》中的具體事對爲基礎，探討了《文場秀句》與童蒙教育的關係。通過分析《文場秀句》的性質，均可見《文場秀句》是一本蒙書，可用於童蒙教育。就《文場秀句》的編撰而言，是書雖采用類書的形式進行編撰，其類書的性質已較爲明確，但就其功用而言，亦是蒙書。

〔一〕　張志公：《傳統語文教育教材論：暨蒙學書目和書影》，第一〇〇頁。

在分析其性質的基礎上，以《文苑英華》所輯錄的應試詩及應試賦爲基礎，旁涉《登科記考》《全唐詩》《全唐文》《唐詩紀事》《全唐試律類箋》等，通過對比《文場秀句》與《文苑英華》所存的唐代應試詩及應試賦，探討了《文場秀句》與科舉考試的關係。通過對比分析可知，《文場秀句》中事對在應試詩、應試賦中多次出現、得到較爲廣泛的使用的情況來看，其當對科舉考試臨場創作詩賦之作用可見矣。

通過梳理，《文場秀句》中涉及了不同的對屬名目，如的名對、同對、异類對、聯綿對、疊韻對。對於初學者而言，學習《文場秀句》中的事對，有助於輔助學習、理解、掌握《詩格》中不同的對屬名目，對於較爲全面地掌握對屬的類型具有重要的意義，也有助於對兒童循序漸進地進行對屬訓練。就《文場秀句》中對屬名目的難易程度而言，的名對、同對相對容易，較爲基礎，且便於初學對屬的兒童理解。而异類對相對較難，需要兒童在掌握基本的的名對、同對的基礎上，再進行進一步的學習。在學習的名對、同對的基礎上，亦需要掌握不同的對屬形式。

就《文場秀句》中輯錄的二字對情況而言，聯綿對與疊韻對便是形式較爲特殊的對屬形式，因此，《文場秀句》主要采用提供一定例子的方式，幫助兒童學習和理解這兩種對屬的形式。較之疊韻對，聯綿對更易識記，以及在實際作詩習文過程中使用。

且先學習相對容易的的名對、同對，再學習較難的异類對，以及較爲特殊的聯綿對、疊韻對，如此循序漸進，有助於幫助兒童逐漸掌握對屬的基本方法。《文場秀句》所收錄的二字對中，同對、的名對、聯綿對、疊韻對、异類對數量而言，其所輯錄對屬名目以及不同名目對屬的數量，也在一定程度上反映了尊重兒童成長客觀規律、循序漸進的教育理念。由易到難的學習，有助於更好地幫助兒童學習、認識對屬的基本原則、方式、形式等，從而更好地達到對屬訓練的目標與要求。

需要説明的是，《文場秀句》不僅對對屬訓練具有重要的意義，亦對聲律啓蒙具有重要的意義，但就童蒙教育而言，《文場秀句》對於對屬訓練的價值更爲突出、明顯，故本研究主要通過《文場秀句》探討了對屬訓練的方式及目標，而兒童的詩歌啓蒙教育在進行對屬訓練的基礎上，亦需要對其進行聲

　　律的啓蒙訓練，作爲供詩歌啓蒙教育之用的《文場秀句》在編撰的過程中亦
考慮到了聲律啓蒙方面訓練的需要〔一〕。

　　〔一〕　按：關於《文場秀句》與聲律啓蒙的相關内容，筆者將在專文中進行詳細探
討。啓功先生在《詩文聲律論稿》中指出：“無論詩、詞、曲、文，律化的條件都有兩個方
面：一是字句形式上的要求，一是聲調配搭上的要求。字句形式整齊排偶這一方面究竟比
較簡單；而令人覺得複雜的，要屬於聲調配搭怎樣和諧這一方面。”（中華書局，一九七七
年，第三頁）認爲詩文創作不僅要符合形式上排偶整齊的要求，也要注重聲調的和諧，而
較之達到句式整齊的排偶，對於聲律的和諧的配合相對而言更爲複雜，可見聲律在詩文創
作過程中的複雜性與重要性。而詩文對仗又須以聲律爲基礎，故兒童的詩歌啓蒙教育在進
行對屬訓練的基礎上，亦需要對其進行聲律的啓蒙訓練，作爲供詩歌啓蒙教育之用的《文
場秀句》在編撰的過程中亦需要考慮到聲律啓蒙方面訓練的需要。就《文場秀句》而言，
主要涉及了正音與平仄訓練兩個方面的内容。在初學階段，便需要幫助兒童知音、正音，
以期在此基礎上更好地認識平仄，并對其進行詩歌啓蒙教育。《文場秀句》正音的方式主
要是通過不斷誦讀、識記和積累來實現。在兒童識字量有限，而需要逐漸開始進入初步讀
寫階段，讓兒童在鞏固識字階段成果的基礎上，更好地分辨四聲。加之四聲與平仄之間存
在着密切的聯繫，有助於爲之後的平仄訓練奠定基礎。

第五章　《文場秀句》在日本的流傳與影響

　　蒙書作爲兒童啓蒙教育的教材，雖然其施教對象以兒童爲主，但并不限於兒童，蒙書也被用於成人補習教育之用。但由於蒙書多屬於非官方教育之書，而多流行於民間。鄭阿財先生《中國蒙書在漢字文化圈的流傳與發展》一文指出，蒙書之類的通俗讀物頗多爲史志所不録，且亦難得到中土傳統知識分子的關注[一]。儘管如此，蒙書却在文化交流與傳播過程中，扮演着十分重要的角色，不但在中國得以傳播和流傳，在與中國交流的國家和地區也備受重視[二]。加之蒙書中藴含了中華文化最基礎的文字、語言、思想等内容，因而成爲日本、韓國、越南等周邊國家，學習中華文化的重要媒介。

　　《文場秀句》作爲以類書形式編撰的蒙書，雖未得到中土文人雅士的重視，也未能在史志載籍中得以保存，但却曾在日本流傳和傳播，并在文化傳

　　〔一〕　詳參鄭阿財：《中國蒙書在漢字文化圈的流傳與發展》，《首都師範大學學報（社會科學版）》二〇一八年第一期，第二二頁；鄭阿財：《〈蒙求〉在漢字文化圈的傳播及其在日本接受的特殊意涵》，收入金澄坤主編：《童蒙文化研究》第五卷，第六七頁。
　　〔二〕　詳參朱鳳玉：《唐宋蒙書在絲路的傳布與發展》，收入《“絲路文明傳承與發展”國際學術研討會論文集》，浙江杭州，二〇一五年，第一七九頁。後收入劉進寶、張涌泉主編：《絲路文明的傳承與發展》，浙江大學出版社，二〇一七年，第四四〇頁。

播上扮演了重要角色，日本有多部文獻中著録、援引、保留了《文場秀句》的内容。雖然《文場秀句》一書并未得到完整保存，但是從日本所存相關文獻來看，仍可見此書在日本的傳播及影響情況。

第一節 《文場秀句》在日本的流傳

日本所存文獻中保存了較爲豐富的《文場秀句》資料，對於探討是書在日本的流傳情況具有重要的意義。通過梳理相關文獻，《文場秀句》在日本的流傳情況，主要表現在兩個方面：一是對《文場秀句》的著録，對於探討其傳入日本的時間具有一定的價值。二是對《文場秀句》的援引，日本所存文獻中對於《文場秀句》内容的援引，在一定程度上保留了《文場秀句》的佚文。兹以此二端，對《文場秀句》一書在日本的流傳情況試作分析。

一 《文場秀句》的傳入與流傳

關於《文場秀句》在日本的流傳，由於文獻記載不詳，難以作出準確的判斷。然日本文獻對於《文場秀句》一書的著録，却在一定程度上反映了此書確曾傳入過日本，也爲探討其傳入日本的時間提供了方向和啓示。通過分析日本文獻《日本國見在書目録》對《文場秀句》的著録情況，試對《文場秀句》傳入日本的時間進行考略。

（一）日本書目與《文場秀句》傳入日本的時間

日本關於《文場秀句》的記載，最早見於藤原佐世的《日本國見在書目録》，而此書是日本最早敕編的漢籍目録，記録了日本平安前期的漢籍目録[一]。此書著録有"《文場秀句》一卷"[二]，未言明其作者，此書將《文場秀句》歸入"小學家"。"小學家"著録的書目尚有：

〔一〕詳參孫猛：《漢籍東傳與〈日本國見在書目録〉》，收入孫猛：《日本國見在書目録詳考・研究篇》，第二一四〇頁。

〔二〕［日］藤原佐世奉敕撰：《日本國見在書目録》，寫本不注頁碼。

小學家（目録五百九十八卷，如本）：博雅十卷曹憲注；注博雅冷然院；三蒼三卷郭璞注；蒼頡篇一卷；埤蒼二卷張揖撰；急就篇一卷史游撰；急就篇音義一卷釋智騫撰；急就篇注序十卷顏師古撰……詩格一卷；詩病體一卷；寶篋［經］一卷〔一〕；文筆範一卷王孝則；大唐文章博士嫌吾文筆病書一卷；詩八病一卷；文音病一卷；文章始三卷冷泉院；文章故事一卷；詩體七卷；八病詩式一卷；讀异體諸詩法一卷；百屬篇一卷樂法藏撰；文場秀句一卷；古今詩類二卷；文儀集注一卷；唐朝新定詩體一卷；五格四聲一卷；聖證論十一卷；累王記一卷〔二〕。

從《日本國見在書目録》對《文場秀句》的著録情况來看，其將《文場秀句》歸入“小學家”，又與字書及詩詞格式之書同列，不僅證明了《文場秀句》一書曾傳入過日本，也反映出了《文場秀句》一書的蒙書性質，而集麗辭詩句以資詩文創作之功用，亦有所體現。

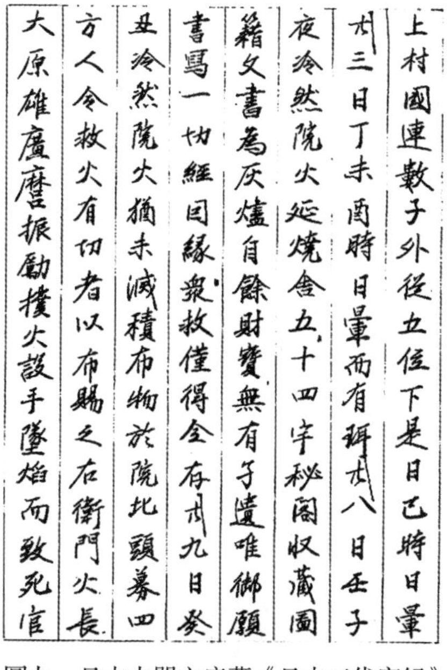
上村國連數子外從五位下是日巳時日暈
廿三日丁未酉時日暈而有珥廿八日壬子
夜冷然院火延燒舍五十四宇秘閣收藏圖
籍文書為灰燼自餘財寶無有孑遺唯御願
書寫一切經因緣衆救僅得全存廿九日癸
丑冷然院火猶未滅積布物於院北頭募四
方人令救火有功者以布賜之右衛門火長
大原雄廣麿振勵撲火設手墜焰而致死宦

圖九　日本内閣文庫藏《日本三代實録》

關於《文場秀句》傳入日本的具體時間，由於相關記載有限，難以確言，僅能從日本所存相關文獻的成書情况，對其傳入時間試作推測。

《日本國見在書目録》關於《文場

〔一〕按：日釋空海《御請來目録》著録有“《寶篋經》一卷，六紙”，《日本國見在書目録》中此條，若非詩文評類書，或是日本僧人求來不空所譯之《一切如來心秘密全身舍利寶篋印陀羅尼經》，則此處當脱“經”字。（［日］釋空海：《御請來目録》，收入祖風宣揚會編：《弘法大師全集》卷一，（日本）東京：吉川弘文館，一九一一年（藏日本國立國會圖書館），第七三頁）

〔二〕［日］藤原佐世奉敕撰：《日本國見在書目録》，寫本不注頁碼。

秀句》的著録，不僅體現了《文場秀句》在日本的流傳，對於推知《文場秀句》傳入日本的時間也具有重要的價值。

關於藤原佐世《日本國見在書目録》的成書時間[一]，流行之説爲"日本貞觀説"，認爲日本貞觀十七年（八七五）正月，冷然院遇火災，書籍蕩然，與此書成書之間存在着密切的聯繫。藤原時平《三代實録》卷二七載："（正月）廿八日壬子夜，冷然院火，延燒舍五十四宇。秘閣收藏圖籍文書爲灰燼，自餘財寶，無有孑遺。"（見圖九）[二]

日本嘉永四年（一八五一），是書刊入《續叢書類從》之時，安井衡於《日本現在書目録》之後撰有《書現在書目後》，指出："蓋寬平中，佐世在奧所輯，距今九百六十餘年。按史，先是貞觀乙未冷泉院火，圖書蕩然，蓋此目所因而作，而所以有'現在'之稱也。"[三]將其成書緣由，與冷然院火以至圖籍蕩然之間聯繫起來。

然太田晶二郎《日本漢籍史札記・日本國見在書目録編撰の精神》中則指出，雖然冷然院之火，在一定程度上具有啓發編撰典籍目録的意義，安井衡的推測之説雖稱卓越，但是不可將《日本國見在書目録》書體中"見在"

〔一〕 按：學界關於《日本國見在書目録》的成書時間研究情況，孫猛《〈日本國見在書目録〉的成書年代及背景》中進行了詳細説明和論證，孫猛在論證成書年代之初，介紹了四種具有代表性的見解：其一，成書於清和天皇貞觀年間（八五九～八七六）；其二，成書於光孝天皇仁和、宇多天皇寬平之交，寬平三年（八九一）正月以前；其三，認爲成書於宇多天皇寬平年間（八八九～八九七）；其四，以爲寬平三年（八九一）以後成書於陸奥。（孫猛：《〈日本國見在書目録〉的成書年代及背景》，收入孫猛：《日本國見在書目録詳考・研究篇》，第二一六五～二一六八頁）

〔二〕 詳參［日］藤原時平撰：《日本三代實録》卷二七，日本慶長十九年（一六一四）寫本（藏日本内閣文庫），寫本不注頁碼；［日］澀江全善、［日］森立之等撰，杜澤遜、班龍門點校：《經籍訪古志》卷六《集部》，上海古籍出版社，二〇一四年，第二四六頁；朱光立：《簡述〈日本國見在書目録〉的史料價值》，收入朱萬曙主編：《古籍研究（二〇〇九卷）》，安徽大學出版社，二〇一〇年，第二〇七～二〇八頁。

〔三〕 ［日］藤原佐世奉敕撰：《日本國現在書目録》，日本嘉永四年（一八五一）寫本（藏日本内閣文庫），寫本不注頁碼。

之語，視作冷然院火灾書籍燒毀而言[一]。且日本貞觀十七年（八七五）冷然院火灾之前，淳和院亦發生過火灾，經籍亦遭焚毀。據《三代實録》卷三五所載："（元慶三年）廿三日癸丑，淳和太皇太后崩……（貞觀）十六年四月，太后所居淳和火，宮殿經籍一時燒蕩。"[二]由此可知，此次貞觀十六年（八七四）淳和院之火，亦造成了書籍焚毀的情况。而且冷然院火九年之後，即元慶七年（八八三），"（十一月）廿九日壬辰晦夜，圖書寮失火，燒一倉一屋"[三]，作爲朝廷主要藏書之所圖書寮的失火，較之貞觀冷然院失火，似乎更符合《日本國見在書目録》之編撰緣由，亦更接近安井衡所言"寬平中"之語。故以冷泉院火推斷《日本國見在書目録》的成書時間是不妥的。

孫猛《〈日本國見在書目録〉的成書年代及背景》一文，通過考證藤原佐世的仕歷，對《日本國見在書目録》成書時間進行了考辨，指出此書爲藤原佐世在京時成書，并於赴陸奧前奏進，將是書成書、奏進的時間具體地限制在日本寬平三年（八八九）中的三個時間段之間[四]。而此書成書於日本寬平三年，大致不錯，故《日本國見在書目録》著録的《文場秀句》傳入日本的時間，當在《日本國見在書目録》成書之前，即日本寬平三年之前，爲唐昭宗龍紀元年。而《文場秀句》傳入日本時間之上限，則需據其成書年代加以判斷。《文場秀句》成書的年代，其相關寫卷無紀年亦無題記可供參考，可資參考的資訊主要保存於與之相關的寫卷中。如伯二七二一號、伯三六四九號、伯三六六二號、伯三六七一號、斯

〔一〕 太田晶二郎《日本漢籍史札記·日本國見在書目録編撰の精神》中言："冷然院の燒亡が典籍を目録する機運を作つたかも知れぬことは，推測説としては優秀と謂ふべきである。しかしながら，具體的にの題號の文字の上に就いてまで，「見在」といふのは冷然院の火災に對する謂ひであるとしたことは，絕對にその謬解を排斥せねばならぬと共に，これを正すときは此の目録の精神もほぼ明かとなるのである。"（[日]太田晶二郎：《日本漢籍史札記·日本國見在書目録編撰の精神》，收入[日]太田晶二郎：《太田晶二郎著作集》第一册，（日本）東京：吉川弘文館，一九九一年，第三一二～三一四頁）

〔二〕 [日]藤原時平撰：《日本三代實録》卷三五，寫本不注頁碼。

〔三〕 [日]藤原時平撰：《日本三代實録》卷四四，寫本不注頁碼。

〔四〕 詳參孫猛：《〈日本國見在書目録〉的成書年代及背景》，收入孫猛：《日本國見在書目録詳考·研究篇》，第二一七〇～二一七四頁。

五六五八號、斯四六六三號等六件《雜抄》寫卷，均記載了《文場秀句》及其作者的相關資訊[一]，兹以伯三六四九號《雜抄》爲例，移録相關内容如下：

> 論經史何人修撰制（制）注？《史記》；司馬遷修。《三國志》；陳壽修。《春秋》；孔子修，杜預注。《老子》；河上（公）注。《三禮》；孔子修，鄭玄注。《周易》；王弼注。《離騷經》；屈原注（作）。流（劉）子；劉協（勰）注（作）。《爾雅》；郭璞注。《文場秀句》；孟憲子作。《莊子》。郭象注。（以下略）[二]

從《雜抄》存有《文場秀句》一書及其作者資訊的情況來看，《文場秀句》在《雜抄》之前便已撰成。關於《雜抄》的成書時代，鄭阿財、朱鳳玉先生《敦煌蒙書研究》中已進行過探討：根據《雜抄》中："何名五嶽？東嶽泰山，豫州；西嶽華山，畫（華）州；南嶽衡山，衡州；北嶽恒山，定州；中嶽嵩高山，嵩城縣。"[三]"豫州""衡州"設置的時間，推斷《雜抄》成書當在神龍三年（七〇七）以後，寶應元年（七六二）之前。又據"論經史何人修撰制注……《毛詩》《孝經》《論語》，孔子作，鄭玄注"之語[四]，其言《孝經》爲鄭玄注，然自唐玄宗御注《孝經》并頒行於天下，科舉考試即采唐玄宗御注本，則其成書當在玄宗御注頒行之前[五]。根據《舊唐書·玄宗上》開元十年（七二二）條載："六月辛丑，上訓注《孝經》，頒行天下。"[六]又《唐會要·修

〔一〕　按：伯二七二一號《雜抄一卷并序》："《文場秀［句］》，孟憲子作。"伯三六四九號《雜抄一卷》："《文場秀句》，孟憲子作。"伯三六六二號《雜抄》："《文長繡（場秀句）》，孟憲子。"伯三六七一號《雜抄一卷》："《文場秀句》，孟憲子作。"斯五六五八號《雜抄（一名珠玉抄）》："《文場秀句》，孟憲子作。"斯四六六三號《雜抄一卷（一名珠玉抄、二名益智文、三名隨身寶）》："《文場秀句》，孟憲子作。"

〔二〕　《法藏》第二六册，第二二九頁。

〔三〕　詳參《法藏》第一七册，第三五六頁。

〔四〕　詳參《法藏》第一七册，第三五七頁。

〔五〕　詳參鄭阿財、朱鳳玉：《敦煌蒙書研究》，第一七九頁。

〔六〕　《舊唐書》卷八《玄宗上》，第一八三頁。

撰》亦言："（開元）十年六月二日，上注《孝經》，頒於天下及國子學。至天寶二年五月二十二日，上重注，亦頒於天下。"〔一〕則其成書當在唐玄宗御注《孝經》頒布之前，即開元十年之前。

由此可以推知，《雜抄》的成書大致在神龍三年至開元十年之間，則《文場秀句》的成書時間當在《雜抄》成書之前，即開元十年之前。則《文場秀句》傳入日本的時間當在開元十年之後，即日本慶雲四年至寬平三年（七二二～八八九）之間。

（二）日本漢詩的興盛與《文場秀句》的東傳

唐代豐富多彩的文學，尤其是唐詩，深受日本人喜愛，唐代詩人王勃、王維等人的詩文集亦因此相繼傳入日本，而日本也在欣賞漢詩的同時，開始了詩歌的創作。自奈良時期至平安初期，日本陸續編撰了《懷風藻》《凌雲集》《文華秀麗集》《經國集》等漢詩文集。如成書於天平勝寶三年（七五一）的《懷風藻》〔二〕，便是現存日本最早的漢詩集〔三〕。此書撰者不詳，然從其所撰詩人略傳來看，其作者或謂淡海三船，其收錄詩作多爲五言詩，詩作的作者多爲皇族、朝臣及僧侶。其後所編《凌雲集》《文華秀麗集》，均爲嵯峨天皇在位時期敕撰之漢文詩集，而滋野貞主奉淳和天皇之命編纂的漢文詩集《經國集》〔四〕，雖成書於日本平安初期的天長四年（八二七），但從其卷十、卷一一、卷一三、卷一四中收錄詩作的作者和詩作題名來看，多爲文武天皇元年（六九七）至淳和天皇天長四年（八二七）之間的日本漢詩，可見這一時

〔一〕（宋）王溥撰：《唐會要》卷三六《修撰》，第六五八頁。

〔二〕詳參未注撰人，〔日〕松崎祐之校訂：《懷風藻·序》，日本寶永二年（一七○五）刊本（藏日本內閣文庫），第二簡頁。

〔三〕詳參孫猛：《〈日本國見在書目錄〉的成書年代及背景》，收入孫猛：《日本國見在書目錄詳考·研究篇》，第二一五頁。

〔四〕按：本研究使用的日本內閣文庫藏良岑安世《經國集》，爲日本慶長寫本，寫本不注頁碼。以下所引《經國集》中內容，均引自日本內閣文庫藏良岑安世《經國集》，以下不再一一注釋說明。參見〔日〕良岑安世編：《經國集》，日本慶長間（一五九六～一六一○）寫本（藏日本內閣文庫）。

期漢詩之興盛。且嵯峨天皇博通中國經史，長於詩文，其在位期間又積極輸入唐朝文化，獎勵漢學研究，使漢詩文占據了文壇的主要地位。統治者對於漢詩之喜愛與欣賞，必然會對漢詩傳播及漢詩創作産生一定的影響。

依上文所述，根據《日本國見在書目録》的成書時間，可大致推知《文場秀句》傳入日本的時間範圍，即八世紀至九世紀。而這一時期大致與日本的奈良時期及平安時期相吻合[一]。而作爲可以爲詩歌創作提供一定幫助、具有輔助作用的《文場秀句》，很有可能在這一時期傳入日本。

值得注意的是，在這一時期，入唐僧空海對於日本漢詩的發展起到一定的促進作用，主要表現在以下兩個方面：

其一，空海所撰《文鏡秘府論》反映了日本學習漢詩的需要，并對漢詩學習、創作具有積極的意義。空海於日本大同元年（八〇六）自唐歸日之後，應當時日本學習漢語和漢詩文之需求，將崔融《唐朝新定詩格》、王昌齡《詩格》、元兢《詩髓腦》、皎然《詩議》等内容編纂而成《文鏡秘府論》。此書成書於日本大同五年（八一〇）年至弘仁十一年（八二〇）之間，此書的編撰從側面反映出了這一時期日本對於詩學及詩歌創作的學習熱情。并摘其要而成《文筆眼心抄》，亦是適應了當時日本漢詩發展的迫切需要[二]。

其二，空海獻進了多種與漢詩創作相關之書，適應了統治者對於漢詩的喜愛。根據空海撰、真濟編《遍照發揮性靈集》卷三《敕賜屏風書了即獻表》中載，其曾於嵯峨天皇弘仁七年（八一六）八月十五，"奉宣聖旨，令空海書兩卷《古今詩人秀句》者。"[三]卷四弘仁二年（八一一）六月廿七日《書劉希夷集進納表》中載："王昌齡《詩格》一卷，此是在唐之日，于（於）作者邊

〔一〕　按：奈良時期，廣義上指元明天皇和銅三年（七一〇）至桓武天皇延曆十三年（七九四）之間。狹義則指和銅三年至延曆三年（七八四）之間。（孫猛：《漢籍東傳與〈日本國見在書目録〉》，收入孫猛：《日本國見在書目詳考・研究篇》，第二一五六頁）

〔二〕　馬歌東：《日本漢詩概説》，收入馬歌東：《日本漢詩溯源比較研究》，商務印書館，二〇一一年，第一六頁。

〔三〕　［日］釋空海撰：《遍照發揮性靈集》卷三，日本寬永間（一六二四～一六四三）刊本（藏日本内閣文庫），第一筒頁。

偶得此書，古詩雖有數家，近代才子切愛此格。"〔一〕亦獻進《劉希夷集》《貞元英傑六言詩》《飛白書》〔二〕。三年（八一二）七月廿九日《獻雜文表》載，奉進《急就章》《王昌齡集》《雜詩集》《朱書詩》《朱千乘詩》《雜文》等〔三〕。就以上《遍照發揮性靈集》中空海獻進之書的情況來看，多與詩文相關，可見其對於漢詩文相關著作的重視程度。而《文場秀句》對於詩歌創作具有重要的、基礎性的作用，可以作爲啓蒙讀物，有助於進行詩歌啓蒙教育。雖然《文場秀句》更加着眼於童蒙詩賦教育層面，但作爲習文理論書之書，與其所作《文鏡秘府論》具有一定的相似之處。

此外，空海青年時期所作《三教指歸》，以及其後所著《遍照發揮性靈集》，二者的注釋書《三教指歸注集》《性靈集注》中，均援引了《文場秀句》（包括《文場鈔》《文場抄》）的内容，對二書中的具體内容、詞彙進行解釋説明。如《遍照發揮性靈集注》卷三"返鵲"之下注文有：

> 《文場秀句》云："懸針；垂露；返鵲；回鸞；魚鱗；虎爪。鳥跡：蒼頡見鳥跡作字。蟲書：科斗字。銀鉤：言能書者屈曲盤，如銀鉤也。墨沼（池）：張芝臨池學書，池水盡墨事。騁回鸞之妙跡，盡返鵲之奇工。湛垂露於毫端，起懸針於筆杪。動魚鱗於墨沼（池），寫八體之殊蹤。散虎爪於銀鉤，窮二王之逸勢。二王者，羲之、獻之是也。"〔四〕

援引了《文場秀句》的事對"懸針""垂露""返鵲""回鸞""魚鱗""虎爪""鳥跡""蟲書""銀鉤""墨池"，其中鳥跡、蟲書、銀鉤、墨池、二王

〔一〕［日］釋空海撰：《遍照發揮性靈集》卷四，第六筒頁。按："於作者邊偶得此書"，概指於江寧一帶得偶得此書。詳參孫猛：《日本國見在書目録詳考・考證篇》，第五二〇頁。

〔二〕［日］釋空海撰：《遍照發揮性靈集》卷四，第五~六筒頁。

〔三〕［日］釋空海撰：《遍照發揮性靈集》卷四，第八筒頁。

〔四〕［日］阿部泰郎、［日］山崎誠編集：《性靈集注》卷三，見國文學研究資料館編：《真福寺善本叢刊》第二期第十二卷（文筆部三），臨川書店，二〇〇七年，第八一八頁。

之下亦存釋文，自“騁回鸞之妙跡”至“窮二王之逸勢”則爲儷語，與敦煌
本《文場秀句》首出事對，後書釋文，又撰有使用事對撰寫對偶範文的情況
完全一致。而《三教指歸注集》卷上末及卷中，亦引《文場鈔》《文場抄》共
六條〔一〕。雖然不能明確斷定《文場鈔》《文場抄》即是《文場秀句》，但是二
者亦具有與敦煌本《文場秀句》屬於同一文獻之可能。如敦煌本《文場秀句》
中有“風驚地籟：風□□□爲聲，故曰地籟”之內容，參考《性靈集注》中
所引《文場抄》有“風吹天上物爲聲，故曰天籟”之語。可見，《文場抄》與
《文場秀句》中所存之語相似程度之高，或爲《文場秀句》的簡稱。《三教指
歸》《遍照發揮性靈集》二書中有不少內容，可以使用《文場秀句》中事對和
釋文進行解釋，則《文場秀句》與《三教指歸》《遍照發揮性靈集》之間當存
在着較爲密切的關係，以至於在對其進行箋注的過程中，仍援引了《文場秀
句》一書中的內容。

　　依上文所述，根據《日本國見在書目錄》的成書時間，可大致推知《文
場秀句》傳入日本的時間範圍，即八世紀至九世紀。而這一時期大致與日本
的奈良時期及平安時期相吻合。根據孫猛考察，此目錄中尚有失收的情況，
在九世紀以前，中國一半的漢籍已東傳日本〔二〕。加之日本嵯峨天皇對於學習
漢詩喜愛與欣賞，以及日唐僧對於相關漢詩創作之書的整理與編撰，進一步
促進了日本漢詩的發展，也從側面反映出這一時期日本對於學習漢詩的熱情。
而《文場秀句》作爲與學習、創作漢詩具有一定輔助作用之書，很可能在這
一時期傳入日本，并逐漸在日本得以傳播、流傳與使用。

二　日本文獻對《文場秀句》的援引

　　《文場秀句》在日本的流傳，不僅表現在著錄方面，也表現在日本文獻對
其的援引上。關於日本文獻所引《文場秀句》一書的情況，李銘敬的《日本

　　〔一〕　詳參［日］佐藤義寬：《大谷大學圖書館藏〈三教指归注集〉の研究・〈三教指
归注集〉の研究》，大谷大學，一九九三年，第八九~九〇頁。
　　〔二〕　詳參孫猛：《漢籍東傳與〈日本國見在書目錄〉》，收入孫猛：《日本國見在書目
錄詳考・研究篇》，第二一四〇頁。

及敦煌文獻中所見〈文場秀句〉一書的考察》（二〇〇三年）一文，主要分析
了日本所存引用《文場秀句》的文獻，有注本的《游仙窟》和《倭名類聚抄》
《注好選》《仲文章》《言泉集》等五部作品進行了分析[一]。日本學者永田知之
的《〈文場秀句〉小考——"蒙書"と類書と作詩文指南書の間》（二〇〇八年）
則在李銘敬研究的基礎上，按照所引書目的情況，羅列了日本文獻所引《文
場秀句》的十五條內容，將其作爲説明其蒙書性質的輔助資料[二]。王三慶先生
《〈文場秀句〉之發現、整理與研究》（二〇一三年）在探討《文場秀句》的
作者時，分析了日本三部文獻援引《文場秀句》的內容[三]。孫猛《日本國見
在書目録詳考》（二〇一五年）臚列了《游仙窟》《和名類聚抄》（《倭名類聚
抄》）、《净土三部經音義集》《仲文章》《注好選》《言泉集》《性靈集注》等七
部作品所引的《文場秀句》《文場抄》《文場》的情況[四]。可知有不少日本文獻
中援引了《文場秀句》的內容，爲進一步探究《文場秀句》在日本的傳播與
影響提供了重要的文獻資源和啓示。

　　《文場秀句》在中土未得到重視，却在文化傳播過程中，得到了日本的認
可和重視，這種文化傳播的現象極爲特殊，值得重視與深究。兹從蒙書編撰
及傳播的角度，在前輩學者研究成果的基礎上，對日本文獻中所引《文場秀
句》的內容進行梳理，試對《文場秀句》一書在日本的傳播及使用情況進行
分析。

　　目前所知，日本所存援引《文場秀句》的文獻，有《游仙窟》《注好選》
《仲文章》《倭名類聚抄》《言泉集》《三教指歸注集》《性靈集注》《净土三部經
音義集》等八部文獻，共采得《文場秀句》的相關內容三十五條，兹臚陳如下。

　　〔一〕 詳參李銘敬：《日本及敦煌文獻中所見〈文場秀句〉一書的考察》，《文學遺產》
二〇〇三年第二期，第六二頁。
　　〔二〕 詳參〔日〕永田知之：《〈文場秀句〉小考——"蒙書"と類書と作詩文指南書
の間》，收入〔日〕高田時雄編集：《敦煌寫本研究年報》第二號，第一一三頁。
　　〔三〕 詳參王三慶：《〈文場秀句〉之發現、整理與研究》，收入王三慶、鄭阿財合編：
《2013年敦煌、吐魯番國際學術研討會論文集》，第一〇～一一頁。
　　〔四〕 詳參孫猛：《日本國見在書目録詳考》上册，第五二九～五三〇頁。

（一）《仲文章》的援引情況

《仲文章》一書，託名白居易，其撰者不詳，約成書於十一世紀，今存日本正安二年（一三〇〇）寫本〔一〕，有"孝養篇""學業篇""農業篇""貴賤篇""吏民篇""禮法篇""金友篇"等七篇，使用漢字書寫，多用對句，書中注文除援引《文場秀句》外，尚引用了《周易》《周書》《爾雅》《廣雅》《淮南子》《白虎通》《東觀記》等內容。此書爲日本平安時期（七九四～一一九二），供兒童誦習、記憶之用的童蒙讀物〔二〕。從其篇目來看，亦有對兒童進行知識教育與道德教育的性質。《仲文章》中援引《文場秀句》的內容有兩處，均爲雙行小注，書於正文之下，茲分別録之如下。

第一處在《第二學業篇》中的"昔著麻衣〔三〕，倚一蓽之蔭〔四〕。今佩錦衾，步九重之階"之下（見圖一〇）：

蓽者，《文場秀句》云："鬼目草，編爲户。"〔五〕九重，辭曰："后之君，九層也。如此麦重，皆是學業所重也。"

〔一〕　按：本研究使用的是日本内閣文庫藏《續群書類從》第二一六五册《仲文章》寫本，此寫本前有闕文，無序跋，内容抄録之後，題有"《仲文章》一帖"，題記爲"正安二年六月八日書寫畢"。參見［日］塙保己一編：《續群書類從》第二一六五册《仲文章》，日本寫本（藏日本内閣文庫）。

〔二〕　按：關於《仲文章》成書、性質的研究，詳參［日］三木雅博：《教訓書〈仲文章〉の世界（上）——平安朝漢學の底流》，《國語國文》第六三卷第五號，一九九四年（藏日本國立國會圖書館），第一～一三頁；［日］三木雅博：《教訓書〈仲文章〉の世界（下）——平安朝漢學の底流》，《國語國文》第六三卷第六號，一九九四年（藏日本國立國會圖書館），第二〇～五五頁；孫猛：《日本國見在書目録詳考》下册，第二三七五頁。

〔三〕　著：寫本作"着"，爲"著"字的俗寫，茲徑録正。

〔四〕　蓽：寫本作"華"，前文中有"倚一蓽之蔭"之語，此處當爲"蓽"字，茲據文義改。

〔五〕　編：寫本作"縮"，李銘敬《日本及敦煌文獻中所見〈文場秀句〉一書的考察》一文校作"編"，茲從校。按：蓽門，指用竹荆編織的門，常指房屋簡陋破舊。唐代王維《山居即事》："鶴巢松樹遍，人訪蓽門稀。"此處作"編"義通。（李銘敬：《日本及敦煌文獻中所見〈文場秀句〉一書的考察》，《文學遺産》二〇〇三年第二期，第六四頁）

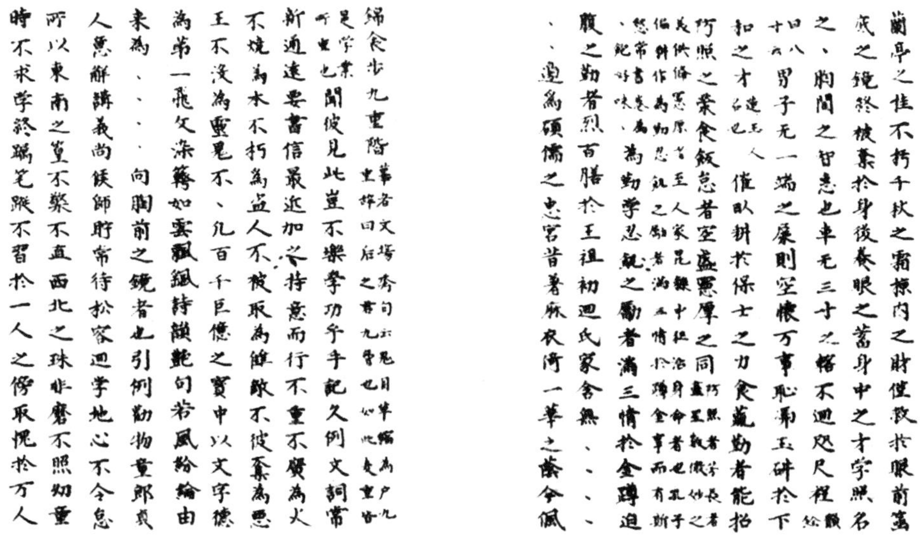

蘭亭之桂不朽千状之霜標門之財儀敷於眼前篤
感之鏡終被素於身後養眼之蓄身中之才字照名
之、構間之甘恵也車毛三十尢幡不迎處尺程
廾八男子无一端之辱則空懷万事恥事玉研於下
扣之才使馬人人催臥耕於保士之力食藏勤者能抬
行版之業食飯怠者至藏黒厚之同盡常倚於長者
忽猶作為如思乱人家兄弟沖中沾溝紛紜志
惣帯書忘情作如思乱人家兄弟命令而斬之斬之
花眈好怡、為勤學忍魏之勵之斬天令久嬴迎
腹之勤者烈百膳於王程初迎氏家舍然、
、、邊爲碩儒之忠宮昔書所农河一華之蒌令風

（左側上段）
時不求學終端芸瞅不習於一人之停取慨恍於万人
所以東西之堂不縈西北之珠非磨不照如重
人愚解講義尚鉄師肝常待於家迴學地心不令息
爲第一飛父淡篝如雲飄飄持韻艷句弟風紛綸由
王不沒爲重乱不、几百千臣憶之寶中以文字德
不焼如木不朽爲益人不彼取如彼欹不彼棄爲思
新通達要書信最近加芯持意而行不重不質爲火
可史也間彼兄此宣不樂學功乎字紀久例文詞常
綿食步九重際華者文場秀句於飛目山如此変重重
為户凡

圖一〇　日本內閣文庫藏《續群書類從》第二一六五冊

第二處在《第四貴賤篇》"嬴呂現世，鴈猿衝於其威"之下（見圖一一）：

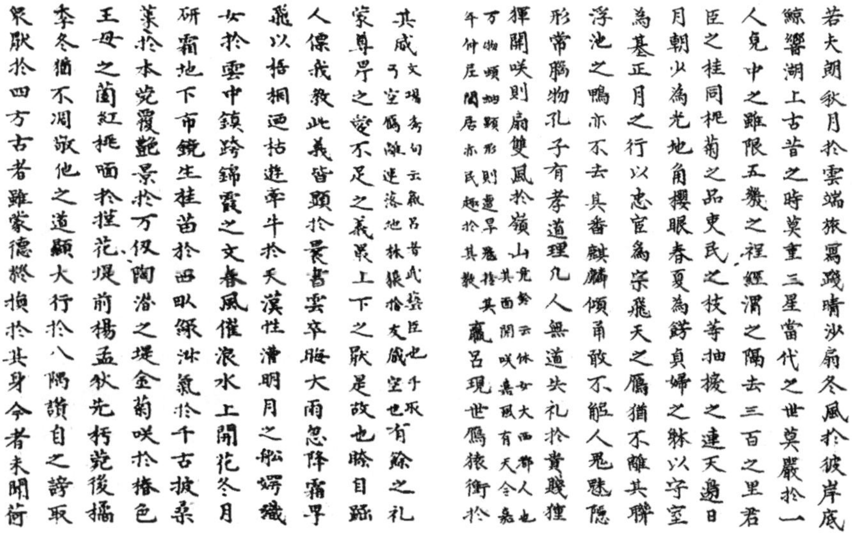

若夫朔秋月於雲端旅踐晴沙扇冬風於彼岸底
鯨響湖上古昔之時変重三星當代之世莫嚴於一
人兔中之雖限五歲之裎涇渭之隔去三百之里若
臣之挂同杷菊之品吏民之裎延等抽援之連天邊日
月朝少為光地角櫻眼春夏為野真婦之娥以字室
為基正月之行以志宜為宗龍天之鴈猶不離其聯
浮池之鴨亦不去其番麒麟傾甬敢不能人兔愁隱
形常騙物孔子有孝道理几人無道失礼於貴賤狸
揮開咲則扇雙鳳於嶺山兔东女大西郡人也
万物頻如頸形則邊早開咲嘉風於天令么嬴
午仲居閭居亦民趣於其教　其威嬴呂現世鴈猿衝於

（左側下段）
其威乃文場秀句云嬴呂昔氏發臣也千取有除之礼
鰍響早之空偏谕連洛地林猿俗大威空也有除之礼
袞尊早之愛不足之義衆上下之状是故也睇目跡
人俵戎敷此義皆顕於晨昏雲辛晚大雨忽降霜甲
飛以悟桐迤拈進牟於天性清明月之松燭織
女於雲中鎮跨錦霓之文春風催浪水上開花冬月
研霜地下市鏡生挂苗於西叹緑沙氣於千古披桑
菜於本黨覆艷景於万仅閣潜之堤金菊咲於椿色
王母之蘭紅桃晒於撰花堤前楊孟秋先拆覩後播
李冬猶不凋欽他之道顕大行於八隅讃自之諫取
眾狀於四方古者雖蒙德猶換於其身令者未聞衡

圖一一　日本內閣文庫藏《續群書類從》第二一六五冊

《文場秀句》云："贏吕者，武藝臣也。手取弓，空鴈離連落地。林猿舍友藏空也。"

依《仲文章》所引《文場秀句》的情況來看，有兩點值得注意：

其一，傳入日本的《文場秀句》，應與《仲文章》一樣，具有蒙書的性質，是學習漢字、漢文以及漢文化基礎而便捷的工具。從《仲文章》蒙書性質來看，其所引的內容當爲易於兒童理解的內容，且書中援引《文場秀句》中的內容，均可視爲對書中詞語所作的説明和解釋，對於兒童理解《仲文章》中的詞句及思想內容具有一定的幫助。可見，《文場秀句》在傳入日本之後，被視作學習漢字、了解漢文化的基礎讀物，以至於作爲蒙書的《仲文章》中援引《文場秀句》的中內容，對《仲文章》中字詞進行解釋、説明，使《文場秀句》成爲解釋文字、理解文句的輔助資料。

其二，《仲文章》中所引《文場秀句》的內容，并不見敦煌本《文場秀句》之中，可以推知唐時孟獻忠所撰《文場秀句》及傳入日本之《文場秀句》，其內容應較現存十二部類的內容更爲豐富。

（二）《注好選》的援引情況

《注好選》一書分爲上、中、下三卷，約成書於十二世紀初[一]。現在所知的傳本有東寺觀智院藏本、宮內廳書陵部藏本和金剛寺藏本[二]。其中，東寺觀智院藏本所存內容數量最多，爲日本任平二年（一一五二）寫本，此藏本有日本今野達校注本。此書爲兒童幼學故事書，收録了勸學勸孝故事、傳説故事、佛教故事、動物故事等。其序文有："□惟末代學士未必習本文。因

〔一〕按：成書時間參見孫猛：《日本國見在書目録詳考》上册，第五三〇頁。

〔二〕按：所存版本情況，參見李育娟：《〈注好選〉與敦煌啓蒙書》，《國語國文》第八二卷第三號，二〇一三年，第一頁。本研究使用的是日本今野達校注的《注好選》，收入《新日本古典文學大系》第三一册。所引《文場秀句》內容亦依此校注本，文字有出入的部分，參考日本內閣文庫及金剛寺所藏本。詳見［日］今野達校注：《注好選》，收入［日］馬淵和夫、［日］小泉弘、［日］今野達校注：《新日本古典文學大系》第三一册，（日本）東京：岩波書店，一九九七年；［日］塙保己一編：《續群書類從》第二一七七册《注好選》，日本寫本（藏日本內閣文庫）。

兹纔雖學文書難識本義。譬如田夫作苗不作穗。惟只竭力是有何益者粗注之讓小童云云。"（見圖一二）〔一〕其言"粗注"，可知其所引注文并非繁複之語。且采用粗注以供小童之義〔二〕，便於小童理解。今野達所撰《〈注好選〉解說》亦通過分析此序文指出，卷首的序文便已明示了撰集《注好選》目的，以簡單的注釋，作爲初學教育的資料〔三〕。

從其序文、以及所引《孔子備問書》《山海經》《仲尼游方問錄》的情況來看，亦可見其用於訓教童蒙的功用與價值。

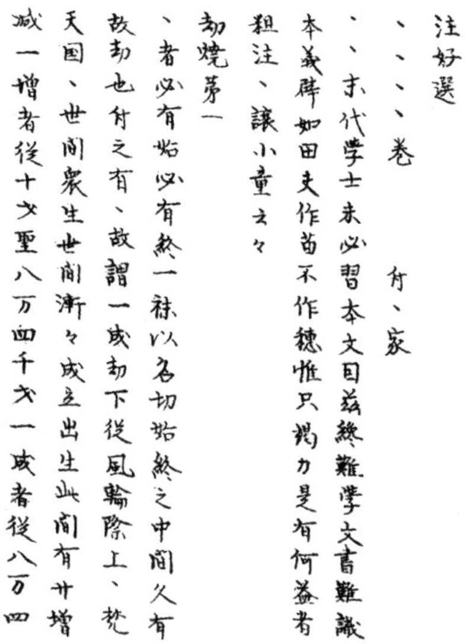

注好選
、、、卷　　有、家
末代學士未必習本文目茲終難學文書難識本義辟如田夫作苗不作穂惟只竭力是有何益者粗注、讓小童々々
劫燒第一
一、者必有始必有終一祿以名切始終之中間久有故劫也有之有、故謂一成劫下從風輪除上、焚天國、世間衆生世間漸々成立出生此間有廿增城一增者後十丈聖八万四千丈一成者後八万四

圖一二　日本內閣文庫藏《注好選》卷上

〔一〕 詳參〔日〕今野達校注：《注好選》，收入〔日〕馬淵和夫、〔日〕小泉弘、〔日〕今野達校注：《新日本古典文學大系》第三一冊，第三九九頁。

〔二〕 按：今野達校注《注好選》："小童の用に供する意。"（〔日〕今野達校注：《注好選》，收入〔日〕馬淵和夫、〔日〕小泉弘、〔日〕今野達校注：《新日本古典文學大系》第三一冊，第二二九頁注九）

〔三〕 按：今野達《〈注好選〉解說》："撰集の趣旨は、卷頭の序文に明らかである。撰者は「末代の學士未だ必ずしも本文を習はず。茲に因りて、纔かに文書を學ぶと雖も、本義を識り難し」とし、その短を補い、學習效果を高からしめるために、「粗之（本文）を注して小童に讓る」としたのである……それが序文に言う「纔かに文書を學ぶ」に相當するが、各句の來歷を學ぶところがないことを遺憾とし、それぞれの典據を注して童蒙に提供するというもので、言ってみれば、蒙求や千字文に注を加えて各句の由來を明らかにした先蹤を追ったものである。"（〔日〕今野達：《〈注好選〉解說》，見〔日〕馬淵和夫、〔日〕小泉弘、〔日〕今野達校注：《新日本古典文學大系》第三一冊，第五四五頁）

《注好選》中所引《文場秀句》的内容，計有四處，其中，《注好選》卷中存有《文場秀句》内容有兩條〔一〕，分别抄録於《天名曰大極第一》及《地稱爲清濁第二》之下。卷下亦存有兩條〔二〕，分别書於《日名金烏第一》及《月稱玉兔第二》之下（見圖一三、圖一四）。兹分别將其所引《文場秀句》的内容移録，略加説明如下：

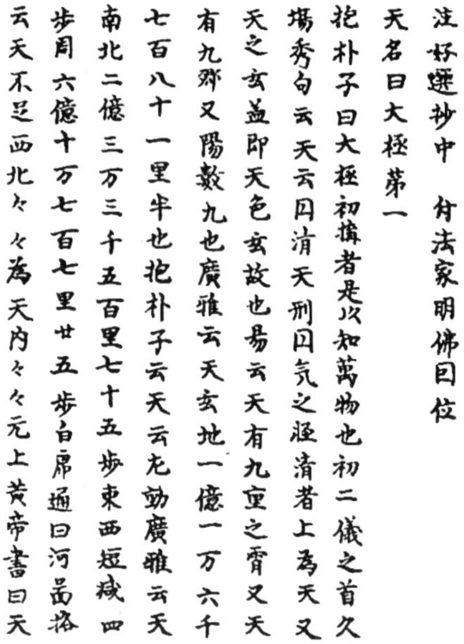
注好選抄中　付法家明佛曰位
天名曰大極第一
抱朴子曰大極初搆者是以知萬物也初二儀之首久
場秀句云天云囙清天刑囙氣之極清者上為天又
天之玄益即天色玄故也易云天有九重之霄又天
有九野又陽數九也廣雅云天玄地一億一万六千
七百八十一里半也抱朴子云天云左動廣雅云天
南北二億三万三千五百里七十五步東西短減四
步周六億十万七百七里廿五步白虎通曰河圖洛
云天不足西北々々為天内々々元上黄帝書曰天

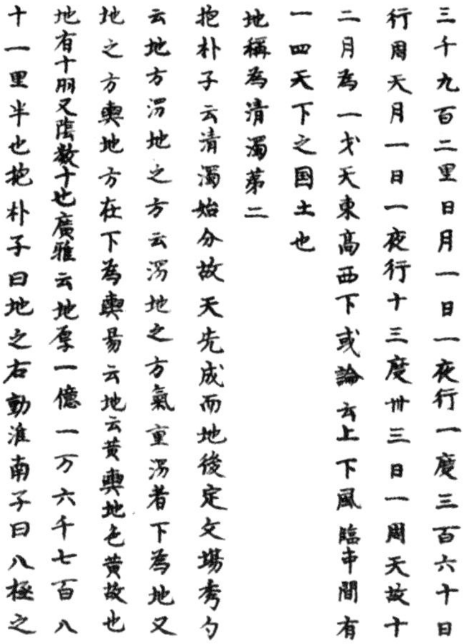
三千九百二里日月一日一夜行一度三百六十日
行周天月一日一夜行十三度廿三日一周天故十
二月為一戈天東高西下或論云上下風臨中間有
一四天下之国土也
地稱為清濁第二
抱朴子云清濁始分故天先成而地後定文場秀句
云地方沕地之方云沕地之方氣重沕者下為地又
地之方輿地方在下為輿易云地云黄輿地色黄故也
地有十朋又陰數十也廣雅云地厚一億一万六千七百八
十一里半也抱朴子曰地之右動淮南子曰八極之

圖一三　日本内閣文庫藏《注好選》卷中　　圖一四　日本内閣文庫藏《注好選》卷中

卷中

《天名曰大極第一》

《抱朴子》曰：大極，初構者。是以知萬物之初、二儀之首。

〔一〕按：卷中題“《注好選抄中》”。（［日］今野達校注：《注好選》，第二八六頁）

〔二〕按：卷下題“注好選”，其中“選”字，東寺觀智院舊藏《注好選》作“撰”，兹據文義改。（［日］今野達校注：《注好選》，第四三一頁）

《文場秀句》云[一]：天云圓清。天形圓[二]，氣之輕清者，上爲天。又：天云玄蓋。即天色玄，故也。

《易》云：天有九重之霄。又天有九卿。又陽數九也。

《地稱爲清濁第二》

《抱朴子》云：清濁始分，故天先成而地後定。

《文場秀句》云：地云方濁。地之方[三]，濁地之方[四]，氣重濁者，下爲地。又地云方輿。地方，在下爲輿。

《易》云：地云黄輿。地色黄，故也。地有十州，又陰數也。

卷下

《日名金烏第一》

《文場秀句》云：日色赤，故云金。日中有三足烏[五]，故云烏[六]。亦

〔一〕 按：今野達校注的《注好選》中，“《文場秀句》”下注指出，《唐書》《宋史·藝文志》有相關記載。中唐時期王起教育莊恪太子所用之書，鐮倉初期《言泉集》中也引用了其中的內容。認爲《注好選》及《言泉集》中所引《文場秀句》的作者爲唐中期時的王起。關於《文場秀句》一書的作者，已在前文中進行了論述，茲不多贅。

〔二〕 形：金剛寺藏《注好選》作“形”，東寺觀智院舊藏《注好選》與日本内閣文庫藏《注好選》寫本均作“刑”，蓋誤，茲從金剛寺藏本。（〔日〕今野達校注：《注好選》，第二八六頁；〔日〕塙保己一編：《續群書類從》第二一七七册《注好選》，寫本不注頁碼）

〔三〕 地之方：此爲衍文。

〔四〕 濁：此爲衍字。

〔五〕 三足烏：今野達注云，《五經通義》《藝文類聚一·天部上》所引。《春秋元命苞》：“陽以一起……陽成於三。故有三足烏。”《論衡》：“日者，火也。烏入中焦爛，安得如立。然烏日氣也。”

〔六〕 按：此句中“金烏”，今野達注云，日名。陽精、耀靈（靈）、義（羲）光、曦和，均爲日名。

日云陽烏[一]，日爲陽精[二]。亦日扶光[三]，日出於扶桑山[四]。

《月稱玉兔第二》[五]

《文場秀句》云：月色白，故云玉。月中有兔，故云兔。亦月云陰兔。亦月云娥影，恒娥爲月御[六]。亦月云桂影，月中有桂。亦云景夜，亦望舒。

從《注好選》所引《文場秀句》來看，參敦煌本《文場秀句》所存內容，可知以下三點：

其一，主要援引了《文場秀句》中第一、第二章中的事對和內容，如

[一] 陽烏：今野達注云，《歷天記》云：日中有三足烏，赤色。今按《文選》，謂之陽烏。

[二] 日爲陽精：《顏氏家訓·歸心》云："日爲陽精，月爲陰精。"

[三] 扶光：今野達注云，日之异稱。《文選》卷一三李善注"扶光"："扶光，扶桑之光也。""扶桑"見《山海經》卷九《海外東經》《海內十洲記》《神异經·東荒經》。一說"邪之隑上爲扶桑，日所升"（《河圖緯象》）。

[四] 扶桑：《山海經》卷九《海外東經》云："湯谷上有扶桑，十日所浴，在黑齒北。"郭璞注："扶桑，木也。"《海內十洲記》云："地多林木，葉皆如桑。又有椹樹，長者二千丈，大二千餘圍。樹兩兩同根偶生，更相依倚，是以名爲扶桑仙人。"《太平御覽》卷九五五《木部四》引郭璞《玄中記》曰："天下之高者，扶桑無枝木焉，上至天，盤蜿而下屈，通三泉。"《楚辭·九歌·少司命》："暾將出兮東方，照吾欄兮扶桑。"詳見（晋）郭璞注：《山海經》第三冊，宋淳熙七年（一一八〇）池陽郡齋刊本，第五筒頁（藏中國國家圖書館）；（漢）東方朔撰，王根林點校：《海內十洲記》，收入[晋]張華等撰，王根林校點：《博物志（外七種）》，上海古籍出版社，二〇〇二年，第一〇九頁；[宋]李昉等撰：《太平御覽》，中華書局，一九六〇年，第四二四二頁；（宋）朱熹集注：《楚辭集注·離騷九歌第二》，第四一頁。

[五] 玉兔：今野達注云，玉兔，月名。恒娥、陰精、望野、夜景、纖治、水氣、金兔、圓壁、金波同爲月名。

[六] 恒娥：今野達注云，月之异稱。嫦娥，堯帝之臣羿之妻。《淮南子·覽冥訓》《後漢書·天文上》。月御：今野達注云，《廣雅·釋天》："日御謂之羲和，月御謂之望舒。"《淮南子》云："月一名夜光，月御曰望舒，亦曰纖阿。"（《初學記·天·上·月》）

《天地第一》中的"圓清""方濁""玄蓋""方輿";《日月第二》中的"金烏""玉兔""娥影""扶光""桂影""景夜""望舒"。

其二,《注好選》中所引多爲《文場秀句》中相對應的事對,如"圓清"與"方濁","玄蓋"與"方輿","金烏"與"玉兔","娥影"與"扶光"等。

其三,《注好選》并非直接引用《文場秀句》一書的内容。通過對比《注好選》中所引《文場秀句》的部分,及敦煌本《文場秀句》尚存相關的内容,可見《注好選》根據其需要解釋説明的内容,對《文場秀句》中的内容進行了調整,而非完全抄録《文場秀句》的内容。如敦煌本《文場秀句》中爲"玄蓋:天色玄也",《注好選》中所引却爲"天云玄蓋,即天色玄,故也"。且從《注好選》所引《抱朴子》《易》等内容,亦見其不是直接引用,而多爲原作的多次轉引。就《注好選》中所引内容而言,雖不似敦煌本《文場秀句》中簡練,但更具有叙述性,將因果關係明確説明,更加便於理解,關於"日""月"等内容的解釋也是如此。

值得注意的是,《注好選》中對《文場秀句》内容的取捨與調整,不僅體現了《注好選》蒙書的性質,也符合便於初學兒童理解和學習的目標與要求。雖然《文場秀句》爲童蒙讀物,其初衷是爲了對兒童進行詩歌啓蒙教育,但對於具有不同文化背景的學習者而言,在教育目標與目的方面仍然存在着一定差異,《注好選》對《文場秀句》内容的選擇,顯示了其自身具有的獨特特點。因而《注好選》在編撰過程中對於《文場秀句》内容的選擇,自然地包含了編撰者對《文場秀句》内容的認識,而其對所引《文場秀句》的内容、語序、表達等方面進行調整,也是很自然的。

(三)《倭名類聚抄》的援引情況

《倭名類聚抄》又名《和名類聚抄》,爲源順〔延喜十一年(九一一)~永觀元年（九八三）〕撰〔一〕，大致成書於九三○年前後，是日本平安時代（七九四~一一九二）中期具有百科全書性質的漢日辭書〔二〕，采用"就日用所觸之

〔一〕 按：本研究使用的日本内閣文庫及中國國家圖書館藏《箋注倭名類聚抄》，參見〔日〕狩谷棭齋：《箋注倭名類聚抄》，日本明治十六年（一八八三）印刷局活版本（藏日本内閣文庫）；〔日〕狩谷棭齋：《箋注倭名類聚抄》，日本大正十年（一九二一）東京印刷局鉛印本（藏中國國家圖書館）。《箋注倭名類聚抄》卷一題"棭齋狩谷望之著"，凡例言："此書本文文字，悉據京本"，搢紳某公所藏，爲十卷本。其序文對《倭名類聚抄》與《箋注倭名類聚抄》的相關情況進行了介紹。《箋注倭名類聚抄序》云："源順，字具璿，大納言定曾孫左馬允舉子也，能達和歌詩。文村上天皇天曆五年，奉敕撰，後撰和歌集，世所謂梨壺五歌仙之一人也。又嘗爲醍醐天皇第四公主勤子内親王，上自日月星辰，下至人倫、形體、飲食、器皿、調度、鳥獸、蟲魚、草木，皆就日用所觸之事物，而類之聚之，每條録倭、漢二名，以詳明其義。著《倭名類聚抄》十卷，其學通倭、漢，可以知也……文化年間，江户湯島市人有狩谷棭齋者，亦通倭、漢學，博聞强識，尤邃考證，好讀此書（《倭名類聚抄》），而憂世所刊行者，疑誤踳駁，失其舊者，多則校以諸本，作之箋注，刊謬正誤，徵以古書，更什寒暑，稿凡三換，而後源君之真面目，可得而窺，云其苦心可想也。但其書傳抄極尠矣，頃者得棭齋手抄原本，惜其久而或蕪没屬員森立之曾與棭齋交，而傳其學，故使立之校正版式、體例，總仍舊貫，再三加訂正，活字刷印，以行於世，庶幾之倭訓古言之不可以苟焉哉。"詳見〔日〕狩谷棭齋：《箋注倭名類聚抄·序》，第一~二筒頁。《箋注倭名類聚抄》第十册後附松琦明復撰《狩谷棭齋墓碣銘》，兹取其與此書及童蒙教育相關者，録以备考。《狩谷棭齋墓碣銘》："翁（狩谷棭齋）又謂源順《和名類聚鈔》，吾邦古書之所宜尤寶重者。上自天地，下至草木，窮源討委，網羅無遺，非獨當時，據以知漢字。後人可照以訂譌謬，而我邦儒家槩（概）乎置而不問，至所謂國學者流，亦唯不過修國風語草耳，則何有於兹者。以故傳寫漸失，紕謬轉甚，至或有所不可讀，於是搜得古鈔本若干，通乃參證校讎，兼加疏（疏）釋，凡數易蒐而成，撰箋注十卷。先儒論度量者數十家，雖互有得失，究不精覈，因著本邦度量權衡考。翁尤明小學，搜轉注考其他所撰……翁富於藏書，而唐鈔、宋槧、元刻、晉唐之碑刻、法帖所極難得者，亦多兼儲，每言：'吾非誇西洞之富。欲化誤本爲善本耳。'……翁之嗜書出於天性，自少至老，孳孳矻矻如一日。每誡生徒曰：'凡學業必在青年，譬猶力耕與冬春，而有夏秋之穫，苟懈於初，而期中晚之成，豈有是理哉？'……源順和名許氏編，鑽研作箋朗秋旻。一朝騎鶴謝塵世，江山茫茫烟霞鄰。"據松琦明復所撰《狩谷棭齋墓碣銘》可知，《倭名類聚抄》又名《和名類聚抄》。又（日本）天理大學附屬天理圖書館所藏善本古籍影印《和名類聚抄》，選取高山寺十卷本，題名"古本和名鈔 一帖"，言源順〔延喜十一年（九一一）~永觀元年（九八三）〕撰。詳參天理大學附屬天理圖書館編：《新天理圖書館善本叢書》第七卷《和名類聚抄（高山寺本）》，（日本）東京：八木書店，二○一七年（藏中國國家圖書館）。

〔二〕 詳參李銘敬：《日本及敦煌文獻中所見〈文場秀句〉一書的考察》，《文學遺産》二○○三年第二期，第六三頁。

事物，而類之聚之，每條録倭、漢二名"的形式〔一〕，對事物進行了詳細説明和解釋。存二十卷本和十卷本，援引《文場秀句》的内容不見於二十卷本，而僅見於十卷本中。十卷本《倭名類聚抄》卷一《人倫部・男女類》"朋友"條下注文中，存有《文場秀句》的相關内容（見圖一五、圖一六），今録文如下：

朋友 《論語》注云："同門曰朋。"〔二〕《尚書》注云："同志曰友。"〔三〕《文場秀句》云："知音得意。"〔四〕

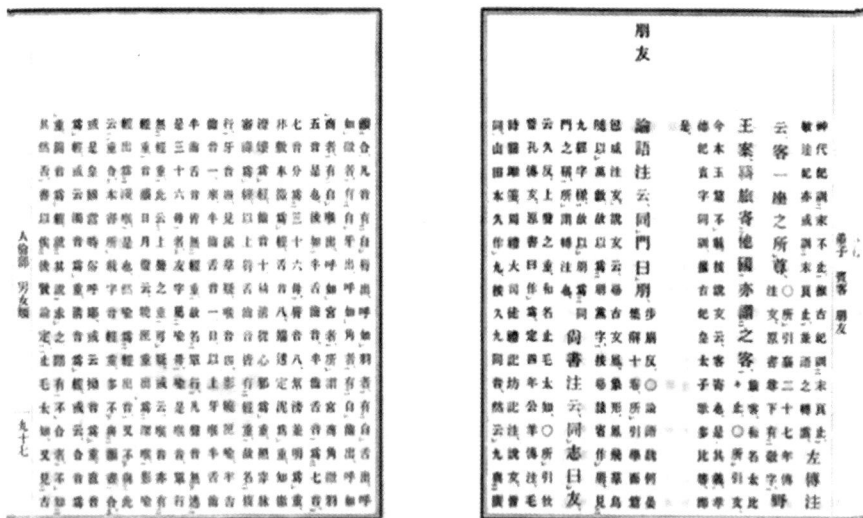

圖一五　日本内閣文庫藏《箋注倭名類聚抄》

〔一〕［日］狩谷棭齋：《箋注倭名類聚抄・序》，第一筒頁。

〔二〕按：下有雙行小注云："步崩反。《論語》魏何晏集解十卷所引《學而篇》包咸注文。《説文》云：'鳳，古文鳳，象形，鳳飛羣（群）鳥隨以萬數，故以爲朋黨字。'按'鳳'隸省作'朋'。《尚書》注云：'同志曰友。'"（［日］狩谷棭齋：《箋注倭名類聚抄》，第九六筒頁）

〔三〕按：下有雙行小注云："云久反，上聲之重，和名止毛太和。"（［日］狩谷棭齋：《箋注倭名類聚抄》，第九六筒頁）

〔四〕按：下有雙行小注云："朋友篇事對也，故附。唐《王起傳》云：'《文場秀句》一卷。'見《唐書》，今無傳本。按知音，伯牙鍾之（子）期故事。出《列子》及《吕氏春秋》。舊唐《王起傳》云：'《文場秀句》獻之。'"（［日］狩谷棭齋：《箋注倭名類聚抄》，第九七筒頁）

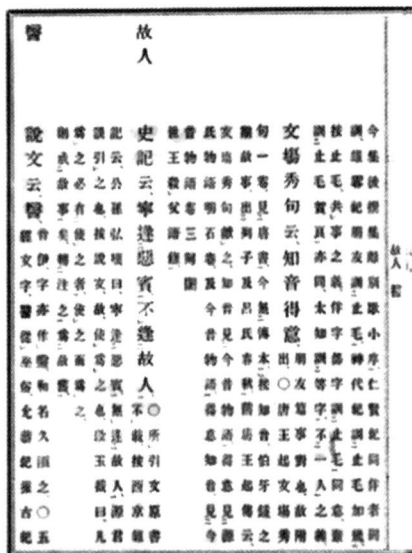

圖一六　日本内閣文庫藏《箋注倭名類聚抄》

　　《倭名類聚抄》援引《論語》《尚書》《文場秀句》中的内容，對“朋友”一詞，進行了解釋和説明。從其所引《論語》《尚書》來看，《倭名類聚抄》在解釋“朋友”一詞的過程中，主要使用中國傳統典籍，則《文場秀句》在編撰者看來，與《論語》《尚書》等書一樣，具有幫助學習者學習漢字、了解漢文化的作用，因而將其同引於“朋友”一詞之下，以便於識記和理解。

　　值得注意的是，狩谷棭齋在所引《文場秀句》“知音得意”之下的箋注中，指出：“朋友篇事對也，故附。”由此可以推知，流傳於日本的《文場秀句》當中應有《朋友篇》。而《朋友篇》并不見於現存的《文場秀句》之中，則此文獻中所引内容，對於豐富《文場秀句》的佚文具有一定的價值。

　　（四）《性靈集注》的援引情况

　　《性靈集注》爲《性靈集》的注本之一，撰者不詳，蓋最終成書於日本鐮倉（一一八五～一三三三）中期，其鈔本藏於名古屋市真福寺[一]。闕卷三，可

────────────

　　〔一〕　詳參孫猛：《日本國見在書目録詳考》下册，第二三七五頁。

據大谷大學博物館藏《性靈集注》補〔一〕。從此書所引文献的情況來看，主要包括兩個方面，一是明言所引爲《文場秀句》；二是言其所引爲《文場抄》。兹分別録之如下。

1.援引《文場秀句》的情況

見於《遍照發揮性靈集注》卷三 "返鵲" 之下，其注爲〔二〕：

> 《白氏六帖》云："銀鈎、驚鸞、返鵲并書勢也。"
> 《文場秀句》云："懸針，垂露，返鵲，迴鸞，魚鱗，虎爪，鳥跡（蒼頡見鳥跡作字），蟲書（科斗字），銀鈎（言能書者屈曲盤，如銀鈎也），墨沼（池）〔三〕（張芝臨池學書，池水盡墨事）。騁迴鸞之妙跡，盡返鵲之奇工。湛垂露於毫端，起懸針於筆杪。動魚鱗於墨沼（池），寫八體之殊蹤。散虎爪於銀鈎，窮二王之逸勢（二王者，羲之、獻之是也）。"此等事皆見下。

依上文所引，《性靈集注》中明確其所引爲《文場秀句》之内容者，雖僅存一處，但却保存了豐富的内容，對還原《文場秀句》佚文具有重要價值，主要表現在兩個方面：

其一，就《性靈集注》所引《文場秀句》的體例而言，與敦煌文献所存之《文場秀句》體例相同，以類相從，所列的内容均與書法筆勢、書體（字體）以及習書寫字相關的名詞。

其二，依其内容而言，先列事對，如 "懸針" 與 "垂露"、"返鵲" 與 "迴鸞"、"魚鱗" 與 "虎爪"、"鳥跡" 與 "蟲書"、"銀鈎" 與 "墨池"。其中，"鳥跡" "蟲書" "銀鈎" "墨池" 等事對亦存釋文，對事對進行解釋。事對之後，

〔一〕 按：本研究使用的是國文學研究資料館編《真福寺善本叢刊》影印的《性靈集注》。[日] 阿部泰郎、[日] 山崎誠編集：《性靈集注》，見國文學研究資料館編：《真福寺善本叢刊》第二期第十二卷（文筆部三），（日本）東京：臨川書店，二○○七年。

〔二〕 按：卷三據大谷大學博物館藏《性靈集注》補。參見 [日] 阿部泰郎、[日] 山崎誠編集：《性靈集注》卷三，第八一八頁。

〔三〕 按：是書後有 "墨池" 具體條目，其下注云："時彼人臨池學書，池水尽（盡）墨"，此處應爲 "墨池"，兹用括號以作區別。

將前列事對用於對偶句之中，以成麗辭，提供對句的範式。值得注意的是，儷語"散虎爪於銀鉤，窮二王之逸勢"中，亦保存了"二王"的釋文內容，即"二王者，羲之、獻之是也"之語，對"二王"進行解釋說明。這與敦煌本《文場秀句・帝德第十一》"息飛塵於五嶽，靜驚浪於四溟"中，存有釋文"恒山、太山、嵩高山、衡山、華山"和"四海"，對"五嶽""四溟"分別進行解釋的情況一致，也從側面反映了《性靈集注》中所引《文場秀句》的內容當爲敦煌本《文場秀句》之佚文。

由此可以推知，《性靈集注》中所引《文場秀句》的內容，當爲敦煌文獻所存《文場秀句》之佚文。若依《文場秀句》之體例，則《性靈集注》中所存《文場秀句》內容當爲：

懸針。

垂露。

返鵲。

迴鸞。

魚鱗。

虎爪。

鳥跡：蒼頡見鳥跡作字。

蟲書：科斗字。

銀鉤：言能書者屈曲盤，如銀鉤也。

墨沼（池）：張芝臨池學書，池水盡墨事。

騁迴鸞之妙跡，盡返鵲之奇工。湛垂露於毫端，起懸針於筆杪。動魚鱗於墨沼（池），寫八體之殊蹤。散虎爪於銀鉤，窮二王之逸勢。二王者，羲之、獻之是也。

但尚不能確認《文場秀句》此部分內容所屬的部類之名。若其所存"鳥跡""墨池""銀鉤"事對，與伯二六三五號《類林・攻書第卅二》中記述書法相關人物的內容相似，茲將《類林》中與《文場秀句》內容相關者，錄如下：

倉頡，黃帝時人，觀鳥跡以造文字。

……

張芝，字伯英，敦煌人也，善草書，妙絕。臨池學書，池水乃黑，寸紙不遺。

……

索静（靖），尤善草書，妙有餘姿，號爲銀鈎蠆尾，如蟲蛇虬蟉[一]。

《類林》與《文場秀句》相似，亦爲類書，大致成書於唐高宗顯慶元年（六五六）至乾封元年（六六六）間[二]，亦與《文場秀句》成書時間相近，則《文場秀句》此部分的部類之名，可能與《類林》之"攻書"相似。較之之前《仲文章》《注好選》《倭名類聚抄》，《性靈集注》中保存了更爲豐富的《文場秀句》佚文，也從側面反映出《文場秀句》一書的内容當較現存之内容更爲豐富。

此外，《文場秀句》與《白氏六帖》同注於"返鵲"一詞之下，可以推知《文場秀句》一書，當與《白氏六帖》一樣具有類書的性質，亦符合《文場秀句》以類書形式編撰的蒙書性質，則《性靈集注》中所引《文場秀句》當與敦煌文獻所存《文場秀句》爲同書。

2.援引《文場抄》的情況

《性靈集注》中尚存《文場抄》内容四則，一是卷一中所存：

鐘籟者，《禮記》云："善待問者，如撞鐘，扣之以小者，則小鳴，扣之以大者，則大鳴。隨問答大小之事義也。"《文場抄》云："風吹天上物爲聲，故曰天籟。"[二]

二是卷一中，寶龜（龜）院本《性靈集注》"藥皆在焉"下有注文：

〔一〕 王三慶：《敦煌類書》上册，第二二二～二二四頁；《法藏》第一七册，第二一～二二頁。

〔二〕 史金波等：《類林研究》，寧夏人民出版社，一九九三年，第三頁。

〔三〕《性靈集注》卷一，影印篇第二七頁、翻刻篇第五五三頁。

神仙佛云："黄金白銀爲宫闕。"

《文場抄》云："蓬萊山上有金銀臺也。"〔一〕

三是卷一"玉聲"下注：

《文場抄》云："孫興公之文，金聲玉振。公作《天台山賦》，成示文友曰：'興試擲地，當作金玉聲。於時才筆之士，孫興公爲其冠。'"〔二〕

四是卷二中存：

精粹者，《文傷（場）抄》賢部云："挺生，精粹清字（孚）思精歟。"〔三〕

　　就上文所引，雖然不能明確地斷定《文場抄》即是《文場秀句》，但是《文場抄》仍具有與《文場秀句》屬於同一性質文獻之可能。如《文場秀句》中有"風驚地籟：風□□□爲聲，故曰地籟"之内容，參考《性靈集注》中所引《文場抄》中存有"風吹天上物爲聲，故曰天籟"之語。可見，《文場抄》與《文場秀句》中所存之語相似程度之高。

　　值得注意的是，其卷二對於"精粹"的解釋中，言《文場抄》中有"賢部"，亦與《文場秀句》以部類收録事對及範文的形式一致。若《文場抄》與《文場秀句》爲同書，則《文場秀句》中除上述"朋友""攻書"這二部類之外，還應存"賢部"。可見，《文場秀句》原有之部類，絶非僅有敦煌文獻中今所得見之十二部類。

──────────

〔一〕　按：此爲寶龜（龜）院本《性靈集注》注文。（《性靈集注》卷一，翻刻篇第五五八頁）
〔二〕　按：此爲寶龜（龜）院本《性靈集注》注文。（《性靈集注》卷一，翻刻篇第五九〇頁）
〔三〕《性靈集注》卷一，影印篇第一三七頁、翻刻篇第六〇八頁。

（五）《三教指歸注集》的援引情況

《三教指歸注集》分爲卷上本、卷上末、卷中、卷下等四卷[一]，成書於日本寬治二年（一〇八八），其中所引多爲漢籍、佚書[二]，日本佐藤義寬《〈三教指歸注集〉の研究》第四章引書概説中指出《三教指歸注集》中引《文場鈔》六條，書目又有《文場盛世》《文場秀句》《文場撰要》等[三]。所引《文場鈔》的內容，見《三教指歸注集》卷上末及卷中，兹移錄如下：

《三教指歸注集》卷上末

1. "淼淼辨泉[四]，與蒼海以沸湧。"[五]下注云："《玉篇》云：'淼，彌

［一］ 按：本研究使用的是大谷大學圖書館藏《三教指歸注集》。參見［日］佐藤義寬：《大谷大學圖書館藏〈三教指歸注集〉の研究》，（日本）京都：大谷大學（藏中國國家圖書館），一九九二年。是書分爲兩册，一册爲《三教指歸注集》（以下簡稱 "《注集》"），爲大谷大學圖書館藏《三教指歸注集》的影印本，分爲卷上本、卷上末、卷中、卷下等四卷；一册爲《〈三教指歸注集〉の研究》（以下簡稱 "《研究》"），包括序文、翻刻篇、解説篇、資料篇。除大谷大學圖書館藏本，《三教指歸注集》還有天理大學附屬天理圖書館藏本和尊經閣文庫藏本，分別爲建保六年（一二一八）年和鐮倉初期（一二世紀前後）寫本。天理圖書館藏本和尊經閣藏本均祇餘零卷，故大谷大學藏本爲書寫年代最早的全本。參見［日］佐藤義寬：《〈三教指歸注集〉の研究》，第二四四～二五六頁。另日本內閣文庫藏［日］僧運敞撰《三教指歸注》，題 "三教指歸注删補"。參見［日］僧運敞撰：《三教指歸注》，（日本）寬文三年（一六六三）刊本（藏日本內閣文庫）。

［二］ 詳參孫猛：《日本國見在書目録詳考》下册，第二三七三頁。

［三］ 詳參［日］佐藤義寬：《大谷大學圖書館藏〈三教指歸注集〉の研究·〈三教指歸注集〉の研究》，第二七三頁。

［四］ 辨：《注集》作 "辨"，高野山三昧院本《三教指歸》卷上（高野山大學圖書館藏）作 "辯"，兹從《注集》。（《三教指歸注集》，第七七頁；《〈三教指歸注集〉の研究》，第八九頁；［日］渡邊照宏、［日］宮坂宥勝校注：《新日本古典文學大系》第七一册《三教指歸 性靈集》，（日本）東京：岩波書店，一九七五年，第九七頁）

［五］ 湧：《注集》作 "涌"，爲 "湧" 字的俗寫，兹徑錄正。以下俗寫徑錄正，不再一一説明。

小反，大水貌也。’《文場鈔》云：‘陸□機〔一〕，文如蒼海。’”〔二〕

2.“玲玲玉振，淩孫馬以連瑤。”下注云：“《玉篇》云：‘玲玲，玉聲也。’《文場鈔》云：‘孫興公之文，金聲玉振。公作《天台山賦》，成示文友曰：卿試擲地，當作金玉聲〔三〕。於時才筆之士，孫興公爲其冠。’”〔四〕

3.“不僥倖，以以登台鼎。”〔五〕下注云：“《文場鈔》云：‘台者，三台也〔六〕。象三公也。鼎者，鼎司也。三公象鼎足也。’”〔七〕

4.“不自衒，以齒槐棘。”下注云：“《文場鈔》云：‘三槐者，三公也。九棘者，九卿也。司農卿、大尉卿、鴻臚卿、太常卿、宗正卿、太僕卿、光禄卿、侍尉卿等也。’”〔八〕

《三教指歸注集》卷中

1.“朝游三嶼之銀臺，終日優游。”下注云：“《切韻》云：‘嶼，徐吕反，海中山也。’《史記》云：‘海中有三山，名蓬來、萬丈、瀛洲也。諸仙居之，及不死之藥生生也。’《神仙傳》云：‘黄金白銀爲宫闕。’《文

〔一〕□：《注集》似“撵”，《研究》校作“□”，兹從之。按：《言泉集》“二陸”注云：“《文場》云：‘二陸。陸機、陸雲兄弟二人并有文筆，機有贈弟詩也。’”此應爲二陸之名。

〔二〕〔日〕佐藤義寬：《大谷大學圖書館藏〈三教指歸注集〉の研究・〈三教指歸注集〉》，第七七頁；〔日〕佐藤義寬：《大谷大學圖書館藏〈三教指歸注集〉の研究・〈三教指歸注集〉の研究》，第八九～九〇頁。

〔三〕作：《注集》似“位”，《研究》校作“作”，兹從校。

〔四〕〔日〕佐藤義寬：《大谷大學圖書館藏〈三教指歸注集〉の研究・〈三教指歸注集〉》，第七八頁。

〔五〕以：此爲衍字，因换行而衍。

〔六〕三：《注集》漫漶不清，《王研》校作“三”，兹從校。

〔七〕〔日〕佐藤義寬：《大谷大學圖書館藏〈三教指歸注集〉の研究・〈三教指歸注集〉》，第八一頁。

〔八〕〔日〕佐藤義寬：《大谷大學圖書館藏〈三教指歸注集〉の研究・〈三教指歸注集〉》，第八一頁。

場鈔》云：‘蓬萊山上有金銀臺也。’私云：‘三嶼者，三山也。’”〔一〕

　　2.“神丹煉丹，藥中靈物。”眉注云：“《文場抄》云：‘九轉之神丹。’注云：‘九練成丹藥也。’”下注云：“《抱朴子》曰：‘案黄帝九鼎神丹。’《經》云：‘黄帝服之，遂以升仙。第一丹名丹花，第三丹名神丹，服一刀圭，百日仙也。以與畜吞之，亦終不死也。又避五兵服之，百日仙。仙人玉女，山川鬼神，皆來侍之，見形如人也。第六丹名練丹’〔二〕，服之十日仙之也。服餌有方，合造有術，一家得成，合門淩空。”〔三〕

　　根據前引日本文獻，可知《三教指歸注集》中所引《文場鈔》與《性靈集注》中所引《文場抄》，應爲同一書。如“蓬萊山上有金銀臺也”之語《三教指歸注集》所引《文場鈔》，與《性靈集注》中所引《文場抄》的内容相同。又《性靈集注》中有“孫興公之文，金聲玉振。公作《天台山賦》，成示文友曰：興試擲地，當作金玉聲。於時才筆之士，孫興公爲其冠”的内容，此與《三教指歸注集》所引《文場鈔》内容相似，《文場鈔》中爲：孫興公之文，金聲玉振。公作《天台山賦》，成示文友曰：“卿試擲地，當作金玉聲。於時才筆之士，孫興公爲其冠。”由此可知，《文場抄》同《文場鈔》應爲一書。蓋因“鈔”亦作“抄”，如《集韻·平聲·爻韻》：“鈔剿抄攙，《説文》：‘叉取也。’或作剿，抄攙。”〔四〕則《三教指歸注集》中所引《文場鈔》亦具有與《文場秀句》屬於同一性質文獻之可能。

　　此外，《玉篇》《切韻》《史記》《抱朴子》等書與《文場秀句》，多出現於同一釋文之内。就這些同出於注釋之内的書籍而言，《玉篇》爲字書，《切韻》爲韻書，均爲學習漢文的重要書籍；而《抱朴子》爲道教典籍，《史記》一書

　　〔一〕［日］佐藤義寬：《大谷大學圖書館藏〈三教指歸注集〉の研究·〈三教指歸注集〉》，第一〇九頁；《〈三教指歸注集〉の研究》，第一二一～一二二頁。

　　〔二〕練：《王研》校作“鍊”（日本漢字），兹從《注集》作“練”。

　　〔三〕［日］佐藤義寬：《大谷大學圖書館藏〈三教指歸注集〉の研究·〈三教指歸注集〉》，第一二一～一二二頁。

　　〔四〕（宋）丁度等編：《集韻》上册，上海古籍出版社，一九八五年，第一八八頁。

自不必多言，均是了解歷史與文化的重要典籍，可見《文場秀句》與這些書籍一樣，對學習、了解漢字、漢文化具有一定的價值。

（六）《言泉集》的援引情況

《言泉集》成書於日本鎌倉時期建久年間（一一九〇～一一九九），是天台宗唱導派安居院流的代表作品，收錄有願文、表白等例文[一]。例文多引自佛典及漢文典籍，亦引用了與孝道相關的内容[二]。其中，東大寺北林院所藏《言泉集》寫本的《兄弟姊妹帖》中，較爲集中引用了《文場》的内容，共有七則，茲抄錄如下[三]：

　　共被　《文場》云：共被。美服兄弟[四]，共被而眠。雖有房室，不忍分胸也。《蒙求》云："姜肱共被。"注云：後漢姜肱，字伯淮。與弟仲海、季江并以孝友聞於世。每共被成歡。

　　同餐　《文場》云：同餐。趙孝常與兄弟四食，兄弟不在不食也。

　　推梨・讓棗　孔融，字文舉，四歲便知禮。《文場》云：推梨讓棗。孔融兄弟讓梨，王戎兄弟推棗。《蒙求》云："孔融讓果。"注云：《魯國先賢傳》云："讓與兄食梨棗，輒以擇小者耳。"

　　八龍　《文場》云：八龍。荀氏有子八人，時號爲八龍。語曰：時人

〔一〕　詳參〔日〕荒見泰史：《漢文譬喻經典及其剛要本的作用》，收入陳允吉主編：《佛經文學研究論集》，復旦大學出版社，二〇〇四年，第二八九頁；孫猛：《日本國見在書目錄詳考》下冊，第二三七五頁；李銘敬：《日本及敦煌文獻中所見〈文場秀句〉一書的考察》，《文學遺産》二〇〇三年第二期，第六五頁。

〔二〕　按：關於《言泉集》中所使用的例文情況和内容，可參看真如藏本《言泉集》，在《言泉集：東大寺北林院本》解題中已進行過介紹。（〔日〕畑中榮：《真如藏本〈言泉集〉翻刻》，《金沢大學國語國文》二〇〇一年第二六期，第三八～五〇頁）

〔三〕　按：本研究使用的是澄憲著，畑中榮編《言泉集：東大寺北林院本》。（澄憲著，〔日〕畑中榮編：《言泉集：東大寺北林院本》，（日本）東京：古典文庫，二〇〇〇年（藏日本國立國會圖書館），第三二三～三二六頁）

〔四〕　按："美服"，當爲"姜肱"之誤。

荀氏八龍，慈明無雙也。《蒙求》云："慈明八龍。"注云：《魏志》：葛夾，字慈明，十二通《春秋》《論語》，穎川爲之語曰：荀氏八龍，慈明無雙。後果徵拜，九十日爲司空。

兩驥 《文場》云：兩驥。劉王生禮兄弟兩人，號爲兩驥。

二陸 《文場》云：二陸。陸機、陸雲兄弟二人并有文筆，機有贈弟詩也。

三張 《文場》云：三張。張風兄弟三人俱有文章，俗云："二陸入洛，三張減價也。"

從《言泉集》所引《文場》的情況來看，有兩點需要說明：

一是其所引《文場》當爲《文場秀句》。《文場秀句》之名除見於《日本國見在書目錄》之外，尚未有以"文場"二字明其書者[一]。且所引《文場》具有蒙書的性質，如《言泉集》中"共餐""推梨·讓棗""八龍"，在引用《文場》的內容之後，均引用了《蒙求》的內容，而《蒙求》采用對偶押韻的四字形式，對兒童進行訓導的童蒙讀物[二]，且《蒙求》傳入日本後，便成爲皇室、貴族與文士等學習漢詩、漢文的主要參考，并逐漸在日本流傳開來[三]，與前文所述日本文獻所引《文場秀句》以供學習漢字、漢文化的作用相同，且與孟獻忠《文場秀句》用於童蒙教育的性質相符，則所引《文場》當爲《文場秀句》無疑。由此可見，《言泉集》是日本文獻中所引《文場秀句》最多的一書，較爲集中地保存了《文場秀句》的佚文。

二是《言泉集》所引《文場秀句》的內容，與《語對》中"兄弟"所列內容恰好近似，茲就《言泉集·兄弟姊妹帖》中所引的《文場秀句》七則內容，與《語對·兄弟》中對應的條目[四]，依次以表明之，冀便說明：

〔一〕 詳參李銘敬：《日本及敦煌文獻中所見〈文場秀句〉一書的考察》，《文學遺產》二○○三年第二期，第六五頁。

〔二〕 詳參鄭阿財、朱鳳玉：《敦煌蒙書研究》，第二二七頁。

〔三〕 詳參鄭阿財：《〈蒙求〉在漢字文化圈的傳播及其在日本接受的特殊意涵》，收入金瀅坤主編：《童蒙文化研究》第五卷，第五一～五九頁。

〔四〕 按：《語對·兄弟》錄文部分，錄自王三慶《敦煌本古類書〈語對〉研究》。（王三慶：《敦煌本古類書〈語對〉研究》，第二六○～二七二頁）

《言泉集・兄弟姊妹帖》	《語對・兄弟》
共被　《文場》云：共被。美服兄弟，共被而眠。雖有房室，不忍分胸也。	同餐：後漢趙孝字長平，常與兄弟同餐，兄弟不至，不先食也。又孝弟禮被餓賊虜，將欲烹之。孝遂賊曰：禮瘦不如孝肥。賊遂感之，并放。
同餐　《文場》云：同餐。趙孝常與兄四食，兄弟不在不食也。	共被：姜肱兄弟二人同被，及成長，以孝行著名。
推梨・讓棗　《文場》云：推梨讓棗。孔融兄弟讓梨，王戎兄弟推棗。	推梨：孔融小時，食梨讓兄。
	讓棗：王戎年三歲，得棗，青者自食，赤者與兄。
八龍　《文場》云：八龍。荀氏有子八人，時號爲八龍。語曰：時人荀氏八龍，慈明無雙也。	八龍：漢時荀爽兄弟八人，號曰八龍。荀儉、荀靖、荀緄、荀汪、荀燾、荀昱、荀爽、荀敷等，并是荀淑之子，具有賢行，時號賈氏三虎，荀氏八龍。
兩驥　《文場》云：兩驥。劉王生禮兄弟兩人，號爲兩驥。	兩驥：劉岱字公山，劉繇字正禮，禮兄弟二人，時號曰：兩驥之才。
二陸　《文場》云：二陸。陸機、陸雲兄弟二人并有文筆，機有贈弟詩也。	三張：張載兄弟三人，具有文華，時號曰三張。又曰：二陸入洛，三張減價。
三張　《文場》云：三張。張風兄弟三人俱有文章，俗云：二陸入洛，三張減價也。	二陸：陸機、陸雲兄弟二人具有文華，時人。

　　略觀上表，大體可知《言泉集》中所存《文場秀句》與《語對》的异同，主要有以下兩點：一是就兩部文獻中的條目而言，《言泉集》中所存《文場秀句》與《語對》存在對應一致的內容。如《言泉集》中所存《文場秀句》的"共被""同餐""推梨・讓棗""八龍""兩驥""二陸""三張"的七個條目，與《語對・兄弟》所列內容大致相同，祇是順序略有不同。除"共被"與"同餐"、"二陸"與"三張"的順序顛倒，《言泉集》中"推梨・讓棗"在《語對》中分爲兩條之外，其餘均可在《語對》找到相對應的內容。

　　通過對比《語對》及日本文獻《言泉集》中所存《文場秀句》之內容，則《語對》應是《文場秀句》的改編本，亦可作爲前面章節分析《語對》與《文場秀句》關係的旁證。由於《言泉集》中并未録《文場秀句》之部類，若從兩部文獻中事對的解釋來看，較之《語對》，《言泉集》所引《文場秀句》的内容更爲簡潔，未似《語對》中的内容詳細。其中尤以"八龍"條内容最爲明顯，《言泉集》所引祇説明了"荀氏有子八人，時號爲八龍"，而《語對》中則詳細地説明了"八龍"所指的八人。從《言泉集》此七則内容來看，雖然不能確認《言泉集》完整抄録了《文場秀句》的内容，但是從其所引《文場秀句》内容均較爲簡略來看，《文場秀句》當較《語對》内容簡潔。又《語對》的編録時間，大概爲唐中宗神龍至唐睿宗景雲年間（七〇五~七一一）〔一〕，與《文場秀句》成書時間相比，《語對》成書晚於《文場秀句》，就《語對》所存部類來看，《語對》很可能是《文場秀句》的改編本，則《語對》對於復原《文場秀句》的内容亦有其功用。通過對比分析，可以進一步推知《文場秀句》一書中應存"兄弟"之部類，而其内容也應更加複雜和豐富。

（七）《净土三部經音義集》的援引情況

《净土三部經音義集》署"沙門信瑞纂"〔二〕，爲日本僧信瑞所撰。成書於日本嘉禎二年（一二三六），爲宋理宗端平三年（一二三六）〔三〕。所引《文場秀句》的内容見卷二無量壽經卷下，其中"朋友"條下有雙行小注，兹將此條相關内容，抄録如下：

　　《千字文》云："博乞灑彌。"恒囉此云："朋友。"《白虎通》云："朋

〔一〕 按：關於《語對》的編録時間，詳參王三慶：《敦煌本古類書〈語對〉研究》，第二九、八八頁。

〔二〕 按：本研究使用的是中國國家圖書館藏《净土三部經音義集》。（［日釋］信瑞撰：《净土三部經音義集》，全國圖書館文獻縮微中心，一九八五年）中國國家圖書館藏SB03191、03192、11997《净土三部經音義集》三個日本抄本均不注頁碼，SB03192號抄本爲楊守敬校，并存跋文。此抄本字迹較爲清晰，可補另外兩個抄本漫漶不清之處，故以SB03192號抄本爲基礎，參照另外兩個抄本進行校録。

〔三〕 王國維：《唐諸家切韻考》，收入王國維：《觀堂集林》卷八《藝林八》，第三七四頁。

友者何謂也？朋黨也。友者，有也。"《禮記》曰："同門曰朋，同志曰友。
朋友之交，近則謗其言，遠則不相詢。一人有善其心好之，一人有惡其
心痛之。"《倭名》曰："《論語》云：'同門曰朋。'"〔一〕《尚書》注云："同
志曰友。"〔二〕《文場秀句》云："知音得意。"〔三〕

　　依上文所引，《净土三部經音義集》中所引内容"知音得意"，與《倭名
類聚抄》中所引《文場秀句》的内容一致，且同抄録於"朋友"條下，兹不
贅述。

　　值得注意的是，此處雙行小注所引的書中有《千字文》《白虎通》《禮記》
《倭名》《尚書》，其中，《禮記》《尚書》《白虎通》爲經典，《千字文》是隋以
降童蒙教育中兒童集中識字的教材，也是日本學習漢文的主要識字教材〔四〕，
《倭名》則爲百科全書性質的漢日辭書〔五〕，則《文場秀句》與這些書籍同注於
"朋友"條下，可以推知《文場秀句》對於日本理解、學習漢字詞語具有一定
的作用，故而在解釋漢文詞彙之時，援引《文場秀句》中的内容進行解釋和
説明。

　　（八）"有注本"《游仙窟》的援引情況

　　《游仙窟》是初唐張鷟所作的中篇小説〔六〕，關於其作者張鷟，《舊唐書》卷

　　〔一〕 按：其下注云："步萠反。"（［日釋］信瑞撰：《净土三部經音義集》卷二《無
量壽經卷下》，抄本不注頁碼）

　　〔二〕 按：其下注云："云久反，上声（聲）之重。《倭名》度毛太知也。"（［日釋］
信瑞撰：《净土三部經音義集》卷二《無量壽經卷下》，抄本不注頁碼。又SB03192號"上"
作"工"，兹據SB03192、SB11997號改）

　　〔三〕 ［日釋］信瑞撰：《净土三部經音義集》，全國圖書館文獻縮微中心（中國國家
圖書館），一九八五年，抄本不注頁碼。

　　〔四〕 詳參鄭阿財、朱鳳玉：《敦煌蒙書研究》，第一一頁。

　　〔五〕 詳參李銘敬：《日本及敦煌文獻中所見〈文場秀句〉一書的考察》，《文學遺産》
二〇〇三年第二期，第六三頁。

　　〔六〕 詳參黃得時：《在日本却受歡迎的十部中國古書》，收入黃得時著，江寶釵主編：
《黃得時全集·論述卷五：日本漢學研究（下）》，台灣文學館，二〇一二年，第一五四頁。

一四九《張薦傳》載：

　　張薦字孝舉，深州陸澤人。祖鷟字文成，聰警絶倫，書無不覽……初登進士第，對策尤工……鷟凡應八舉，皆登甲科。再授長安尉，遷鴻臚丞，凡四參選，判策爲銓府志最……鷟下筆敏速，著述猶多，言頗詼諧。天后朝……新羅、日本東夷諸蕃，尤重其文，每遣使入朝，必重出金貝以購其文，其才名遠播如此[一]。

　　《新唐書》卷一六一《張薦傳》所載略同[二]。可知，張鷟字文成，爲武后時人，其人生活時代亦與《文場秀句》作者孟獻忠生活時代十分接近。唐代張鷟的《游仙窟》於中國本土早已失傳，但却在日本得到了廣泛傳播，約在唐中宗嗣聖十七年（武后久世元年，七〇〇）前後，即日本奈良朝文武天皇景雲年間（六九七～七〇七），很可能由隨遣唐使來中國的留學生帶回日本，并對日本文學產生了深遠的影響[三]。日本現存《游仙窟》的古鈔本與古刊本，可主要分爲"白文本"和"有注本"[四]，而援引《文場秀句》的爲"有注本"。

　　有注文的《游仙窟》，現存最早的是"江户初期（一六〇三～一八七六）無刊記刊本"，其原本可以上溯到文保三年（一三一九），其後又有慶安五年

　　〔一〕《舊唐書》卷一四九《張薦傳》，第四〇二三～四〇二四頁。

　　〔二〕《新唐書》卷一六一《張薦傳》載："張薦字孝舉，深州陸澤人。祖鷟，字文成，早慧絶倫……調露初，登進士第……武后時，中人馬仙童陷默啜，問：'文成在否？'答曰：'近自御史貶官。'曰：'國有此人不用，無能爲也。'新羅、日本使至，必出金寶購其文。終司門員外郎。"（第四九七九～四九八〇頁）

　　〔三〕詳參黃得時：《在日本却受歡迎的十部中國古書》，收入黃得時著，江寶釵主編：《黃得時全集·論述卷五：日本漢學研究（下）》，第一五六頁。

　　〔四〕詳參李時人、詹緒左：《〈游仙窟〉的日本古鈔本和古刊本》，《上海師範大學學報（哲學社會科學版）》二〇〇六年第三期，第四七頁。

（一六五二）刊本，與其爲同版异刷本〔一〕。有注文的《游仙窟》中，援引《文場秀句》的内容，見於卷一"絳樹青琴，對之羞死"之下，爲雙行小注（見圖一七），兹録之如下〔二〕：

> 絳樹青琴，對之羞死：魏文帝《與繁欽書》曰："今之妙舞，莫過絳樹。"孟獻忠《文場秀句》曰："絳樹者，古美妾也。"引司馬相如《上林賦》曰："美夫青琴，宓妃之徒。"伏儼曰："青琴，古神女也。"

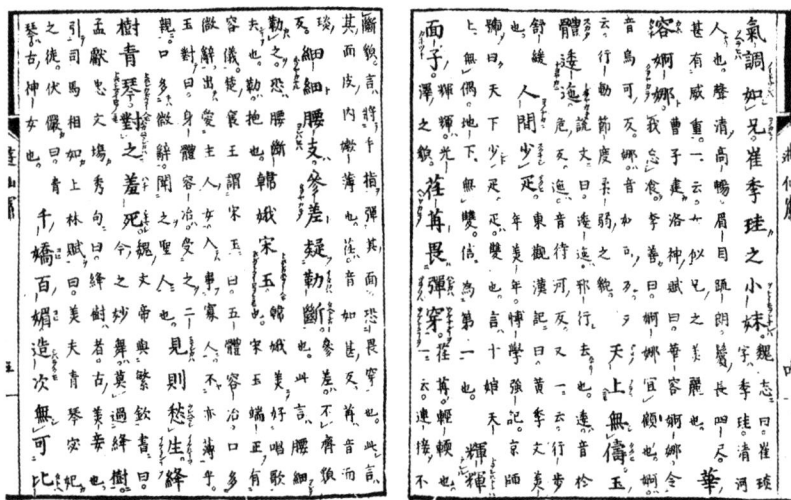

圖一七　日本早稻田大學圖書館藏《游仙窟》

〔一〕　按：本研究使用的是日本早稻田大學圖書館藏《游仙窟》，爲日本慶安五年（一六五二）刊本，與日本最早的《游仙窟》江户初期（一六〇三～一八七六）無刊記刊本版同。參見（唐）張鷟撰：《游仙窟》，（日本）京都慶安五年（一六五二）中野太良左衛門本（藏日本早稻田大學圖書館）。關於《游仙窟》的版本，相關研究有［日］吉田幸一：《游仙窟傳本考（上）》，《國語と國文學》一九三五年第七期（藏日本國立國會圖書館），第一四～三五頁；［日］吉田幸一：《游仙窟傳本考（下）》，《國語と國文學》一九三五年第八期（藏日本國立國會圖書館），第一七～二八頁；［日］神田喜一郎：《游仙窟に關する一二の私見》，《歷史と地理》一九三三年第一期（藏日本國立國會圖書館），第一六～二〇頁；［日］近藤杢：《〈游仙窟〉について》，《東大文化》一九三五年第一一期（藏日本國立國會圖書館），第五〇～五七頁；李時人、詹緒左：《〈游仙窟〉的日本古鈔本和古刊本》，《上海師範大學學報（哲學社會科學版）》二〇〇六年第三期，第四七頁。

〔二〕　（唐）張鷟撰：《游仙窟》，第五筒頁。

　　依上文所引，其言所引内容出自“孟獻忠《文場秀句》”，則可以確知，有與王起所撰《文場秀句》同名而撰者不同之《文場秀句》。則其注文援引《文場秀句》的内容來看，對“絳樹”一詞進行了解釋，性質與敦煌本《文場秀句》的體制一致。雖然《游仙窟》所引《文場秀句》的内容僅此一句，但由此可知《文場秀句》中當有“絳樹”一詞之事對，對於補充此書佚文具有一定的價值。通過前文對《言泉集》所引《文場秀句》内容與《語對》進行對比，可知《文場秀句》與《語對》具有密切的關係，對豐富《文場秀句》内容具有重要的價值，而《游仙窟》注文中的事對“絳樹”，《語對》中亦可找到相對應的内容，《語對·美女》中有：“絳樹：美妾也。魏文帝與繁欽曰：‘今之妙舞美巧，莫過絳樹。’”〔一〕從側面證明了《游仙窟》所存《文場秀句》之内容，當爲《文場秀句》之佚文。

　　值得注意的是，通過考察有注文的《游仙窟》，其注釋部分用漢文撰寫，所引書目包括《易》《毛詩》《尚書》《山海經》《漢書》《説文》《爾雅》等，涉及十分廣泛，旁征博引，但未注明爲其作注者。清代楊守敬《日本訪書志》卷八《游仙窟一卷》中指出：

　　　　其注不知誰作，其於地理諸注，皆以唐十道證之，則亦唐人也。注中引陸法言之説，是猶及見《切韻》原本……他如稱‘夫蒙曰’‘陳三曰’姓名皆奇，未詳爲何人。”〔二〕

　　認爲注文爲唐人所撰。若《游仙窟》之注文爲唐人所撰，則可從側面反映出在王起所撰《文場秀句》之前，孟獻忠所撰之《文場秀句》已存，并在一定程度上在中土傳播開來，成爲唐人爲著述撰寫注文的參考材料。關於《游仙窟》作注文者的情況，日本學者神田喜一郎和吉田幸一主張注文出自朝

　　〔一〕　王三慶：《敦煌本古類書〈語對〉研究》，第三一五頁。
　　〔二〕　（清）楊守敬撰：《日本訪書志》卷八《游仙窟一卷》，遼寧教育出版社，二〇〇三年，第一三九頁。

鮮人之手〔一〕。吉田幸一指出《游仙窟》中屢次出現注釋者"夫蒙云"的内容
（見圖一八、圖一九）〔二〕，而"夫蒙"之姓，并不見於中國，而見於新羅，且與
《舊唐書》中記載新羅購張文成之文事相符，推斷"有注本"《游仙窟》爲新
羅人所注〔三〕。

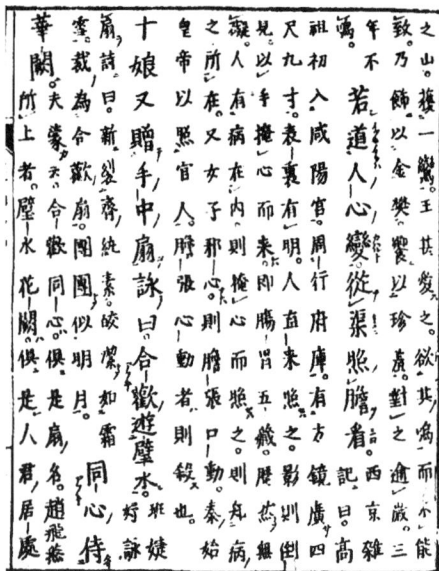

<table>
<tr><td>圖一八　日本早稻田大學圖書館藏
《游仙窟》</td><td>圖一九　日本早稻田大學圖書館藏
《游仙窟》</td></tr>
</table>

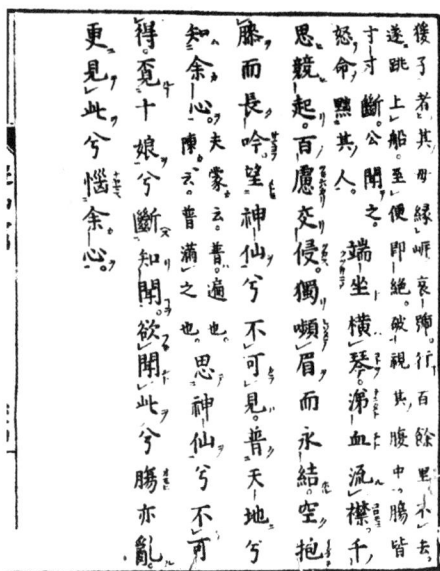

　　根據《舊唐書》卷一四九《張薦傳》載："新羅、日本東夷諸蕃，尤重其
（張文成）文，每遣使入朝，必重出金貝以購其文。"〔四〕《新唐書》卷一六一

〔一〕　詳參李銘敬：《日本及敦煌文獻中所見〈文場秀句〉一書的考察》，《文學遺産》
二〇〇三年第二期，第六二頁。

〔二〕　按：書中可見"夫蒙云"的内容，尚有不少。兹僅截取其中的部分頁面，以便
説明，詳參日本早稻田大學圖書館藏《游仙窟》慶安五年（一六五二）刊本。

〔三〕　詳參李銘敬：《日本及敦煌文獻中所見〈文場秀句〉一書的考察》，《文學遺産》
二〇〇三年第二期，第六二頁。

〔四〕　《舊唐書》卷一四九《張薦傳》，第四〇二四頁。

《張薦傳》所記略同，言"新羅、日本使至，必出金寶購其（張文成）文"〔一〕。與吉田幸一所言所述之事相符。若此説成立，則孟獻忠的《文場秀句》不僅傳入過日本，亦曾傳入過朝鮮半島。但要證明此結論，尚需要更多的材料支撐。且"夫蒙"，當爲"不蒙"之異譯，蓋古讀輕唇音如重唇，則"夫蒙"即"不蒙"。"不蒙氏"爲羌中强族，明元帝泰常中歸魏〔二〕。又唐代王摩詰有《奉和聖製送不蒙都護兼鴻臚卿歸安西應制》，其注云："不蒙，蕃將之姓。郭友培元謂當是夫蒙之訛。"〔三〕則"夫蒙"之姓，并非不存於中國，有注文的《游仙窟》是否爲新羅人所注，尚有待進一步考證，《文場秀句》一書是否曾傳入朝鮮半島，亦不能得到明確的肯定。通過梳理日本所存文獻對《文場秀句》的援引情況，則此書曾傳入日本，當可無疑矣。

三 日本文獻所存《文場秀句》的意義與價值

依上文所述，通過對日本文獻所存《文場秀句》的情況進行梳理，可見有不少日本文獻中保存了《文場秀句》的部分内容，且這些内容多不見於敦煌本《文場秀句》中。因此，日本文獻所存《文場秀句》的内容具有重要的價值，不僅對探討《文場秀句》在日本的流傳與使用，具有十分重要的意義，日本文獻援引的《文場秀句》内容也在一定程度上保存了其佚文，爲進一步復原《文場秀句》提供了可能。兹以此二點價值，分別論述如下。

（一）保存了《文場秀句》的佚文

日本所存文獻中保存了不少《文場秀句》的佚文，對於進一步復原和豐富《文場秀句》一書的内容具有重要的意義和價值。兹將日本文獻所

〔一〕《新唐書》卷一六一《張薦傳》，第四九八〇頁。
〔二〕 詳參姚薇元：《北朝胡姓考》外篇《未見魏書官氏志諸胡姓·西羌諸姓》，中華書局，一九六二年，第三二八頁。
〔三〕（唐）王維：《奉和聖製送不蒙都護兼鴻臚卿歸安西應制》，收入（唐）王維撰，（清）趙殿成箋注：《王右丞集箋注》卷一一，上海古籍出版社，一九六一年，第二〇〇~二〇一頁。

存《文場秀句》之佚文，録之如下，以見日本文獻對保存此書佚文的重要價值^{〔一〕}：

序號	所存佚文	《文場秀句》所存内容	備注
1	蓽門*：鬼目草，編爲户。	——	《仲文章》
2	贏呂*：贏呂者，武藝臣也。手取弓，空鴈離連落地。林猿舍友藏空也。	——	
3	天云圓清。天形圓，氣之輕清者，上爲天。又：天云玄蓋。即天色玄，故也。	圓清：天形圓，氣之清者上爲天也。 玄蓋：天色玄也。	《注好選》
4	地云方濁。地之方，濁地之方，氣重濁者，下爲地。又地云方輿。地方，在下爲輿。	方濁：地形方，氣之濁者下爲地也。 方輿：地方，如在下輿。	
5	日色赤，故云金。日中有三足烏，故云烏。亦日云陽烏，日爲陽精。亦日扶光，日出於扶桑山。	金烏：日色赤，故云金烏。日中有三足烏。 陽烏：日爲陽精。 扶光：日出於扶桑也。	
6	月色白，故云玉。月中有兔，故云兔。亦月云陰兔。亦月云娥影，恒娥爲月御。亦月云桂影，月中有桂。亦云景夜，亦望舒。	玉兔：月色白，故云玉兔。月中有兔如玉。 陰兔：月爲陰精。 娥影：月也。 桂影：月中有桂樹。 望舒：月也。 夜景：月也。	《注好選》

〔一〕　按：日本文獻援引《文場秀句》時，有些條目并未注明具體事對。表格“所存佚文”中的事對，可據釋文補充者，用“*”標注，以示區別。

續表

序號	所存佚文	《文場秀句》所存内容	備注
7	知音得意[一]。	——	《倭名類聚抄》
8	懸針。	——	《性靈集注》
9	垂露。	——	
10	返鵲。	——	
11	迴鸞。	——	
12	魚鱗。	——	
13	虎爪。	——	
14	鳥跡：蒼頡見鳥跡作字。	——	
15	蟲書：科斗字。	——	《性靈集注》
16	銀鉤：言能書者屈曲盤，如銀鉤也。	——	
17	墨沼（池）：張芝臨池學書，池水盡墨事。	——	
18	騁迴鸞之妙跡，盡返鵲之奇工。湛垂露於毫端，起懸針於筆杪。動魚鱗於墨沼（池），寫八體之殊蹤。散虎爪於銀鉤，窮二王之逸勢。二王者，羲之、獻之是也[二]。	——	

〔一〕 按：此與《净土三部經音義集》所引《文場秀句》内容相同。

〔二〕 按："窮二王之逸勢"後存"二王者，羲之、獻之是也"之語，是對"窮二王之逸勢"中"二王"的解釋，非爲具體的儷語内容。

續表

序號	所存佚文	《文場秀句》所存内容	備注
19	天籟*：風吹天上物爲聲，故曰天籟。	——	《性靈集注》（《文場抄》）
20	金銀臺*：蓬萊山上有金銀臺也〔一〕。	——	
21	玉聲：孫興公之文，金聲玉振。公作《天台山賦》，成示文友曰："興試擲地，當作金玉聲。於時才筆之士，孫興公爲其冠。"〔二〕	——	
22	精粹：挺生，精粹清字（孚）思精歟。	——	
23	蒼海*：陸□機，文如蒼海。	——	《三教指歸注集》（《文場鈔》）
24	台鼎*：台者，三台也。象三公也。鼎者，鼎司也。三公象鼎足也。	——	
25	三槐*：三槐者，三公也。	——	
26	九棘*：九棘者，九卿也。司農卿、大尉卿、鴻臚卿、太常卿、宗正卿、太僕卿、光禄卿、侍尉卿等也。	——	《三教指歸注集》（《文場鈔》）
27	九轉*：九轉之神丹。九練成丹藥也。	——	
28	共被：美服兄弟，共被而眠。雖有房室，不忍分胸也。	——	《言泉集》
29	同餐：趙孝常與兄弟四食，兄弟不在不食也。	——	
30	推梨・讓棗：孔融兄弟讓梨，王戎兄弟推棗。	——	
31	八龍：荀氏有子八人，時號爲八龍。語曰：時人荀氏八龍，慈明無雙也。	——	

〔一〕　按：此與《三教指歸注集》所引《文場鈔》内容相同。

〔二〕　按：此與《三教指歸注集》所引《文場鈔》内容相似。《文場鈔》中爲：孫興公之文，金聲玉振。公作《天台山賦》，成示文友曰："卿試擲地，當作金玉聲。於時才筆之士，孫興公爲其冠。"

續表

序號	所存佚文	《文場秀句》所存內容	備注
32	兩驥：劉王生禮兄弟兩人，號爲兩驥。	——	《言泉集》
33	二陸：陸機、陸雲兄弟二人并有文筆，機有贈弟詩也。	——	
34	三張：張風兄弟三人俱有文章，俗云：二陸入洛，三張減價也。	——	
35	絳樹*：絳樹者，古美妾也。	——	《游仙窟》

由上表觀之，日本所存文獻保存了較爲豐富的《文場秀句》內容，計有三十五條，僅見於日本所存文獻而不見於敦煌本《文場秀句》的條目便有三十一條[一]，對於豐富和復原《文場秀句》具有重要的價值，主要表現在以下三個方面：

其一，增補缺失的部類。根據日本所存文獻，《文場秀句》當尚有兄弟、朋友、攻書、賢等四部。如十卷本《倭名類聚抄》卷一《人倫部·男女類》"朋友"條下注文有："《文場秀句》云：'知音得意。'"下有雙行小注云："朋友篇事對也，故附。"[二]可知，流傳於日本的《文場秀句》當有《朋友篇》，而《朋友篇》并不見於敦煌本《文場秀句》十二部之中。《言泉集》中所存《文場秀句》的"共被""同餐""推梨·讓棗""八龍""兩驥""二陸""三張"等條目，與《語對·兄弟》所存內容大致相同，祇是順序略有不同。除"共被"與"同餐"、"二陸"與"三張"的順序顛倒，《言泉集》中"推梨·讓棗"在《語對》中分爲兩條之外，其餘均可在《語對》找到相對應的內容[三]，

〔一〕 按：觀上表可知，日本所存文獻援引《文場秀句》的內容，計有三十五條。其中，《注好選》中的四條內容，均見於敦煌本《文場秀句》中，除去此四條內容，計有三十一條。

〔二〕 [日] 狩穀棭齋：《箋注倭名類聚抄》，日本明治十六年（一八八三）印刷局活版本（藏日本內閣文庫），第九七頁。

〔三〕 詳參王三慶：《〈文場秀句〉之發現、整理與研究》，收入王三慶、鄭阿財合編：《2013年敦煌、吐魯番國際學術研討會論文集》，第一一～一二頁。

可以進一步推知原《文場秀句》中應有"兄弟"之部類。又《性靈集注》卷三"返鵲"之下，援引了《文場秀句》的内容，存有"懸針""垂露""返鵲""迴鸞""魚鱗""虎爪""鳥跡""蟲書""銀鉤""墨池"等五對十則之事對〔一〕，就其内容而言，所引事對多與書法、筆勢的内容相關，通過梳理敦煌文獻，其與伯二六三五號《類林·攻書第卅二》中記述"倉頡""張芝""王羲之"等人與書法相關的事蹟十分相似，兹將《類林·攻書》中與《文場秀句》内容相關者，録如下：

> 倉頡，黄帝時人，觀鳥跡以造文字。
> ……
> 張芝，字伯英，敦煌人也，善草書，妙絶。臨池學書，池水乃黑，寸紙不遺。
> ……
> 索静（靖），尤善草書，妙有餘姿，號爲銀鉤蠆尾，如蟲蛇蚵蟓〔二〕。

《類林》與《文場秀句》相似，亦爲類書，大致成書於唐高宗顯慶元年（六五六）至乾封元年（六六六）間〔三〕，亦與《文場秀句》成書時間相近，則《文場秀句》此部分的部類之名，可能爲《類林》之"攻書"，主要羅列擅書、漢字相關的内容。

《性靈集注》卷二中亦存："精粹者，《文傷（場）抄》賢部云：'挺生，精粹清字（孚）思精歟。'"〔四〕言《文場抄》中有"賢部"，《文場抄》與《文場秀句》以部類收録事對及範文的形式一致，若《文場抄》與《文場秀句》爲

〔一〕 詳參［日］阿部泰郎、［日］山崎誠編集：《性靈集注》卷三，見國文學研究資料館編：《真福寺善本叢刊》第二期第十二卷（文筆部三），第八一八頁。

〔二〕 王三慶：《敦煌類書》上册，第二二二～二二四頁；上海古籍出版社、法國國家圖書館編：《法藏敦煌西域文獻》第十七册，第二一～二二頁。

〔三〕 史金波等：《類林研究》，第三頁。

〔四〕 詳參《性靈集注》卷一，影印篇第一三七頁、翻刻篇第六〇八頁。

同書，則《文場秀句》中除上述"朋友""兄弟""攻書"三個部類之外，還應存"賢部"。敦煌本《文場秀句》僅存十二部類，而日本文獻中便記載了不見於敦煌本部類的四個部類，則《文場秀句》原編部類當比現存十二部類更爲豐富，亦可見日本所存文獻對於豐富和復原《文場秀句》的價值和意義。

其二，增補缺失的事對及釋文。通過梳理，敦煌本《文場秀句》中共存事對一百九十三條，依上表所引，根據日本文獻所存《文場秀句》的内容，《文場秀句》當尚有"蓽門""贏呂""知音""得意""懸針""垂露""返鵲""迴鸞""魚鱗""虎爪""鳥跡""蟲書""銀鉤""墨池""天籟""金銀台""玉聲""精粹""蒼海""台鼎""三槐""九棘""九轉""共被""同餐""推梨""讓棗""八龍""兩驥""二陸""三張""絳樹"等事對，計三十二條，亦存有二十三條釋文，可進一步豐富《文場秀句》的事對和釋文。

其三，增補缺失的儷語。敦煌本《文場秀句》將事對按照部類進行分類編排之後，又使用部類之下所列事對，將其編成一段對偶之儷語，以提供事對使用的範例和參考。就敦煌本《文場秀句》所存十二部類而言，僅《天地第一》《日月第二》《風雲第三》《雷電第四》《煙霧第五》《帝德第十》《瑞應第十一》之下存有儷語七則[一]。而《性靈集注》中便保存了一則未見於敦煌本《文場秀句》的儷語："騁迴鸞之妙跡，盡返鵲之奇工。湛垂露於毫端，起懸針於筆杪。動魚鱗於墨沼（池），寫八體之殊蹤。散虎爪於銀鉤，窮二王之逸勢。"[二]可見，《文場秀句》在羅列事對及釋文之後，撰寫一段儷語以提供範式，當爲其體例之常軌。

通過比較日本所存文獻援引的《文場秀句》與敦煌本《文場秀句》相對應的内容，可知日本文獻援引的《文場秀句》具有以下兩個特點：

一是，重視對釋文的援引。較之敦煌本《文場秀句》，日本文獻在援引《文場秀句》的過程中，更加重視對釋文的援引，多不具體説明其援引的具體事對，概因日本所存文獻援引《文場秀句》的目的在於説明初學者更好地了

〔一〕 録文詳參王三慶：《〈文場秀句〉之發現、整理與研究》，收入王三慶、鄭阿財合編：《2013年敦煌、吐魯番國際學術研討會論文集》，第一四~二二頁。

〔二〕 ［日］阿部泰郎、［日］山崎誠編集：《性靈集注》卷三，第八一八頁。

解、學習《注好選》《仲文章》《游仙窟》等書中的相關内容。對於初學者而言，較之《文場秀句》中的具體事對，具體釋文具有更爲重要的意義和價值，故日本文獻在援引《文場秀句》時，多省略其具體事對，而多摘録相關的釋文，以便學習者或閲讀者理解。

二是，釋文更爲詳細。就日本文獻援引的《文場秀句》而言，無論其是否可在敦煌本《文場秀句》中找到相對應的釋文，日本文獻中所保存的釋文内容，多不似敦煌本《文場秀句》中的釋文簡練。日本所存文獻在援引《文場秀句》的過程中，對原有釋文進行了改寫，采用了叙述性的語言，增補釋文的内容，使得解釋更爲詳細。因此，較之敦煌本《文場秀句》釋文，更加便於讀者和初學者學習和理解。

可見，日本文獻援引《文場秀句》中的内容，并將《文場秀句》爲人所熟知的蒙書作爲解釋相關詞條的主要依據，其目的在於輔助理解日本文獻中具體字詞，這與《文場秀句》的作詩習文功用已有較大不同，故而日本文獻援引的《文場秀句》内容表現出了不同於敦煌本《文場秀句》的表述，具有其自身的特點。

（二）《文場秀句》在日本的流傳情况

關於《文場秀句》一書在日本傳播的情况，根據日本所存文獻援引《文場秀句》的情况，可以得出以下三點認識，要之如下：

其一，《文場秀句》在傳入日本之後，得到廣泛傳播和使用，其得到傳播和使用當在日本平安時期（七九四～一一九二）。就日本文獻所引《文場秀句》的情况而言，援引《文場秀句》的日本文獻中，成書最早的爲《倭名類聚抄》（九三〇年），最晚的是《浄土三部經音義集》（一二三六年），日本所存援引《文場秀句》的文獻，均成書於日本平安時期至鎌倉時期（一一九二～一三三三），則《文場秀句》傳入日本的時間應在這些日本文獻成書之前。根據前文所述，《文場秀句》傳入日本的時間範圍大致在大同元年（八〇六）至寬平三年（八八九）之間，亦與其傳播與使用的時間相一致。且在日本平安時期至鎌倉時期，均有不同的日本文獻根據自身所需，援引了《文場秀句》中的不同内容，可見《文場秀句》一書在傳入日本之後，由於其自身内容和體例的特點，在一定程度上得到了日本社會的認可和使用，也可成爲《文場秀句》在日本流傳與使用的旁證。

其二，日本文獻多援引《文場秀句》中的事對和釋文，對日本所存文獻中詞彙進行解釋，以便學習和理解漢字及漢文化。就日本所存援引《文場秀句》的文獻性質而言，主要有四種：一是童蒙讀物，以《仲文章》《注好選》爲典型，如《仲文章》有“孝養篇”“學業篇”“農業篇”“貴賤篇”“吏民篇”“禮法篇”“金友篇”等七篇，使用漢字書寫，多用對句，書中注文除援引《文場秀句》外，尚引用了《周易》《周書》《爾雅》《廣雅》《淮南子》《白虎通》《東觀記》等内容，日本平安時期，供兒童誦習、記憶之用的童蒙讀物。《注好選》卷首的序文便已明示了撰集此書的目的，以簡單的注釋，作爲初學教育的資料〔一〕。二是類書，如《倭名類聚抄》。三是文學作品，如《游仙窟》。四是佛教作品，如《三教指歸注集》《净土三部經音義集》《言泉集》等。就其具有的童蒙讀物、類書、文學作品性質而言，這些日本文獻對於日本學習漢字、漢文化具有一定的輔助作用，則其援引《文場秀句》中的内容，以解釋日本漢文文獻中的詞彙語句，有助於學習、了解漢文化。而關於佛教作品對於《文場秀句》的援引，蓋因十二世紀末，日本由貴族社會的平安時代，進入到武家政治的鎌倉時代〔二〕，由於社會環境的轉變與發展，使蒙書的使用範圍得以逐漸擴大，由貴族階層逐漸擴大到武士及僧侶，成書於鎌倉中期的《言泉集》，較爲集中地引用了《文場秀句》的内容，蓋因如此。至於佛教

〔一〕 按：今野達《〈注好選〉解説》：“撰集の趣旨は、卷頭の序文に明らかである。撰者は「末代の學士未だ必ずしも本文を習はず。茲に因りて、纔かに文書を學ぶと雖も、本義を識り難し」とし、その短を補い、學習效果を高からしめるために、「粗之（本文）を注して小童に讓る」としたのである……それが序文に言う「纔かに文書を學ぶ」に相當するが、各句の來歷を學ぶところがないことを遺憾とし、それぞれの典拠を注して童蒙に提供するというもので、言ってみれば、蒙求や千字文に注を加えて各句の由來を明らかにした先蹤を追ったものである。”（〔日〕今野達：《〈注好選〉解説》，見〔日〕馬淵和夫、〔日〕小泉弘、〔日〕今野達校注：《新日本古典文學大系》第三一册《三寶繪 注好選》，第五四五頁）

〔二〕 詳參鄭阿財：《中國蒙書在漢字文化圈的流傳與發展》，第二四頁。

作品所引《文場秀句》的内容，對於了解佛教作品中的詞彙也具有一定的幫助，且佛教文化是中國傳統文化的重要組成部分[一]，成書於鎌倉時代的《言泉集》對於佛教的理解與解釋，亦需要以理解中國傳統文化爲基礎，而《文場秀句》於此有重要的價值，且其所引《文場秀句》均作爲解釋作品中詞句之用，亦可見《文場秀句》在解釋、輔助理解具體詞句方面的重要作用。

其三，通過梳理日本所存文獻中與《文場秀句》一同被援引的書籍，主要有《禮記》《論語》《尚書》《蒙求》《千字文》《白氏六帖》《玉篇》《切韻》《史記》《抱朴子》等。就其性質言之，主要包括兩個方面[二]：

一是儒家經典，如《論語》《禮記》《尚書》。《倭名類聚抄》卷一《人倫部・男女類》"朋友"條下注文中有：

> 《論語》注云："同門曰朋。"《尚書》注云："同志曰友。"《文場秀句》云："知音得意。"[三]

其將《論語》《尚書》與《文場秀句》一同援引，對"朋友"進行解釋和説明，則在其編撰者看來，《文場秀句》與《論語》《尚書》等書一樣，具有幫助學習者學習漢字、了解漢文化的作用，因而將其同引於"朋友"一詞之下，以便於識記和理解。

二是童蒙讀物，如《千字文》《蒙求》等。這些書籍對於學習、了解漢字、漢文化具有十分重要的價值，則日本文獻中將這些書籍與《文場秀句》一同援引，可見《文場秀句》與這些書籍一樣，對於認識和理解漢文詞彙、漢文化具有重要的意義，故而可以與這些書籍同録與同一釋文之中，以對日本漢文文獻中字、詞進行解釋和説明。

綜其本末，通過梳理日本文獻對《文場秀句》的著録與援引，可知《文

〔一〕　詳參王國榮：《中國佛教史論》，宗教文化出版社，二〇〇八年，前言第四頁。

〔二〕　按：日本文獻中與《文場秀句》同引書籍的情況及性質，已見前文，兹擇其要者，再作説明。

〔三〕　［日］狩穀棭齋：《箋注倭名類聚抄》，第九七簡頁。

場秀句》確曾傳入日本，并在日本平安時期得到了較爲廣泛的使用與援引。就傳入日本的《文場秀句》而言，雖然著録、援引《文場秀句》的日本所存文獻中，僅有“有注本”《游仙窟》明確説明了其援引的爲“孟獻忠《文場秀句》”〔一〕，但從援引的具體内容來看，日本所存文獻援引的《文場秀句》體例、内容與敦煌本《文場秀句》具有相似的特點，傳入日本的《文場秀句》當爲孟獻忠所撰《文場秀句》。從《文場秀句》一書被多次援引的情況來看，是書雖然不似《千字文》《三字經》《蒙求》等蒙書〔二〕，在傳入日本後出現翻刻、注釋、音注、續編等作品，但是長久以來，由於其編撰内容、體例方面的特點，仍通過被援引的形式，成爲學習漢字、了解漢字文化的輔助教材，使得是書在傳入日本之後，能夠得到使用并得以流傳。

第二節 《文場秀句》對日本的影響

唐宋以來的蒙書，頗多不爲中國史志所録，也未能得到文人雅士的重視。但同時，這些蒙書却在日本得以廣泛流傳、使用和發展，甚至成爲日本學習漢字、漢文及漢文化的寶典，可見古代蒙書的深遠影響。

這種文化傳播與發展的現象十分特殊，值得進一步深究與開發，黄得時曾指出：“一般而論，凡是由甲國（中國）人士所撰成的著作，在甲國不被重視，但是一旦輸往乙國（日本），即備受歡迎。”〔三〕

〔一〕（唐）張鷟撰：《游仙窟》，日本慶安五年（一六五二）京都中野太良左衛門本（藏日本早稻田大學圖書館），第五筒頁。

〔二〕按：關於《蒙求》《三字經》在日本的傳播與發展，詳參鄭阿財：《中國蒙書在漢字文化圈的流傳與發展》，《首都師範大學學報（社會科學版）》二〇一八年第一期，第二四頁；鄭阿財：《〈蒙求〉在漢字文化圈的傳播及其在日本接受的特殊意涵》，收入金瀅坤主編：《童蒙文化研究》第五卷，第五一～五九頁；朱鳳玉：《蒙書的界定與〈三字經〉作者問題——兼論〈三字經〉在日本的發展》，收入金瀅坤主編：《童蒙文化研究》第五卷，第九一～九七頁。

〔三〕黄得時：《在日本却受歡迎的十部中國古書》，收入黄得時著，江寶釵主編：《黄得時全集·論述卷五：日本漢學研究（下）》，第一三九頁。

　　《文場秀句》原本在中土早已散佚，加之史載不詳，造成了此書作者與時代等問題的諸多分歧。時人僅將其視爲習以爲常的通俗讀物，并未能給予此書足夠的重視。可是當此書傳入日本之後，却得到了日本的接受和重視。

　　通過考察日本所存文獻對《文場秀句》的援引情況，可見是書雖在敦煌文獻發現之前早已亡佚，却在鄰國日本得到了一定程度上流傳和傳播，成爲日本了解、學習漢文化較爲有效且便捷的載體。而《文場秀句》得以在日本流傳和部分保存，反映了此書在一定程度上得到了日本初學漢文及漢文化者的認可和接受。

　　同時，日本并非僅僅被動接受，也根據自身的生活環境、文化，以及社會的不同需求，對《文場秀句》的内容進行了選擇性的使用，并以其本國的文化、思維爲主體，開始了自主性的新編和自撰，模仿《文場秀句》的形式及體制，表現了文化傳播與交流的特殊性和靈活性。這不僅是中國傳統蒙書中外流傳影響與發展的升華，也展現了蒙書强大的生命力，《文場秀句》在日本的接受與不斷援引正是最佳的印證。《文場秀句》對日本産生影響，不僅僅以被援引的形式，日本類書、秀句集的編撰與《文場秀句》之間也存在着一定的聯繫，兹分別論述如下。

一　對日本類書編撰的影響

　　類書不僅在中國得到了廣泛的傳播與使用，也曾在日本流傳，《日本國見在書目録》便記載了《修文殿御覽》《藝文類聚》《初學記》《編珠録》等類書[一]，《文場秀句》亦是其中之一。日本在引進中國類書的同時，也開始了日本類書的編撰，而其在編撰類書的過程中，亦多受到了中國類書編撰的影響，并在接受、模仿的同時，結合其自身文化和需要進行改造。如滋野貞主撰《秘府略》，援引《文場秀句》的《倭名類聚抄》《名物六帖》[二]，均與《文

〔一〕　詳參劉全波：《類書研究通論》，第一三五頁。
〔二〕　按：關於《秘府略》《倭名類聚抄》《名物六帖》的類書性質，詳參劉全波著：《類書研究通論》，第一三七頁；唐雯：《日本漢文古類書〈秘府略〉文獻價值研究》，《古籍整理研究學刊》二〇〇四年第五期，第二四～三二頁。

場秀句》之間存在着較爲密切的聯繫。

就編撰情況而言，《文場秀句》與日本編撰的類書之間存在着較爲密切的聯繫。如援引《文場秀句》的《倭名類聚抄》分爲九卷，凡二十一部〔一〕，與《文場秀句》的部類情況相似，以"天地"爲始，分別輯録部類相關的字詞，并録相關内容對字詞進行解釋。以輯録詞彙的字數來看，較之《文場秀句》，《倭名類聚抄》所輯詞彙字數雖有一字之情況，但仍以二字爲主。《倭名類聚抄》尚可見《文場秀句》中出現的事對及相關内容，如《倭名類聚抄·天地部·景宿類》有"陽烏"，其下注釋爲："《曆天記》云：日中有三足烏，赤色。"與《文場秀句·日月第二》中事對"陽烏"相同，亦與"金烏"釋文"日色赤，故雲金烏。日中有三足烏"，存在一定的相似之處。《天地部·風雨類》"甘露"《羽足部·鳥名》"鴻雁"、《蟲豸部·蟲名》"寒蟬"等，均可在《文場秀句》中找到相對應的内容。且《人倫部·男女類》"朋友"條下援引了《文場秀句》的内容，則《倭名類聚抄》在編撰過程中可能不僅參考了《文場秀句》一書的體例，亦參考了其具體内容，故而在對其箋注的過程中仍援引了《文場秀句》的相關内容，使二者之間表現出了較爲密切的聯繫。但《倭名類聚抄》在編撰過程中，并非完全依照《文場秀句》，亦多輯録了能夠反映出日本文化的"保食神""現人神""醜女""潛女""天探女"等内容。可見其不僅吸收了中國類書編撰之傳統，亦將日本的生活、文化等内容融入到所撰書中，以表現其自身的文化特點。

其後，江户中期的伊藤東涯所撰類書《名物六帖》中，亦多見《文場秀句》中的事對。如《名物六帖·天文箋》"雨露霜雪"中"天笑"、"風雷雲霞"中的"少女風""豐隆"、"陰陽祥變"中的"甘露""慶雲""朱草""蓂莢"〔二〕，

〔一〕 按：計有天地部、人倫部、形體部、疾病部、術藝部、居處部、舟車部、珍寶部、布帛部、裝束部、飲食部、器皿部、燈火部、調度部（上、下）、羽族部、牛馬部、龍魚部、龜貝部、蟲豸部、稻穀部、菜蔬部。參見［日］狩穀棭齋：《箋注倭名類聚抄》，日本明治十六年（一八八三）印刷局活版本（藏日本内閣文庫）。

〔二〕 ［日］伊藤東涯：《名物六帖·天文箋》，日本享保十年（一七二五）奎文館刊本（藏日本内閣文庫），第一四、一六、一七、一九簡頁。

《人品箋一》"帝室戚里"中的"帝子"〔一〕、《人品箋四》"宗族遠近"中的"宗子:《詩》:'宗子維城。'"〔二〕均可在《文場秀句》中找到相對應的内容。《地理箋下》"煙火塵埃"中的"葭灰"及其所引《後漢書·律曆志》内容〔三〕,亦與《文場秀句·春第六》中"緹幕飛灰"相似。則《名物六帖》在編撰的過程中,很可能參考了《文場秀句》中的事對。

　　就類書編撰而言,張滌華《類書流別》指出:"若論千餘年來類書之内容,則有三變焉。最古類書,大都專輯故事(如《皇覽》《遍略》);稍後乃有捃拾字句者(如《語對》《語麗》);更後則事文兼采(如《聚類》《初學記》)。"〔四〕可見"事文兼采"的體例并非是類書最初編便采用的編撰方式,而是在類書編撰與發展的過程中逐漸形成的。但"事文兼采"并非是由《藝文類聚》纔開始的,隋代類書《編珠》《北堂書鈔》在編撰過程中,便已對"事文兼采"的體例進行了初步嘗試,經過了《藝文類聚》的初創,以及《初學記》的發展和完善,而《文場秀句》作爲類書發展中的重要一環,較爲直接地繼承了《編珠》的"事文兼采"體例,并在《編珠》的基礎上進行了完善。而《文場秀句》所采用的"事文兼采"體例亦對日本類書的編撰産生了一定影響。如滋野貞主所撰《秘府略》,據《文德實録》卷四文德天皇仁壽二年(八五二)二月所載:

　　　　乙巳,參議正四位下行宫内卿兼相模守滋野朝臣貞主卒。貞主者,右京人也。曾祖父大學頭兼博士正五位下,猶原東人,該通九經,號爲名儒……父尾張守從五位上家譯,延曆年中(七八二~八〇五),賜姓滋野宿禰。貞主身長六尺二寸,雅有度量,涯岸甚高。大同二年(八〇七)奉文章生試及第……天長八年(八三一),敕與諸儒撰集古今文書,以類

〔一〕　[日]伊藤東涯:《名物六帖·人品箋一》,第五簡頁。
〔二〕　[日]伊藤東涯:《名物六帖·人品箋四》,第三簡頁。
〔三〕　[日]伊藤東涯:《名物六帖·地理箋下》,第一四簡頁。
〔四〕　張滌華:《類書流別》,第二一頁。

相從，凡有一千卷，名《秘府略》[一]。

從《秘府略》僅存的卷八六四《百穀部中》"黍""稷""粟""穄""粱"，以及卷八六八《布帛部三》中的"繡""錦"來看[二]，亦可見此書采用了"事文兼采"之體例，如卷八六四《百穀部中·黍》中，不僅輯録了《尚書》《漢書》等，亦有鄧禎《魯都賦》、盧毓《冀州論》等内容；《百穀部中·粱》除輯録《禮記》《吕氏春秋》等"事"的内容之外，亦有傅休《奕雉賦》、左思《魏都賦》等"文"的内容[三]。從成書年代來看，該書雖亦采用了"事文兼采"之體例，但未如《文場秀句》按照事對進行解釋説明，亦未達到《初學記》具體區分詩、賦、銘、頌之作的情况，則《秘府略》的"事文兼采"體例尚在發展之中，而《文場秀句》作爲"事文兼采"體例發展中的重要一環，仍可見其對《秘府略》編撰體例所産生的影響。

二 "秀句"文化與日本秀句集編撰

《文場秀句》對日本産生影響，不僅僅以被援引的形式，其藴含的"秀句"文化以及其"以類相從"體例，亦對日本秀句集編撰産生了深刻的影響。由於《文場秀句》一書，不似《千字文》《三字經》《蒙求》等蒙書，在傳入日本之後，出現了翻刻、注釋、續編等作品，兹僅從此書編撰的角度，以日本所撰"秀句"集爲基礎，試分析《文場秀句》中的"秀句"文化與日本秀句集編撰之間的關係。

"秀句"一詞，最早見於南朝梁劉勰的《文心雕龍·隱秀》："隱也者，文外之重旨者也；秀也者，篇中之獨拔者也。隱以複意爲工，秀以卓絕爲巧……凡文集

〔一〕［日］藤原基經撰：《文德實録》卷四，日本寬文九年（一六六九）刊本（藏日本内閣文庫），第三簡頁。

〔二〕［日］滋野貞主撰：《秘府略》，日本享和四年（一八〇四）寫本（藏日本内閣文庫）。

〔三〕［日］滋野貞主撰：《秘府略》卷八六四《百穀部中》，寫本不注頁碼。

勝篇，不盈十一；篇章秀句，裁可百二。"〔一〕强調文中突出、巧妙的詞句便是秀句。

而將"秀句"編輯成集，主要有兩方面的作用：一是爲詩歌創作提供一定的幫助；二是爲詩歌創作提供一定的具體規範。由於秀句集對於詩歌創作具有一定的輔助作用，唐代"秀句"類的著作風行一時，出現了元兢《古今詩人秀句》、僧玄鑒《續古今詩人秀句》、孟獻忠《文場秀句》、王起《文場秀句》、黄濤《泉山秀句》等。《文鏡秘府論》南卷《論文意》中也論及了"秀句集"的功用與價值，指出："凡作詩之人，皆自抄古今詩語精妙之處，名爲隨身卷子，以防苦思。作文興若不來，即須看隨身卷子，以發興也。"〔二〕其中的"隨身卷子"即"秀句集"，强調了秀句集對於詩歌發興的重要價值，以便提供寫作的靈感及素材。

《文場秀句》以"秀句"而名其書，自然受到了秀句集的影響。雖然其性質爲童蒙讀物，但是在編撰過程中，亦反映了編撰者對於詩歌的審美情趣和理論主張，從其中事對多出自《文選》的情況便可見這一特徵。日本繼承了秀句集具有使用價值之傳統，將秀句集作爲詩歌启蒙教育的讀本，以及詩歌創作的素材。《文場秀句》傳入日本之後，也在一定程度上起到了詩歌启蒙教育的作用，因而得以在日本流傳及部分保存。而隨着秀句集的不斷發展，不僅影響了唐人的詩學教育與詩歌創作，也對日本文學産生了影響。更重要的是，日本在編撰秀句集的過程中，不僅重視秀句的審美及鑒賞價值，還譜曲吟誦、配畫欣賞，逐漸形成了祇見秀句不見全篇的"秀句"文化〔三〕，正與《文場秀句》中蘊含的"秀句"文化及其"彙詞摘句"的形式相似。

日本大江維時所撰《千載佳句》，以及之後出現的模仿之作《日本佳句》《本朝秀句》等〔四〕，均受到了"秀句"文化的影響，均是在唐人秀句集的基礎

〔一〕（南朝・梁）劉勰著，周振甫譯注：《文心雕龍今譯・隱秀第四十》，第三五七、三六一頁。

〔二〕［日］遍照金剛著，周維德校點：《文鏡秘府論》南卷《論文意》，第一三二頁。

〔三〕詳參辛文：《〈和漢朗咏集〉研究》，南開大學博士學位論文，二〇一二年，第四二頁。

〔四〕［日］山田孝雄，徐川譯：《日藏中國文學典籍寫本雜考選譯》，收入王曉平主編：《國際中國文學研究叢刊》第五集《寫本學研究專號》，上海古籍出版社，二〇一七年，第六五頁。

上，結合了自身文化特點發展而來。

其中，日本大江維時的《千載佳句》〔一〕，是兼具唐詩選集與文學辭典作用的作品〔二〕。《千載佳句》繼承了秀句集輯録優秀詩句的方式（見圖二〇、圖二一），爲時人學習漢詩提供了便利，因而成爲平安時期貴族文人學習漢詩的重要載體。對於剛開始接觸、學習漢詩的日本貴族文人而言，較之數量龐大或完整的漢詩作品集，“秀句”或“佳句”的形式，對於詩歌啓蒙更具有實用性和便利性，《文場秀句》在編撰中亦考慮到了這一問題，在一定程度上解決了學習大量詩歌壓力與詩歌啓蒙教育效率的矛盾。

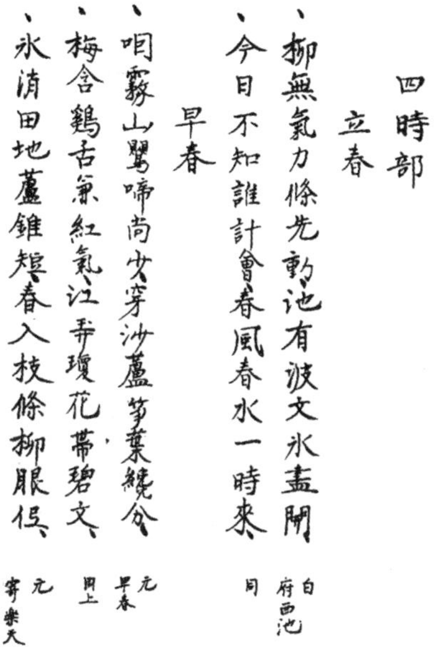
四時部
立春
柳無氣力條先動池有波文冰盡開 白 府西池
今日不知誰計會春風春水一時來 同
早春
咱霧山鶯啼尚少穿沙蘆筍葉纔分 元 早春
梅含雞舌兼紅氣江弄瓊花帶碧文 同上
冰消田地蘆錐短春入枝條柳眼低 元 寄樂天

圖二〇 日本内閣文庫藏
《千載佳句·四時部》

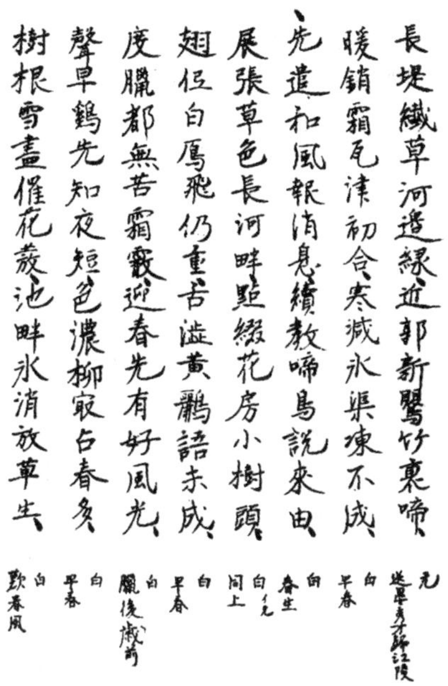
長堤纖草河邊綠近郭新鶯竹裏啼 元
暖銷霜色津初合寒減冰渠凍不成 白 早春
先遣和風報消息續教啼鳥說來由 白 春生
展張草色長河畔點綴花房小樹頭
翅低白雁飛仍重舌澁黃鸝語未成 白 早春
度臘都無苦霜霰迎春先有好風光 白 臘後歲前
聲早雞先知夜短色濃柳最占春多 白 早春
樹根雪盡催花發池畔冰消放草生 白 歎春風

圖二一 日本内閣文庫藏
《千載佳句·四時部》

〔一〕 按：本研究使用的是日本内閣文庫藏寬文四年《千載佳句》寫本。參見［日］大江維時：《千載佳句》，日本寬文四年（一六六四）寫本（藏日本内閣文庫）。

〔二〕 詳參邵毅平：《論白居易詩歌對日本平安時期文獻的影響》，收入邵毅平：《中日文學關係論集》，第九四～九五頁。

　　且《千載佳句》較爲集中地收録了白居易的詩作。日本平安時期，書籍大多依靠手寫，因此完整的白居易詩集不易獲得，而《千載佳句》以句爲單位，較爲集中地輯録白詩，滿足了平安時期人們對白詩的需求，便於閱讀和學習。

　　而《和漢朗詠集》一書〔一〕，作爲平安時代（七九四～一一九二）的摘句集，融合了漢詩文、日本漢詩文、和歌等三種體裁〔二〕，尤爲突出的特點是此書對"秀句"文化的繼承。書中對漢詩及日本漢詩的抄録，并不是完整地抄録全詩，而是從全詩中擇取一聯或一句，兹舉二例，以見一斑。如"早春"下存："冰銷田地蘆錐短，春入枝條柳眼低。"（元積《寄樂天》，見圖二二）"三月三日"下存句有："春來遍是桃花水，不辨仙源何處尋。"（王維《桃源行》，見圖二三）

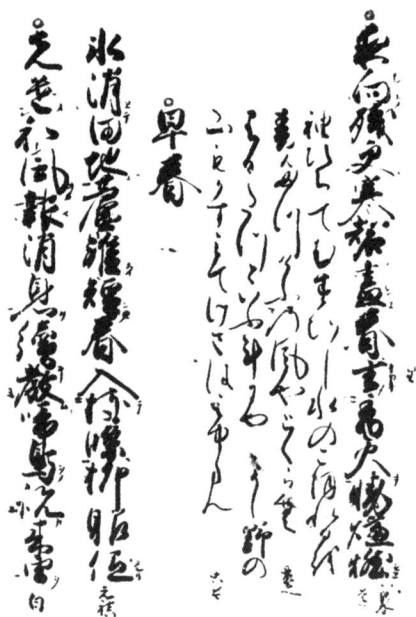

圖二二　日本内閣文庫藏《和漢朗詠集·早春》

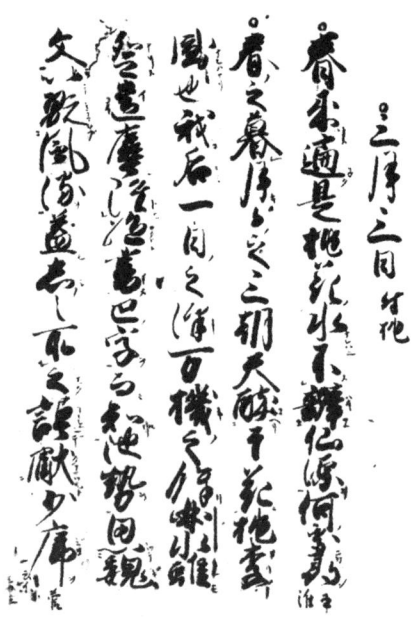

圖二三　日本内閣文庫藏《和漢朗詠集·三月三日》

　　〔一〕　按：本研究使用的是日本内閣文庫藏室町末期《和漢朗詠集》寫本。詳參［日］藤原公任：《和漢朗詠集》，日本室町（一三三六～一五七三）末期寫本（藏日本内閣文庫）。
　　〔二〕　詳參辛文：《〈和漢朗咏集〉研究》，第一一一頁。

其摘録漢詩中的部分詩句，而非全詩内容的方式，亦本於"秀句"文化之傳統。"秀句"的形式符合了日本平安時期人們的審美與鑒賞模式，編撰者在編撰此書的過程中，不僅借鑒了中國傳統詩歌與詩學理論，也借鑒了中國傳統的"秀句"文化，以便學習和吸收漢詩的精髓。

需要明確的是，《千載佳句》《和漢朗詠集》雖然繼承了《文場秀句》等"秀句"文化的傳統，但是它們的着眼點與受衆是不同的。從學習者的角度看，較之《文場秀句》，《千載佳句》《和漢朗詠集》主要針對的是具有一定詩學基礎的學習者，而對於學習者而言，其功用主要在於幫助具有一定基礎的學習者，較爲集中地學習優秀作品中的詩句，使其逐漸轉化爲詩歌創作的素材。而《文場秀句》則着眼於詩歌啓蒙教育，其受衆主要爲初學詩者。因此，雖同爲"秀句"，亦有相異之處，也反映了日本在接受"秀句"文化的過程中，也在根據自身需要進行了適當的調整與發展。

孟獻忠所撰《文場秀句》作爲"屬對"類蒙書，具有訓練屬對、掌握典故的功用[一]，隨着唐代以後科舉考試内容的改變，以及文風的轉變，逐漸失傳，在傳世典籍中已經散佚。但孟獻忠《文場秀句》在日本流傳甚廣，并在中日文化傳播過程中扮演了重要角色，成爲日本初學詩者了解、學習詩歌的參考之書，因而其文獻中著録、援引、保留了《文場秀句》的内容。雖然日本所存文獻中并未完整保存《文場秀句》，但仍可從相關文獻窺探《文場秀句》原貌、增補其部類、事對、儷語等内容，分析其在日本傳播和影響的情況。

依日本所存文獻，如《日本國見在書目録》《仲文章》《注好選》《言泉集》等，對《文場秀句》的著録、援引，非惟反映其在日本的流傳與使用，亦保存了未見於敦煌本《文場秀句》的佚文，爲增補、豐富其内容，如部類、事對、釋文、儷語等提供了可能。可見日本所存文獻《文場秀句》的價值與意義。從日本所存文獻對《文場秀句》徵引種類、數量的情況來看，《文場秀

〔一〕 詳參金瀅坤：《論蒙書的起源及其與家訓、類書的關係——以敦煌蒙書爲中心》，《人文雜誌》二〇二〇年第十二期，第九八頁。

句》在日本得到較爲廣泛的流傳，亦具有一定的影響力，主要表現在對日本漢詩發展，以及類書與蒙書編撰内容、體例等方面。《文場秀句》與日本類書編撰，以及其所藴含的"秀句"文化與日本詩句集編撰之間存在一定的聯繫，顯示了日本對《文場秀句》的認可和接受。需要説明的是，對於《文場秀句》，日本并非僅僅被動接受，而是根據自己生活環境、文化，以及社會的不同需求，在接受的同時也開始了體現其自身特點、文化、思維的新編與自撰，不僅體現出了中日文獻資料的互通性[一]，也體現了文化傳播與交流的特殊性和靈活性。

結　論

敦煌本《文場秀句》作爲"屬對"類蒙書，具有訓練屬對、掌握典故的功用[二]。學界對於屬對的研究，多言其爲宋元以下的教育方式[三]，但隨着敦煌文獻的發現，《文場秀句》等屬對訓練的教材得以重見天日，爲了解唐代屬對訓練的情況提供了文獻基礎。《文場秀句》雖然隨着時代變遷退出了歷史舞臺，在後世史志中不見相關記載[四]，然它却曾流傳到鄰國日本，并在中日文化交流與傳播的過程中扮演着十分重要的角色。

本章以前輩學者研究成果爲基礎，主要從敦煌本《文場秀句》的内容與編撰體例入手，結合日本所存文獻的情況，探討了《文場秀句》在日本的流傳情況及其影響。敦煌本《文場秀句》發現之前，其在傳世典籍中早已散佚，而在鄰國日本却有多部文獻著録、援引、保留了《文場秀句》的内容。雖然

〔一〕 詳參王三慶：《〈文場秀句〉之發現、整理與研究》，收入王三慶、鄭阿財合編：《2013年敦煌、吐魯番國際學術研討會論文集》，第一四頁。

〔二〕 詳參金瀅坤：《論蒙書的起源及其與家訓、類書的關係——以敦煌蒙書爲中心》，《人文雜誌》二〇二〇年第十二期，第九八頁。

〔三〕 詳參張志公：《傳統語文教育教材論：暨蒙學書目和書影》，上海教育出版社，一九九二年，第一〇～一一頁。

〔四〕 詳參鄭阿財：《中國蒙書在漢字文化圈的流傳與發展》，《首都師範大學學報（社會科學版）》二〇一八年第一期，第二二頁。

日本所存文獻中并未完整保存《文場秀句》，但仍可進一步窺探《文場秀句》的原貌，增補其部類、事對、儷語等，從而分析其在日本傳播和影響的情況。

通過考察日本所存文獻，推斷《文場秀句》傳入日本的時間當在八八九年之前，并從日本所存文獻中采得《文場秀句》佚文及相關内容三十五條，依日本所存文獻，如《日本國見在書目録》《仲文章》《注好選》《言泉集》等，對《文場秀句》的著録、援引，非惟反映其在日本的流傳與使用，亦保存了未見於敦煌本《文場秀句》的佚文，爲增補、豐富部類、事對、釋文、儷語等提供了可能。日本文獻所存《文場秀句》内容的價值，主要表現在三個方面：其一，增補缺失部類；其二，增補缺失事對與釋文；其三增補缺失的儷語。

從日本所存文獻對《文場秀句》徵引種類、數量的情況來看，其在日本得到較爲廣泛的流傳，亦具有一定的影響力，主要表現在對日本漢詩發展，以及類書編撰内容、體例等方面。《文場秀句》與日本類書編撰，如《秘府略》、援引《文場秀句》的《倭名類聚抄》《名物六帖》，以及其所藴含的"秀句"文化與日本秀句集（如《千載佳句》）編撰之間的聯繫，顯示了日本對《文場秀句》的認可和接受。需要説明的是，對於《文場秀句》，日本并非僅僅被動接受，而是根據自己生活環境、文化，以及社會的不同需求，在接受的同時開始了體現其自身特點、文化、思維的新編與自撰，不僅體現出了中日文獻資料的互通性，也體現了文化傳播與交流的特殊性和靈活性。

結　語

　　敦煌蒙書《文場秀句》計存兩件，分別爲伯二六七八號＋伯三九五六號、羽七二ノ b ノ二號寫卷。敦煌本《文場秀句》雖經數家前輩學者研究，已見卓著成果，但專門討論《文場秀句》的論文并未十分豐富，涉及《文場秀句》的相關研究多呈現出視角相對集中的特點，對於《文場秀句》一書的作者、性質、影響等内容，尚有值得探究之處。本研究主要分爲上編、下編，在前輩學者相關研究成果的基礎上，對敦煌本《文場秀句》進行了更深入的探討。

　　上編依據伯二六七八號＋伯三九五六號，及羽七二ノ b ノ二號寫卷，經上編綴合、比對，又據寫本上下文義、敦煌文獻，以及日本所存文獻中涉及《文場秀句》的内容、辭條，對敦煌本《文場秀句》進行了録文與校釋，可略窺《文場秀句》一書的原貌，亦得以以其爲基礎，一窺唐代兒童詩歌啓蒙教育的情況。

　　下編則依據緒論部分對於《文場秀句》著録與研究回顧的情況，以及上編録文、校釋部分的整理爲基礎，其後各章研究，以敦煌本《文場秀句》爲論述中心，考訂其作者與時代，分析其編撰體例與背景，探究其與蒙書編撰，以及童蒙教育之間的關係，并對其在日本的流傳與影響進行探討，主要包括以下幾個方面的内容：

　　其一，考訂敦煌本《文場秀句》的作者及其成書年代。本研究在前輩學者研究成果的基礎上，進一步據日本所存文獻《游仙窟》、敦煌文獻《雜抄》中對於《文場秀句》作者的記載情況，推知敦煌本《文場秀句》的作者當爲孟獻忠，又依日本藏《金剛般若集驗記》中的相關記載，以及日本東京國立博物館所藏唐鈔本《王勃集》殘卷，推知敦煌本《文場秀句》的作者孟獻忠概生活於唐高宗永徽元年至唐玄宗開元六年（六五〇～七一八）之間。就其生平事迹言之，其人於長安三年（七〇一）任申州（今河南省信陽市）司户，於唐玄宗先天元年（七一二）至開元開元六年（七一八），任梓州（今四川省三台縣）司馬，是有佛教信仰的基層文官，且與彭執古、楊承源、王勃爲友，聯繫較爲密切，概因善文，與初唐四傑之一的王勃爲友。

　　根據其作者孟獻忠大致生活的年代，敦煌文獻《雜抄》中對於《文場秀句》及其作者的記載情況，以及《雜抄》的成書時間，可以進一步推知《文場秀句》成書時間當在開元十年（七二二）之前。而其抄寫年代當距其成書年代不遠。而根據《文場秀句》寫卷的抄寫情況、成書年代，以及作者孟獻忠的生活年代，可以進一步推知其抄寫年代當在唐玄宗開元年間。

　　其二，探討了《文場秀句》的編撰體例與編撰背景。若其體例，凡有部類、麗辭、釋文三端，爲《文場秀句》體例之常軌。分而述之，敦煌本《文場秀句》存部類一十有二，麗辭尚包括事對與儷語二者，釋文部分多處可見編録者編撰，或抄録者抄録疏漏之處，乃爲其一般體例之外者。而是書的出現，乃爲時代所孳育，其來有自，蓋因類書編撰的風行，以及科舉制度之發展。

　　從敦煌本《文場秀句》的編撰情況來看，是書雖采用了類書的編撰體例，然尚有不同於其他類書的獨特之處。《文場秀句》"事文兼采"的體例與《編珠》之間存在較爲密切的聯繫。本研究主要通過考察敦煌本《文場秀句》的"事文兼采"體例，探討"事文兼采"體例的來源與發展，從而更好地認識《文場秀句》在類書發展過程中的重要地位，以及其與相關書籍的關係。

　　就敦煌本《文場秀句》而言，是書采用類書形式進行編撰，其編纂特點雖不出類書編撰之特點，然其尚有不同於其他類書的獨特之處。《文場秀句》作爲類書發展過程中重要的一環，在類書編撰與發展過程中的重要價值。以其體例言之，實受《編珠》之影響，較爲直接地繼承了《編珠》的編撰體例，并在《編珠》的基礎上進行了完善，并對其後《初學記》的編撰以及"事文兼采"體例的發展與完善，具有重要的意義。《文場秀句》錄事且文但事文不分的編撰特點，不僅反映了"事文兼采"體例的發展過程，也在一定程度上反映了其供童蒙教育之用的目標。

以"事文兼采"的體例言之，其在編纂過程中定非依靠簡單抄錄即可成之，必然需要其撰者經過長期的積累和裒輯，則其在編撰過程中勢必要兼顧"事"與"文"兩個方面。通過對比《文場秀句》與輯"事"之《藝文類聚》，以及錄"文"之《文選》，可知其與二書之間存在着較爲密切的關係，《文場秀句》中事對與釋文均對二書有所借鑒、參考，并在二書原有文句的基礎上進行了摘引或改寫，以便更好地適應其童蒙教育的目標。

其三，以敦煌蒙書和後起蒙書的編撰情況爲基礎，探討了《文場秀句》與敦煌蒙書的關係，以及對唐代後起蒙書、宋代蒙書編撰的影響。本研究主要聯繫敦煌蒙書《兔園策府》《籝金》《語對》，以及《初學記》、宋代後起蒙書，通過對比《文場秀句》與敦煌蒙書、後起蒙書性質、體例和内容的異同，探討《文場秀句》與相關蒙書之同，以見相關蒙書編撰之特點；而以其異，以見蒙書編撰的靈活性與時代性。

值得注意的是，後世承繼《文場秀句》而編撰的蒙書，也在一定程度上反映出了《文場秀句》在國内的影響。通過分析《文場秀句》寫卷及相關寫卷、敦煌蒙書以及史籍記載的情況，可知是書在當時應得到了一定的認可和使用，具有一定的影響力。從史籍和著錄的情況看，《文場秀句》一書散佚的時間，當在宋時。究其原因，蓋因科舉制度的發展、蒙書編撰的發展以及文學思想的變革等，在一定程度上減弱了《文場秀句》在童蒙教育中的作用與影響力，使其逐漸淡出了歷史舞臺。

通過分析後世蒙書對《文場秀句》風格與功用的繼承與發展情況，《文場秀句》對後世蒙書編撰的影響，主要表現在兩個方面：一是，宋代編撰了針對詩賦考試的蒙書，如《詩律武庫》《訓蒙省題詩》。二是宋代編撰了專門訓練對屬的蒙書，如《曾神童對屬》《對偶啓蒙》。可知《文場秀句》對後世蒙書編撰產生了一定的影響。

其四，在明確敦煌本《文場秀句》性質的基礎上，以《文場秀句》與童蒙教育爲中心進行了探討。就《文場秀句》的編撰而言，是書雖采用類書的形式進行編撰，其類書的性質已較爲明顯確，但就其功用而言，則是蒙書。從《文場秀句》所存内容及釋文，以及日本所存文獻的相關情況來看，《日本國見在書目録》將其歸入"小學家"，援引《文場秀句》的日本文獻多具有蒙書的性質，且多將《文場秀句》與中國古代傳統蒙書或經典一同援引的情況來看，《文場秀句》的性質應屬蒙書，可用於童蒙教育。

唐代童蒙教育與科舉考試之間存在着密切的聯繫，童蒙教育的一個重要目的，就是爲科舉考試打基礎，學習優異的兒童可參加童子科考試，或在成童之後繼續修習畢業，參加科舉考試。本研究在分析其性質的基礎上，以《文苑英華》所輯録的應試詩及應試賦爲基礎，旁涉《登科記考》《全唐詩》《全唐文》《唐詩紀事》《全唐試律類箋》等，通過對比《文場秀句》與《文苑英華》所存的唐代應試詩及應試賦，探討了《文場秀句》與科舉考試的關係。從《文場秀句》中事對在應試詩、應試賦中多次出現、得到較爲廣泛使用的情況來看，其對科舉考試臨場創作詩賦之作用亦可見矣。

隨着唐代詩歌的興盛，科舉考試"以文取士"的發展，特別是進士科考試"每以詩賦爲先"的確立，極大地促進了童蒙教育的發展，詩歌啓蒙教育在童蒙教育中所占比重日漸加重。雖然詩賦在唐代童蒙教育中具有重要的地位，詩風亦盛極一時，但是後世對唐時兒童學詩的情況却不甚明了。隨着敦煌文獻的發現，保存了較爲豐富的唐代詩歌啓蒙教育材料，而輯録"篇章秀句，裁可百二"的《文場秀句》，對了解唐代兒童詩歌啓蒙教育情況具有重要的意義，是書不僅有助於了解唐代兒童研習掌握格律的方式，也爲更爲全面地了解唐代兒童詩歌啓蒙教育的情況，尤其是對屬訓練與聲律啓蒙方面的情況提供了新的材料。

就對屬訓練而言，依據敦煌本《文場秀句》的具體内容，可以進一步總結、歸納唐代對屬訓練的方式與目標。從《文場秀句》所輯録的事對情況來看，作爲對屬類蒙書，是書雖未明確講明對屬的具體方法、方式，而是采用按照部類集中羅列成對詞彙的方式，供初學者熟悉、背誦、積累詩文創作中常用到的詞彙，但仍體現了對屬的訓練方式。有助於幫助初學兒童掌握對之以類的原則、認識對屬的虛實情況、了解對屬的不同名目。

就對屬訓練的目標與作用而言，則主要表現在四個方面：其一，幫助兒童潛移默化地掌握語法，以及撰句的基本格式。其二，對兒童進行修辭訓練和邏輯訓練。其三，爲之後的讀書習文奠定基礎。其四，便於兒童積累詞彙。

需要説明的是，《文場秀句》不僅對對屬訓練具有重要的意義，亦對聲律啓蒙具有重要的意義。但就童蒙教育而言，《文場秀句》對於對屬訓練的價值更爲突出、明顯，故本研究主要通過《文場秀句》探討了對屬訓練的方式及目標，而兒童在進行對屬訓練的基礎上，亦需要對其進行聲律的啓蒙訓練，作爲供詩歌啓蒙教育之用的《文場秀句》在編撰的過程中亦考慮到了聲律啓蒙方面訓練的需要。就《文場秀句》而言，主要涉及了正音與平仄訓練兩個方面的內容。通過梳理《文場秀句》中事對的情況，可知詩歌啓蒙教育在初學階段，便需要幫助兒童知音、正音，以期在此基礎上更好地認識平仄，并對其進行詩歌啓蒙教育。而《文場秀句》正音的方式主要是通過不斷誦讀、識記和積累來實現的。在兒童識字量有限，而需要逐漸開始進入初步讀寫階段，讓兒童在鞏固識字階段成果的基礎上，更好地分辨四聲。加之四聲與平仄之間存在着密切的聯繫，有助於爲之後的平仄訓練奠定基礎。

其五，主要以日本所存文獻爲基礎，探討《文場秀句》在日本的流傳情況及其影響。敦煌本《文場秀句》發現之前，其在傳世典籍中早已散佚，而在鄰國日本却有多部文獻著録、援引、保留了《文場秀句》的內容。通過考察日本所存文獻，可推斷《文場秀句》傳入日本的時間當在八八九年之前，并從日本所存文獻中采得其佚文及相關內容三十五條，可進一步增補敦煌本《文場秀句》缺失的部類、事對、釋文等，探討《文場秀句》在日本的流傳及其對日本類書、秀句集編撰的影響。

雖然日本所存文獻并未完整保存《文場秀句》，但仍可進一步窺探《文場秀句》的原貌，增補其部類、事對、儷語等，從而分析其在日本的傳播和影響的情況。依日本所存文獻，如《日本國見在書目録》《仲文章》《注好選》《言泉集》等，對《文場秀句》的著録、援引，非惟反映其在日本的流傳與使用，亦保存了未見於敦煌本《文場秀句》的佚文，爲增補、豐富部類、事對、釋文、儷語等提供了可能。從日本所存文獻對《文場秀句》徵引種類、數量的情况來看，其在日本得到較爲廣泛的流傳，亦具有一定的影響力，主要表現在對日本漢詩發展，以及類書編撰内容、體例等方面。《文場秀句》與日本類書編撰，以及其所蘊含的"秀句"文化與日本秀句集編撰之間的聯繫，顯示了日本對《文場秀句》的認可和接受。需要説明的是，對於《文場秀句》，日本并非被動接受，而是根據自己生活環境、文化以及社會的不同需求，在接受的同時開始體現其自身特點、文化、思維的新編與自撰，不僅體現出中日文獻資料的互通性，也體現了文化傳播與交流的特殊性和靈活性。

是書所論，概言如上，校釋之疏漏，引録之未及，考論之不當者，不知凡幾，願受宏雅之指教。

參考文獻

傳世文獻

《（嘉靖）惟揚志》,（明）朱懷幹修,（明）盛儀纂,收入上海古籍書店編:《天一閣藏明代方志選刊》第一二册,上海古籍書店,一九八一年。

《白虎通疏證》,（漢）班固撰集,（清）陳立疏證,中華書局,一九九四年。

《白虎通義》,（漢）班固撰,上海書店出版社,二〇一二年。

《白居易集》,（唐）白居易撰,中華書局,一九七九年。

《白居易詩集校注》,（唐）白居易撰,中華書局,二〇〇六年。

《鮑照集校注》,（南朝·宋）鮑照著,中華書局,二〇一二年。

《北堂書鈔》,（唐）虞世南編撰,見《續修四庫全書》編纂委員會編:《續修四庫全書》第一二一三册,上海古籍出版社,一九九六年。

《編珠》,（隋）杜公瞻輯,（清）高士奇校,清康熙三十七年（一六九八）清吟堂刊本（藏美國國會圖書館）。

《編珠》,（隋）杜公瞻輯,（清）高士奇校,日本文政十二年（一八二九）和刻本（藏日本早稻田大學圖書館）。

《編珠》,（隋）杜公瞻輯,清抄本（藏中國國家圖書館）。

《博物志校證》,（晋）張華撰,中華書局,二〇一四年。

《駁五經异義疏證》,（清）皮錫瑞撰,中華書局,二〇一四年。

《才調集》,（五代後蜀）韋縠編,中華書局,二〇一四年。

《曹操集》，（三國）曹操著，中華書局，二〇一三年。

《册府元龜》，（宋）王欽若等撰，中華書局，一九六〇年。

《初學記》，（唐）徐堅等著，中華書局，一九六二年。

《楚辭補注》，（宋）洪興祖撰，白化文等點校，中華書局，一九八三年。

《楚辭集注》，（宋）朱熹集注，上海古籍出版社，一九七九年。

《楚辭章句》，（東漢）王逸撰，黃靈庚點校，上海古籍出版社，二〇一七年。

《次柳氏舊聞》，（唐）李德裕撰，中華書局，二〇一二年。

《大戴禮記》，（漢）戴德、（漢）董仲舒撰，商務印書館（藏中國國家圖書館），一九三六年。

《大唐西域記校注》，（唐）玄奘、（唐）辯機著，中華書局，二〇〇〇年。

《登科記考》，（清）徐松撰，中華書局，一九八四年。

《東觀漢記》，（漢）班固等撰，中華書局，一九八五年。

《東萊先生分門詩律武庫》，（宋）呂祖謙輯，見《續修四庫全書》編纂委員會編：《續修四庫全書》第一二一六册，上海古籍出版社，一九九六年。

《讀通鑑論》，（明）王夫之著，中華書局，一九七五年。

《杜詩詳注》，（唐）杜甫撰，（清）仇兆鰲詳注，中華書局，一九七九年。

《爾雅》，（晋）郭璞注，中華書局，二〇一六年。

《法言義疏》，（漢）揚雄撰，汪榮寶注疏，中華書局，一九八七年。

《法苑珠林校注》，（唐）釋道世著，中華書局，二〇〇三年。

《干祿字書》，（唐）顏元孫撰，中華書局，一九八五年。

《穀梁古義疏》，（清）廖平撰，中華書局，二〇一二年。

《管子校注》，黎翔鳳撰，梁運華整理，中華書局，二〇〇四年。

《廣成集》，（唐）杜光庭撰，中華書局，二〇一一年。

《廣卓異記》，（宋）杜敏求，見《四庫全書存目叢書》編纂委員會編：《四庫全書存目叢書》第八七册，齊魯書社，一九九六年。

《癸巳存稿》，（清）俞正燮撰，商務印書館，一九三七年。

《國史經籍志附錄》，（明）焦竑輯，商務印書館，一九三九年。

《國語集解（修訂本）》，徐元誥撰，中華書局，二〇〇二年。

《韓非子集解》，（清）王先慎撰，中華書局，一九九八年。

《漢書》，（漢）班固撰，中華書局，一九六二年。

《漢魏六朝詩選》，余冠英選注，中華書局，二〇一二年。

《河岳英靈集》，（唐）殷璠輯，明（一三六八～一六四四）刻本（藏中國國家圖書館）。

《鶡冠子校注》，黃懷信撰，中華書局，二〇一四年。

《後村先生大全集》，（宋）劉克莊，見《四部叢刊初編·集部》第二一三册，上海書店影印本，一九八九年。

《後漢書》，（南朝·宋）范曄著，中華書局，一九六五年。

《花間集校注》，（後蜀）趙崇祚編，中華書局，二〇一七年。

《淮南子》，（漢）劉安撰，（漢）高誘注，中華書局，一九三六年。

《嵇康集校注》，（三國·魏）嵇康著，中華書局，二〇一四年。

《汲冢周書輯要》，（清）郝懿行著，齊魯書社，二〇一〇年。

《急就篇》，（漢）史游撰，（唐）顏師古注，（宋）王應麟音釋，（明）胡文煥校正，明萬曆三十一年（一六〇三）錢塘胡氏刻本（藏台北圖書館）。

《急就篇》，（漢）史游撰，（唐）顏師古注，（宋）王應麟音釋，明崇禎間（一六二一～一七二二）毛氏汲古閣刻本（藏哈佛大學圖書館）。

《集韻》，（宋）丁度等編，上海古籍出版社，一九八五年。

《建安七子集》，（三國）孔融等著，中華書局，二〇〇五年。

《江文通集彙注》，（南朝）江淹著，（明）胡之驥注，中華書局，二〇〇六年。

《教童子法》，（清）王筠撰，清刻本（藏中國國家圖書館）。

《金剛波若經集驗記》（黑板勝美藏），（唐）孟獻忠撰，（日本）東京：古典保存會，一九三四年（藏日本國立國會圖書館）。

《金剛波若經集驗記》（石山寺藏），（唐）孟獻忠撰，（日本）東京：古典保存會，一九三八年（藏日本國立國會圖書館）。

《晋書》，（唐）房玄齡等撰，中華書局，一九七四年。

《經典釋文》，（唐）陸德明撰，上海古籍出版社，一九八五年。

《經典文字辨證書》，（清）畢沅撰，中華書局，一九八五年。

《經籍訪古志》，［日］澀江全善、［日］森立之等撰，杜澤遜、班龍門點校，上海古籍出版社，二〇一四年。

《經籍纂詁》，（清）阮元撰，中華書局，一九八二年。

《舊唐書》，（後晋）劉昫等撰，中華書局，一九七五年。

《舊五代史》，（宋）薛居正等撰，中華書局，一九七六年。

《郡齋讀書志校證》，（宋）晁公武編，孫猛校證，上海古籍出版社，一九九〇年。

《康熙字典》，（清）張玉書編，清康熙五十五年（一七一六）内府刊本（藏哈佛大學圖書館）。

《老學庵筆記》，（宋）陸游撰，商務印書館，民國二十五年。

《老子道德經》，（魏）王弼注，上海書店出版社，一九八六年。

《李長吉歌詩編年箋注》，（唐）李賀著，吳企明箋注，中華書局，二〇一二年。

《李紳集校注》，（唐）李紳著，盧燕平校注，中華書局，二〇〇九年。

《李太白全集》，（唐）李白著，（清）王琦注，中華書局，一九七七年。

《隸辨》，（清）顧藹吉撰，清同治十二年（一八七三）渙古山房刻本（藏中國國家圖書館）。

《梁書》，（唐）姚思廉撰，中華書局，一九七三年。

《列子集釋》，楊伯峻撰，中華書局，一九七九年。

《柳河東集》，（唐）柳宗元撰，上海古籍出版社，二〇〇八年。

《柳宗元集》，（唐）柳宗元著，中華書局，一九七九年。

《六一居士詩話》，（宋）歐陽修著，中華書局，一九八五年。

《龍龕手鏡（高麗本）》，（遼）釋行均編，中華書局，二〇〇六年。

《陸機集校箋》，（晋）陸機著，楊明校箋，上海古籍出版社，二〇一六年。

《陸士龍文集校注》，（晋）陸雲著，鳳凰出版社，二〇一〇年。

《論衡校讀箋識》，馬宗霍著，中華書局，二〇一〇年。

《洛陽伽藍記校釋》，（魏）楊衒之撰，周祖謨注釋，中華書局，二〇一〇年。

《吕氏春秋》，（漢）高誘注，見《諸子集成》第六册，中華書局，一九七八年。

《毛詩正義》，（漢）毛公傳，（漢）鄭玄箋，（唐）孔穎達等正義，《十三經註疏》，（清）阮元校刻，中華書局，一九八〇年。

《孟子正義》，（清）焦循撰，中華書局，一九八七年。

《秘書省續編到四庫闕書目》，（清）葉德輝考證，收入中華書局編輯部編：《宋元明清書目題跋叢刊·宋代卷》，中華書局，二〇〇六年。

《南華真經注疏》，（晋）郭象注，（唐）成玄英疏，中華書局，一九九一年。

《南齊書》，（梁）蕭子顯撰，中華書局，一九七二年。

《南史》，（唐）李延壽撰，中華書局，一九七五年。

《曝書亭集》，（清）朱彝尊著，商務印書館，民國二十四年。

《千頃堂書目》，（清）黃虞稷撰，上海古籍出版社，一九九〇年。

《潛夫論箋校正》，（漢）王符撰，（清）汪繼培箋，中華書局，一九八五年。

《全芳備祖》，（宋）陳景沂編輯，祝穆訂正，浙江古籍出版社，二〇一四年。

《全上古三代秦漢三國六朝文》，（清）嚴可均編，中華書局，一九五八年。

《全唐詩》，（清）彭定求等校點，中華書局，一九六〇年。

《全唐試律類箋》，（清）惲鶴生、（清）錢人龍編，清乾隆二十六年（一七六一）春橋書屋刻本（日本早稻田大學圖書館）。

《全元散曲》，隋樹森編，中華書局，一九六四年。

《日本訪書志》，（清）楊守敬撰，遼寧教育出版社，二〇〇三年。

《日本國見在書目録》，〔日〕藤原佐世奉敕撰，中華書局，一九九一年。

《阮籍集校注》，（三國·魏）阮籍著，中華書局，二〇一二年。

《山海經》，（晋）郭璞注，宋淳熙七年（一一八〇）池陽郡齋刻本（藏中國國家圖書館）。

《尚書大傳疏證》，（清）皮錫瑞撰，中華書局，二〇一五年。

《尚書中候疏證》，（清）皮錫瑞撰，中華書局，二〇一五年。

《少室山房筆叢》，（明）胡應麟撰，上海書店出版社，二〇〇九年。

《神仙傳》，（晋）葛洪撰，上海古籍出版社，一九九〇年。

《神仙傳校釋》，（晋）葛洪撰，胡守爲校釋，中華書局，二〇一〇年。

《神异經 枕中書 拾遺記》，（漢）東方朔、（晋）葛洪、（晋）王嘉撰，中華書局，一九九一年。

《詩品集注》，（南朝·梁）鍾嶸著，曹旭集注，上海古籍出版社，一九九四年。

《詩藪》，（明）胡應麟著，中華書局，一九五八年。

《詩韻合璧》，（清）湯文璐編，上海書店出版社，一九八二年。

《十三經注疏》，（清）阮元校刻，中華書局，一九八〇年。

《史記》，（漢）司馬遷撰，中華書局，一九五九年。

《世説新語》，（南朝·宋）劉義慶著，上海古籍出版社，二〇一二年。

《書林清話》，（清）葉德輝著，中華書局，一九五七年。

《鼠璞》，（宋）戴埴撰，中華書局，一九八五年。

《水經注校證》，（北魏）酈道元著，陳橋驛校證，中華書局，二〇〇七年。

《説文解字》，（漢）許慎撰，（宋）徐鉉校訂，中華書局，二〇一三年。

《四庫全書總目》，（清）永瑢等撰，中華書局，一九六五年。

《四言分韻對偶啓蒙》，（宋）真德秀原編，（明）蒙賢補韻，（明）史垂教删補，明萬曆三十四年（一六〇六）端州六委齋刊本（藏哈佛大學圖書館）。

《宋本册府元龜》，（宋）王欽若等撰，中華書局，一九八九年。

《宋史》，（元）脱脱等撰，中華書局，一九七七年。

《蘇軾詩集》，（宋）蘇軾撰，（清）王文誥輯注，中華書局，一九八二年。

《隋書》，（唐）魏徵等撰，中華書局，一九七三年。

《歲華紀麗》，（唐）韓鄂撰，中華書局，一九八五年。

《太平御覽》，（宋）李昉著，上海古籍出版社，二〇〇八年。

《檀幾叢書·二集》，（清）王晫、（清）張潮輯，清康熙間（一六九五～一七二二）新安張氏霞舉堂刊本（藏中國國家圖書館）。

《唐大詔令集》，（宋）宋敏求編，商務印書館，一九五九年。

《唐會要》，（宋）王溥撰，中華書局，一九五五年。

《唐六典》，（唐）李林甫等撰，陳仲夫點校，中華書局，一九九二年。

《唐詩紀事》，（宋）計有功輯撰，上海古籍出版社，二〇一三年

《唐詩三百首》，（清）蘅塘退士編，（清）陳婉俊補注，中華書局，二〇〇三年。

《唐順之集》，（明）唐順之著，馬美信、黄毅點校，浙江古籍出版社，二〇一四年。

《唐宋白孔六帖》,（唐）白居易、（宋）孔傳輯,明嘉靖間刊本（藏日本內閣文庫）。

《唐太宗全集校注》,吳雲、冀宇校注,天津古籍出版社,二〇一四年。

《唐音癸籤》,（明）胡震亨著,上海古籍出版社,一九八一年。

《唐摭言》,（五代）王定保撰,中華書局,一九八五年。

《陶淵明集》,（晋）陶淵明著,中華書局,一九七九年。

《天仙金丹心法》,（清）舊題八仙合著,中華書局,一九九〇年。

《通典》,（唐）杜佑撰,中華書局,一九八八年。

《通占大象曆星經》,撰人不詳,中華書局,一九八五年。

《通志》,（宋）鄭樵撰,中華書局,一九八七年。

《王右丞集箋注》,（唐）王維撰,（清）趙殿成箋注,上海古籍出版社,一九六一年。

《王子安集注》,（唐）王勃著,（清）蔣清翊注,上海古籍出版社,一九九五年。

《文鏡秘府論》,〔日〕遍照金剛著,周維德校點,人民文學出版社,一九八〇年。

《文鏡秘府論校注》,〔日〕弘法大師原撰,王利器校注,中國社會科學出版社,一九八三年。

《文鏡秘府論彙校彙考》,〔日〕遍照金剛撰,盧盛江校考,中華書局,二〇〇六年。

《文心雕龍今譯》,（南朝・梁）劉勰著,周振甫譯著,中華書局,二〇一三年。

《文選》,（南朝・梁）蕭統編,（唐）李善注,中華書局,一九七七年。

《文選李注義疏》,高步瀛著,中華書局,一九八五年。

《文苑英華》,（宋）李昉等編,中華書局,一九六六年。

《五行大義》,（隋）蕭吉著,上海書店出版社,二〇〇一年。

《西京雜記》,（晋）葛洪撰,中華書局,一九八五年。

《新唐書》,（宋）歐陽修、宋祁撰,中華書局,一九七五年。

《徐陵集校箋》,（陳）徐陵撰,中華書局,二〇〇八年。

《荀子集解》,（清）王先謙撰,中華書局,一九八八年。

《顏氏家訓集解》（增補本），（北齊）顏之推撰，王利器集解，中華書局，一九九三年。

《楊烱集》，（唐）楊烱著，中華書局，一九八〇年。

《楊烱集箋注》，（唐）楊烱著，中華書局，二〇一六年。

《楊文公談苑》，（宋）楊億口述，黃鑒筆錄，宋庠整理，（宋）張師正撰，李裕民輯校，上海古籍出版社，一九九三年。

《异聞集校證》，（唐）陳翰編，李小龍校證，中華書局，二〇一九年。

《藝文類聚》，（唐）歐陽詢撰，中華書局，一九六五年。

《吟窗雜錄》，（宋）陳應行編，王秀梅整理，中華書局，一九九七年。

《影印文淵閣四庫全書》，（清）紀昀等編纂，北京出版社，二〇一二年。

《游仙窟》，（唐）張鷟撰，日本慶安五年（一六五二）京都中野太良左衛門本（藏日本早稻田大學圖書館）。

《酉陽雜俎校箋》，（唐）段成式撰，許逸民校箋，中華書局，二〇一五年。

《庾子山集注》，（北周）庾信撰，（清）倪璠注，中華書局，一九八〇年。

《玉海》，（宋）王應麟著，廣陵書社，二〇〇三年。

《玉臺新咏箋注》，（南朝·陳）徐陵編，（清）吳兆宜注，程琰刪補，中華書局，一九八五年。

《玉照新志》，（宋）王明清撰，中華書局，一九八五年。

《元和郡縣圖志》，（唐）李吉甫，中華書局，一九八三年。

《元稹集》，（唐）元稹撰，中華書局，一九八二年。

《樂府詩集》，（宋）郭茂倩編，中華書局，一九七九年。

《雲笈七籤》，（宋）張君房編，中華書局，二〇〇三年。

《中興館閣書目》，（宋）陳騤編，見南京圖書館編：《南京圖書館藏朱希祖文稿》第六册，鳳凰出版社，二〇一〇年。

《鍾嶸詩品箋證稿》，（梁）鍾嶸著，王叔岷箋證，中華書局，二〇〇七年。

《字學三正》，（明）郭一經撰，明萬曆二十九年（一六〇一）山東曹縣公署刻本（藏台北圖書館）。

出土文獻

《敦煌寶藏》第一二三册，黄永武主編，新文豐出版股份有限公司，一九八六年。

《敦煌秘笈：影片册》第一册，（日本）武田科學振興財團杏雨書屋、［日］吉川忠夫編，（日本）大阪：はまや印刷株式會社，二〇〇九年。

《法藏敦煌西域文獻》第三二、三三册，上海古籍出版社、法國國家圖書館編，上海古籍出版社，二〇〇五年。

《法藏敦煌西域文獻》第一五、一七册，上海古籍出版社、法國國家圖書館編，上海古籍出版社，二〇〇一年。

《英國國家圖書館藏敦煌遺書》第二册，上海師範大學、英國國家圖書館合編，方廣錩、［英］吴芳思主編，廣西師範大學出版社，二〇一一年。

《英國國家圖書館藏敦煌遺書》第四五册，上海師範大學、英國國家圖書館合編，方廣錩、［英］吴芳思主編，廣西師範大學出版社，二〇一七年。

《英藏敦煌文獻》，中國社會科學院歷史研究所、中國敦煌吐魯番學會敦煌古文獻編輯委員會、英國國家圖書館倫敦大學亞非學院合編，四川人民出版社，一九九四年。

中文著作

曹小雲：《日藏慶安本〈游仙窟〉校注》，黄山書社，二〇一四年。

岑仲勉：《唐人行第録（外三種）》，上海古籍出版社，一九六二年。

曾棗莊、劉琳主編：《全宋文》，上海辭書出版社、安徽教育出版社，二〇〇六年。

陳伯海主編：《唐詩學史稿》，上海古籍出版社，二〇一六年。

陳寅恪：《金明館叢稿二編》，生活·讀書·新知三聯書店，二〇〇一年。

陳寅恪：《元白詩箋證稿》，商務印書館，二〇一五年。

陳寅恪撰，唐振常導讀：《唐代政治史述論稿》，上海古籍出版社，一九九七年。

程千帆：《唐代進士行卷與文學》，上海古籍出版社，一九八〇年。

池小芳：《中國古代小學教育研究》，上海教育出版社，一九九八年。

鄧嗣禹編：《燕京大學圖書館目録初稿：類書之部》，燕京大學圖書館，一九三五年。

竇懷永：《敦煌文獻避諱研究》，甘肅教育出版社，二〇一三年。

敦煌研究院編：《敦煌遺書總目索引新編》，中華書局，二〇〇〇年。

傅璇琮、蔣寅主編：《中國古代文學通論·隋唐五代卷》第二版，遼寧人民出版社，二〇一六年。

傅璇琮：《唐代科舉與文學》，陝西人民出版社，二〇〇七年。

葛兆光：《中國思想史》第一卷《七世紀前中國的知識、思想與信仰世界》，復旦大學出版社，一九九八年。

龔延明：《中國歷代職官別名大辭典》，上海辭書出版社，二〇〇六年。

郝春文主編：《二〇一四敦煌學國際聯絡委員會通訊》，上海古籍出版社，二〇一四年。

胡道静：《中國古代的類書》，中華書局，一九八二年。

胡戟、傅玫：《敦煌史話》，中華書局，一九九五年。

許逸民、常振國編：《中國歷代書目叢刊》第一輯，現代出版社，一九八七年。

黃得時著，江寶釵主編：《黃得時全集·論述卷五：日本漢學研究（下）》，台灣文學館，二〇一二年。

黃侃撰，周勳初導讀：《文心雕龍札記》，上海古籍出版社，二〇〇〇年。

黃永年：《唐史史料學》，中華書局，二〇一五年。

黃征、吳偉編校：《敦煌願文集》，岳麓書社，一九九五年。

黃征：《敦煌俗字典》，上海教育出版社，二〇〇五年。

季羨林主編：《敦煌學大辭典》，上海辭書出版社，一九九八年。

姜亮夫著，沈善洪、胡廷武主編：《姜亮夫全集》第一二冊《敦煌——偉大的文化寶藏》，雲南人民出版社，二〇〇二年。

金瀅坤主編：《童蒙文化研究》第三卷，人民出版社，二〇一八年。

金瀅坤主編：《童蒙文化研究》第五卷，人民出版社，二〇二〇年。

金瀅坤：《唐五代科舉的世界》，復旦大學出版社，二〇一四年。

金瀅坤:《中國科舉制度通史·隋唐五代卷》,上海人民出版社,二〇一五年。

李維琦:《中國音韻學研究述評》,岳麓書社,一九九五年。

李一氓:《道藏》第二七册,文物出版社、上海書店、天津古籍出版社,一九八八年。

連文萍:《詩學正蒙——明代詩歌啓蒙教習研究》,里仁書局,二〇一五年。

林庚:《唐詩綜論》,商務印書館,二〇一一年。

林治金主編:《中國小學語文教學史》,山東教育出版社,一九九六年。

劉海峰:《科舉制與“科舉學”》,貴州教育出版社,二〇〇四年。

劉海峰:《中國科舉文化》,遼寧教育出版社,二〇一〇年。

劉進寶、張涌泉主編:《絲路文明的傳承與發展》,浙江大學出版社,二〇一七年。

劉全波:《類書研究通論》,甘肅文化出版社,二〇一八年。

劉全波:《唐代類書編撰研究》,花木蘭文化事業有限公司,二〇一八年。

劉全波:《魏晋南北朝類書編纂研究》,民族出版社,二〇一八年。

劉師培:《讀書隨筆:外五種》,廣陵書社,二〇一六年。

劉葉秋:《類書簡説》,上海古籍出版社,一九八〇年。

盧盛江:《文鏡秘府論研究》,人民文學出版社,二〇一三年。

羅根澤:《中國文學批評史》第二册,中華書局,一九六二年。

羅積勇、肖金雲:《〈禮部韻略〉與宋代科舉》,武漢大學出版社,二〇一五年。

羅積勇、張鵬飛編:《唐代試律試策校注》,武漢大學出版社,二〇〇九年。

羅振玉:《羅雪堂先生全集·初編》第三册,大通書局,一九八六年。

羅振玉:《羅雪堂先生全集·三編》第八册,大通書局,一九八九年。

羅宗强:《隋唐五代文學思想史》,中華書局,二〇一六年。

吕思勉:《吕思勉全集》第十册,上海古籍出版社,二〇一六年。

吕思勉:《隋唐五代史》下册,上海古籍出版社,二〇〇五年。

毛遠明:《漢魏六朝碑刻异體字典》,中華書局,二〇一四年。

孟二冬補正:《登科記考補正》,北京燕山出版社,二〇〇三年。

孟二冬:《孟二冬文存》,高等教育出版社,二〇〇七年。

孟二冬:《孟二冬學術文集》第六册《唐代進士試年表》,中華書局,二〇一八年。

寧可、郝春文輯校：《敦煌社邑文書輯校》，江蘇古籍出版社，一九九七年。

啓功：《詩文聲律論稿》，中華書局，一九七七年。

喬炳臣、潘莉娟編著：《中國古代學習思想史》，人民教育出版社，一九九六年。

秦公、劉大新：《廣碑別字》，國際文化出版公司，一九九五年。

秦公輯：《碑別字新編》，文物出版社，一九八五年。

瞿冕良編著：《中國古籍版刻辭典》，齊魯書社，一九九九年。

榮新江、李肖、孟憲實主編：《新獲吐魯番出土文獻》，中華書局，二〇〇八年。

邵毅平：《中日文學關係論集》，上海古籍出版社，二〇一一年。

申國美、李德範編：《英藏法藏敦煌遺書研究按號索引》，國家圖書館出版社，二〇〇九年。

史金波等：《類林研究》，寧夏人民出版社，一九九三年。

唐光榮：《唐代類書與文學》，巴蜀書社，二〇〇八年。

陶敏主編：《全唐五代筆記》第一冊，三秦出版社，二〇一二年。

王炳照：《中國古代私學與近代私立學校研究》，山東教育出版社，一九九七年。

王德毅主編：《叢書集成三編》第一〇〇冊，新文豐出版公司，一九九七年。

王國榮：《中國佛教史論》，宗教文化出版社，二〇〇八年。

王國維：《觀堂集林》，中華書局，一九五九年。

王洪軍：《登科記考再補正》，廣西師範大學出版社，二〇一〇年。

王力：《漢語詩律學》，中華書局，二〇一五年。

王力：《龍蟲并雕齋文集》，中華書局，二〇一五年。

王力：《詩詞格律 詩詞格律概要》，中華書局，二〇一四年。

王力：《詩詞格律十講》，商務印書館，二〇〇二年。

王三慶：《敦煌本古類書〈語對〉研究》，文史哲出版社，一九八五年。

王三慶：《敦煌類書》，麗文文化事業股份有限公司，一九九三年。

王三慶：《敦煌吐魯番文獻與日本典藏》，新文豐出版股份有限公司，二〇一四年。

王曉平主編：《國際中國文學研究叢刊》第五集《寫本學研究專號》，上海古籍出版社，二〇一七年。

王燕華：《中國古代類書史視域下的隋唐類書研究》，上海人民出版社，二〇一八年。

王勇主編：《中日關係史料與研究》第一輯，北京圖書館出版社，二〇〇二年。

王重民原編，黃永武新編：《敦煌古籍敘錄新編》子部第一一冊，新文豐出版公司，一九八六年。

王重民：《敦煌古籍敘錄》，商務印書館，一九五八年。

王重民：《敦煌寫本敘錄》，中華書局，二〇一〇年。

聞一多撰：《唐詩雜論》，上海古籍出版社，一九九八年。

蕭平編注：《〈風賦〉及其他》，中華書局，一九五九年。

謝維揚、房鑫亮主編：《王國維全集》，浙江教育出版社，二〇一〇年。

新文豐編審部編輯：《卍續藏經》第一四九冊，新文豐出版公司，一九八三年。

徐朝東：《蔣藏本〈唐韻〉研究》，北京大學出版社，二〇一二年。

徐俊纂輯：《敦煌詩集殘卷輯考》，中華書局，二〇〇〇年。

徐梓、王雪梅編：《蒙學輯要》，山西教育出版社，一九九二年。

楊寶玉：《敦煌本佛教靈驗記校注并研究》，甘肅人民出版社，二〇〇九年。

姚薇元：《北朝胡姓考》，中華書局，一九六二年。

葉渭渠：《日本文學思潮史》，經濟日報出版社，一九九七年。

余嘉錫：《余嘉錫論學雜著》，中華書局，一九六三年。

詹杭倫：《唐代科舉與試賦》，武漢大學出版社，二〇一五年。

張伯偉編撰：《全唐五代詩格校考》，陝西人民教育出版社，一九九六年。

張滌華：《類書流別》，商務印書館，一九八五年。

張平仁：《紅樓夢詩性敘事研究》，首都師範大學出版社，二〇一七年。

張平仁主編：《古詩理論與小學古詩教學》，人民教育出版社，二〇一五年。

張舜徽：《漢書藝文志通釋》，湖北教育出版社，一九九〇年。

張希清：《中國科舉制度通史・宋代卷》，上海人民出版社，二〇一七年。

張錫厚主編：《全敦煌詩》第一編《詩歌》，作家出版社，二〇〇六年。

張毅：《宋代文學思想史》，中華書局，一九九五年。

張涌泉：《敦煌俗字研究》，上海教育出版社，二〇一五年。

張涌泉：《敦煌寫本文獻學》，甘肅教育出版社，二〇一一年。

張志公：《傳統語文教育初探（附蒙學書目稿）》，上海教育出版社，一九六二年。

張志公：《傳統語文教育教材論：暨蒙學書目和書影》，上海教育出版社，一九九二年。

張志公：《傳統語文教育教材論：暨蒙學書目和書影》，中華書局，二〇一三年。

張志公：《張志公自選集》，北京大學出版社，一九九八年。

趙少賢：《敦煌掇瑣本切韻校記》，中華書局，二〇一六年。

趙少賢：《唐寫本切韻殘卷校記》，中華書局，二〇一六年。

趙少賢：《唐寫本王仁昀刊謬補缺切韻校記》，中華書局，二〇一六年。

鄭阿財、朱鳳玉：《敦煌蒙書研究》，甘肅教育出版社，二〇〇二年。

鄭阿財、朱鳳玉：《開蒙養正：敦煌的學校教育》，甘肅教育出版社，二〇〇七年。

周鳳五：《敦煌寫本太公家教研究》，中華書局，二〇〇〇年。

周劭：《黃昏小品》，上海古籍出版社，一九九五年。

周紹良主編：《全唐文新編》，吉林文史出版社，二〇〇〇年。

周興祿：《宋代科舉詩詞研究》，齊魯書社，二〇一一年。

周祖謨：《廣韻校本》，中華書局，一九六〇年。

朱鳳玉：《朱鳳玉敦煌俗文學與俗文化研究》，上海古籍出版社，二〇一一年。

朱萬曙主編：《古籍研究（二〇〇九卷）》，安徽大學出版社，二〇一〇年。

外文著作

［日］阿部泰郎、［日］山崎誠編集：《性靈集注》，見國文學研究資料館編：《真福寺善本叢刊》第二期第十二卷（文筆部三），（日本）東京：臨川書店，二〇〇七年。

［日］池田温編：《講座敦煌5·敦煌漢文文獻》，（日本）東京：東大出版社，

一九九二年。

　　［日］川口久雄校注：《和漢朗詠集》，（日本）東京：岩波書店，一九六五年。

　　［日］大江維時：《千載佳句》，日本寬文四年（一六六四）寫本（藏日本內閣文庫）。

　　［日］渡邊照宏、［日］宮坂宥勝校注：《新日本古典文學大系》第七一册《三教指歸 性靈集》，（日本）東京：岩波書店，一九七五年。

　　［日］今野達校注：《注好選》，收入［日］馬淵和夫、［日］小泉弘、［日］今野達校注：《新日本古典文學大系》第三一册《三寶繪 注好選》，（日本）東京：岩波書店，一九九七年。

　　［日］良岑安世編：《經國集》，日本慶長間（一五九六～一六一〇）寫本（藏日本內閣文庫）。

　　［日］那波利貞：《唐代社會文化史研究》，（日本）東京：創文社，一九七四年。

　　［日］内藤虎次郎：《内藤湖南全集》第七卷，（日本）東京：築摩書房，一九七〇年。

　　［日］内藤虎次郎：《内藤湖南全集》第十四卷，（日本）東京：築摩書房，一九七六年。

　　［日］塙保己一編：《續群書類從》第二一六五册《仲文章》，日本寫本（藏日本內閣文庫）。

　　［日］塙保己一編：《續群書類從》第二一七七册《注好選》，日本寫本（藏日本內閣文庫）。

　　［日］釋空海：《御請來目録》，收入祖風宣揚會編：《弘法大師全集》卷一，（日本）東京：吉川弘文館，一九一一年（藏日本國立國會圖書館）。

　　［日］狩谷棭齋：《箋注倭名類聚抄》，日本大正十年（一九二一）東京印刷局鉛印本（藏中國國家圖書館）。

　　［日］狩谷棭齋：《箋注倭名類聚抄》，日本明治十六年（一八八三）印刷局活版本（藏日本內閣文庫）。

　　［日］松下見林編：《异稱日本傳》，日本元禄六年（一六九〇）浪華書房

崇文軒刊本（藏日本内閣文庫）。

　　〔日〕太田晶二郎：《太田晶二郎著作集》第一册，（日本）東京：吉川弘文館，一九九一年。

　　〔日〕藤原冬嗣撰：《文華秀麗集》，日本慶長時期（一五九六～一六一五）寫本（藏日本内閣文庫）。

　　〔日〕藤原公任：《和漢朗詠集》，日本室町（一三三六～一五七三）末期寫本（藏日本内閣文庫）。

　　〔日〕藤原時平撰：《日本三代實録》，日本慶長十九年（一六一四）寫本（藏日本内閣文庫）。

　　〔日〕藤原佐世奉敕撰：《日本國見在書目録》，日本天保六年（一八三五）寫本（藏日本國立國會圖書館）。

　　〔日〕藤原佐世奉敕撰：《日本國現在書目録》，日本嘉永四年（一八五一）寫本（藏日本内閣文庫）。

　　〔日〕佐藤義寬：《大谷大學圖書館藏〈三教指歸注集〉の研究》，（日本）京都：大谷大學，一九九二年。

　　〔日釋〕信瑞撰：《净土三部經音義集》，全國圖書館文獻縮微中心（國家圖書館），一九八五年。

　　《弘法大師空海全集》編輯委員會編：《弘法大師空海全集》第五卷《詩文篇一》，（日本）東京：築摩書房，一九八六年。

　　Tatsuro YAMAMOTO, Yoshikazu DOHI, Yusaku ISHIDA co-edit, *TUN-HUANG AND TURFAN DOCUMENTS CONCERNING SOCIAL AND ECONOMIC HISTORY IV*: she Association and Related Documents（A）Introduction & Texts, Tokyo: Committee for the Studies of the Tun-huang Manuscripts, The Toyo Bunko.

　　澄憲著，〔日〕畑中榮編：《言泉集：東大寺北林院本》，（日本）東京：古典文庫，二〇〇〇年（藏日本國立國會圖書館）。

　　天理大學附屬天理圖書館編：《新天理圖書館善本叢書》第七卷《和名類聚抄（高山寺本）》，（日本）東京：八木書店，二〇一七年（藏中國國家圖書館）。

　　未注撰人，〔日〕松崎祐之校訂：《懷風藻》，日本寶永二年（一七〇五）

刊本（藏日本内閣文庫）。

中文論文

陳順宣、吳惠青：《論屬對的成因及教學》，《湖州師專學報》一九八九年第一期。

陳玉英：《唐代蒙學教學思想研究》，西南大學碩士學位論文，二〇〇八年。

谷向陽：《中國對聯學研究》，《北京大學學報（哲學社會科學版）》一九九八年第四期。

郭麗：《唐代教育與文學》，南開大學博士學位論文，二〇一二年。

賈晉華：《詩可以群：中國傳統詩歌普及化軌跡描述》，《江海學刊》一九八九年第四期。

賈晉華：《隋唐五代類書與詩歌》，《廈門大學學報（哲學社會科學版）》一九九一年第三期。

金瀅坤：《論蒙書的起源及其與家訓、類書的關係——以敦煌蒙書爲中心》，《人文雜誌》二〇二〇年第十二期。

金瀅坤：《儒家經典與中國古代童蒙教育掠影》，收入《中華炎黃文化研究會童蒙文化委員會第五屆國際學術研討會論文集》，甘肅敦煌，二〇一九年。

金瀅坤：《唐五代科舉制度對童蒙教育的影響》，《浙江師範大學學報（社會科學版）》二〇一二年第一期。

李蘭、杜敏：《曹雪芹詩歌的美學思想——"紅樓詩論"析論》，《紅樓夢學刊》一九八五年第四輯。

李玲玲：《張説與〈初學記〉》，《中國典籍與文化》二〇〇九年第四期。

李銘敬：《日本及敦煌文獻中所見〈文場秀句〉一書的考察》，《文學遺產》二〇〇三年第二期。

李時人、詹緒左：《〈游仙窟〉的日本古鈔本和古刊本》，《上海師範大學學報（哲學社會科學版）》二〇〇六年第三期，第四七～五三頁。

李肖、朱玉麒：《新出吐魯番出土文獻中的古詩習字殘片研究》，《文物》二〇〇七年第二期。

李裕民：《唐宋蒙學書係年考證與研究》，收入包偉民、劉後濱主編：《唐宋歷史評論》第三輯，社會科學文獻出版社，二〇一七年。

梁玲華：《〈北堂書鈔〉初探》，四川大學碩士學位論文，二〇〇四年。

廖名春：《從吐魯番出土文書的別字異文看五至八世紀初西北方音的韻母》，《古漢語研究》一九九二年第一期。

林華秋：《唐代〈文場秀句〉研究》，首都師範大學碩士學位論文，二〇一八年。

劉進寶：《敦煌本〈兔園策府‧征東夷〉產生的歷史背景》，《敦煌研究》一九九八年第一期。

劉静：《唐代家訓詩的教育價值取向研究》，東北師範大學碩士學位論文，二〇一九年。

劉麗文：《唐代兒童教育思想研究》，青島大學碩士學位論文，二〇一四年。

劉明：《敦煌唐寫本〈玉台新詠〉考論》，《文學遺產》二〇一〇年第五期。

劉全波、何强林：《〈編珠〉編纂與流傳考》，《北京理工大學學報（社會科學版）》二〇一九年第三期。

盧盛江：《皎然雙虛實對研究》，《台灣師大學報》二〇一二年第一期。

盧燕新：《唐代詩文總集編撰者的類型特點及其心態》，《山西大學學報（哲學社會科學版）》二〇一〇年第四期。

毛力群：《對中國傳統屬對教學的認識》，《課程‧教材‧教法》二〇〇四年第三期。

孟祥娟、曹書傑：《〈北堂書鈔〉編撰於隋考》，《古籍整理研究學刊》二〇一三年第三期。

祁曉慶：《敦煌歸義軍社會教育研究》，蘭州大學博士學位論文，二〇一一年。

屈直敏：《從敦煌寫本〈勵忠節鈔〉看唐代的知識、道德與政治秩序》，《蘭州大學學報》二〇〇六年第二期。

商思陽：《古代蒙學書法教育對當代小學書法教育的啓示》，聊城大學博士學位論文，二〇一四年。

孫麗婷：《〈編珠〉殘卷研究》，河北師範大學碩士學位論文，二〇一四年。

萬平：《關於香菱學詩》，《紅樓夢學刊》一九八四年第二輯。

王力：《中國古典文論中談到的語言形式美》，《文藝報》一九六二年第二期。

王三慶：《〈文場秀句〉之發現、整理與研究》，收入王三慶、鄭阿財合編：《2013年敦煌、吐魯番國際學術研討會論文集》，台灣成功大學中國文學系，二〇一四年。

王三慶：《敦煌古本類書——〈語對〉伯二五二四號及其副本寫卷研究》，收入中國文化大學、中國文學研究所敦煌學會編輯：《敦煌學》第九輯，中國文化大學、中國文學研究所敦煌學會，一九八五年。

王三慶：《敦煌文獻辭典類書研究：從〈語對〉到〈文場秀句〉》，《廈門大學學報（哲學社會科學版）》二〇二〇年第四期。

王燕華：《中國古代類書史視域下的隋唐類書研究》，上海師範大學博士學位論文，二〇一六年。

謝曉春：《敦煌蒙書編撰的平民化傾向及其價值體現》，《敦煌研究》二〇〇七年第六期。

辛文：《〈和漢朗咏集〉研究》，南開大學博士學位論文，二〇一二年。

徐梓：《中國傳統啓蒙教育的發展階段及特徵》，《首都師範大學學報（社會科學版）》二〇一八年第一期。

楊青：《語文學科中"屬對"教學研究》，西南大學碩士學位論文，二〇一五年。

楊星麗：《從"香菱學詩"看曹雪芹的"詩格"觀》，《紅樓夢學刊》二〇一八年第二輯。

楊旭：《屬對在語文教學中的"浮沉"》，《語文建設》二〇一六年第五期。

章杜欣：《唐代神童詩初探》，《科教文彙（上旬刊）》二〇一〇年第九期。

張伯偉：《〈文鏡秘府論〉對日本詩學的影響》，收入章培恒主編：《中國中世文學研究論集》下冊，上海古籍出版社，二〇〇六年。

張立：《揚州文獻考論（漢至唐）》，浙江大學博士學位論文，二〇一三年。

張平仁：《香菱學詩再論》，《紅樓夢學刊》二〇〇九年第六輯。

張燁：《社會化視角下的宋代童蒙教育》，上海師範大學碩士學位論文，二〇一〇年。

趙小軒:《〈搜玉小集〉研究》，曲阜師範大學碩士學位論文，二〇一四年。

鄭阿財:《從敦煌本〈詩格〉殘卷論唐代詩學對偶理論的實踐》，《文學新鑰》二〇一三年第十七期。

鄭炳林、李强:《唐李若立〈籯金〉編撰研究（上）》，《天水師範學院學報》二〇〇八年第六期。

鄭炳林、李强:《唐李若立〈籯金〉編撰研究（下）》，《天水師範學院學報》二〇〇九年第一期。

鄭曉坤:《中國傳統蒙學作文教學方法論研究》，東北師範大學碩士學位論文，二〇〇四年。

周丕顯:《巴黎藏伯字第二七二一號〈雜鈔·書目〉考》，《圖書與情報》一九八九年第一期。

朱鳳玉:《唐宋蒙書在絲路的傳布與發展》，收入《"絲路文明傳承與發展"國際學術研討會論文集》，浙江杭州，二〇一五年。

［日］荒見泰史:《漢文譬喻經典及其剛要本的作用》，收入陳允吉主編:《佛經文學研究論集》，復旦大學出版社，二〇〇四年。

［日］山田孝雄，徐川譯:《日藏中國文學典籍寫本雜考選譯》，收入王曉平主編:《國際中國文學研究叢刊》第五集《寫本學研究專號》，上海古籍出版社，二〇一七年。

外文論文

［日］福田俊昭:《〈注好選〉所引の〈文場秀句〉考》，《東洋研究》第一一三號，一九九四年。

［日］福田俊昭:《王起の伝記》，《東洋研究》第一〇一號，一九九一年。

［日］吉田幸一:《游仙窟傳本考（上）》，《國語と國文學》一九三五年第七期（藏日本國立國會圖書館）。

［日］吉田幸一:《游仙窟傳本考（下）》，《國語と國文學》一九三五年第八期（藏日本國立國會圖書館）。

［日］近藤杢:《〈游仙窟〉について》，《東大文化》一九三五年第一一期（藏日本國立國會圖書館）。

〔日〕三木雅博:《教訓書〈仲文章〉の世界（上）——平安朝漢學の底流》,《國語國文》第六三卷第五號, 一九九四年（藏日本國立國會圖書館）。

〔日〕三木雅博:《教訓書〈仲文章〉の世界（下）——平安朝漢學の底流》,《國語國文》第六三卷第六號, 一九九四年（藏日本國立國會圖書館）。

〔日〕神田喜一郎:《游仙窟に關する一二の私見》,《歷史と地理》一九三三年第一期（藏日本國立國會圖書館）。

〔日〕畑中榮:《真如藏本〈言泉集〉翻刻》,《金沢大學國語國文》二〇〇一年第二六期。

〔日〕永田知之:《〈文場秀句〉補——〈敦煌秘笈〉羽072と〈和漢朗詠集私注〉》, 收入〔日〕高田時雄編集:《敦煌寫本研究年報》第九號,（日本）京都: 京都大學人文科學研究所, 二〇一五年。

〔日〕永田知之:《〈文場秀句〉小考——蒙書と類書と作詩文指南書の間》, 收入〔日〕高田時雄編集:《敦煌寫本研究年報》第二號,（日本）京都: 京都大學人文科學研究所, 二〇〇八年。

李育娟:《〈注好選〉と敦煌啓蒙書》,《國語國文》第八二卷第三號, 二〇一三年。

後　記

　　冬春荏苒，寒暑流易。三載求學，所述書稿，今將付梓，未審能否深原其本，深感惶愧。

　　《文場秀句》是我隨導師金瀅坤老師做博士學位論文研究時，主要研究的敦煌文獻，也是我研究最開始接觸、整理的敦煌文獻。從着手相關研究始，到今天已經跨過了數個寒暑。書稿將視角主要限定在《文場秀句》與童蒙教育，以期較爲集中的體現其在唐代詩歌啟蒙教育中的作用與價值，未察能否符合導師期望。

　　從校釋篇的整理、研究篇的撰寫，到書稿的修訂、出版，得到了博士導師金老師的悉心指導，反復修訂了校釋篇的體例、表述、標點與文獻選擇，對研究篇具體的研究内容、結構佈局、邏輯表述也提出了修改意見。

　　書稿交付之前，碩士導師張平仁老師認真審閱了全書書稿，對校釋篇的體例、按語等情況提出了修改意見，研究篇的字句、表述等，則使用批注，逐一說明了可進一步修改完善、解釋明辨的地方。感謝張老師給予我的一如既往的幫助與關懷。

　　學生不敏，素無慧性，蒙二位老師不棄，得二位老師眷顧若此，每一念思，甚愧於懷，感之謝之，不盡言表。

　　在寫作過程中，猶應感謝王三慶老師、鄭阿財老師、劉全波老師，爲書稿寫作、修訂提出了寶貴的意見和建議，提供了相關的文獻和資料，承師賜惠，感切於心。若我的研究從開始到現在有所進步的話，是與諸位老師的幫助與鼓勵分不開的。猶記李哲昊伴我寒窗，慰我思惘，同門友吳元元，常盡心師姐、任占鵬師兄、卜樂凡師弟、王珣師妹的幫助與鼓勵。關切之情，幫助之誼，感感在心，願摯友同門平安順遂，長樂永康。

在多年求學過程中，父母給了我全力的支持、理解與關愛，讓我有機會、毅力、專心完成我的學業，讓我有信心在人生道路上努力、用心、坦然的面對一切。感謝父母對我的養育與教導，陪伴與包容，是他們包容了我的任性與堅持，選擇與執念，每念於此，深感愧然。惟願椿萱并茂，時光不老。

書稿之成，得多方襄助，師長之教，父母之恩，同門之誼，所愛之顧，寫述難周，倍荷心存。甫成之際，草此短篇，謹爲後記。

高静雅

壬寅中秋　於家中